Python desde el laboratorio

Aplicaciones GUI, integración con base de datos e inteligencia artificial

Teodoro Córdova Neri y Sara Arana Torres

Python desde el laboratorio
Aplicaciones GUI, integración con base de datos e inteligencia artificial

© Teodoro Córdova Neri y Sara Arana Torres

Derechos reservados © Empresa Editora Macro EIRL, Lima – Perú
Primera edición: Empresa Editora Macro EIRL, Lima – Perú, agosto de 2023

Primera edición: MARCOMBO, S.L. 2024

© 2024 MARCOMBO, S.L.
www.marcombo.com

Ilustración de cubierta: Jotaká

ISBN: 978-84-267-3780-9
D.L.: B 3303-2024

Impreso en Servicepoint
Printed in Spain

Libro ecológico
Impreso con papel procedente de bosques gestionados de manera eficiente, libre de cloro.

Teodoro Córdova Neri, MSc

Director del Instituto de Ingeniería de Software (IISOFT), del Departamento Académico de Ingeniería de Sistemas y del Instituto de Sistemas UNI (FIIS), todos en Perú. Posee el doctorado en la especialidad de Ingeniería de Sistemas por la Universidad Nacional de Ingeniería de Perú. Máster en Ingeniería de Sistemas y docente investigador en la Facultad de Ingeniería Industrial y de Sistemas de esa misma universidad desde el año 1984.

Es consultor en tecnologías de la información en entidades públicas y privadas y ha sido jefe de proyectos públicos en el Banco de la Nación y en la Municipalidad Metropolitana de Lima. También es autor de textos sobre programación de nivel universitario, como *Lenguaje de programación estructurada y sus aplicaciones en Borland C++5.02, Lenguaje interpretado Python, Sistemas operativos* y *Modelamiento dinámico en Stella.*

Ha participado como expositor en eventos académicos realizados en importantes universidades como la Universidad de Buenos Aires (UBA) de Argentina, la Universidad de Santiago de Chile (Chile), la Universidad de Sao Paulo (Brasil) y el Instituto Tecnológico y de Estudios Superiores de Monterrey, campus Puebla (México). En Perú, ha sido expositor en la Universidad Peruana Unión, en la Universidad Los Ángeles de Chimbote y en la Universidad Femenina del Sagrado Corazón. Se ha desempeñado como catedrático en las siguientes universidades: Universidad Nacional de Ingeniería, Universidad Católica del Perú, Universidad San Martín de Porres, Universidad Femenina del Sagrado Corazón, Universidad Peruana Unión y Universidad Santiago Antúnez de Mayolo.

Dra. Sara Arana Torres

Docente universitaria y doctora en Ingeniería de Sistemas por la Universidad Nacional Federico Villarreal (Perú). Máster en Gerencia en Estadística e Informática y licenciada en Estadística por la Universidad Nacional de Trujillo (Perú). Actualmente es vicedecana de Investigación y directora de posgrado y de la Escuela Profesional de Economía Internacional en la Facultad de Ciencias Económicas de la Universidad Nacional Mayor de San Marcos (Perú). Asimismo, es asesora de trabajos de investigación y cuenta con una diversa producción intelectual y científica, como "Estadística en el quehacer cotidiano de profesionales y hombres de a pie" y "Modelo estadístico para determinar la demanda de textos escolares en la ciudad de Trujillo". Actualmente, ejerce la labor de enseñanza en diversas instituciones, como la Universidad Nacional de Ingeniería de Perú, la Universidad Nacional Mayor de San Marcos y la Universidad Ricardo Palma, entre otras.

Índice }

Prólogo 7

Introducción 9

CAPÍTULO 1: Registros y archivos   13

1.1. Registros 13

1.2. Archivos 20

1.3. Serialización de archivos de acceso aleatorio (archivos binarios) 79

    1.3.1. Método Pickle() 79

    1.3.2. Método Load() 80

    1.3.3. Tarea de un sistema de mantenimiento 91

1.4. Base de datos 108

CAPÍTULO 2: Programación GUI: Tkinter   137

2.1. Creación de widgets 137

2.2. Ventana principal 138

2.3. Integración de base de datos con Python 160

CAPÍTULO 3: Inteligencia artificial (IA)   235

3.1. Definición y conceptos básicos de IA 237

    3.1.1. Aprendizaje automático (machine learning) 237

    3.1.2. Procesamiento del lenguaje natural o natural language processing (NLP) ..237

    3.1.3. Visión por ordenador o computer vision (CV) 238

    3.1.4. Robótica y control autónomo 238

3.2. Tipos de aprendizaje en IA 239

3.3. Proceso de desarrollo de proyectos de IA 239

    3.3.1. Identificación de problemas 239

    3.3.2. Recopilación y preparación de datos 240

    3.3.3. Selección de algoritmos y modelos de IA 240

3.4. Reconocimiento facial 241

    3.4.1. Obtención de datos 241

    3.4.2. Limpieza de imágenes 242

3.4.3. Entrenamiento del modelo 242

3.4.4. Prueba del modelo 243

3.5. Reconocimiento de personas con y sin mascarilla 245

3.5.1. Obtención de datos 245

3.5.2. Limpieza de imágenes 246

3.5.3. Entrenamiento del modelo 246

3.5.4. Prueba del modelo 248

3.6. Reconocimiento facial integrado 249

3.7. Herramientas necesarias 255

3.7.1. Instalación de Anaconda 255

3.7.2. Instalación de NumPy 257

3.7.3. Instalación de OpenCV 260

3.7.4. Instalación de SQLite con Anaconda 262

3.7.5. Instalación de la librería Pillow 264

3.7.6. Definición y utilidad de Pillow 266

Prólogo

"Caminante, no hay camino, se hace camino al andar", dice el poeta. Aquí entregamos un deseo hecho realidad: mostrar un lenguaje de programación muy popular que crece sin límites y de código abierto, casi gratis, porque hay que trabajar programando en una forma elegante y fácil. Hoy se puede decir, hablando de sistemas, que existe una bifurcación o tenedor (*fork*), pues hay dos caminos: Python 2.x y Python 3.x. Esto no debe desanimarnos, pues ambos nos llevan al mismo destino para poner nuestros prototipos a trabajar lo más pronto posible. Para facilitar este proceso, junto con Python 3 se ha publicado una herramienta automática llamada 2to3. No hay divergencia y estamos en las manos del Dictador Benévolo de por Vida, su inventor Guido van Rossum.

Resumiendo, Python ofrece una gran base de código abierto, bibliotecas y marcos que facilitan el trabajo. Esto se debe al resultado de años de impulso en los que ha sido seleccionado una y otra vez para nuevos proyectos.

Este libro es producto de un arduo trabajo de Teodoro L. Córdova Neri, MSc, exalumno mío de máster que cuenta con estudios de doctorado en Ingeniería de Sistemas en la Universidad Nacional de Ingeniería de Perú, quien hace realidad el sueño de un viejo profesor y es pionero en computación en dicha casa de estudios.

Para no cansar más, repetiré lo que los usuarios refieren sobre la filosofía Python, que es casi análoga a la de Unix. Se dice que el código que sigue los principios de legibilidad y transparencia de Python es "pythonico". Contrariamente, el código opaco u ofuscado es bautizado como "no pythonico" (*unpythonic* en inglés). Estos principios fueron famosamente descritos por Tim Peters, desarrollador de este lenguaje de programación, en el zen de Python:

a. Complejo es mejor que complicado.

b. Plano es mejor que anidado.

c. Los casos especiales no son tan especiales como para quebrantar las reglas.

d. Lo práctico gana a lo puro.

e. Frente a la ambigüedad, rechaza la tentación de adivinar.

José Portillo Campbell, MSc, PhD

Acceda a www.marcombo.info
para descargar gratis
el regalo que hemos preparado para usted

Código: PYTHON58

Introducción

En el presente tomo, se mostrarán las técnicas para diseñar una app usando programación gráfica (GUI) y hacer consultas de registros almacenadas en archivos o bases de datos. También se presenta integración entre las diferentes plataformas de ingeniería de software y hardware de punta; así, se integran archivos binarios o de texto con Tkinter (GUI) y Python con bases de datos SQLite o SQL (lenguaje de consulta estructurada) para diseñar sistemas de mantenimiento. Finalmente, se presenta la técnica más avanzada de este siglo, denominada Inteligencia Artificial (IA), para reconocimiento de imágenes u otros objetos, técnica que también nos genera un archivo (modelo) de tipo XML donde se expresan más de 800 imágenes de los objetos a comparar con la imagen real. Por este motivo, en este capítulo se ahonda en el concepto de archivos. En la siguiente imagen, se presenta cómo una fotografía captada por la cámara del ordenador se guarda más de 800 veces en formato PNG y luego se expresa en un archivo llamado Modelo, en formato XML.

Imagen que representa las técnicas de archivos texto y de inteligencia artificial:

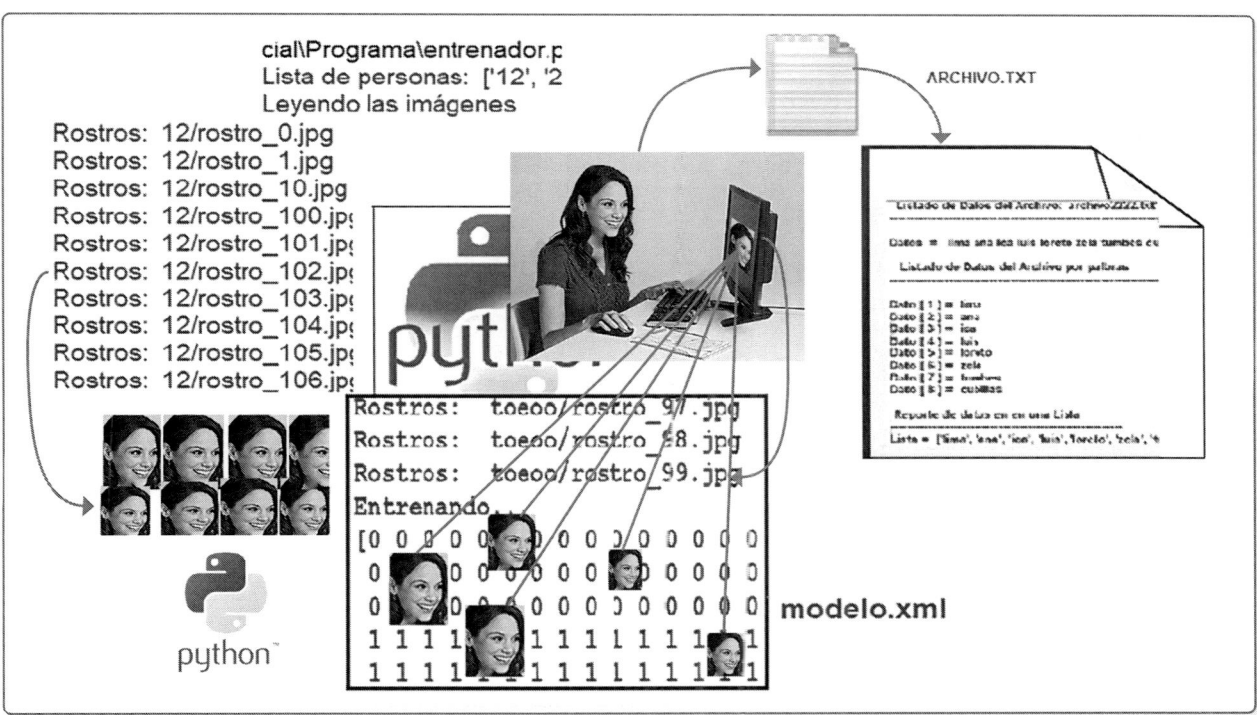

Bienvenidos al tomo IV de Python en plataforma Windows, programa para implementar sistemas informáticos que gestionen archivos, bases de datos, procesos de registros y reconocimientos de imágenes provenientes de una base de datos mediante las técnicas de archivos o de consultas usando SQLite 3 o SQL. Estos reportes pueden ser en consola o en interfaces creadas por el usuario (programación GUI). En Tkinter se inicia con la técnica de registros, para lo cual aplicaremos la técnica de class. Esta usa el parámetro self, que refiere al objeto instanciado de esa clase sobre el cual se está invocando dicho método y el principal, __init__ , que se ejecuta cuando se crea un objeto. Estos conceptos vienen de la programación orientada a objetos (POO), pero es más sencillo usar el concepto de listas. Después de los registros que son procesados en memoria RAM, se pasará al tema de archivos, que en Python están clasificados en archivos de texto y binarios. Finalmente, se verán temas de inteligencia artificial.

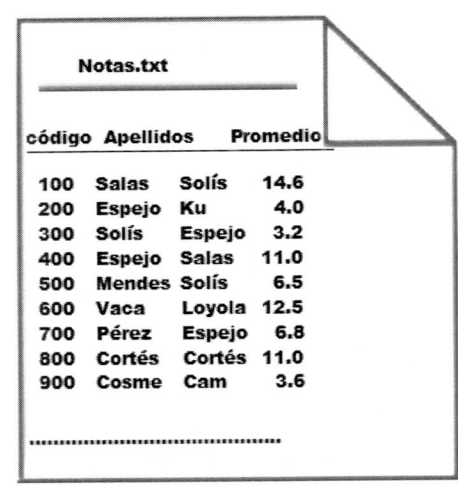

Notas.txt			
código	**Apellidos**		**Promedio**
100	Salas	Solís	14.6
200	Espejo	Ku	4.0
300	Solís	Espejo	3.2
400	Espejo	Salas	11.0
500	Mendes	Solís	6.5
600	Vaca	Loyola	12.5
700	Pérez	Espejo	6.8
800	Cortés	Cortés	11.0
900	Cosme	Cam	3.6

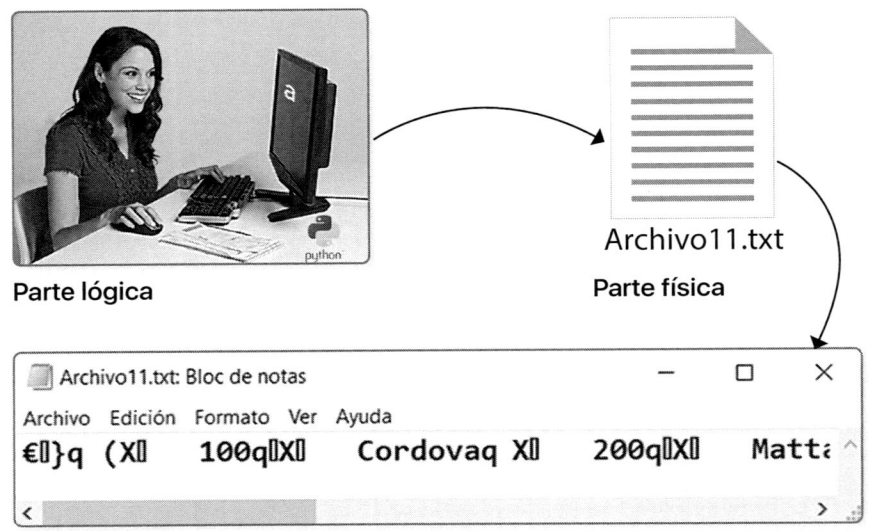

Parte lógica   Archivo11.txt   **Parte física**

Archivo binario

Los archivos de texto están formados por una secuencia de líneas, donde cada línea incluye una secuencia de caracteres (letras, números y caracteres especiales); es decir, información que puede ser leída e interpretada por usuarios. Cada línea finaliza con un carácter especial, llamado EOL (End of Line), carácter de fin de línea o marca lógica. Hay varios tipos de caracteres de fin de línea, pero los más comunes son la coma (,) o el carácter de salto de línea (\n).

Un archivo binario acepta información de usuario modo texto, pero al registrarse lo hace en lenguaje máquina y para sus reportes se usan formatos especiales. Esto tiene la finalidad de devolver la información en modo original.

Si el usuario intenta abrirlo desde Windows, solo verá caracteres imposibles de interpretar (ASCII).

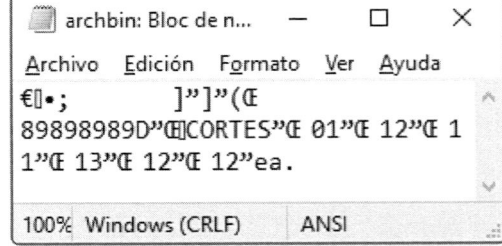

También se usa la técnica de base de datos. Las principales herramientas son SQL nivel servidor y SQLite nivel Android y PC, que se ejecuta en nivel RAM. Por lo tanto, no consumirá mucha memoria para la gestión y mantenimiento de sistemas informáticos. Finalmente, se usará la programación GUI conjuntamente con SQLite para mostrar información en las interfaces diseñadas.

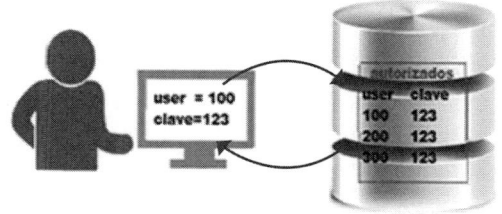

Con Tk estará creando sus apps sobre interfaces Windows usando archivos o bases de datos para procesar la información. También se implementan proyectos de reconocimiento facial, conversión de voz a texto, etc. exclusivamente en Python.

Los autores de este libro son docentes con experiencia de más de 30 años en la cátedra de programación y llevan más de 25 años desarrollando la cátedra en los cursos de Lenguaje de Programación, Algoritmos y Estructura de Datos, usando lenguaje interpretado Python. Son responsables de emigrar de C++ a Python en los cursos de programación en las especialidades de Ingeniería Industrial e Ingeniería de Sistemas de la FIIS-UNI. Además, han participado los siguientes alumnos, que ayudaron en esta publicación y son parte del grupo de investigación FIIS: Sr. Bryan Arrivasplata Rojas, Srta. Flores Cóndor y Sr. Fernando Carrión Ore.

Las aplicaciones serán sobre todo de tipo académico y se diseñarán sistemas de mantenimiento como el mostrado en la figura adjunta, que representa una app o una interfaz del sistema que interactuará con el usuario para realizar operaciones de mantenimiento de registros.

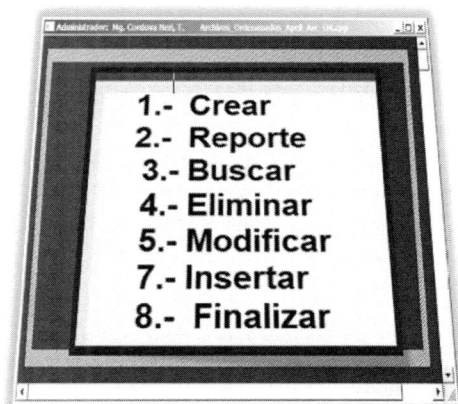

Registros y archivos

1.1. Registros

Un registro es una estructura creada para almacenar datos que pueden ser de diferentes tipos. Los registros normalmente están asociados a dispositivos externos de almacenamiento como discos, USB, etc.

Considerar la siguiente información de dos personas con datos almacenados en listas:

juan = ["Juan Silva"," 991243567",15]

ana = ["Ana Per"," 997843567",20]

Alumnos = [juan,ana]

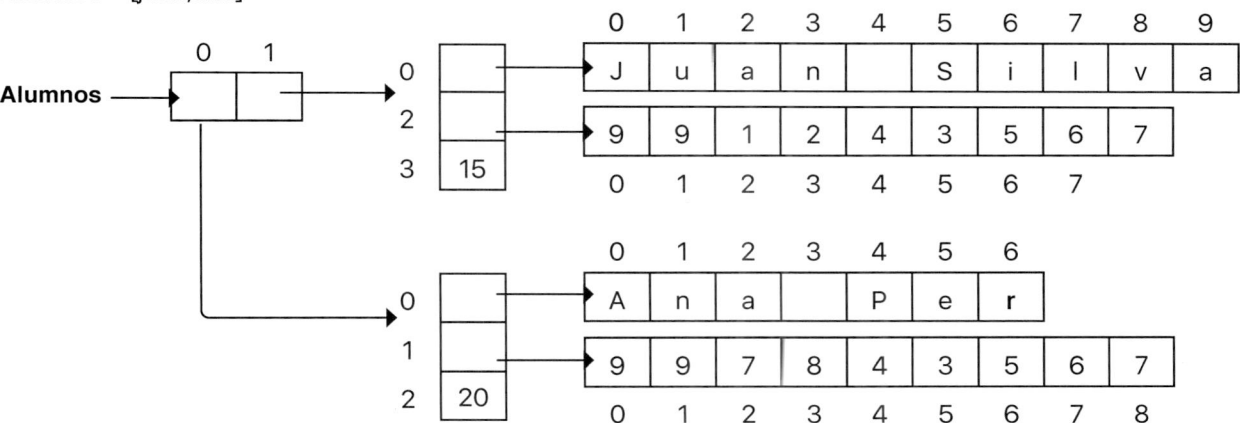

La gráfica es una representación simplificada de una lista. Aquí se ha construido una lista. Cabe recordar que se pueden hacer listas de listas, que una lista es un puntero y que una cadena es una secuencia y también un puntero.

Ahora, mediante un for se puede generar una consulta de los datos almacenados en las listas. La información estará representada tal como aparece en las siguientes tablas. Más adelante, se diseñará el modelo relacional de base de datos.

Alumnos			
100	200	300	400
Salas	Verde	Solís	Ritzz
Juan	María	Margot	Yossys
30	27	25	20
....	....	....	....

Notas			
100	200	300	400
123	202	221	195
3	11	5	4
12	13	13	11
13	3	11	13
11	13	11	14
12	11	17	11
....	....	....	....

Cursos			
123	202	221	195
Matel	LPE	Algoritmos	Proyectos
3	4	5	4
Básicas	Sistemas	Sistemas	Gestión

Para su procesamiento se debe validar el código como único; puede usar cualquier estructura repetitiva o un vector donde se puede ir registrando la posición del registro donde se repite. En la etapa de base de datos, se selecciona el campo como clave primaria.

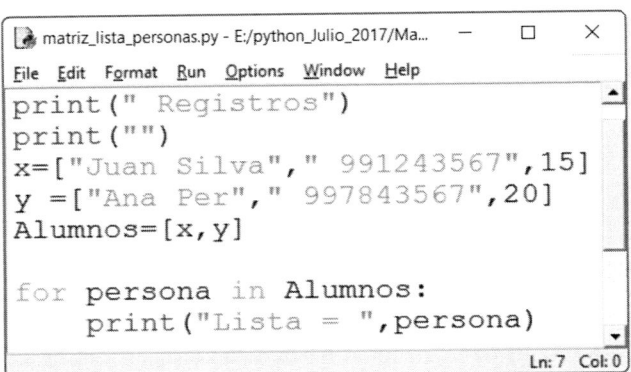

```python
print(" Registros")
print("")
x=["Juan Silva"," 991243567",15]
y =["Ana Per"," 997843567",20]
Alumnos=[x,y]

for persona in Alumnos:
    print("Lista = ",persona)
```

Los elementos son los campos de los objetos que se procesan en el registro. Por ejemplo, se desea procesar información de la siguiente persona:

8978665K	Salas	Luisa	F	23	50.56	981267789	Perú

Como se puede observar, existen diferentes tipos de datos simples.

Sintaxis

Tipo

Alumnos = registro

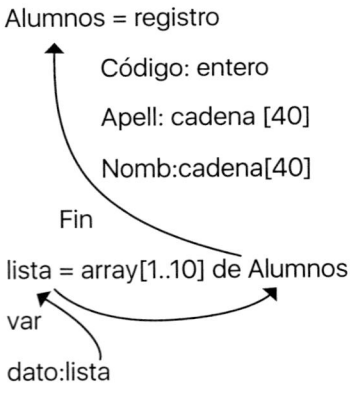

     Código: entero

     Apell: cadena [40]

     Nomb:cadena[40]

   Fin

lista = array[1..10] de Alumnos

var

dato:lista

Ejemplo:

Diseñar un programa que permita procesar datos de alumnos por código, apellidos, nombre y facultad. Las operaciones implementadas se muestran en la siguiente interfaz.

Solución:

```
IDLE Shell 3.9.2*                                    —   □   ×
File  Edit  Shell  Debug  Options  Window  Help
        <1> Registrar Alumnos
        <2> Registrar cursos
        <3> Procesar Matrícula
        <4> Insertar Alumnos
        <5> Insertar cursos
        <6> Eliminar Alumnos
        <7> Eliminar Cursos
        <8> Reportes
        <9> Finalizar
        -------------------------------


Ingrese opción = 1
  Ingreso de Alumnos
-----------------------------
Ingrese total = 2

        Alumno[ 1 ]:
-----------------------------
        Código  = 100
        Nombre  = Maria
        Apellido = Cortes
        Facultad = Fiis

        Alumno[ 2 ]:
-----------------------------
        Código  = 100

El cod se repite con el alumno 1
Intente de nuevo

Alumno[ 2 ]
                                              Ln: 21  Col: 18
```

```
IDLE Shell 3.9.2*                                    —   □   ×
File  Edit  Shell  Debug  Options  Window  Help
Ingrese opción = 2
Ingresar Cursos
-----------------------------------
 Total = 2

Curso[ 1 ]:
-----------------------------
        Código = 111
        Nombre = LPE
        Profesor = Cordova
        Sección = U

Curso[ 2 ]:
-----------------------------
        Código =
                                              Ln: 56  Col: 19
```

Registro_ matricula_2021.py - C:\Users\User\Desktop\libro_python_BD\Registro_ matricula_2021.py (3.9.2)   —   □   ×

File Edit Format Run Options Window Help

```python
import os
def curso_repetido(código,a,i):
    valB=0
    while valBB==0:
        for j in range(i):
            valBB=0
            if código==a[j].cod:
                print("\El código se repite con el curso "+str(int(j+1)))
                print("Intente de nuevo")
                print("")
                print("Curso[",i+1,"]")
                print("-------------------------------")
                código=int(input("Código = "))
                break
            valB=1
    return código
def alumno_repetido(código,a,i):
    valB=0
    while valB==0:
        for j in range(i):
            valB=0
            if código==a[j].cod:
                print("")
                print("El cod se repite con el alumno "+str(int(j+1)))
                print("Intente de nuevo")
                print("")
                print("Alumno[",i+1,"]")
                print("-------------------------------")
                código=int(input("Código = "))
                break
            valB=1;return código
```

Ln: 31 Col: 19

Registro_ matricula_2021.py - C:\Users\User\Desktop\libro_python_BD\Registro_ matricula_2021.py (3.9.2)   —   □   ×

File Edit Format Run Options Window Help

```python
def buscar(a,b,c):
    buscar=0
    while buscar==0:
        for j in range(b):
            if a==c[j].cod:
                buscar=1
                break
        if buscar==0:
            print("El código no existe,vuelva a intentar   ")
            a=int(input("Ingrese código = "))
    return a
class matricula:
    def init(self):
        self.alumcod=0
        self.curcood=0
class curso:
    def init(self):
        self.cod=0
        self.nom=""
        self.prof=""
        self.sec=""
class alumno:
    def init(self):
        self.cod=0
        self.nom=""
        self.ape=""
        self.fac=""
        self.curso= 0
opc=0;contcur=0;contalu=0;eliminadosalu={"a"};eliminadoscur={"a"};a=0;c=0;cont=
```

Ln: 56 Col: 19

```
*Registro_ matricula_2021.py - C:\Users\User\Desktop\libro_python_BD*Registro_ matri...   —   □   ×
File  Edit  Format  Run  Options  Window  Help

menup="""        << SISTEMAS DE MATRÍCULA 2021>>
              ------------------------------\n
        <1> Registrar Alumnos
        <2> Registrar cursos
        <3> Procesar Matrícula
        <4> Insertar Alumnos
        <5> Insertar cursos
        <6> Eliminar Alumnos
        <7> Eliminar Cursos
        <8> Reportes
        <9> Finalizar
        ------------------------------
        """

print(menup)
while opc!=9:
    opc=int(input("\nIngrese opción = "))
    while opc<1 or opc>9:
        print("Opción no existe, vuelva a ingresar: ")
        opc=int(input("\nopción = "))
    if opc==1 :
        print(" Ingreso de Alumnos")
        print("-" *30)
        a=int(input("Ingrese total = "))
        alumnos=[0]*(a+10)
        for i in range(a):
            print("\n\tAlumno[",i+1,"]: ")
            print("-" *30)
            alumnos[i]=alumno()
            alumnos[i].cod=int(input("\tCódigo  = "))
            if i>0:
                                                    Ln: 76  Col: 0
```

```
*Registro_ matricula_2021.py - C:\Users\User\Desktop\libro_python_BD\Registro_ matricula_2021.py (3.9.2)*   —   □   ×
File  Edit  Format  Run  Options  Window  Help

            if i>0:
                alumnos[i].cod=alumno_repetido(alumnos[i].cod,alum
            alumnos[i].nom=str(input("\tNombre   = "))
            alumnos[i].ape=str(input("\tApellido = "))
            alumnos[i].fac=str(input("\tFacultad = "))
    elif opc==2:
        print("Ingresar Cursos")
        print("-" *35)
        c=int(input(" Total = "))
        cursos=[0]*(c+10)
        for i in range(c):
            print("")
            print("Curso[",i+1,"]:")
            print("-" *30)
            cursos[i]=curso()
            cursos[i].cod=int(input("\tCódigo = "))
            if i>0:
                cursos[i].cod=cuso_repetido(cursos[i].cod,cursos,i
            cursos[i].nom=str(input("\tNombre = "))
            cursos[i].prof=str(input("\tProfesor = "))
            cursos[i].sec=str(input("\tSección = "))
    elif opc==3:
        print("\n Matrícula de alumnos")

        print("-" *30)
        if(a==0 or c==0):

            print(" No existe cursos o alumnos registrados para la
        else:
            codmat=int(input("Ingrese código de Alumno = "))
            matrículas=[0]*(c+10)
            for i in range(a):
                                                    Ln: 109  Col: 17
```

```
 *Registro_ matricula_2021.py - C:\Users\User\Desktop\libro_python_BD\Registro_ matricula_2021.py (3.9.2)*      —   □   ×
File  Edit  Format  Run  Options  Window  Help
            if(alumnos[i].cod==codmat):
                    print(" Ud. tiene los siguientes cursos dispon:
                    for j in range(c):
                        print(cursos[j].nom)
                    cursomat=int(input("Qué curso desea agregar a :
                    cursomat=buscar(cursomat,c+10,cursos)
                    matriculas[i]=matricula()
                    matriculas[i].curcod=cursomat
                    matriculas[i].alumcod=alumnos[i].cod
                    print("\tAlumno Matriculado")
                    cont=cont+1
                    break
                print("\tNo se registró el alumno")

        elif opc==4:

            print("\tInsertar Alumno ")
            print("-" *35)
            print("Solo se permite 5 :")
            i=a
            seguir="S"
            while i<=a+5 and seguir=="S":
                print("")
                print("Alumno[",i+1,"]:")
                print("-" *35)
                alumnos[i]=alumno()
                alumnos[i].cod=int(input("\tCódigo  = "))
                if i>0:
                    alumnos[i].cod=alumno_repetido(alumnos[i].cod,alum
                alumnos[i].nom=str(input("\tNombre  = "))
                alumnos[i].ape=str(input("\tApellido = "))
                alumnos[i].fac=str(input("\tFacultad = "))
                                                                 Ln: 150  Col: 0
```

```
 *Registro_ matricula_2021.py - C:\Users\User\Desktop\libro_python_BD\Registro_ matricula_2021.py (3.9.2)*      —   □   ×
File  Edit  Format  Run  Options  Window  Help
                i=i+1
                contalu=contalu+1
                if i==c+10:
                    print("Puede agregar más ")
                    seguir="N"
                else:
                    seguir=str(input("Desea continuar...?(S/N)==> "))
        elif opc==5:
            print("\tInsertar  Cursos:")
            print("-" *35)
            print("Ud puede agregar 3 cursos : ")
            i=c
            seguir="S"
            while i<=c+3 and seguir=="S":
                print("-" *35)
                print("Curso[",i+1,"]")
                print("-" *35)
                cursos[i]=curso()
                cursos[i].cod=int(input("\tCódigo = "))
                if i>0:
                    cursos[i].cod=cuso_repetido(cursos[i].cod,cursos,i
                cursos[i].nom=str(input("\tNombre = "))
                cursos[i].prof=str(input("\tProfesor= "))
                cursos[i].sec=str(input("\tSección = "))
                i=i+1
                contcur=contcur+1

                if i==c+10:
                    print(" Agregar más cursos:")
                    seguir="N"
                else:
                    seguir=str(input("Desea continuar.....?(S/N==> "))
                                                                 Ln: 185  Col: 0
```

```
                        seguir=str(input("Desea continuar.....?(S/N==> "))
    elif opc==6:
        print("ELIMINAR ALUMNO")
        print("-------------------------------")
        seguir="s"
        while seguir=="s":
            elialum=int(input("Ingrese el código del alumno que de:
            elialum=buscar(elialum,a+contalu,alumnos)
            for i in range(a+10):
                if alumnos[i].cod==elialum:
                    print("El alumno ",alumnos[i].nom,"ha sido elim
                    eliminadosalu.add(alumnos[i].cod)
                    break
            seguir=str(input("Desea continuar eliminando?(s/n) : "
    elif opc==7:
        print("\Eliminar Cursos ")
        print("-" *35)
        seguir="s"
        while seguir=="S":
            elic=int(input("Ingrese el código =  "))
            elic=buscar(elic,c+contcur,cursos)
            for i in range(c+10):
                if cursos[i].cod==elic:
                    print("Curso ",cursos[i].nom," fue eliminado")
                    eliminadoscur.add(cursos[i].cod)
                    break
            seguir=str(input("Desea continuar eliminando....?(S/N)=
    elif opc==8:
        print("\t Listado de Alumnos ")
        print("-------------------------------")
        print("\tCódigo   Nombre      Apellido      Facultad")
        print("-----------------------------------------------")
```

Ln: 206   Col: 33

```
    elif opc==8:
        print("\t Listado de Alumnos ")
        print("-------------------------------")
        print("\tCódigo   Nombre      Apellido      Facultad")
        print("-----------------------------------------------")
        for i in range(a+contalu):
            if alumnos[i].cod in eliminadosalu:
                print("\ Eliminando ")
            else:
                print("\t",alumnos[i].cod,"\t",alumnos[i].nom,"\t",
        print("\tCódigo   Nombre   Profesor         Sección")
        print("\t-----------------------------------------------")
        for i in range(c+contcur):
            if cursos[i].cod in eliminadoscur:
                print("\tMódulo Eliminar ")
            else:
                print("\t",cursos[i].cod,"\t",cursos[i].nom,"\t",cu
        print("Los alumnos Matriculados son:\n")
        print("\tCodCur\tCodAlum")
        print("-" *65)
        for i in range(cont):
            print("\t",matriculas[i].cood,"\t\t",matriculas[i].acod
    elif opc==9:
        print("Programa finalizado")
        exit()
```

Ln: 226   Col: 34

1.2. Archivos

Los archivos de texto están compuestos por un conjunto de líneas de caracteres.

A continuación se muestran las principales operaciones, tales como leer, crear, insertar, eliminar, etc.

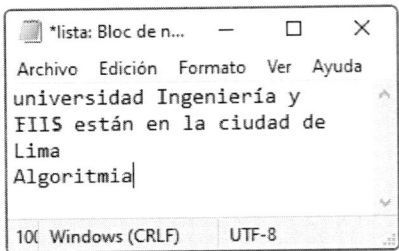

Vista general:

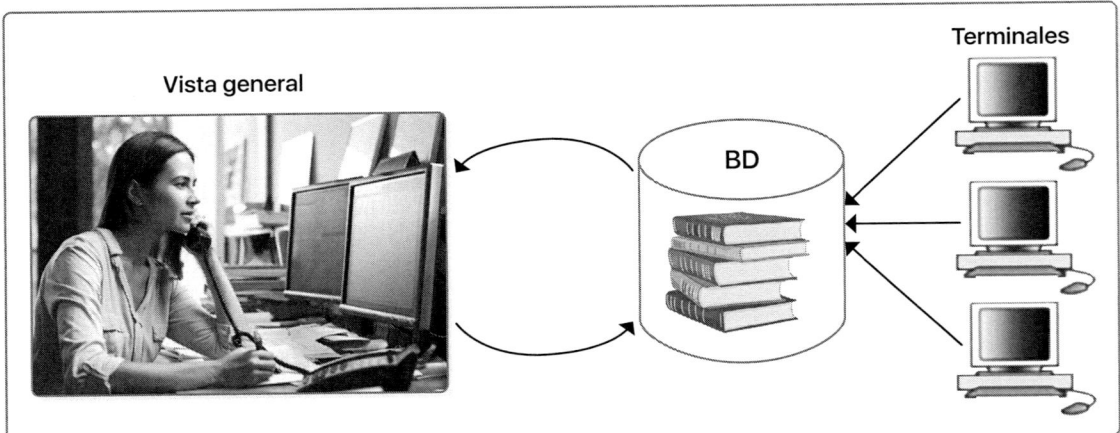

Vista de un archivo de texto:

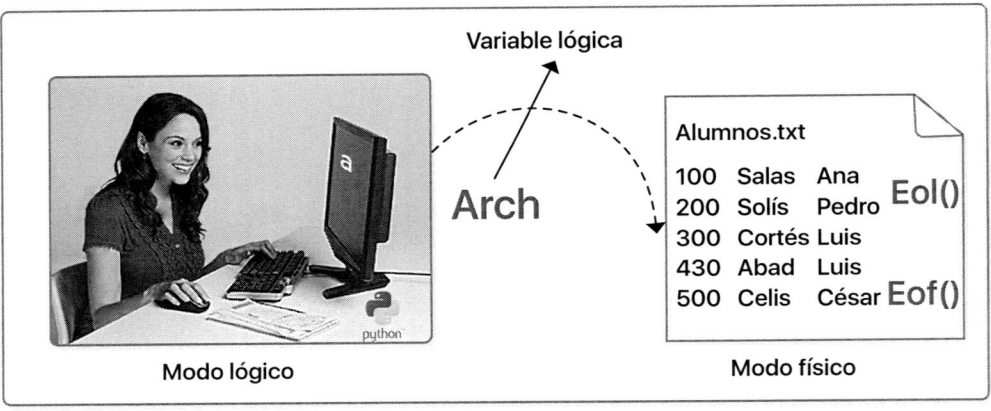

Arch es una variable lógica que establece una relación entre los medios lógico y físico. La variable Arch tiene el rol de llevar registros desde el modo RAM al modo físico para guardar registros en el archivo. Para recorrer un archivo de texto se deben usar las marcas lógicas eol() (fin de línea) y eof() (fin de archivo) junto a una estructura repetitiva.

Para crear un archivo, se usan los siguientes procedimientos:

1. Definir archivo arch = open("lista.txt","w").

2. Escribir información arch.write(frase), donde "frase" es una cadena de texto.

3. Si desea ingresar nueva información, definir una nueva variable y su contenido. Editar y luego escribir:

   datos = input("\ingreso más datos = ")"lista.txt","w")

   arch.write(datos)

4. Cerrar archivo: arch.close().

Resumen:

I. Crear

nomb_Archivo.write(' contenido ')

alumnos = open('ListaLPE.txt','w')

1. alumnos.write(' Bienvenidos...')

2. alumnos.close()

II. Lectura

1. Nomb_var_logica = Nomb_Archivo.read()

archivo = open('Archivo11_Lista.txt', ' r ')

2. mensaje = archivo.read()

3. print(" Resultado : ", mensaje)

4. archivo.close()

III. Lectura de registros usando nombre de archivo

Arch = str(input(' Ingrese nombre de Archivo = '))

registros = open(Arch)

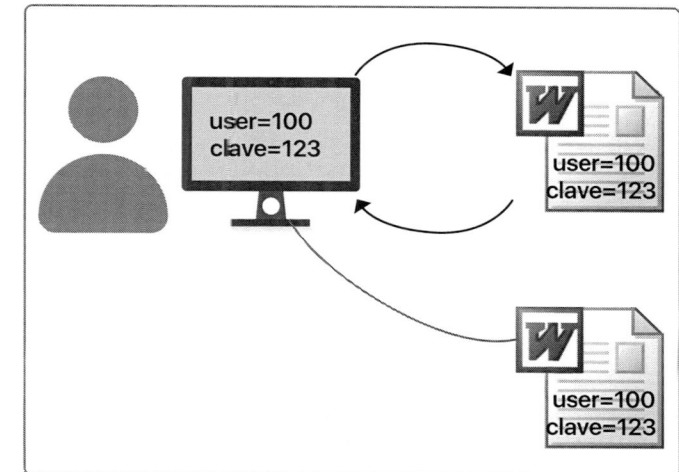

Ejemplo:

Diseñar un programa que permita "cargar" información del archivo de texto Archivo2222.txt.

Solución:

a. Se puede crear el archivo con cualquier herramienta de ingeniería de software. Luego abrir con doble clic y observar su contenido.

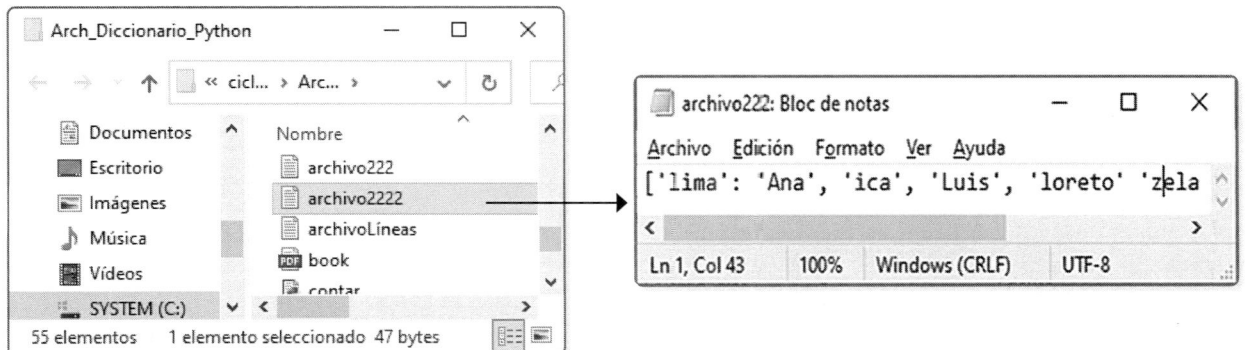

b. Usando Python

```
Arch_Lee_Arc_Jala_Dicc1.py - G:/Arch_Diccionario_Python/Arch_Lee_Arc_Jala_Dicc1.py (3.6.4)
File  Edit  Format  Run  Options  Window  Help
print(" Módulo: Cargar Archivo por Nombre ")
print("  Cargando Archivo : Archivo2222.txt")
print (" ----------------------------------")
Arch= str(input('  Ingrese  nombre de Archivo =  '))
try:
    Registros = open(Arch)
except:
    print (" El fichero no se pudo abrir:", Arch)
    exit()
## método split () divide una cadena en una lista
for linea in Registros:
    palabras = linea.split()
i=0
for  valor in palabras:
    i=i+1
    print(" Dato [",i,"] = ",valor)
lista = list()
print("  Reporte de datos en una Lista  ")
print(" ------------------------------------------------
print("")
lista.append(palabras)
for  valor in lista[0:] :|
    print(" Lista1 = ", valor)
print("")
                                                      Ln: 22  Col: 25
```

Ejecución: desde el teclado ingresar el nombre de archivo y presionar Enter.

```
Python 3.6.4 Shell
File  Edit  Shell  Debug  Options  Window  Help

  Cargando Archivo : Archivo2222.txt
  ------------------------------------

  Ingrese  nombre de Archivo =  Archivo2222.txt
Dato [ 1 ] =  Lima
Dato [ 2 ] =  Ana
Dato [ 3 ] =  Ica
Dato [ 4 ] =  Luis
Dato [ 5 ] =  Loreto
Dato [ 6 ] =  Zela
Dato [ 7 ] =  Tumbes
Dato [ 8 ] =  Cubillas

  Reporte de datos en una Lista
  --------------------------------------------------------

Lista1 =  ['Lima', 'Ana', 'Ica', 'Luis', 'Loreto', 'Zela', 'Tumbes', 'Cubillas']

>>>
                                                      Ln: 17  Col: 19
```

Ejemplo:

Diseñar un programa que permita crear el archivo lista.txt y luego guardar la información inicializada.

Solución:

Seguir las siguientes instrucciones:

1. Instrucción para crear automáticamente un archivo lista.txt.

2. Conjuntamente con los procesos realizados según el paso 1, guardar la información del archivo (texto resaltado en la imagen).

3. Editar más información desde el teclado.

4. Cerrar el archivo para actualizar información.

Programa fuente en Python:

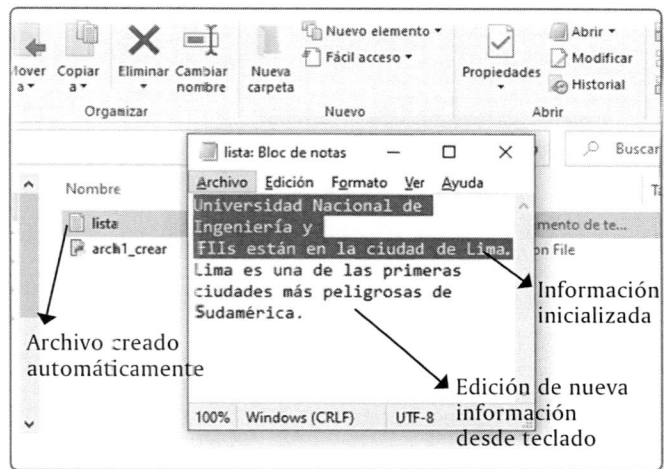

Archivo creado automáticamente

Información inicializada

Edición de nueva información desde teclado

```python
print()
print("\n\tCrear Archivo(lista.txt ) de texto ")
print("-"*40)
arch=open("lista.txt","w")
print("\n\t Archivo creado .. ")
frase="Universidad Nacional de Ingeniería y \n fi
print()
print(" Información registrada   ")
print("-"*40)
arch.write(frase)
datos=input("\nIngresó más datos = ")
arch.write(datos)
arch.close()
```

Se utiliza el método with() para crear una variable lógica:

with open('nomb_Archivo', 'r') as Lista:

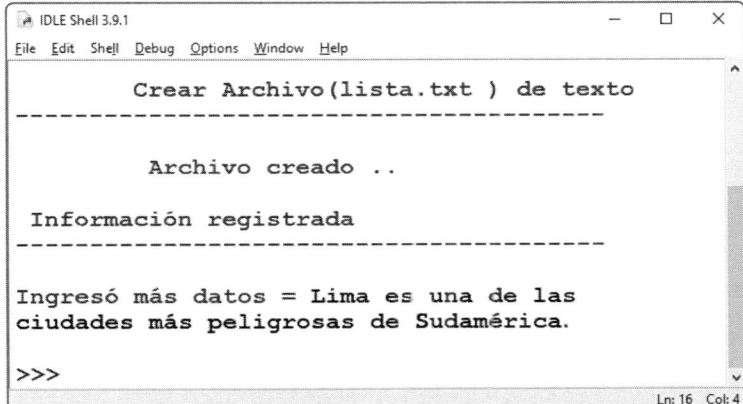

```
        Crear Archivo(lista.txt ) de texto
-----------------------------------------

        Archivo creado ..

 Información registrada
-----------------------------------------

Ingresó más datos = Lima es una de las
ciudades más peligrosas de Sudamérica.

>>>
```

Ejemplo:

Diseñar un programa que permita cargar los registros de un archivo Archivo11_Lista.txt que contiene n líneas de texto y almacenarlo en una lista.

Solución:

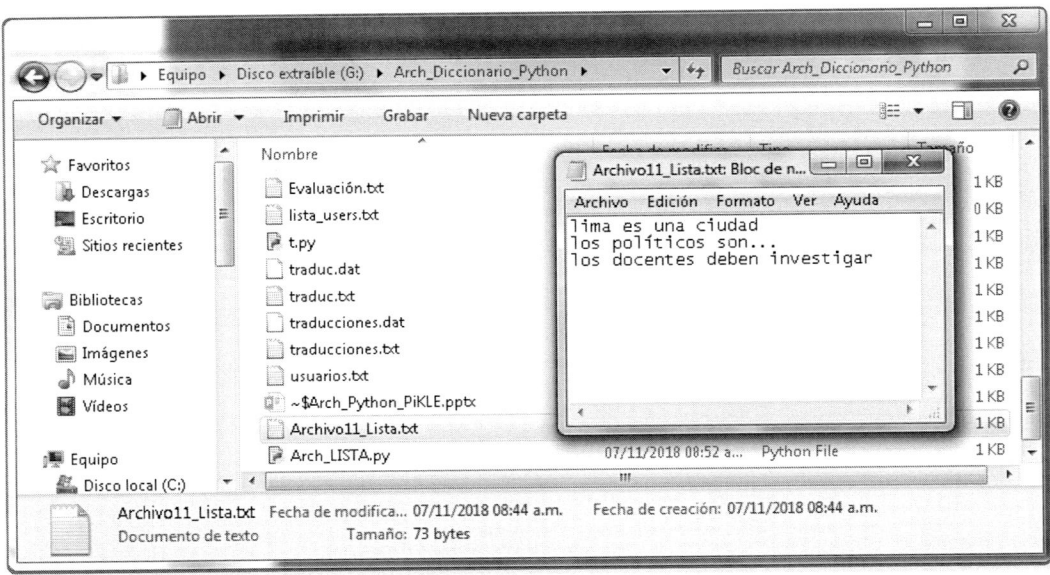

```python
print("")
print("  Archivo : Archivo11_Lista.txt a Lista")
print (" ---------------------------------------- ")
print("")
##salida = []
k=0
with open('Archivo11_Lista.txt', 'r') as Lista:
    Alumnos = [registro.split() for registro in Lista]

for registro in Alumnos:
    k=k+1
    print(" Registro[",k,"] = ",registro)
```

```
  Archivo : Archivo11_Lista.txt a Lista
  ----------------------------------------

  Registro[ 1 ] =  ['lima', 'es', 'una', 'ciudad']
  Registro[ 2 ] =  ['los', 'políticos', 'son', '..']
  Registro[ 3 ] =  ['los', 'docentes', 'deben', 'investigar']
>>>
```

Ejemplo:

Crear un archivo lista2.txt que permita:

a. Crear automáticamente el archivo.

b. En paralelo a instrucciones en el paso 1, guardar información inicializada.

c. El usuario puede ingresar nueva información al archivo.

d. Al finalizar, desde la consola abrir el archivo por su nombre y conocer toda su información.

Observación:

Para leer el nombre de un archivo, se usa el método read().

Sintaxis:

> **reg.read()**, donde reg: una variable lógica.

Solución:

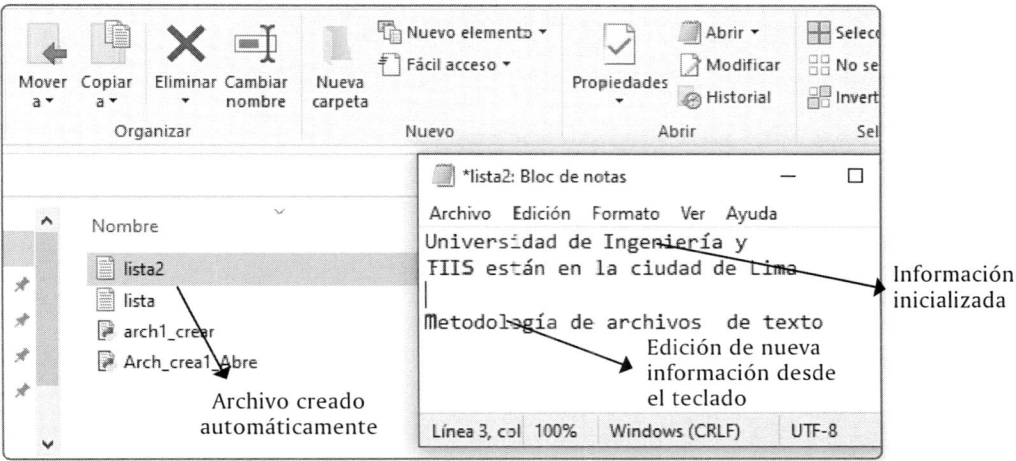

Archivo creado automáticamente

Información inicializada

Edición de nueva información desde el teclado

Programa fuente:

```
print(" \nCrear Archivo(lista2.txt ) de texto y Abrir")
print("-"*50)
arch=open("lista2.txt","w")
print(" Archivo creado .. ")
frase="Universidad de Ingeniería y \n fiis están en la ciudad de Lima \n"
print()
print(" Información registrada  ")
print("-"*40)
arch.write(frase)
datos=input(" Ingrese nuevos datos = ")
arch.write(datos)
print("\n Abrir un Archivo ")
print("-"*35)
arch=input("\n Ingrese nombre archivo = ")
reg=open(arch)
txt=reg.read()
print()
print(" listado = ",txt)
```

```
IDLE Shell 3.9.1                                        —   □   ×
File  Edit  Shell  Debug  Options  Window  Help

Crear Archivo(lista2.txt) de texto y Abrir
-----------------------------------------------
 Archivo creado ..

 Información registrada
-----------------------------------------------
 Ingrese nuevos datos = Los archivos de texto no definen índices
para hacer búsquedas de registros

 Abrir un Archivo
---------------------------------

| Ingrese nombre archivo = lista2.txt

 listado =  Universidad de Ingeniería y
 FIIs están en la ciudad de Lima
Los archivos de texto no definen índices para hacer búsquedas de
registros

-----------------------------------------
>>>
                                                        Ln: 18  Col: 0
```

Ejemplo:

Diseñar una función que permita validar clave = 123 de usuario, donde se lee código y clave. Se deben registrar las incidencias de errores con respecto al código. Solo se aceptan tres errores. Cuando la clave es correcta, el sistema permite crear un archivo crea.txt que almacena todos los códigos ingresados. Ver la siguiente interfaz:

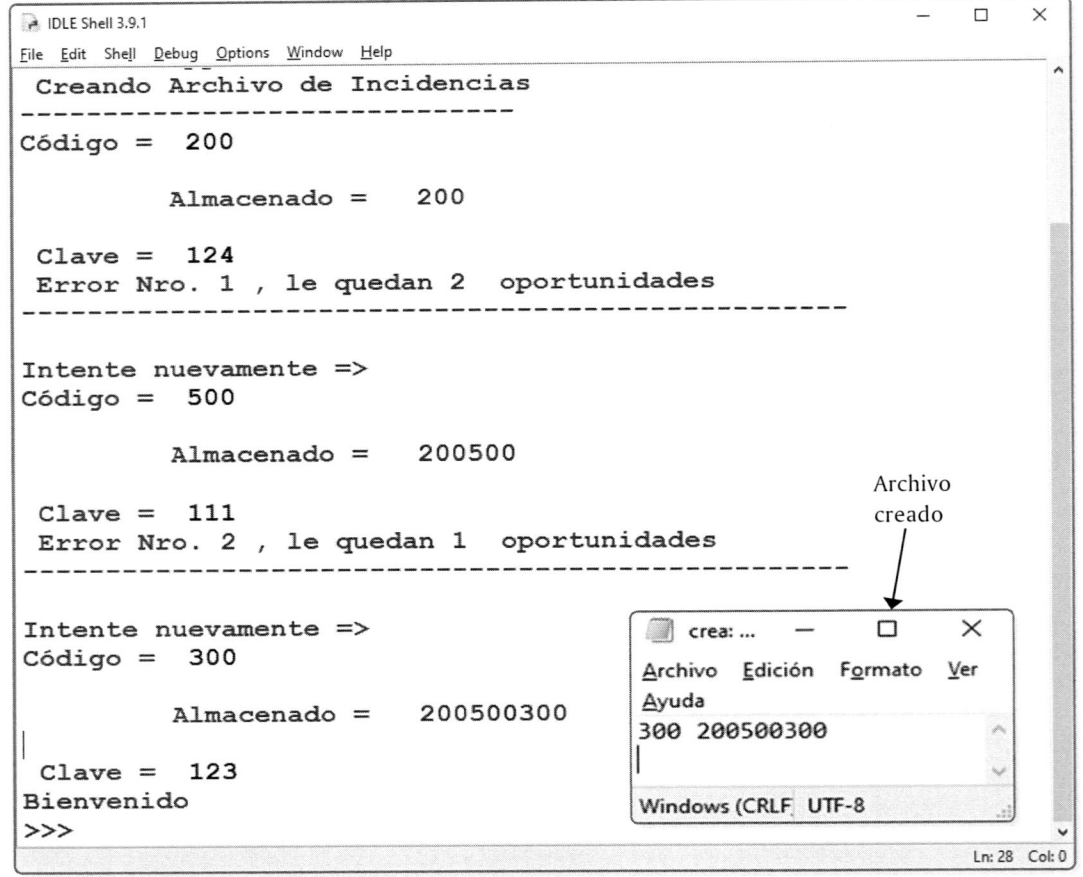

Solución:

```
*Arch3_validando.py - C:/Users/User/Desktop/libro_python_BD/Arch3_validando.py (3.9.1)*          —    □    ×
File  Edit  Format  Run  Options  Window  Help

def ingresar():
    lista=[];  texto=" ";       error=1
    while True:
        codigo=input("Código =  ")
        texto=texto+codigo
        print("\n\t Almacenado = ",texto)
        pws=input("\n Clave =  ")

        if pws=='123':
            print("Bienvenido, se ha creado su archivo")
            break
        else:
            print(" Error Nro.",error,", le quedan",3-error," oport
            print("-" *50)
            error=error+1
            if error<4:
                print("\nIntente nuevamente => ")
            else:
                print(" Ud saldrá del sistema ")
                exit()
    texto=codigo + texto
    arch=open(" crea.txt","w")
    arch.write(texto)
    arch.write("\n");       arch.close()
    return
print(" Creando Archivo de Incidencias")
print("-" *30)
                                                                        Ln: 29   Col: 0
```

Ejemplo:

Diseñar un programa que permita crear un archivo notas.txt para guardar datos de alumnos por nombre, nota y código.

En un diccionario, mostrar a los alumnos ingresados. El programa presenta un menú de opciones (ver figura).

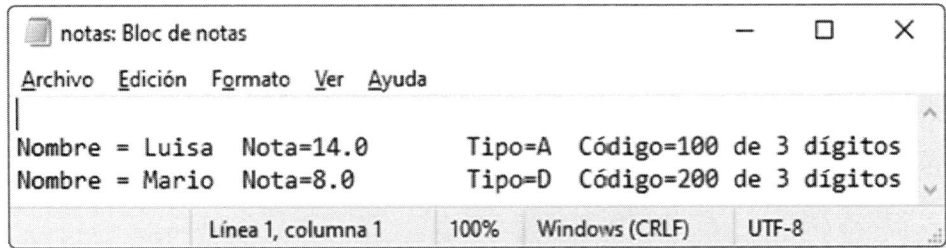

```
notas: Bloc de notas                                    —    □    ×

Archivo   Edición   Formato   Ver   Ayuda

|
Nombre = Luisa   Nota=14.0       Tipo=A  Código=100 de 3 dígitos
Nombre = Mario   Nota=8.0        Tipo=D  Código=200 de 3 dígitos

            Línea 1, columna 1    100%   Windows (CRLF)    UTF-8
```

Solución:

```
*IDLE Shell 3.9.1*                                    —    □    ×
File  Edit  Shell  Debug  Options  Window  Help

          Menú Principal
------------------------------------
          <1> Insertar Alumno
          <2> Reportes
          <3> Buscar
          <4> Eliminar
          <5> Fin
------------------------------------
 Elija opción => 1

Alumno Nro : 1
 Nombre = Luisa
 Nota   = 14
Nota es correcta..
 código =  100
 Código correcto
¿ Alumno está Aprobado/Desaprobado..?A

          Alumnos= {'Luisa': [14.0, 'A', 100]}

          Presione enter para continuar..
--------------------------------------------
Alumno registrado exitosamente
----------------------------------
 Elija opción=> 1
                                          Ln: 43  Col: 32
```

```
*IDLE Shell 3.9.1*                                    —    □    ×
File  Edit  Shell  Debug  Options  Window  Help
========================================================

Alumno Nro : 2
 Nombre = Mario
 Nota   = 8
Nota es correcta..
 código =  200
 Código correcto
¿ Alumno está Aprobado/Desaprobado..?D

        Alumnos= {'Luisa': [14.0, 'A', 100], 'Mario': [8.0, 'D', 200]}

        Presione enter para continuar..
-------------------------------------------
Alumno registrado exitosamente
----------------------------------
 Elija opción=> 2
========================================================
Mostrar archivo
========================================================


Nombre = Luisa  Nota=14.0        Tipo=A  Código=100 de 3 dígitos
Nombre = Mario  Nota=8.0         Tipo=D  Código=200 de 3 dígitos

       Elija opción=> |
                                          Ln: 55  Col: 0
```

Programa fuente:

```
Arch3_notas_menu.py - C:/Users/User/Desktop/libro_python_BD/Arch3_notas_menu.py (3.9.1)          —  □  ×
File  Edit  Format  Run  Options  Window  Help
print("\n\tMenú Principal")
print("-" *35)
print("\t<1> Insertar Alumno\n\t<2> Reportes\n\t<3> Buscar \n\t<4> Eliminar\n\t<5> Fin")
print("-" *35)
opcion= str(input(" Elija opción => "))
dicc={};i=0
while i>=0:
    if opcion=="1":
        print (" ")
        arch=open("notas.txt","a")
        print("Alumno Nro :",i+1)
        i=i+1
        nombre=str(input(" Nombre = "))
        while True :
            nota=float(input(" Nota    = "))
            if nota>= 0 and nota<21:
                print("Nota es correcta..")
                break
            else:
                print(" Error en nota ")
        while True :
            codigo=int(input(" código =   "))
            if codigo>99 and codigo<1000:
                print(" Código correcto")
                break
            else:
                print("Error en Código ")
        desc=str(input("¿ Alumno está Aprobado/Desaprobado..?"))
        dat=[nombre,[nota,desc,codigo]]
        dicc.update([dat])
        print("\n\t Alumnos=",dicc)
        input(" \n\tPresione enter para continuar..")
        print("-"*45)
        print ("Alumno registrado exitosamente ")
        print("-"*30)
        arch.write("\nNombre = "+nombre+"\tNota="+str(nota)+"\tTipo="+str(desc)+"\tCódigo="+str(co
        opcion= str(input(" Elija opción=> "))
        print("="*60)
        arch.close()
    elif opcion=="2":
        print ("Mostrar archivo")
        print("="*60)
        arch=open("notas.txt")
        print("")
        print(arch.read())
        opcion= str(input("\n\tElija opción=> "))
        arch.close()
        i=i+1
    elif opcion=="3":
        m=str(input("Ingrese nombre = "))
        print("\tNota   = ",dicc[m][0])
        print("\tTipo   = ",dicc[m][1])
        print("\tCódigo= ",dicc[m][2])
        print("")
        opcion= input("\n\tElija opción=> ")
        i=i+1
    elif opcion=="4":
        arch=open("notas.txt","r")
        lineas = arch.readlines()
        arch.close()
        arch=open("notas.txt","w")
        orde=int(input(" Orden de alumno a eliminar:"))
        lineas.pop(orde)
        for l in lin:
                arch.write(l)
        b=str(input("Nombre de alumno = "))
        del dicc[b]
        arch.close()
        opcion= input("\n\tElija opción=> ")
        i=i+1
    elif opcion=="5":
        print("Registro está  actualizado, hasta luego")
        exit()
        break
    else:
        print ("Elija opción anterior ")
        opcion=str(input("\n\tElija opción=>   "))
        i=i+1
                                                                            Ln: 66  Col: 0
```

Archivo de texto creado, se puede ver su contenido al ejecutar en modo Windows.

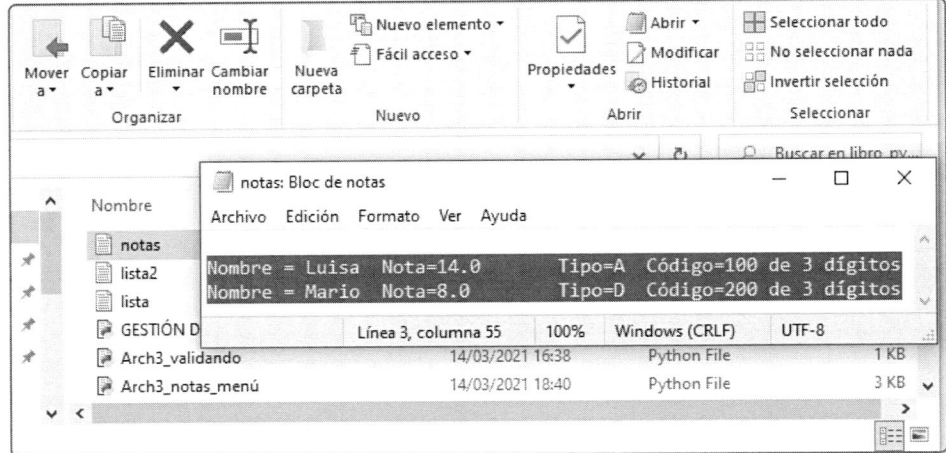

Ejemplo:

Se tiene un archivo backA.txt con datos de usuario código = 100 y clave = 123. Diseñar un programa que permita validar. Si los datos son correctos, enviar el mensaje **"OK, bienvenidos"**.

Solución:

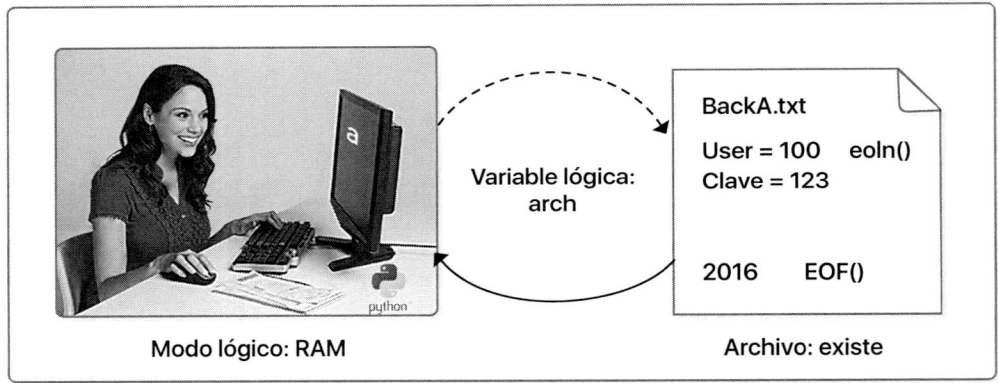

Programa fuente:

```
arch=open("backA.txt","r")
todo=str(arch.read(6))
print("Datos = ",todo)
print("\n\t Validando el Ingreso al sistema:")
print("-" *35)
user=input("\n\tUsuario = ")
clav=input("\tClave   = ")
print("-" *35)
if user==(todo[0]+todo[1]+todo[2]) and clav==(todo[3]+todo[4]+todo[5]):
    print("\nCorrecto, ya está en el sistema...")
else:
    print("\n Error, no ingresará al sistema ")
```

Ejemplo:

Diseñar un programa para crear un primer archivo fuente.txt con un dato user = 100 y, luego, en este archivo insertar una clave = 123. Realizar proceso de validación para ingresar a un sistema informático. Ver la siguiente interfaz.

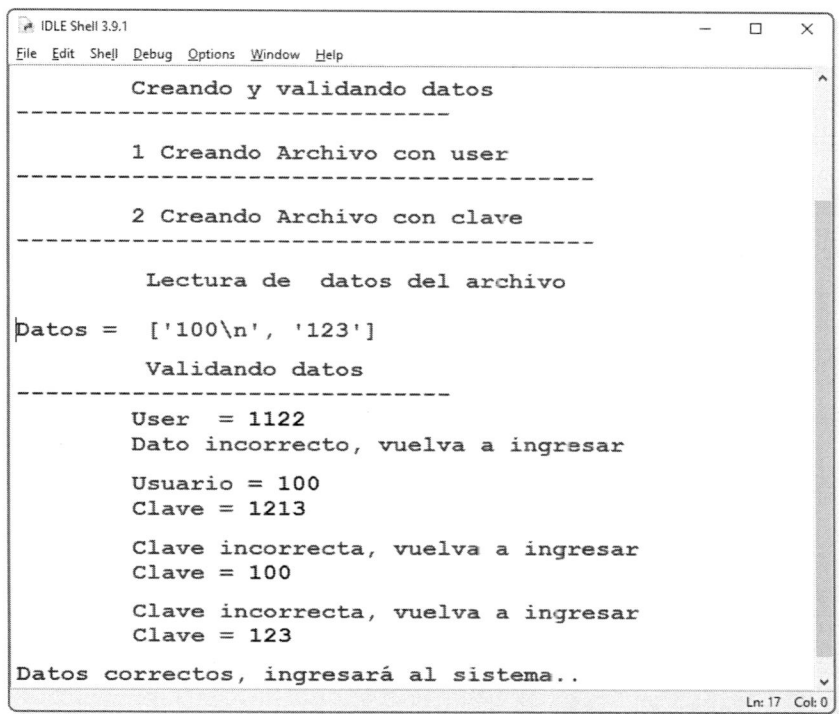

Solución:

Programa fuente:

```
print("\n\tCreando y validando datos  ")
print("-" * 30)
print("\n\t1 Creando Archivo con user")
print("-" * 40)
arch=open("Fuente.txt","w")
arch.write(("100"))
arch.close()
print("\n\t2 Creando Archivo con clave ")
print("-" * 40)
arch=open("Fuente.txt","a")
arch.write(("\n123"))
arch.close()
print("\n\t Lectura de  datos del archivo")
arch=open("Fuente.txt","r")
contenido=arch.readlines()
print("\nDatos = ",contenido)
arch.close()
print("\n\t Validando datos  ")
print("-" * 30)
user=input("\tUser  = ")
while (contenido[0]!= user +"\n") :
    print("\tDato incorrecto, vuelva a ingresar")
    user = input("\n\tUsuario = ")
    clave = input("\tClave = ")
while(contenido[1]!=clave):
    print("\n\tClave incorrecta, vuelva a ingresar")
    clave=input(" \tClave = ")
print("\nDatos correctos, ingresará al sistema.. ")
```

Ejemplo:

Diseñar un programa que conste de:

a. Implementación del módulo de validación de usuario por user = 100 y clave = 123. El módulo debe verificar el número de errores cometidos; si es mayor que 3, finalizar.

b. Implementación del programa diseñando un menú de opciones desde donde se cree un archivo de tipo Excel data.xls; luego realizar las operaciones mostradas en la siguiente interfaz.

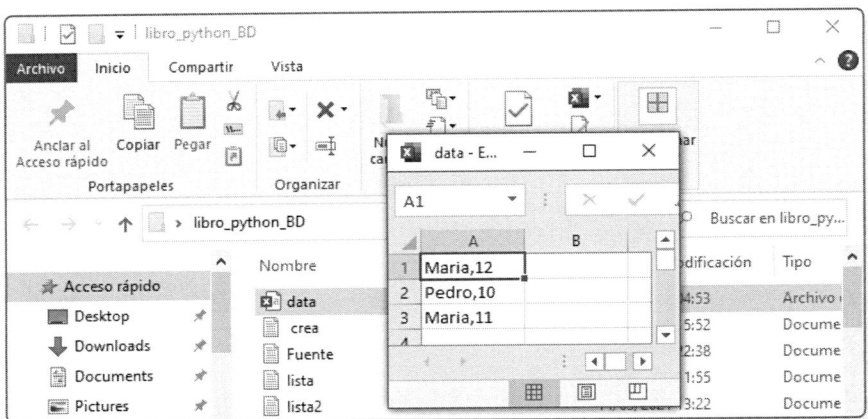

Solución:

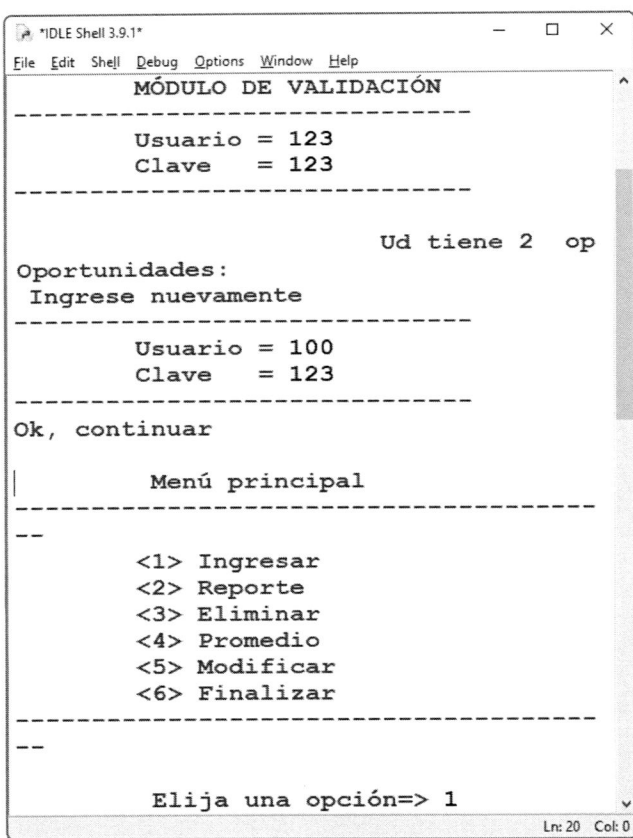

```
IDLE Shell 3.9.1                                    —   □   ×
File  Edit  Shell  Debug  Options  Window  Help

            Elija una opción=> 4
      Ingrese  prácticas
      pc1 = 11
      pc2 = 12
      pc3 = 13
      pc4 = 12
      pc5 = 11

            Promedio  =  11.8

            Menú principal
      -------------------------------------
      --
            <1> Ingresar
            <2> Reporte
            <3> Eliminar
            <4> Promedio
            <5> Modificar
                                            Ln: 66  Col: 0
```

```
*Arch_Promedios_2020.py - C:/Users/User/Desktop/libro_python_BD/Arch_Promedios_2020.py (3.9.1)*    —   □   ×
File  Edit  Format  Run  Options  Window  Help

contad = 1
while True :
  print("-" *30)
  user = input("\tUsuario = ")
  clav = input("\tClave   = ")
  print("-" *30)
  if ((user=="100") and (clav=="123")):
      print("Ok, continuar")
      break
  else:
    if contad<4:
      print("\n\t\t\tUd tiene",  3-contad," oportunidades:")
      contad = contad + 1
      print(" Ingrese nuevamente ")
    else:
      print("hasta luego...")
      exit()
while True:
    print ("\n\t Menú principal")
    print("-"*40)
    print (" \t<1> Ingresar ")
    print (" \t<2> Reporte")
    print (" \t<3> Eliminar ")
    print (" \t<4> Promedio ")
    print (" \t<5> Modificar" )
    print (" \t<6> Finalizar ")
    print("-"*40)
    opc=int(input("\n\t Elija una opción=> "))
                                                      Ln: 18  Col: 0
```

```
*Arch_Promedios_2020.py - C:/Users/User/Desktop/libro_python_BD/Arch_Promedios_2020.py (3.9.1)*    —    □    ×
File  Edit  Format  Run  Options  Window  Help

    opc=int(input("\n\t Elija una opción=> "))
    if opc==1:
        print()
        print("   Creando Archivo:data.csv ")
        print("--------------------------")
        archivo=open("data.csv","a+")
        nombre=input("\n\t  Nombre   =   ")
        nota=input("\t Nota    = ")
        print("--------------------------")
        print ("\tSe guardará : " ,nombre ,"\n\tcon nota:",nota)
        archivo.write(nombre)
        archivo.write(",")
        archivo.write(nota)
        archivo.write("\n")
        archivo.close()
    elif opc==2:
        print()
        print ("  Nombres  práctica   ")
        archivo=open("data.csv","r")
        print (" ",archivo.read())
        archivo.close()
    elif opc==3:
        archivo=open("data.csv","w")
        archivo.truncate()
        print ("\nRegistros Eliminados")
        archivo.close()
    elif opc==4:
        print ("Ingrese  prácticas")
                                                                    Ln: 46  Col: 0
```

```
*Arch_Promedios_2020.py - C:/Users/User/Desktop/libro_python_BD/Arch_Promedios_2020.py (3.9.1)*    —    □    ×
File  Edit  Format  Run  Options  Window  Help

        pc1 = float(input("pc1 = "))
        pc2 = float(input("pc2 = "))
        pc3 = float(input("pc3 = "))
        pc4 = float(input("pc4 = "))
        pc5 = float(input("pc5 = "))
        if pc1>0 and pc2>0 and pc3>0 and pc4>0 and pc5>0:
          total=pc1+pc2+pc3+pc4+pc5
          total=total/5
          print ("\n\tPromedio  = ",total)
        else:
          print("Error en notas")
    elif  opc==5:
        print(" Modificaré pc1: ")
        pc1=int(input(" Ingrese pc1="))
        print(" \n\tSu nueva nota de pc1 = ",pc1)
    elif opc==6:
      print(" Saliendo del sistema.....")
      exit()
                                                                    Ln: 68  Col: 0
```

Ejemplo:

Diseñar una función que permita validar datos de usuario por user = 100 y clave = 123. El usuario solo tiene tres oportunidades. El dato que almacena el archivo validac.txt es solo el nombre del usuario, nombre = Teodoro.

Solución:

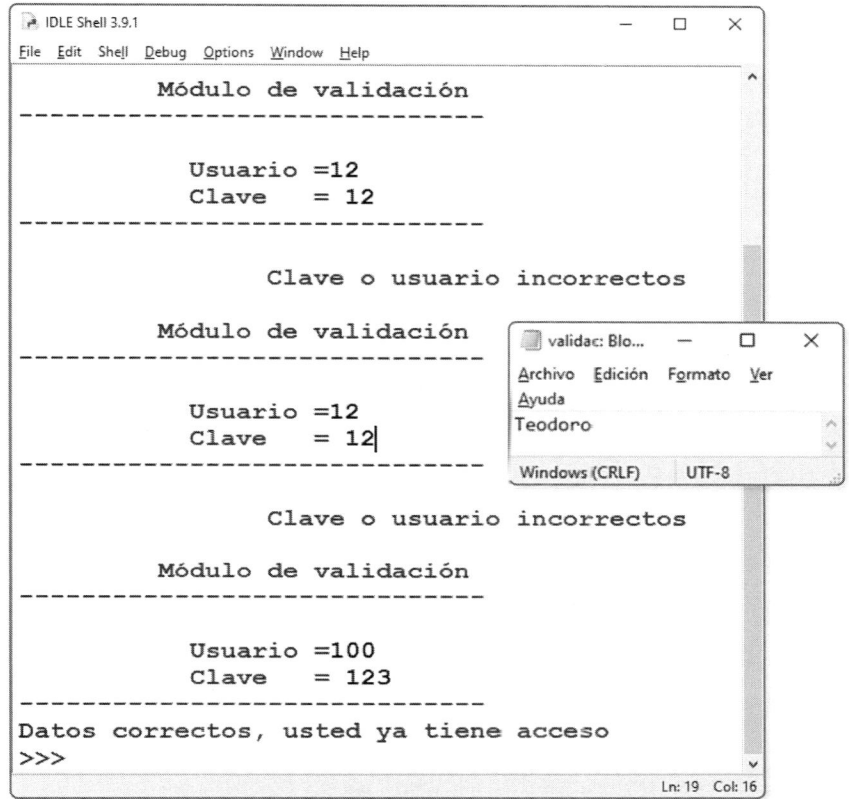

```
def ingreso():
    persona="Teodoro"
    arch = open("validac.txt","w")
    arch.write(str(persona))
    arch.close()
contad = 1
while contad <= 3:
    print("\n\t Módulo de validación")
    print("-" *30)
    usuario= int(input("\n\t   Usuario ="))
    clave = int(input("\t   Clave   = "))
    print("-" *30)
    if clave == 123 and usuario== 100:
        print("Datos correctos, usted ya tiene acceso")
        break
    else:
        print("\n\t\tClave o usuario incorrectos")

        print (" \n\t Oportunidad 0, fin ",3-contad)
        contad = contad+ 1
if __name__ == '__main__':
    ingreso()
```

Ejemplo:

Diseñar un programa que permita crear dos archivos de texto: oportunidades.txt para registrar los intentos al momento de validar y datos.txt para guardar datos del usuario. Estos deben cargarse en una lista para iniciar la validación, donde user = Córdova y clave = 123. El programa solo acepta tres oportunidades; en otro caso, sale del sistema.

Solución:

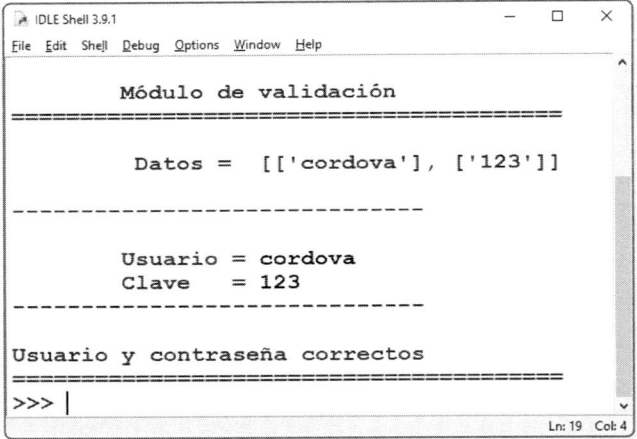

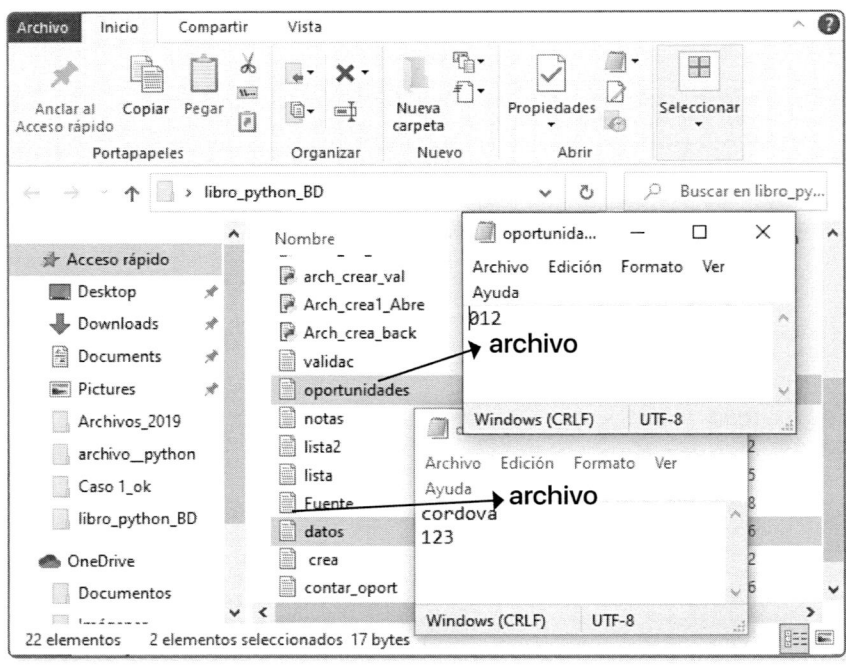

Programa fuente. Permite crear dos archivos: el primer archivo para contar los intentos y denominado "oportunidades" y el segundo archivo para registrar datos del usuario. Se le enviarán mensajes de errores si existen.

```
*Arch_va_listas.py - C:/Users/User/Desktop/libro_python_BD/Arch_va_listas.py (3.9.1)*      —    □    ×
File  Edit  Format  Run  Options  Window  Help
print("\n\tMódulo de validación")
print("=" *40)
arch=open("contar_oport.txt","w")
arch.write("0")
arch.close()
archi=open("datos.txt","w")
archi.write("\ncordova")
archi.write("\n123")
archi.close()
archi=open("datos.txt","r")
leer=archi.readline()
lista=[]
for reg in archi:
    alumn=reg.split()
    lista.append(alumn)
print("\n\t Datos = ", lista)
archi.close()
def valida():
    print()
    print("-" *30)
    user=input("\n\tUsuario = ")
    clav =input("\tClave   = ")
    print("-" *30)
    arch=open("contar_oport.txt","r")
    reg=arch.readline()
    arch.close()
    tlineas=int(reg)
    if user==str(lista[0][0]) and clav==str(lista[1][0]):
        print("\nUsuario y contraseña correctos")
```

```
*Arch_va_listas.py - C:/Users/User/Desktop/libro_python_BD/Arch_va_listas.py (3.9.1)*      —    □    ×
File  Edit  Format  Run  Options  Window  Help
        print("=" *40)
    elif user==str(lista[0][0]) and clav!=str(lista[1][0]):
        if tlineas<3:
            tlineas=tlineas+1
            arch=open("contar_oport.txt","a")
            arch.write(str(tlineas))
            arch.close()
            print("Datos incorrectos\n"+" Le quedan "+str(3-tlineas)+" intentos")
            valida()
        else:
            print(" Datos incorrectos\n"+" Sr. ha superado oportunidades")
    elif user!=str(lista[0][0]) and clav==str(lista[1][0]):
        if tlineas<3:
            tlineas=tlineas+1
            arch=open("contar_oport.txt","a")
            arch.write(str(tlineas))
            arch.close()
            print(" Datos incorrectos to\n"+" Le quedan "+str(3-tlineas)+" intentos.")
            valida()
        else:
            print("Login incorrecto\nUsuario  incorrecto\n"+" Sr. ha superado sus oportunidades")
    elif user!=str(lista[0][0]) and clav!=str(lista[1][0]):
        if tlineas<3:
            tlineas=tlineas+1
            arch=open("contar_oport.txt","a")
            arch.write(str(tlineas))
            arch.close()
            print(" Datos incorrectos\n"+" Le quedan "+str(3-tlineas)+" intentos")
            valida()
        else:
            print("Datos incorrectos\n"+"Sr. ha superado sus oportunidades"
archi.close()
valida()
```

Ejemplo:

Se tiene información de empleados en el archivo alumnos.txt. Diseñar un programa que permita hacer una interfaz respectiva.

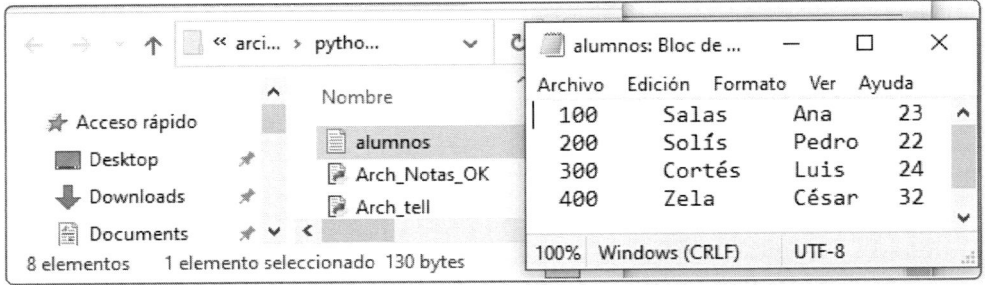

Solución:

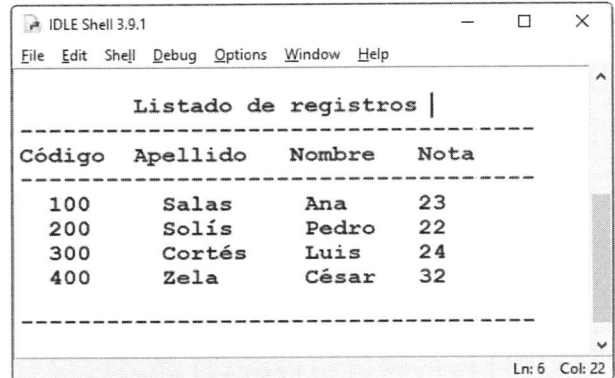

```python
def reporte():
    arch= open("alumnos.txt", "r")
##    print(arch.tell())
    print(arch.read())
    arch.close()
print("\n\tListado de registros ")
print("-" *40)
print("Código  Apellido    Nombre    Nota")
print("-" *40)

if __name__ == "__main__":
    reporte()
    print("-" *40)
```

Ejemplo:

Diseñar un programa que permita implementar un sistema de mantenimiento de alumnos, cursos y su matrícula respectiva. Para tal efecto, se debe crear un archivo Alumnos.txt para guardar los alumnos por código, nombre, apellido y facultad. También crear un archivo cursos.txt para guardar cursos y luego matricular en cada curso a los alumnos que estime conveniente. Realizar reportes según se muestra en la figura adjunta.

Solución:

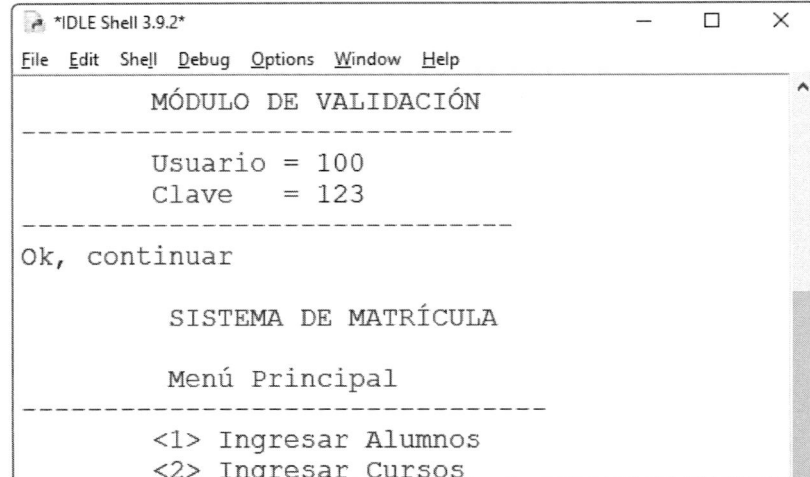

```
        <3> Insertar Alumnos
        <4> Insertar Cursos
        <5> Eliminar Alumnos
        <6> Eliminar Cursos
        <7> Listado
        <8> Matrícula
        <9> Fin
-------------------------------
    Elija una opción ==> 1

        Ingreso de alumno(s)
-------------------------------

Alumno[ 1 ]:
-------------------------------
'        Código   = 300
         Nombre   =
```

Ln: 24 Col: 0

```
*IDLE Shell 3.9.2*                          —    □    ×
File  Edit  Shell  Debug  Options  Window  Help
-------------------------------
    Elija una opción ==> 7

Listado de Alumnos
-------------------------------


   No    Cod    Nombres    Apellidos    Facultad
-----------------------------------------------

    1     100 Ana Salas Fiis

    2     200 Pedro Cortés Química


 Listado de cursos:
-------------------------------
    No    Cod    Nombre    Profesor    Sección
---------------------------------------------

    1     111 LPE Córdova U

    2     222 Algor Sotelo U


      Reporte de Matrícula
-------------------------------

Código   Alumnos matriculados
222 : 100
111 : 100
```

Ln: 142 Col: 0

Cuando se desea insertar los nombres de nuevos alumnos o de nuevos cursos en el archivo, el sistema debe verificar si estos no existen; en caso contrario, envía el mensaje **"Este código ya existe"**. Para consultas o reportes, se pueden seguir las relaciones mostradas en el modelo relacional de base de datos.

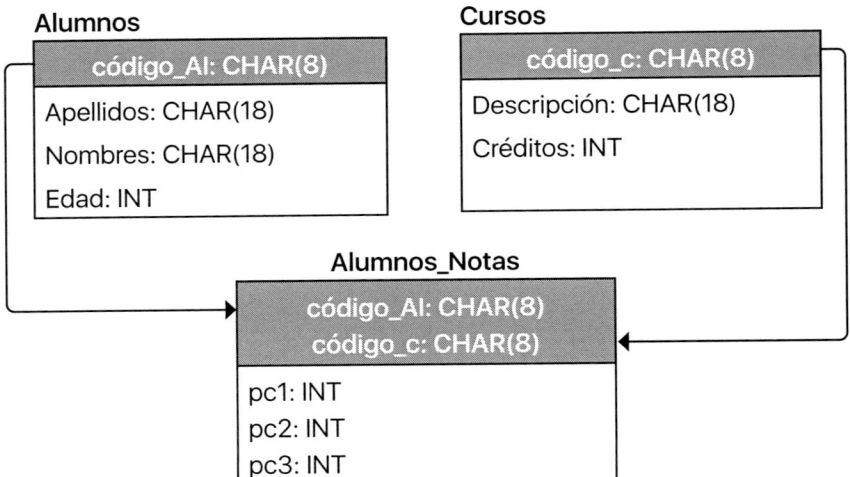

Programa fuente:

```
contad=1
while True :
  print("-" *30)
  user = input("\tUsuario = ")
  clav = input("\tClave   = ")
  print("-" *30)
  if ((user=="100") and (clav=="123")):
      print("Ok, continuar")
      break
  else:
    if contad<4:
      print("\n\t\t\tUd tiene",  3-contad," oportunidades:")
      contad = contad + 1
      print(" Ingrese nuevamente ")
    else:
      print("hasta luego...")
      exit()
print("\n\t SISTEMA DE MATRÍCULA ")
while True:
    print ("    \n\t Menú Principal")
    print("-----------------------------")
    print("\t<1> Ingresar Alumnos")
    print("\t<2> Ingresar Cursos")
    print("\t<3> Insertar Alumnos ")
    print("\t<4> Insertar Cursos")
    print("\t<5> Eliminar Alumnos")
    print("\t<6> Eliminar Cursos ")
    print("\t<7> Listado ")
    print("\t<8> Matrícula " )
    print("\t<9> Fin")
    print("-----------------------------")
    op=int(input("   Elija una opción --> "))
```

```
*Arch_menuP.py - C:/Users/User/Desktop/libro_python_BD/Arch_menuP.py (3.9.2)*        —    □    ×
File  Edit  Format  Run  Options  Window  Help
        op=int(input("   Elija una opción ==> "))
    if op==1:
        print("\n\t Ingreso de alumno(s)")
        def Alumnos():
            print("-" *30)
            arch=open("Alumnos.txt","w")
            i=1;   b=True;   vec=[]
            while(b):
                print("\nAlumno[",i,"]:")
                print("-" *30)
                bandera=True
                e=0
                while(bandera or e==0):
                    e=e+1
                    cod=int(input("'\tCódigo   = "))
                    vec.append(cod)
                    for j in range (i):
                        if(i>1 and j!=i-1):
                            if (cod==vec[j]):
                                print("código existe, ingrese
                                bandera=True;    e=0
                        else:
                                bandera=False
                    if(e==0):
                        vec.pop()
                nom=str(input("\tNombre   = "))
                ape=str(input("\tApellido = "))
                fac=str(input("\tFacultad = "))
                arch.write(str(cod)+" "+nom+" "+ape+" "+fac+"\
                o=str(input("¿Desea continuar...?(S/N)==>"))
                if (o=="S"):
                    b=True
                                                                      Ln: 50   Col: 41
```

```
*Arch_menuP.py - C:/Users/User/Desktop/libro_python_BD/Arch_menuP.py (3.9.2)*        —    □    ×
File  Edit  Format  Run  Options  Window  Help
                    b=True;  i=i+1
                elif (o=="N"):
                    b=False;arch.close(); Alumnos()
    elif op==2:
        print("\n\tIngreso de Cursos")
        print("-" *30)
        def Archivo():
            arc=open("Cursos.txt","w")
            i=1; b=True;vec2=[]
            while(b):
                print("\nCurso[",i,"]\n")
                bandera=True
                e=0
                while(bandera or e==0):
                    e=e+1
                    cod_=int(input("Código = "))
                    vec2.append(cod_)
                    for j in range(i):
                        if (i>1 and j!=i-1):
                            if (cod_==vec2[j]):
                                print("Código ya existe, vuelva a intenta
                                bandera=True;       e=0
                        else:
                                bandera=False
                    if (e==0):
                        vec2.pop()
                nom_=str(input("Nombre = "))
                pro=str(input("Profesor = "))
                sec=str(input("Sección = "))
                arc.write(str(cod_)+" "+nom_+" "+pro+" "+sec+"\n")
                o=str(input(" Desea Ingresar nuevo curso..?(S/N)==>"))
                if (o=="S"):
                                                                      Ln: 77   Col: 39
```

```
*Arch_menuP.py - C:/Users/User/Desktop/libro_python_BD/Arch_menuP.py (3.9.2)*          —   □   ×
File   Edit   Format   Run   Options   Window   Help
                 if (o=="S"):
                     b=True;        i=i+1
                 if (o=="N"):
                     b=False
             arc.close(); Archivo()
      elif op==3:
          print("\t\t Ingresando Nuevo  Alumno      ")
          print("-"*30)
          arc=open("Alumnos.txt","a")
          cod=str(input(" Código   = "))
          nom=str(input(" Nombre = "))
          ape=str(input(" Apellido = "))
          facu=str(input("  facultad = "))
          arc.write("\n"+cod+" "+nom+" "+ape+" "+facu)
          arc.close()
          print("\ninformación registrada correctamente...")
      elif op==4:
          print("\n Ingreso de  cursos")
          print("-" * 30)
          archivo=open('Cursos.txt','r')
          vector=archivo.readlines()
          archivo.close(); e=0;    x=100
          cod=int(input("Código    = "))
                                                                            Ln: 110   Col: 0
```

```
*Arch_menuP.py - C:/Users/User/Desktop/libro_python_BD/Arch_menuP.py (3.9.2)*          —   □   ×
File   Edit   Format   Run   Options   Window   Help
          for i in vector:
              a=1
              for j in range(len(i)):
                  if (i[j:j+1]==" "):
                      while (a<2):
                          x=j;  a=a+1
              if (str(cod)==i[0:x]):
                  print("Este código ya existe...")
                  e=1
          if (e!=1):
              nom=str(input("Nombre   = "))
              pro=str(input("Profesor = "))
              sec=str(input("Sección   = "))
              arc1=open("cursos.txt","a")
              arc1.write(str(cod)+" "+nom+" "+pro+" "+sec+"\n")
              arc1.close()
      elif op==5:
              m=str(input("Código a eliminar: "))
              matr=open("Alumnos.txt","r")
              matriz=agen.readlines()
              val=len(matriz); agen.close;  conta1=0; valor=True
              for i in matriz:
                  cont1=conta1+1
                  for j in range(len(i)):
                      if i[j:j+len(m)]==m :
                          k=conta1;  valor=False
                  if valor:
                      print("\nNo se encontraron resultados...\n")
                  matriz.pop(k-1)
                  print("\nAlumno eliminado ... ")
                  matr=open("Alumnos.txt","w")
                  for i in matriz:
                                                                            Ln: 135   Col: 51
```

```
*Arch_menuP.py - C:/Users/User/Desktop/libro_python_BD/Arch_menuP.py (3.9.2)*                    —    □    ×
File  Edit  Format  Run  Options  Window  Help
                    matr=open("Alumnos.txt","w")
                    for j in matriz:
                        if (k==val):
                            if (j==matriz[len(matriz)-1]):
                                matr.write(j[:-1])
                            else:
                                matr.write(j)
                        else:
                            matr.write(j)
                    matr.close()
        elif op==6:
            print("\nMódulo para eliminar cursos")
            print("-----------------------------")
            archivo=open('Cursos.txt','r')
            vector=archivo.readlines()
            archivo.close()
            cod=int(input("Ingrese el código del curso = "))
            x=100
            for i in vector:
                a=1
                for j in range(len(i)):
                    if (i[j:j+1]==" "):
                        while (a<2):
                            x=j
                            a=a+1
                                                              Ln: 169  Col: 0
```

```
*Arch_menuP.py - C:/Users/User/Desktop/libro_python_BD/Arch_menuP.py (3.9.2)*                    —    □    ×
File  Edit  Format  Run  Options  Window  Help
                            a=a+1
                if (str(cod)==i[0:x]):
                    print("Curso eliminado ")
                    vector.remove(i)
            archivo=open('cursos.txt','w')
            for i in vector:
                archivo.write(i)
            archivo.close()
        elif op==7:
            print("")
            print("\nListado de Alumnos")
            print("-" *30); print("")
            arch = open('Alumnos.txt','r')
            lista = arch.readlines()
            i=0
            print(" \n   No     Cod     Nombres     Apellidos     Facultad")
            for reg in lista:
                i=i+1;   print("     ",i,"    ",reg)
            arch.close()
            print("\n Listado de cursos:")
            print("-" *30)
            arch = open('Cursos.txt','r')
            lista = arch.readlines()
            i=0
            print("    No    Cod    Nombre    Profesor    Sección")
            print("    ------------------------------------------")
            print("")
            for regis in lista:
                i=i+1;print("     ",i,"     ",regis)
            arch.close()
            arc2=open("Matrícula.txt","r")
            print("\n\nReporte de Matrícula")
                                                              Ln: 201  Col: 20
```

```
*Arch_menuP.py - C:/Users/User/Desktop/libro_python_BD/Arch_menuP.py (3.9.2)*          —   □   ×
File  Edit  Format  Run  Options  Window  Help
            print("\nCódigo    Alumnos matriculados")
            print(arc2.read())
        elif op==8:
            print("\n Sistema de  matrículas")
            print("-" *30)
            def Matricula():
                b=True
                b1=True
                arc=open("Cursos.txt","r")
                vector1=arc.readlines()
                arc.close()
                arc1=open("Matrícula.txt","a")
                arc2=open("Alumnos.txt","r")
                vector2=arc2.readlines()
                arc2.close()
                lis1=[]
                while (b):
                    curso=str(input(" Código de curso =  "))
                    print("-" *30)
                    error=0
                    for i in vector1:
                        a=1
                        for j in range(len(i)):
                            if (i[j:j+1]==" "):
                                                        Ln: 228   Col: 43
```

```
*Arch_menuP.py - C:/Users/User/Desktop/libro_python_BD/Arch_menuP.py (3.9.2)*          —   □   ×
File  Edit  Format  Run  Options  Window  Help
                                while (a<2):
                                    x=j
                                    a=a+1
                        if (curso==i[0:x]):
                            for k in lis1:
                                if (curso==k):
                                    print("Error, curso ya matriculado")
                                    error=1
                            if (error==0):
                                print("\n\t Matrícula para el curso = ",curso)
                                arc1.write(curso+" : ")
                                lis1.append(curso)
                                d=True
                                d1=True
                                b1=False
                                lis2=[]
                                while (d):
                                    al=str(input(" \tIngrese código de alumno ="))
                                    error=0
                                    for i in vector2:
                                        a=1
                                        for j in range(len(i)):
                                            if (i[j:j+1]==" "):
                                                while (a<2):
                                                    x=j
                                                    a=a+1
                                        if (al==i[0:x]):
                                            for k in lis2:
                                                if (al==k):
                                                    print("ERROR : Alumno está mat
                                                        Ln: 251   Col: 59
```

```
*Arch_menuP.py - C:/Users/User/Desktop/libro_python_BD/Arch_menuP.py (3.9.2)*      —   □   ×

File  Edit  Format  Run  Options  Window  Help
                                                        print("Error al reabrir base datos
                                                error=1
                                if (error==0):
                                    print("\nAlumno ",al," matriculado
                                    arc1.write(al+" ")
                                    lis2.append(al);
                        if (d1):
                            print("Alumno no encontrado")
                        op=str(input("\nDesea matricular nuevo alumno.
                        if (op=="S"):
                            d=True
                        if (op=="N"):
                            d=False;
                if (b1):
                    print("Curso no encontrado")
                o=str(input("\n Desea matricular nuevo curso...?(S/N)==> "))
                if (o=="S"):
                    b=True
                if (o=="N"):
                    b=False
        Matricula()
    elif op==9:
        print("Hasta luego...")
        break
    else:
        op=int(input("Elija opción anterior: "))

                                                                    Ln: 275  Col: 28
```

Ejemplo:

Diseñar un programa que permita:

a. Validar datos de usuarios. Al inicio, si se ingresan mal los datos, el sistema envía un listado de usuarios y sus claves (información obtenida de un archivo).

b. Cuando se ingresa al sistema, este proporciona un menú de opciones (ver la interfaz) donde se ilustran las alternativas por desarrollar.

Solución:

```
*IDLE Shell 3.9.2*                                      —   □   ×

File  Edit  Shell  Debug  Options  Window  Help
 Validación de Usuario
 -----------------------------

          Usuario= 100
          Clave = 1
 -----------------------------
 User =   ['100', '123']
 User =   ['200', '123']
 User =   ['300', '123']
 clave =   ['100', '123']
 clave =   ['200', '123']
 clave =   ['300', '123']
usuario y/o contraseña Incorrecta, Intente de nuevo
Usuario Incorrecto, Intente de nuevo
 Validación de Usuario
 -----------------------------
```

```
        Usuario= 100
        Clave = 123
------------------------------
User =  ['100', '123']
User =  ['200', '123']
User =  ['300', '123']
clave = ['100', '123']
clave = ['200', '123']
clave = ['300', '123']

    Datos correctos, bienvenido

    Desea sobreescribir el archivo...?(S/N)==>n

            Sistema Academico de Notas
```
Ln: 14 Col: 24

IDLE Shell 3.9.2   —   □   ×

File Edit Shell Debug Options Window Help
```
                Sistema Académico de Notas
        ------------------------------
            <1> Ingresar alumnos
            <2> Reporte
            <3> Ordenar Asc
            <4> Buscar
            <5> Eliminar
            <6> Modificar
            <7> Insertar
            <8> Salir
        ------------------------------


Elija opción =  2
        Cod     Nom     Apell   PC1     PC2     PC3     Prom

        100     ana     salas   12      11      11      11.5

        200     Pedro   Cortés  12      4       11      11.5


                Sistema Académico de Notas
        ------------------------------
            <1> Ingresar alumnos
            <2> Reporte
            <3> Ordenar Asc
            <4> Buscar
            <5> Eliminar
            <6> Modificar
            <7> Insertar
            <8> Salir
        ------------------------------
```
Ln: 44 Col: 32

*Arch_opciones.py - C:/Users/User/Desktop/libro_python_BD/Arch_opciones.... — ☐ ✕

File Edit Format Run Options Window Help

```python
def reportes():
    arch=open("Reg","r")
    for line in arc.readlines():
        print(line)
    arch.close()
def retornausuario(i):
    arc=open("user.txt","r")
    lista=arc.readlines()
    a=lista[i].split()
    print(" User = ", a)

    return str(a[0])
def retornaClave(i):
    arch=open("user.txt","r")
    lista=arc.readlines()
    b=lista[i].split()
    print(" clave = ", b)
    return int(b[1])
```

Ln: 10   Col: 24

*Arch_opciones.py - C:/Users/User/Desktop/libro_python_BD/Arch_opcion... — ☐ ✕

Edit Format Run Options Window Help

```python
def retornacódigo(i):
    arc=open("Reg","r")
    lista=arc.readlines()
    a=lista[i].split()
    return int(a[0])
def existe(cod):
    arch=open("Reg","r")
    lista=arc.readlines()
    n=len(lista)
    e=0
    while e==0:
        for i in range(1,n):
            if cod==retornacodigo(i):
                e=1
                break
        if e==0:
            print("ERROR, intente de nuevo")
            cod=int(input("Ingrese el código  "))
    return cod
nm=2
while True:
    print(" Validación de Usuario" )
    print("-" * 30)
    user=input("\n\tUsuario= ")
    clv=int(input("\tClave = "))
    print("-" *30)
```

Ln: 32   Col: 21

*Arch_opciones.py - C:/Users/User/Desktop/libro_python_BD/Arch_opciones.py (3.9.... □ ×

File   Edit   Format   Run   Options   Window   Help

```python
    user=input("\n\tUsuario= ")
    clv=int(input("\tClave = "))
    print("-" *30)

    list1=[0]*3
    list2=[0]*3
    n1=len(list1)
    for i in range(n1):
        list1[i]=retornausuario(i)
    for i in range(n1):
        list2[i]=retornaClave(i)
    for i in range(n1):
        if list1[i]==user:
            posc=i
            if list2[posc]==clv:
                print("\n\tDatos correctos, bienvenido
                nuevo=str(input("\n\tDesea sobreescrib
```

Ln: 51   Col: 32

Arch_opciones.py - C:/Users/User/Desktop/libro_python_BD/Arch_opciones.py (3.9.2) □ ×

File   Edit   Format   Run   Options   Window   Help

```python
            if nuevo=="s" or "S":
                arch=open("Registro.txt","w")
                arch.write("\tCod\tNom\tApell\tPC1\tPC2\tPC3\tP
                arch.close()
        menu="""
            Sistema Académico de Notas
        ------------------------------------
            <1> Ingresar alumnos
            <2> Reporte
            <3> Ordenar Asc
            <4> Buscar
            <5> Eliminar
            <6> Modificar
            <7> Insertar
            <8> Salir

        ------------------------------------
            """
        f=[0]*7;    opc=0
        print(menu)
        while opc!=9:
            opc=int(input("\nElija opción =  "))
            while opc<1 or opc>9:
                print(" Error, intente de nuevo")
                opc=int(input("\n\tIngrese opción = "))
            if opc==1:
                arc=open("Reg","a")
                seguir="S"
                while seguir=="S":
                    f[0]=int(input("\n\tCódigo  = "))
                    f[1]=str(input("'\tNombre  = "))
                    f[2]=str(input("\tApellido= "))
                    f[3]=int(input("\tPc1 = "))
```

Ln: 77   Col: 28

Arch_opciones.py - C:/Users/User/Desktop/libro_python_BD/Arch_opciones.py (3.9.2)

File   Edit   Format   Run   Options   Window   Help

```
                                f[3]=int(input("\tPc1 = "))
                                f[4]=int(input("\tPc2 = "))
                                f[5]=int(input("\tPc3 = "))
                                if(f[3]<f[4] and f[3]<f[5]):
                                        minimo=f[3]
                                else:
                                        if(f[4]<f[3] and f[4]<f[5]):
                                                minimo=f[4]
                                        else:
                                                minimo=f[5]
                                f[6]=float((f[3]+f[4]+f[5]-minimo)/2)

                                for i in range(7):
                                        arc.write("\t"+str(f[i]))

                                arc.write("\n")

                                seguir=str(input("Desea continuar..?
                        arc.close()
```

Ln: 101   Col: 0

Arch_opciones.py - C:/Users/User/Desktop/libro_python_BD/Arch_opciones.py (3.9.2)

File   Edit   Format   Run   Options   Window   Help

```
                        elif opc==2:
                                reportes()
                                print(menu)
                                print("-" * 50)
                        elif opc==3:
                                arc=open("Reg","r")
                                lista=arc.readlines()
                                n=len(lista)

                                for i in range(1,n):
                                        for j in range(i+1,n):
                                                if retornaccdigo(i)>returncod(j):
                                                        aux=lista[i]
                                                        lista[i]=lista[j]
                                                        lista[j]=aux

                                arc.close()
                                arc=open("Reg","w")
                                arc.write("\tCod\tNom\tApell\tPC1\tPC2\tPC3\tProm\n")
                                for i in range(1,n):
                                        arch.write(lista[i])
                                arc.close()
                                reportes()
                        elif opc==4:
                                arc=open("Reg","r")
                                lista=arch.readlines()
                                n=len(lista)
                                print("\tCod\tNom\tApell\tPC1\tPC2\tPC3\tProm\n")
                                print("-" *50)
                                cod=int(input("Ingrese el código"))
                                cod=existe(cod)
                                for i in range(1,n):
```

Ln: 135   Col: 42

```
*Arch_opciones.py - C:/Users/User/Desktop/libro_python_BD/Arch_opciones.py (3.9.2)*    —  □  ×
File  Edit  Format  Run  Options  Window  Help

                    for i in range(1,n):
                        if retornacodigo(i)==cod:
                            print(lista[i])
                arc.close()
            elif opc==5:
                seguir="s"
                while seguir=="s":
                    arc=open("Reg","r")
                    lista=arc.readlines()
                    n=len(lista)
                    cod=int(input("Ingrese el código a eliminar"))
                    cod=existe(cod)
                    for i in range(1,n):
                        if retornacodigo(i)==cod:
                            del lista[i]
                    arc.close()
                    arc=open("Reg","w")
                    arc.write("\tCod\tNom\tApell\tPC1\tPC2\tPC3\tProm
                    for i in range(1,n-1):
                        arch.write(lista[i])
                    arc.close(); reportes()
                    seguir=str(input("Desea continuar ?(S/N)==>"))
                                                          Ln: 157  Col: 34
```

```
*Arch_opciones.py - C:/Users/User/Desktop/libro_python_BD/Arch_opciones.py (3.9.2)*    —  □  ×
File  Edit  Format  Run  Options  Window  Help

            elif opc==6:
                    arc=open("Reg","r")
                    lista=arc.readlines()
                    n=len(lista)
                    seguir="S"
                    while seguir=="S":
                        print(" Modificar código")
                        print("-" *40)
                        cod=int(input(" Código = "))
                        cod=existe(cod)
                        print("\tCod\tNom\tApell\tPC1\tPC2\tPC
                        print("-" *50)
                        for i in range(1,n):
                            if retornacodigo(i)==cod:
                                print(lista[i])
                                break
                         f[0]=int(input("\tCódigo = "))
                        f[1]=str(input("\tNombre = "))
                        f[2]=str(input("\tApellido= "))
                        f[3]=int(input("\tPc1 = "))
                        f[4]=int(input("\tPc2 = "))
                        f[5]=int(input("\tPc3 = "))
                        if(f[3]<f[4] and f[3]<f[5]):
                            minimo=f[3]
                        else:
                            if(f[4]<f[3] and f[4]<f[5]):
                                minimo=f[4]
                            else:
                                minimo=f[5]
                        f[6]=float((f[3]+f[4]+f[5]-minimo)/2)
                        lista[i]=""
                        for i in range(7):
                                                          Ln: 177  Col: 45
```

```
*Arch_opciones.py - C:/Users/User/Desktop/libro_python_BD/Arch_opciones.py (3.9.2)*    —   □   ✕

File  Edit  Format  Run  Options  Window  Help
                            for j in range(7):
                                lista[i]=lista[i]+"\t" + str(f[j])
                            lista[i]=lista[i]+"\r"
                            seguir=str(input("Desea continuar...?(S/N)==
                    arc.close()
                    arch=open("Reg","w")
                    arch.write("\tCod\tNom\tApell\tPC1\tPC2\tPC3\tPr
                    for i in range(1,n):
                        arc.write(lista[i])
                    arch.close()
                    reportes()

                                                            Ln: 199  Col: 35
```

```
*Arch_opciones.py - C:/Users/User/Desktop/libro_python_BD/Arch_opciones.py (3.9.2)*    —   □   ✕

File  Edit  Format  Run  Options  Window  Help
                    reportes()
                elif opc==7:
                    rc=open("Reg","r")
                    lista=archh.readlines()
                    n=len(lista)
                    arch.close()
                    print("\n Insertando registro")
                    print("-" *30)
                    pos=int(input("Posición = "))
                    f[0]=int(input("\n\tCódigo  = "))
                    f[1]=str(input("\tNombre  = "))
                    f[2]=str(input("\tApellido= "))
                    f[3]=int(input("\tPc1 = "))
                    f[4]=int(input("\tPc2 = "))
                    f[5]=int(input("\tPc3 = "))
                    if(f[3]<f[4] and f[3]<f[5]):
                            minimo=f[3]
                    else:
                            if(f[4]<f[3] and f[4]<f[5]):
                                minimo=f[4]
                            else:
                                minimo=f[5]
                    f[6]=float((f[3]+f[4]+f[5]-minimo)/2)
                    insertar=""
                    for j in range(7):
                        insertar=insertar+"\t" + str(f[j])
                    insertar=insertar+"\n"
                    arc.close()
                    arch=open("Reg","w")
                    arch.write("\tCod\tNom\tApell\tPC1\tPC2
                    for i in range(1,n):
                        if pos==i:

                                                            Ln: 227  Col: 38
```

```
*Arch_opciones.py - C:/Users/User/Desktop/libro_python_BD/Arch_opciones.py (3.9.2)*     —   □   ×
File  Edit  Format  Run  Options  Window  Help
                                if pos==1:
                                    arch.write(insertar)
                                arch.write(lista[i])
                            arch.close()
                            reportes()
                    elif opc==8:
                            print("Hasta luego...")
                            mmm=1
                            break
                else:
                        print(" Datos  Incorrectos,Intente de nuevo")
            if mmm!=1:
                print("Usuario Incorrecto, Intente de nuevo")
            else:
                break
```

Ejemplo:

Diseñar un programa que, con previa aprobación de datos de seguridad (usuario y clave), permita crear una base de datos usando código Python en la que se registren alumnos, cursos y sus notas correspondientes (tres prácticas calificadas por curso). Utilizar funciones que realicen lo siguiente:

a. Buscar alumnos en la base de datos.

b. Modificar notas registradas.

c. Eliminar registros.

d. Mostrar menú de opciones.

e. Respecto a los errores cometidos durante la validación, se deben mostrar una a una las oportunidades que van quedando. Estas solo son tres; en otro caso, el programa finaliza.

Solución:

La opción 1 permite validar y crear la base de datos LPE.db.

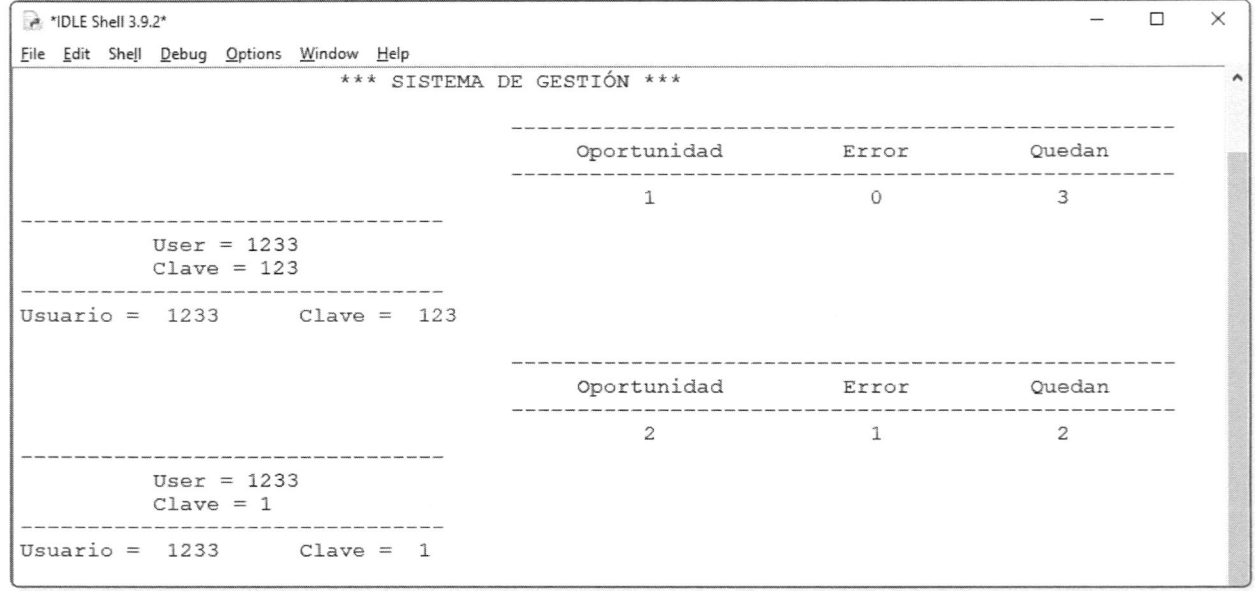

```
*IDLE Shell 3.9.2*                                                    —   □   ×
File  Edit  Shell  Debug  Options  Window  Help
                        *** SISTEMA DE GESTIÓN ***

                    ---------------------------------------------------
                    Oportunidad          Error          Quedan
                    ---------------------------------------------------
                         1                 0               3
---------------------------------
        User = 1233
        Clave = 123
---------------------------------
Usuario =  1233       Clave =  123

                    ---------------------------------------------------
                    Oportunidad          Error          Quedan
                    ---------------------------------------------------
                         2                 1               2
---------------------------------
        User = 1233
        Clave = 1
---------------------------------
Usuario =  1233       Clave =  1
```

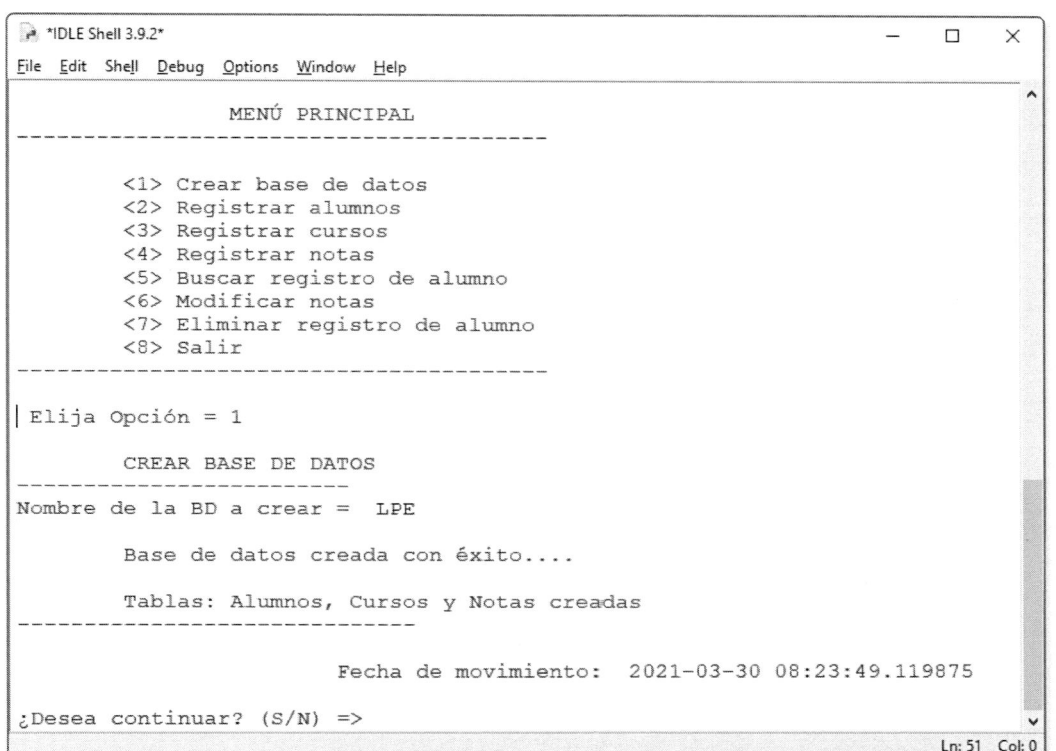

```
                        -------------------------------------------------
                         Oportunidad       Error        Quedan
                        -------------------------------------------------
                              3               2             1
-------------------------------
        User = 100
        Clave = 123
-------------------------------
                    Fecha de movimiento:   2021-03-30 08:14:27.424470
                                                              Ln: 23   Col: 0
```

```
*IDLE Shell 3.9.2*                                         —   □   ×
File  Edit  Shell  Debug  Options  Window  Help

                    MENÚ PRINCIPAL
-----------------------------------------

        <1> Crear base de datos
        <2> Registrar alumnos
        <3> Registrar cursos
        <4> Registrar notas
        <5> Buscar registro de alumno
        <6> Modificar notas
        <7> Eliminar registro de alumno
        <8> Salir
-----------------------------------------

Elija Opción = 1

        CREAR BASE DE DATOS
-------------------------
Nombre de la BD a crear =  LPE

        Base de datos creada con éxito....

        Tablas: Alumnos, Cursos y Notas creadas
-------------------------------

                    Fecha de movimiento:  2021-03-30 08:23:49.119875

¿Desea continuar? (S/N) =>
                                                            Ln: 51   Col: 0
```

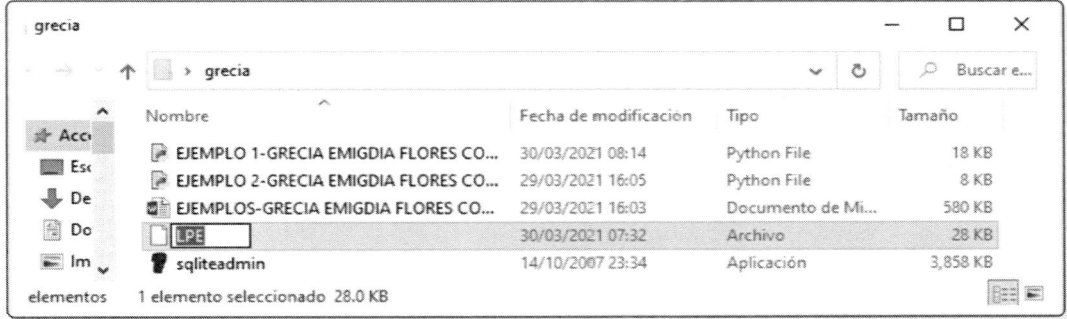

```
grecia                                                     —   □   ×

        ↑    > grecia                             ∨   ↻    🔍 Buscar e...

        Nombre                          Fecha de modificación   Tipo              Tamaño
★ Acc   📄 EJEMPLO 1-GRECIA EMIGDIA FLORES CO...  30/03/2021 08:14   Python File       18 KB
■ Esc   📄 EJEMPLO 2-GRECIA EMIGDIA FLORES CO...  29/03/2021 16:05   Python File        8 KB
⬇ De    📑 EJEMPLOS-GRECIA EMIGDIA FLORES CO...   29/03/2021 16:03   Documento de Mi... 580 KB
📄 Do        LPE                                  30/03/2021 07:32   Archivo           28 KB
🖼 Im   🐦 sqliteadmin                            14/10/2007 23:34   Aplicación      3,858 KB
elementos   1 elemento seleccionado 28.0 KB
```

Opción 2: Ingreso de alumnos

```
IDLE Shell 3.9.2                                          —    □    ×
File  Edit  Shell  Debug  Options  Window  Help
   Total de alumnos = 2 2

Alumno [ 1 ]

Código (8 dígitos): 90987654
Código autogenerado: 90987654I
 Apellido =Salas
 Nombre = Mario

Alumno [ 2 ]

Código (8 dígitos): 98765432
Código autogenerado: 90765432C
 Apellido =Solis
 Nombre = Pedro


-------------------------------------------
 Nro.    Código         Apellido    Nombre
-------------------------------------------
1 .-     90076570D      Salas       Luis
2 .-     98907654D      Cortés      César
3 .-     90987654I      Salas       Mario
4 .-     98765432C      Solís       Pedro

                 Fecha de movimiento:   2021-03-30 10:32:17.743636

¿Desea continuar? (S/N) => |
                                                         Ln: 84  Col: 0
```

Así puede continuar para la opción 3 con la opción 4. En esta se realiza el proceso de notas, por lo que tiene que usar las tablas de alumnos y cursos; es decir, se está manipulando un modelo relacional de base de datos.

A continuación, se muestra para un alumno y su curso respectivo.

```
Cursos matriculados:
-------------------------------------------------------
Nro.  Cód. Curso   PC1    PC2    PC3    Promedio
-------------------------------------------------------
1 .-  TE504        11     14     13     12.67

                 Fecha de movimiento:   2021-03-28 12:54:21.698810

¿Desea continuar? (S/N) => S

Opción a ejecutar: 6

MODIFICACIÓN DE NOTAS
------------------------
Código del alumno: 12345678G
NOTA A MODIFICAR
(1) PC1
(2) PC2
(3) PC3

Opción a ejecutar: 1

Nueva nota: 12
```

```
                        Fecha de movimiento:   2021-03-28 12:55:03.724062

¿Desea continuar? (S/N) => S

Opción a ejecutar: 7

ELIMINACIÓN DE REGISTRO
----------------------
Código del alumno: 123456789D
          No se encontró en la base de datos, intente otra vez
Código del alumno: 12345679D

NUEVOS REGISTROS
-----------------------------------------
Nro.    Código    Apellido    Nombre
-----------------------------------------
1 .-   12345678G    SALAS      MAYRA


-------------------------------------------------------------
Nro.  Cód. Alumno   Cód. Curso   PC1   PC2   PC3   Promedio
-------------------------------------------------------------
1 .-   12345678G     TE504       12     14    13    13.00

                        Fecha de movimiento:  2021-03-28 12:55:45.937308

¿Desea continuar? (S/N) => N

          Hasta pronto...
```

EJEMPLO 1-GRECIA EMIGDIA FLORES CONDOR.py - C:\Users\User\Desktop\grecia\EJEMPLO 1-GRECIA EMIGDIA FLORES CONDOR.py (3.9.2)

File Edit Format Run Options Window Help

```python
from datetime import*
import sqlite3
def crearBD():
        global BD
        print('\n\tCREAR BASE DE DATOS')
        print("-"*25)
        BD=str(input('Nombre de la BD a crear =  '))
        con=sqlite3.connect(BD)
        print('\n\tBase de datos creada con éxito....')
        cur= con.cursor()
        cur.execute('create table if not exists Alumnos(coda text PRIMARY KEY,
                apell TEXT,nom TEXT)')
        cur.execute('create table if not exists Cursos(codc text PRIMARY KEY,
                desc TEXT,cred INTEGER)')
        cur.execute('create table if not exists Notas(coda TEXT,codc TEXT,
                pc1 INTEGER,pc2 INTEGER,pc3 INTEGER,prcm INTEGER,PRIMARY KEY(coda,codc))')
        print('\n\tTablas: Alumnos, Cursos y Notas creadas')
        print("-" *30)
        con.commit()
        con.close()
def registroA():
        con=sqlite3.connect(BD)
        cur= con.cursor()
        print('\n\tREGISTRO DE ALUMNOS')
        print("-"*19)
        while True:
                na=input("  Total de alumnos = 2 ")
                if na.isdigit():
                        na=int(na)
                        if na>0:
                                break
                        else:
                                print("\tError, intente otra vez")
                else:
```

Ln: 27   Col: 49

EJEMPLO 1-GRECIA EMIGDIA FLORES CONDOR.py - C:\Users\User\Desktop\grecia\EJEMPLO 1-GRECIA EMIGDIA FLORES CONDOR.py (3.9.2)   — □ ×

File Edit Format Run Options Window Help

```python
                                print("\tError, intente otra vez")
        letra=["A","B","C","D","E","F","G","H","I","J"]
        cur.execute('SELECT * FROM Alumnos')
        rows=cur.fetchall()
        for i in range(na):
                sumaf=0
                print("\nAlumno [",i+1,"]")
                while True:
                        codigo=input("\nCódigo (8 dígitos): ")
                        if codigo.isdigit():
                                codigo=int(codigo)
                                if codigo>9999999 and codigo<100000000:
                                        k=codigo;t=0
                                        while codigo>0:
                                                sumaf=sumaf+(8-t)*(codigo%10)
                                                codigo=codigo//10
                                                t+=1
                                        mod=sumaf%11
                                        coda=str(k)+letra[mod]
                                        z=0
                                        for t in rows:
                                                if coda==t[0]:
                                                        print("\tEl código ya existe en la BD,
                                                        z+=1
                                        if z==0:
                                                break
                                else:
                                        print("\tError, intente nuevamente :")
                        else:
                                print("\tError, intente nuevamente ")

                print("Código autogenerado:",coda)
                while True:
                        apell=input(" Apellido =")
```

Ln: 59   Col: 48

EJEMPLO 1-GRECIA EMIGDIA FLORES CONDOR.py - C:\Users\User\Desktop\grecia\EJEMPLO 1-GRECIA EMIGDIA FLORES CONDOR.py (3.9.2)   — □ ×

File Edit Format Run Options Window Help

```python
                        if apell.isalpha():
                                break
                        else:
                                print("\tError, intente otra vez")
                while True:
                        nom=str(input(" Nombre = "))
                        if nom.isalpha():
                                break
                        else:
                                print("\tError, intente otra vez")
                cur.execute('INSERT INTO Alumnos VALUES (?,?,?)',(coda,apell,nom))
                con.commit()
        cur.execute('SELECT * FROM Alumnos')
        alumnos=dict((reg[0],(reg[1],reg[2]))for reg in cur.fetchall())
        print()
        print("-"*40)
        print("\n\t Nro.    Código      Apellido    Nombre")
        print("-"*40)
        p=0
        for l in alumnos.keys():
                p=p+1
                print(p,".-    ",l," ",alumnos[l][0],"     ",alumnos[l][1])
        con.commit()
        con.close()
def registroC():
        con=sqlite3.connect(BD)
        cur= con.cursor()
        print('\nREGISTRO DE CURSOS')
        print("-"*18)
        cur.execute('SELECT * FROM Cursos')
        rows=cur.fetchall()
        while True:
                nc=input("  Total de cursos = ")
                if nc.isdigit():
```

Ln: 93   Col: 0

```
*EJEMPLO 1-GRECIA EMIGDIA FLORES CONDOR.py - C:\Users\User\Desktop\grecia\EJEMPLO 1-GRECIA EMIGDIA FLORES CONDOR.py (3.9.2)*      —    □    ×
File  Edit  Format  Run  Options  Window  Help
                    if nc.isdigit():
                            nc=int(nc)
                            if nc>0:
                                    break
                            else:
                                    print("\tError, intente otra vez")
                    else:
                            print("\tError, intente otra vez")
        for j in range(nc):
                print("\nCurso [",j+1,"]")
                while True:
                        codc=input("\n Código =")
                        z=0
                        for u in rows:
                                if u[0]==codc:
                                        print("\tEl código ya existe en la BD, intente otra ve
                                        z+=1
                        if z==0:
                                break
                while True:
                        desc=input("Descripción = ")
                        if desc.isalpha():
                                break
                        else:
                                print("\tError, intente otra vez")
                while True:
                        cred=input("Créditos: ")
                        if cred.isdigit():
                                cred=int(cred)
                                if nc>0:
                                        break
                                else:
                                        print("\tError, intente otra vez")
                        else:
                                                                        Ln: 126  Col: 0
```

```
*EJEMPLO 1-GRECIA EMIGDIA FLORES CONDOR.py - C:\Users\User\Desktop\grecia\EJEMPLO 1-GRECIA EMIGDIA FLORES CONDOR.py (3.9.2)*      —    □    ×
File  Edit  Format  Run  Options  Window  Help
                        else:
                                print("\tError, intente otra vez")
                cur.execute('INSERT INTO Cursos VALUES (?,?,?)',(codc,desc,cred))
                con.commit()
        cur.execute('SELECT * FROM Cursos')
        cursos=dict((reg[0],(reg[1],reg[2]))for reg in cur.fetchall())
        print()
        print("-"*40)
        print("Nro.  Código     Descripción       Créditos")
        print("-"*40)
        p=0
        for m in cursos.keys():
                p=p+1
                print(p,".- ",m,"      ",cursos[m][0],"       ",cursos[m][1])
        con.commit()
        con.close()
def registroN():
        con=sqlite3.connect(BD)
        cur= con.cursor()
        print('\nREGISTRO DE NOTAS')
        print("-"*17)
        cur.execute('SELECT * FROM Cursos')
        cursos=dict((reg[0],(reg[1],reg[2]))for reg in cur.fetchall())
        cur.execute('SELECT * FROM Alumnos')
        alumnos=dict((reg[0],(reg[1],reg[2]))for reg in cur.fetchall())
        agregar="S"
        while agregar=="S":|
                while True:
                        coda=input('Código del alumno = ')
                        if coda in alumnos.keys():
                                break
                        else:
                                print('\tNo se encontró en la base de datos, intente otra vez'
                while True:
                        codc=input("\nCódigo del curso = ")
                        if codc in cursos.keys():
                                break
                                                                        Ln: 161  Col: 27
```

```
*EJEMPLO 1-GRECIA EMIGDIA FLORES CONDOR.py - C:\Users\User\Desktop\grecia\EJEMPLO 1-GRECIA EMIGDIA FLORES CONDOR.py (3.9.2)*    —  □  ×
File  Edit  Format  Run  Options  Window  Help
                else:
                            print('\tNo se encontró en la base de datos, intente otra vez'
            notas=[]
            for k in range(3):
                    while True:
                            print('PC[',k+1,']:',end=" ")
                            pc=input()
                            if pc.isdigit():
                                    pc=int(pc)
                                    if pc>=0 and pc<21:
                                            break
                                    else:
                                            print("\tError, intente otra vez")
                            else:
                                    print("\tError, intente otra vez")
                    notas.append(pc)
            prom=(notas[0]+notas[1]+notas[2])/3
            cur.execute('INSERT INTO Notas VALUES (?,?,?,?,?,?)',(coda,codc,notas[0],notas
            con.commit()
            while True:
                    agregar=input('¿Desea ingresar más notas? (S/N) => ')
                    if agregar.isalpha():
                            agregar=agregar.upper()
                            if agregar in ("S","N"):
                                    break
                            else:
                                    print("\tError, intente otra vez")
                    else:
                            print("\tError, intente otra vez")
        cur.execute('SELECT * FROM Notas')
        registro=cur.fetchall()
        print()
        print("-"*60)
        print("Nro.  Cód. Alumno   Cód. Curso     PC1     PC2     PC3      Promedio")
                                                                                    Ln: 200   Col: 63
```

```
*EJEMPLO 1-GRECIA EMIGDIA FLORES CONDOR.py - C:\Users\User\Desktop\grecia\EJEMPLO 1-GRECIA EMIGDIA FLORES CONDOR.py (3.9.2)*    —  □  ×
File  Edit  Format  Run  Options  Window  Help
        p=0
        for m in registro:
                p=p+1
                print(p,".- ",m[0]," ",m[1]," ",m[2]," ",m[3]," ",m[4]," %.02f"%m[
        con.commit()
        con.close()

def buscar():
        con=sqlite3.connect(BD)
        cur= con.cursor()
        cur.execute('SELECT * FROM Alumnos')
        alumnos=dict((reg[0],(reg[1],reg[2]))for reg in cur.fetchall())
        cur.execute('SELECT * FROM Notas')
        registro=cur.fetchall()
        print('\nBÚSQUEDA')
        print("-"*8)
        busca=input('Código del alumno a buscar: ')
        encontrado=False
        for p in alumnos.keys():
                if p==busca:
                        print('\nEl código corresponde a',alumnos[p][1],alumnos[p][0])
                        x=0
                        for q in registro:
                                if q[0]==busca:
                                        x+=1
                                        if x==1:
                                                print('Cursos matriculados:')
                                                print("-"*50)
                                                print("Nro.  Cód. Curso    PC1   PC2   PC3    Pr
                                                print("-"*50)
                                        print(x,".- ",q[1]," ",q[2]," ",q[3]," ",q[4],'
                        encontrado=True
                        break
        if encontrado==False:
                                                                                    Ln: 232   Col: 48
```

```
*EJEMPLO 1-GRECIA EMIGDIA FLORES CONDOR.py - C:\Users\User\Desktop\grecia\EJEMPLO 1-GRECIA EMIGDIA FLORES CONDOR.py (3.9.2)*    —  □  ×
File  Edit  Format  Run  Options  Window  Help
                        print('\tAlumno no encontrado')
        con.close()

def modificar():
        con=sqlite3.connect(BD)
        cur= con.cursor()
        cur.execute('SELECT * FROM Notas')
        registro=dict((reg[0],(reg[1],reg[2],reg[3],reg[4],reg[5])) for reg in cur.fetchall())
        print('\nMODIFICACIÓN DE NOTAS')
        print("-"*24)
        while True:
                coda=input('Código del alumno: ')
                if coda in registro.keys():
                        break
                else:
                        print('\tNo se encontró en la base de datos, intente otra vez')
        print("""NOTA A MODIFICAR
(1)  PC1
(2)  PC2
(3)  PC3""")
        while True:
                opcion=input("\nOpción a ejecutar: ")
                if opcion.isdigit():
                        opcion=int(opcion)
                        if opcion>0 and opcion<4:
                                break
                        else:
                                print("\tError, intente otra vez")
                else:
                        print("\tError, intente otra vez")
        while True:
                nueva=input("\nNueva nota: ")
                if nueva.isdigit():
                        nueva=int(nueva)

                                                                    Ln: 266  Col: 0
```

```
*EJEMPLO 1-GRECIA EMIGDIA FLORES CONDOR.py - C:\Users\User\Desktop\grecia\EJEMPLO 1-GRECIA EMIGDIA FLORES CONDOR.py (3.9.2)*    —  □  ×
File  Edit  Format  Run  Options  Window  Help
                        print('\tNo se encontró en la base de datos, intente otra vez')
                while True:
                        codc=input("\nCódigo del curso = ")
                        if codc in cursos.keys():
                                break
                        else:
                                print('\tNo se encontró en la base de datos, intente otra vez')
        notas=[]
        for k in range(3):
                while True:
                        print('PC[',k+1,']:',end=" ")
                        pc=input()
                        if pc.isdigit():
                                pc=int(pc)
                                if pc>=0 and pc<21:
                                        break
                                else:
                                        print("\tError, intente otra vez")
                        else:
                                print("\tError, intente otra vez")
                notas.append(pc)
        prom=(notas[0]+notas[1]+notas[2])/3
        cur.execute('INSERT INTO Notas VALUES (?,?,?,?,?,?)',(coda,codc,notas[0],notas[
        con.commit()
        while True:
                agregar=input('¿Desea ingresar más notas? (S/N) => ')
                if agregar.isalpha():
                        agregar=agregar.upper()
                        if agregar in ("S",'N'):
                                break
                        else:
                                print("\tError, intente otra vez")
                else:
                        print("\tError, intente otra vez")
        cur.execute('SELECT * FROM Notas')
        registro=cur.fetchall()
        print()

                                                                    Ln: 199  Col: 47
```

EJEMPLO 1-GRECIA EMIGDIA FLORES CONDOR.py - C:\Users\User\Desktop\grecia\EJEMPLO 1-GRECIA EMIGDIA FLORES CONDOR.py (3.9.2)

File   Edit   Format   Run   Options   Window   Help

```python
        print("Nro.   Cod. Alumno   Cod. Curso     PC1     PC2     PC3     Promedio")
        print("-"*60)
        p=0
        for m in registro:
                p=p+1
                print(p,".- ",m[0],"     ",m[1],"     ",m[2],"     ",m[3],"     ",m[4],"    %.02f"%m[
        con.commit()
        con.close()

def buscar():
        con=sqlite3.connect(BD)
        cur= con.cursor()
        cur.execute('SELECT * FROM Alumnos')
        alumnos=dict((reg[0],(reg[1],reg[2])) for reg in cur.fetchall())
        cur.execute('SELECT * FROM Notas')
        registro=cur.fetchall()
        print('\nBÚSQUEDA')
        print("-"*8)
        busca=input('Código del alumno a buscar: ')
        encontrado=False
        for p in alumnos.keys():
                if p==busca:
                        print('\nEl código corresponde a',alumnos[p][1],alumnos[p][0])
                        x=0
                        for q in registro:
                                if q[0]==busca:
                                        x+=1
                                        if x==1:
                                                print('Cursos matriculados:')
                                                print("-"*50)
                                                print("Nro.  Cód. Curso    PC1    PC2    PC3    Pr
                                                print("-"*50)
                                        print(x,".- ",q[1],"     ",q[2],"     ",q[3],"     ",q[4],'
                        encontrado=True
                        break
        if encontrado==False:
                print('\tAlumno no encontrado')
```
Ln: 234   Col: 0

EJEMPLO 1-GRECIA EMIGDIA FLORES CONDOR.py - C:\Users\User\Desktop\grecia\EJEMPLO 1-GRECIA EMIGDIA FLORES CONDOR.py (3.9.2)

File   Edit   Format   Run   Options   Window   Help

```python
def modificar():
        con=sqlite3.connect(BD)
        cur= con.cursor()
        cur.execute('SELECT * FROM Notas')
        registro=dict((reg[0],(reg[1],reg[2],reg[3],reg[4],reg[5])) for reg in cur.fetchall())
        print('\nMODIFICACIÓN DE NOTAS')
        print("-"*24)
        while True:
                coda=input('Código del alumno: ')
                if coda in registro.keys():
                        break
                else:
                        print('\tNo se encontró en la base de datos, intente otra vez')
        print("""NOTA A MODIFICAR
(1) PC1
(2) PC2
(3) PC3""")
        while True:
                opcion=input("\nOpción a ejecutar: ")
                if opcion.isdigit():
                        opcion=int(opcion)
                        if opcion>0 and opcion<4:
                                break
                        else:
                                print("\tError, intente otra vez")
                else:
                        print("\tError, intente otra vez")
        while True:
                nueva=input("\nNueva nota: ")
                if nueva.isdigit():
                        nueva=int(nueva)
                        if nueva>=0 and nueva<21:
                                break
                        else:
                                print("\tError, intente otra vez")
                else:
                        print("\tError, intente otra vez")
```
Ln: 269   Col: 0

```
*EJEMPLO 1-GRECIA EMIGDIA FLORES CONDOR.py - C:\Users\User\Desktop\grecia\EJEMPLO 1-GRECIA EMIGDIA FLORES CONDOR.py (3.9.2)*    —    □    ×
File  Edit  Format  Run  Options  Window  Help
            prom=(registro[coda][1]+registro[coda][2]+registro[coda][3]-registro[coda][opcion]+
        if opcion==1:
                cur.execute('UPDATE Notas SET pc1=? WHERE coda=?',(nueva,coda))
        if opcion==2:
                cur.execute('UPDATE Notas SET pc2=? WHERE coda=?',(nueva,coda))
        if opcion==3:
                cur.execute('UPDATE Notas SET pc3=? WHERE coda=?',(nueva,coda))
        cur.execute('UPDATE Notas SET prom=? WHERE coda=?',(prom,coda))
        con.commit()
        con.close()

def eliminar():
        con=sqlite3.connect(BD)
        cur=con.cursor()
        cur.execute('SELECT * FROM Notas')
        registro=cur.fetchall()
        cur.execute('SELECT * FROM Alumnos')
        alumnos=dict((reg[0],(reg[1],reg[2]))for reg in cur.fetchall())
        print('\nELIMINACIÓN DE REGISTRO')
        print("-"*23)
        while True:
                coda=input('Código del alumno: ')
                if coda in alumnos.keys():
                        break
                else:
                        print('\tNo se encontró en la base de datos, intente otra vez')
        cur.execute('DELETE FROM Alumnos WHERE coda=? ',(coda,))
        cur.execute('DELETE FROM Notas WHERE coda=?',(coda,))
        print('\nNUEVOS REGISTROS')
        print("-"*40)
        print("Nro.    Código    Apellido    Nombre")
        print("-"*40)
        cur.execute('SELECT * FROM Alumnos')
        alumnos=dict((reg[0],(reg[1],reg[2]))for reg in cur.fetchall())
        p=0
        for r in alumnos.keys():
                p=p+1
                                                                              Ln: 307  Col: 0
```

```
*EJEMPLO 1-GRECIA EMIGDIA FLORES CONDOR.py - C:\Users\User\Desktop\grecia\EJEMPLO 1-GRECIA EMIGDIA FLORES CONDOR.py (3.9.2)*    —    □    ×
File  Edit  Format  Run  Options  Window  Help
                print(p,".- ",r," ",alumnos[r][0]," ",alumnos[r][1])
        print("-"*60)
        print("Nro. Cód. Alumno    Cód. Curso    PC1    PC2    PC3    Promedio")
        print("-"*60)
        cur.execute('SELECT * FROM Notas')
        registro=cur.fetchall()
        p=0
        for s in registro:
                p=p+1
                print(p,".- ",s[0]," ",s[1]," ",s[2]," ",s[3]," ",s[4]," %.02f"%s
        con.commit()
        con.close()
def menu():
        global resp,op
        hora=datetime.now()
        print("\n\t\t\tFecha de movimiento: ",hora)
        print("""\n\t\tMENÚ PRINCIPAL
-------------------------------------------
\n\t<1> Crear base de datos
\t<2> Registrar alumnos
\t<3> Registrar cursos
\t<4> Registrar notas
\t<5> Buscar registro de alumno
\t<6> Modificar notas
\t<7> Eliminar registro de alumno
\t<8> Salir
-------------------------------------------
""")
        resp="S"
        while resp=="S":
                while True:
                        op=input(" Elija Opción = ")
                        if op.isdigit():
                                op=int(op)
                                if op>0 and op<9:
```

```
*EJEMPLO 1-GRECIA EMIGDIA FLORES CONDOR.py - C:\Users\User\Desktop\grecia\EJEMPLO 1-GRECIA EMIGDIA FLORES CONDOR.py (3.9.2)*    —    □    ×
File  Edit  Format  Run  Options  Window  Help
                if op.isdigit():
                        op=int(op)
                        if op>0 and op<9:
                                break
                        else:
                                print("\tError, intente otra vez")
                else:
                        print("\tError, intente otra vez")
        if op==1:
                crearBD()
        if op==2:
                registroA()
        if op==3:
                registroC()
        if op==4:
                registroN()
        if op==5:
                buscar()
        if op==6:
                modificar()
        if op==7:
                eliminar()
        if op==8:
                print("\n\tHasta pronto...")
                exit()
        hora=datetime.now()
        print("\n\t\t\tFecha de movimiento: ",hora)
        while True:
                resp=input("\n¿Desea continuar? (S/N) => ")
                if resp.isalpha():
                        resp=resp.upper()
                        break
                else:
                        print("\tError, intente otra vez")
        if resp=="N":
                print("\n\tHasta pronto...")
                exit()
                                                                                      Ln: 369   Col: 32
```

```
*EJEMPLO 1-GRECIA EMIGDIA FLORES CONDOR.py - C:\Users\User\Desktop\grecia\EJEMPLO 1-GRECIA EMIGDIA FLORES CONDOR.py (3.9.2)*    —    □    ×
File  Edit  Format  Run  Options  Window  Help
                print("\t\t\t\t    ","-"*50)
                print("\t\t\t\t           ",a,"                    ",contador2,"                    ",contador3
                print("-"*32)
                while True:
                        user=input("\t  User = ")
                        if user.isdigit():
                                user=int(user)
                                break
                        else:
                                print("\tError, intente otra vez")
                while True:
                        clave=input("\t  Clave = ")
                        if clave.isdigit():
                                clave=int(clave)
                                break
                        else:
                                print("\tError, intente otra vez")
                print("-"*32)
                a+=1
                if(user==100 and clave==123):
                        menu();                  exit()
                else:
                        contador2+=1;                  contador3-=1
                        print("Usuario = ",user,"      Clave = ",clave)
        if contador2==3:
                print("-"*32)
                print("      Error        Quedan      ")
                print("-"*32)
                print("         ",contador2,"              ",contador3)
                print("\t\t\t\t   ","-"*50)
                print("Superó las tres oportunidades, hasta luego...")
                                                                                      Ln: 414   Col: 21
```

Ejemplo:

Diseñar un programa que permita crear un archivo de texto ListaTexto.txt desde la consola para almacenar datos de personas por código, apellido y nombre, luego hacer el reporte respectivo. En la siguiente interfaz se ilustran las opciones.

```
 *IDLE Shell 3.9.2*                              —    □    ×
File  Edit  Shell  Debug  Options  Window  Help
                  MENÚ PRINCIPAL
        ------------------------------------
              <1> Crear archivo
              <2> Generar reporte
              <3> Salir
        ------------------------------------

Elija opción = 1

 Crear Archivo de texto:
------------------------------
Nombre del archivo = ListaTexto.txt

        Archivo creado, con éxito..

        Ingreso de registros
-------------------------
Cantidad de alumnos = 3

Alumno [ 1 ]

Código: 100
Apellido: Salas
Nombre: Maria

Alumno [ 2 ]

Código: 200
Apellido: Cortes
Nombre: Luisa

Alumno [ 3 ]
                                        Ln: 34  Col: 0
```

```
 *IDLE Shell 3.9.2*                              —    □    ×
File  Edit  Shell  Debug  Options  Window  Help
Alumno [ 3 ]

Código: 300
Apellido: Fuentes
Nombre: César

¿Desea continuar? (S/N) => S

Elija opción = 2

Reporte de Alumnos
-------------------------

Nro.  Código   Nombre    Apellido
-------------------------------------
1 .    100     Salas    María

2 .    200     Cortés   Luisa

3 .    300     Fuentes   César

¿Desea continuar? (S/N) =>
                                       Ln: 43  Col: 13
```

Solución:

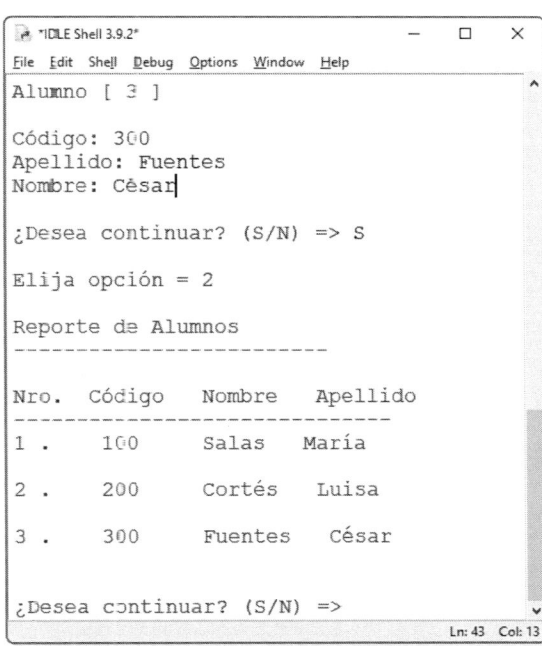

```python
def crear():
    global n,nombarch
    print("\n Crear Archivo de texto: ")
    print("-"*28)
    nombarch=input("Nombre del archivo = ")
    arch=open(nombarch,"a")
    print("\n\tArchivo creado, con éxito..")
    print("\n\tIngreso de registros ")
    print("-"*25)
    while True:
        n=input("Cantidad de alumnos = ")
        if n.isdigit():
            n=int(n)
            if n>0:
                break
            else:
                print("\tError, intente otra vez")
        else:
            print("\tError, intente otra vez")
    for i in range(n):
        print("\nAlumno [",i+1,"]")
        while True:
            codigo=input("\nCódigo: ")
            if codigo.isdigit():
                break
            else:
                print("\tError, intente otra vez")
        while True:
            apell=input("Apellido: ")
```
                                       Ln: 20 Col: 22

```
Tarea PC4 - texto (2).py - C:\Users\User\Desktop\Escritorio_oct-22\Escritorio_oct-22\fun...    —    □    ×
File  Edit  Format  Run  Options  Window  Help
            if apell.isalpha():
                break
            else:
                print("\tError, intente otra vez")
        while True:
            nombre=input("Nombre: ")
            if nombre.isalpha():
                break
            else:
                print("\tError, intente otra vez")
        arch.write(codigo)
        arch.write("        ")
        arch.write(apell)
        arch.write("     ")
        arch.write(nombre)
        arch.write("\n")
    arch.close()
    return

def reporte():
    print("\nReporte de Alumnos ")
    print("-"*25)
    print(" ")
    print("Nro.  Código   Nombre   Apellido")
    print("-"*30)
                                                         Ln: 47  Col: 0
```

```
*Tarea PC4 - texto (2).py - C:\Users\User\Desktop\Escritorio_oct-22\Escritorio_oct-22\fu...    —    □    ×
File  Edit  Format  Run  Options  Window  Help
def reporte():
    print("\nReporte de Alumnos ")
    print("-"*25)
    print(" ")
    print("Nro.  Código   Nombre   Apellido")
    print("-"*30)
    i=0
    for j in open(nombarch):
        i+=1
        print(i,".    ",j)
    return
def menu():
    print("\n\t\t    MENÚ PRINCIPAL")
    print("\t","-"*35)
    print("\t\t<1> Crear archivo")
    print("\t\t<2> Generar reporte")
    print("\t\t<3> Salir")
    print("\t","-"*35)
    resp="S"
    while resp=="S":
        while True:
            opc=input("\nElija opción = ")
            if opc.isdigit():
                opc=int(opc)
                if opc>0 and opc<4:
                    break
                else:
                    print("\tError, intente otra vez")
            else:
                print("\tError, intente otra vez")
```

```
        if opc==1:
            crear()
        elif opc==2:
            reporte()
        else:
            print("\n\tHasta pronto...")
            exit()
        while True:
            resp=input("\n¿Desea continuar? (S/N) => ")
            if resp.isalpha():
                resp=resp.upper()
                if resp=="S" or resp=="N":
                    break
                else:
                    print("\tError, interte otra vez")
            else:
                print("\tError, intente otra vez")
        if resp=="N":
            print("\n\tHasta luego....")
            exit()
print("\t\tSISTEMA DE GESTIÓN ACADÉMICA")
print("-"*60)
if __name__=="__main__":
    menu()
```

Ejemplo:

Diseñar un programa que permita ejecutar la siguiente interfaz. Código autogenerado con módulo 11, por lo cual se pide que sea de ocho dígitos.

Solución:

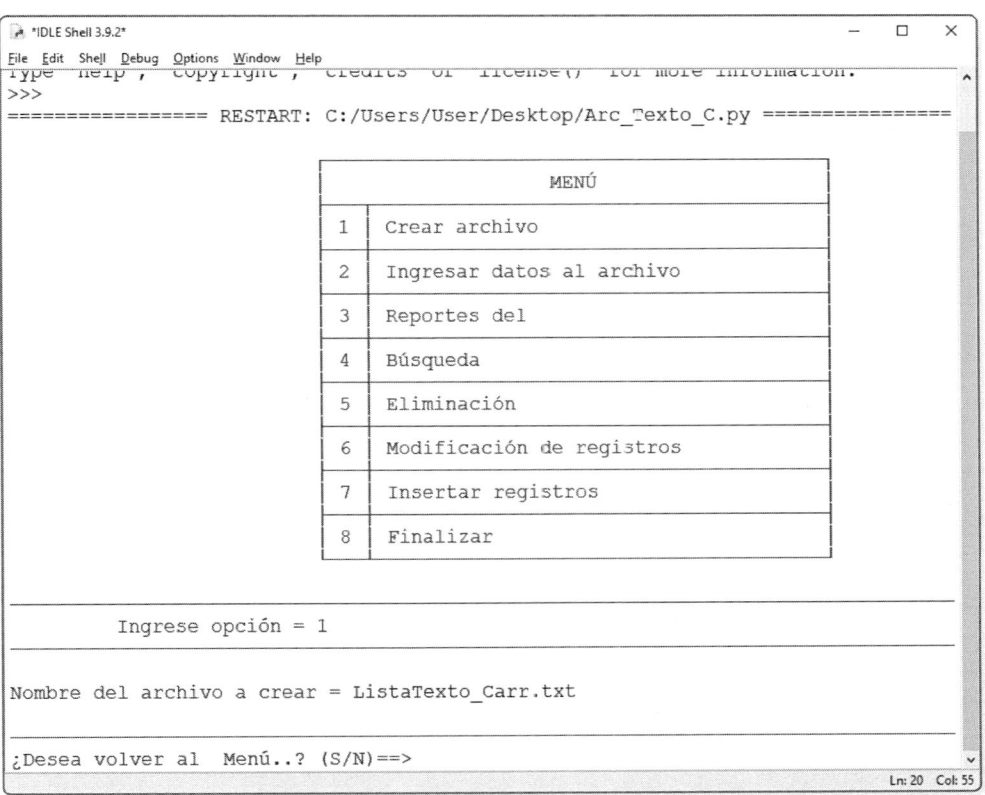

```
*IDLE Shell 3.9.2*                                      —    □    ×

File  Edit  Shell  Debug  Options  Window  Help

_____

                 Ingrese opción = 2
_____

_____

                 Ingreso de alumnos
          ------------------------------
                     Total = 3

Alumno [1]
|

                 Código (8 dígitos) = 2021343
           Error...debe ser de 8 dígitos...

                 Código (8 dígitos) = 20205678
                 Apellido = Salas
                 Nombre = Maria
                  Edad = 34
 -  Especialidad (I1 o I2) = I1

Alumno [2]

                                                      Ln: 65  Col: 0
```

```python
*Arc_Texto_C.py - C:/Users/User/Desktop/Arc_Texto_C.py (3.9.2)*      —    □    ×

File  Edit  Format  Run  Options  Window  Help

def cod_auto(c):
    letra_cod=["A","B","C","D","E","F","G","H","I","J","K"]
    suma=0;t=0
    aux=c
    while aux>0:
        suma=suma+(8-t)*(aux%10)
        aux=aux//10
        t+=1
    mod=suma%11
    return str(c)+letra_cod[mod]
def registro(dic_reg):
    while True:   #código
        continuar = True
        código = input("\n\t Código (8 dígitos) = ")
        if código.isdigit():
            if 9999999<int(código)<100000000:
                código = cod_auto(int(código))
                for j in dic_reg:
                    if j == código:
                        continuar = False
                if continuar:
                    break
                else:
                    print("  Error...código ya existe ")
            else:
                print("  Error...debe ser de 8 dígitos...")
        else:
            print("  Error...volver a leer...")
    while True:   #apellido
        apellido = input("\tApellido = ").upper()

                                                      Ln: 22  Col: 25
```

```
*Arc_Texto_C.py - C:/Users/User/Desktop/Arc_Texto_C.py (3.9.2)*          —   □   ×
File  Edit  Format  Run  Options  Window  Help
        for i in apellido:
            if not(i.isalpha() or i.isspace()):
                continuar = False
        if continuar:
            break
        else:
            print("  Error...Volver a leer...")
    while True:
        nombre = input("\tNombre = ").upper()
        for i in nombre:
            if not(i.isalpha() or i.isspace()):
                continuar = False
        if continuar:
            break
        else:
            print("  Error...volver a leer...")
    while True:
        edad = input("\t Edad = ")
        if edad.isdigit():
            if 100>int(edad)>14:
                break
            else:
                print("  Error...edad no permitida...")
        else:
            print("  Error...volver a leer...")
                                                        Ln: 48  Col: 34
```

```
*Arc_Texto_C.py - C:/Users/User/Desktop/Arc_Texto_C.py (3.9.2)*          —   □   ×
File  Edit  Format  Run  Options  Window  Help
    while True:
        especialidad = input("- Especialidad (I1 o I2) = ").
        if especialidad not in ("I1","I2"):
            print("  Error...Volver a leer...")
        else:
            break
    dic_reg[código] = [apellido,nombre,edad,especialidad]
def ingresar():
    archivo = open(name_file,'w')
    while True:
        print("\n\tIngreso de alumnos")
        print("-" *30)
        n = input("\t Total = ")
        if n.isdigit():
            if 0<int(n):
                break
            else:
                print("Volver a leer...")
        else:
            print("Volver a leer...")
    registros = {}
    for i in range (int(n)):
        print("")
        print(f"Alumno [{i+1}] ")
        print("")
        registro(registros)
    j = 0
    for i in registros:
        line = ' - '.join([str(j+1)] + [i] + registros[i])
        archivo.write(line+'\n')
        j = j + 1
    archivo.close()
                                                        Ln: 48  Col: 34
```

```
*Arc_Texto_C.py - C:/Users/User/Desktop/Arc_Texto_C.py (3.9.2)*        —    □    ×
File  Edit  Format  Run  Options  Window  Help
        archivo.close()
def crear():
        global name_file
        name_file = input("Nombre del archivo a crear = ")
        archivo = open(name_file,'w')
        archivo.close()
        print("")
def imp_reg(reg):
        a=len(reg)
        b=len(reg[0])
        c=[]
        for j in range(b):
            aux3=[]
            for i in range(a):
                aux3.append(len(str(reg[i][j])))
            c.append(max(aux3))
        for j in range(b):
            if j==0:
                print(" "*10,end="")
            print(f"  {reg[0][j]:^{c[j]}}  ",end="")
    print(" "*9," -",end="")
        for j in range(len(c)-1):
            print("-"*(c[j]),end="---")
        print(f"{'-'*(c[-1])}-   ")
                                                    Ln: 102  Col: 27
```

```
*Arc_Texto_C.py - C:/Users/User/Desktop/Arc_Texto_C.py (3.9.2)*        —    □    ×
File  Edit  Format  Run  Options  Window  Help
        for i in range(1,a):
            for j in range(b):
                if j==0:
                    print(" "*10,end="")
                if j == 2 or j == 3:
                    print(f"  {reg[i][j]:<{c[j]}}  ",end="")
                else:
                    print(f"  {reg[i][j]:^{c[j]}}  ",end="")
    print(" "*9," -",end="")
    for j in range(len(c)-1):
        print("-"*(c[j]),end="---")
    print(f"{'-'*(c[-1])}-   ")
def rep_arch(reg,arch,e1,e2,e3,e4,e5): |
    lineas = arch.readlines()
    reg = [linea.rstrip('\n').split(sep = ' - ') for linea in lineas]
    reg.sort(key = lambda elemento: (elemento[e1],elemento[e2],elemento[e3],e
    for i in range (len(reg)):
        reg[i][0] = i + 1
    reg.insert(0,['NRO.','CÓDIGO','APELLIDO','NOMBRE','EDAD','ESPECIALIDAD'])
    imp_reg(reg)
def reporte():
    resp0 = "S"
    while resp0 == "S":
                                                    Ln: 123  Col: 39
```

```
*Arc_Texto_C.py - C:/Users/User/Desktop/Arc_Texto_C.py (3.9.2)*                    —    □    ×
File  Edit  Format  Run  Options  Window  Help
```

```
        print(" "*5,"┌─────────────────────────────────────────────────┐
        print(" "*5,"│                    REPORTES                     │
        print(" "*5,"├───┬─────────────────────────────────────────────┤
        print(" "*5,"│ 1 │ Reporte ordenado ascender.temente según código
        print(" "*5,"├───┼─────────────────────────────────────────────┤
        print(" "*5,"│ 2 │ Reporte ordenado según apellido
        print(" "*5,"├───┼─────────────────────────────────────────────┤
        print(" "*5,"│ 3 │ Reporte ordenado según nombre
        print(" "*5,"├───┼─────────────────────────────────────────────┤
        print(" "*5,"│ 4 │ Reporte ordenado según edad
        print(" "*5,"└───┴─────────────────────────────────────────────┘
        print("")
        while True:
            resp = input("\tIngrese opción = ")
            if resp in ["1","2","3","4"]:
                print("")
                break
            else:
                print("Error...Respuesta inválida...")
        registros = []
        archivo = open(name_file,'r')
        if resp == "1":
            rep_arch(registros,archivo,1,2,3,4,5)
        elif resp == "2":
            rep_arch(registros,archivo,2,3,1,4,5)
        elif resp == "3":
            rep_arch(registros,archivo,3,2,1,4,5)
```

```
                                                                          Ln: 123   Col: 39
```

```
*Arc_Texto_C.py - C:/Users/User/Desktop/Arc_Texto_C.py (3.9.2)*                    —    □    ×
File  Edit  Format  Run  Options  Window  Help
```

```
        elif resp == "4":
            rep_arch(registros,archivo,4,2,3,1,5)
        while True:
            print("")
            resp0=input("¿Desea ver otro reporte? (S/N) ==> ").upper()
            if resp0 == "S" or resp0 == "N":
                print("")
                break
            else:
                print("Respuesta inválida...")
    archivo.close()
def buscar():
    archivo = open(name_file,'r')
    lineas = archivo.readlines()
    registros = [linea.rstrip('\n').split(sep = ' - ') for linea in lineas]
    resp = "S"
    while resp == "S":
        existe = False
        print("")
        código = input("Ingrese código que desea buscar: ").upper()
        for i in range(len(registros)):
            if registros[i][1] == código:
                existe = True
                k=i
        if existe:
            print("")
            print(f"Código encontrado en la posición {k}:")
```

```
                                                                          Ln: 170   Col: 0
```

```
*Arc_Texto_C.py - C:/Users/User/Desktop/Arc_Texto_C.py (3.9.2)*          —   □   ×
File  Edit  Format  Run  Options  Window  Help
                imp_reg([['NRO.','CÓDIGO','APELLIDO','NOMBRE','EDAD','ESPECIALIDA
            else:
                print("")
                print("Código no existe...")
            while True:
                print("")
                resp=input("¿Desea buscar otro código? (S/N) ==> ").upper()
                if resp=="S" or resp=="N":
                    break
                else:
                    print("Respuesta inválida...")
        archivo.close()
        print("")
def eliminar():
    archivo = open(name_file,'r')
    lineas = archivo.readlines()
    registros = [linea.rstrip('\n').split(sep = ' - ') for linea in lineas]
    resp = "S"
    while resp == "S":
        existe = False
        print("")
        código = input("Ingrese código que desea eliminar = ").upper()
        for i in range(len(registros)):
            if registros[i][1] == código:
                existe = True
                k=i
        if existe:
                                                              Ln: 203  Col: 0
```

```
*Arc_Texto_C.py - C:/Users/User/Desktop/Arc_Texto_C.py (3.9.2)*          —   □   ×
File  Edit  Format  Run  Options  Window  Help
                print(f"Código encontrado en la posición {k}:")
                imp_reg([['NRO.','CÓDIGO','APELLIDO','NOMBRE','EDAD','ESPECIALIDAD'
                archivo.close()
                archivo = open(name_file,"w")
                for i in range(len(registros)):
                    registros[i][0] = str(i + 1)
                    line = ' - '.join(registros[i])
                    archivo.write(line+'\n')
                archivo.close()
                print("El registro ha sido eliminado...")
            else:
                print("Código no existe...")
            while True:
                resp=input("¿Desea eliminar otro código? (S/N) ==> ").upper()
                if resp=="S" or resp=="N":
                    break
                else:
                    print("Respuesta inválida...")
def modificar():
    archivo = open(name_file,'r')
    lineas = archivo.readlines()
    registros = [linea.rstrip('\n').split(sep = ' - ') for linea in lineas]
    resp = "S"
    while resp == "S":
        existe = False
        código = input("Ingrese código del alumno cuyo registro desea modificar
                                                              Ln: 231  Col: 0
```

```
*Arc_Texto_C.py - C:/Users/User/Desktop/Arc_Texto_C.py (3.9.2)*          —   □   ×
File  Edit  Format  Run  Options  Window  Help
            for i in range(len(registros)):
                if registros[i][1] == código:
                    existe = True
                    k=i
        if existe:
            print("")
            print(f"Código encontrado en la posición {k}:")
            print("")
            imp_reg([['NRO.','CÓDIGO','APELLIDO','NOMBRE','EDAD','ESPECIALIDAD'
            print("")
            while True:  #apellido
                continuar = True
                registros[k][2] = input("- Nuevo apellido = ").upper()
                for i in registros[k][2]:
                    if not(i.isalpha() or i.isspace()):
                        continuar = False
                if continuar:
                    break
                else:
                    print("  Error...volver a leer...")
            while True:
                registros[k][3] = input("- Nuevo nombre = ").upper()
                for i in registros[k][3]:
                    if not(i.isalpha() or i.isspace()):
                        continuar = False
                if continuar:
                    break
                                                            Ln: 258  Col: 52
```

```
*Arc_Texto_C.py - C:/Users/User/Desktop/Arc_Texto_C.py (3.9.2)*          —   □   ×
File  Edit  Format  Run  Options  Window  Help
                else:
                    print("  Error...volver a leer...")
            while True:
                registros[k][4] = input("- Nueva edad = ")
                if registros[k][4].isdigit():
                    if 100>int(registros[k][4])>14:
                        break
                    else:
                        print("  Error...edad no permitida...")
                else:
                    print("  Error...Volver a leer...")
            while True:
                registros[k][5] = input("- Nueva especialidad (I1 o I2) = ").up
                if registros[k][5] not in ("I1","I2"):
                    print("  Error...volver a leer...")
                else:
                    break
        archivo.close()
        archivo = open(name_file,"w")
        for i in range(len(registros)):
            line = ' - '.join(registros[i])
            archivo.write(line+'\n')
        print("")
        print("El registro ha sido modificado...")
    else:
        print("")
        print("Código no existe...")
                                                            Ln: 288  Col: 0
```

```
*Arc_Texto_C.py - C:/Users/User/Desktop/Arc_Texto_C.py (3.9.2)*        —    □    ×
File  Edit  Format  Run  Options  Window  Help
            while True:
                    resp=input("¿Desea modificar otro registro? (S/N) ==> ").upper()
                    if resp=="S" or resp=="N":
                        break
                    else:
                        print("Respuesta inválida...")
        archivo.close()
def insertar():
    archivo = open(name_file,'r')
    lineas = archivo.readlines()
    registros = [linea.rstrip('\n').split(sep = ' - ') for linea in lineas]
    diccionario = dict((registros[i][1],[registros[i][j] for j in range(2,6)])
    archivo.close()
    print("Ingrese datos del registro a insertar:")
    registro(diccionario)
    archivo = open(name_file,'w')
    j = 0
    for i in diccionario:
        line = ' - '.join([str(j+1)] + [i] + diccionario[i])
        archivo.write(line+'\n')
        j = j + 1
    archivo.close()
    print("El registro ha sido agregado...")
    print("")
                                                                    Ln: 319  Col: 19
```

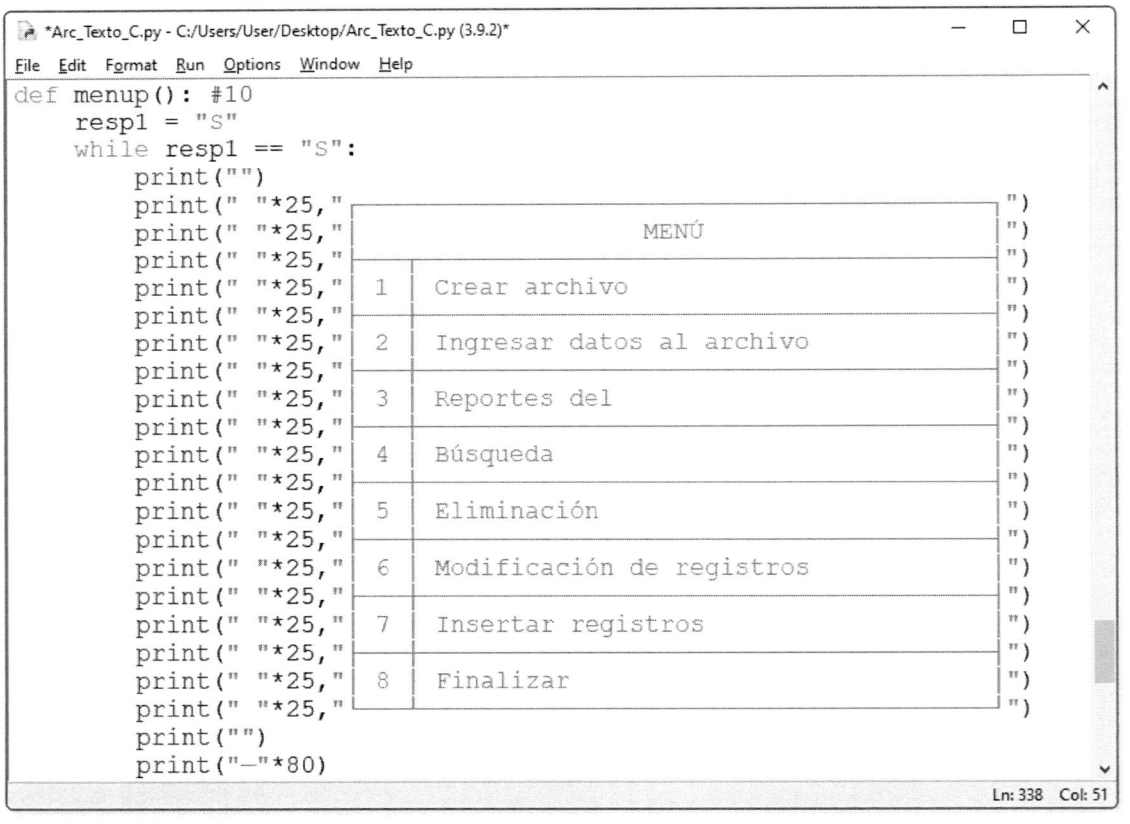

```
*Arc_Texto_C.py - C:/Users/User/Desktop/Arc_Texto_C.py (3.9.2)*        —    □    ×
File  Edit  Format  Run  Options  Window  Help
def menup(): #10
    resp1 = "S"
    while resp1 == "S":
        print("")
        print("  "*25, "┌──────────────────────────────────┐ ")
        print("  "*25, "│              MENÚ                │ ")
        print("  "*25, "├──┬───────────────────────────────┤ ")
        print("  "*25, "│ 1 │ Crear archivo                 │ ")
        print("  "*25, "├──┼───────────────────────────────┤ ")
        print("  "*25, "│ 2 │ Ingresar datos al archivo     │ ")
        print("  "*25, "├──┼───────────────────────────────┤ ")
        print("  "*25, "│ 3 │ Reportes del                  │ ")
        print("  "*25, "├──┼───────────────────────────────┤ ")
        print("  "*25, "│ 4 │ Búsqueda                      │ ")
        print("  "*25, "├──┼───────────────────────────────┤ ")
        print("  "*25, "│ 5 │ Eliminación                   │ ")
        print("  "*25, "├──┼───────────────────────────────┤ ")
        print("  "*25, "│ 6 │ Modificación de registros     │ ")
        print("  "*25, "├──┼───────────────────────────────┤ ")
        print("  "*25, "│ 7 │ Insertar registros            │ ")
        print("  "*25, "├──┼───────────────────────────────┤ ")
        print("  "*25, "│ 8 │ Finalizar                     │ ")
        print("  "*25, "└──┴───────────────────────────────┘ ")
        print("")
        print("—"*80)
                                                                    Ln: 338  Col: 51
```

```
*Arc_Texto_C.py - C:/Users/User/Desktop/Arc_Texto_C.py (3.9.2)*          —   □   ×
File  Edit  Format  Run  Options  Window  Help
        while True:
            resp2=input("\t Ingrese opción = ")
            if resp2 in ["1","2","3","4","5","6","7","8"]:
                print("—"*80)
                break
            else:
                print("Error...Respuesta inválida...")
        if resp2=="1":
            crear();                    print("—"*80)
        elif resp2=="2":
            ingresar();                 print("—"*80)
        elif resp2=="3":
            reporte();                  print("—"*80)
        elif resp2=="4":
            buscar();                   print("—"*80)
        elif resp2=="5":
            eliminar();                 print("—"*80)
        elif resp2=="6":
            modificar();                print("—"*80)
        elif resp2=="7":
            insertar();                 print("—"*80)
        elif resp2=="8":
            print("—"*80);              exit()
        while True:
            resp1=input("¿Desea volver al  Menú..? (S/N)==> ").upper()
            if resp1=="S" or resp1=="N":
                print("—"*80)
                if resp1=="S":
                    break
                if resp1=="N":
                    print("Hasta pronto")
                    exit()
                                                          Ln: 368  Col: 24
```

Ejemplo:

En la siguiente interfaz se ilustran dos archivos:

a. **usuarioUni.txt**.- Archivo creado en tiempo de ejecución. Guarda user = 100 y clave = 123, datos que serán comparados cuando el usuario edite desde el teclado durante el proceso de validación. Si existe error, el programa brinda ayuda mostrando los datos.

b. **Listado.txt**.- Almacena registros de personas identificadas por nombre, apellido, código y edad, donde el código es autogenerado con módulo. Ver interfaz.

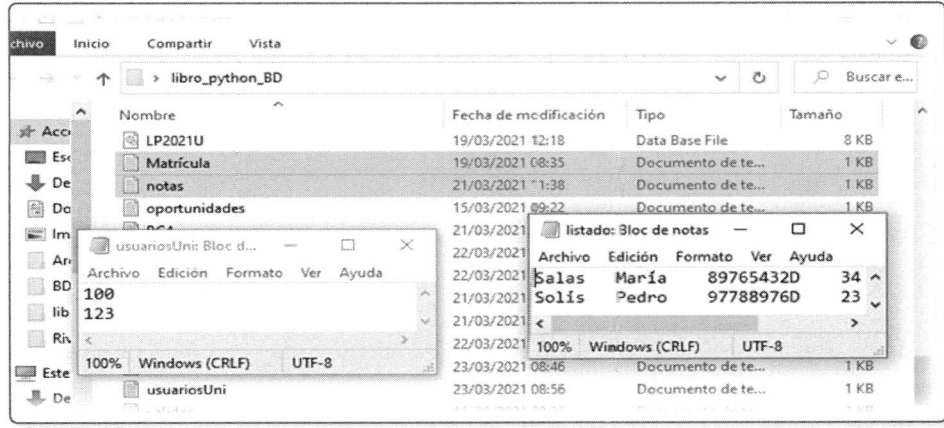

Solución:

```
IDLE Shell 3.9.2*                                    —    □    ×

File  Edit  Shell  Debug  Options  Window  Help
-----------------------------
          Validando datos
-----------------------------
Usuario = |1
Clave   = |1

        Se ha comparado Datos de usuario con los de File
-----------------------------------------------------
 Datos =  ['100\n', '123']

        Error le quedan 3  intentos
['100\n', '123']
        Usuario = 100
        Clave   =123

        acceso Correcto

        Menú Principal
================================

        <1> Ingresar Registros
        <2> Mostrar
        <3> Buscar
        <4> Eliminar
        <5> Modificar
        <6> Insertar
        <7> Salir
================================

Elige una opción: 1
                                              Ln: 29  Col: 13
```

```
IDLE Shell 3.9.2*                                    —    □    ×

File  Edit  Shell  Debug  Options  Window  Help
Elige una opción: 1

Nuevo Registro
===============
Apellido= Salas
Nombre  = María
Código  = 89765432
               Código Autogenerado =   89765432D
Edad    = 34
Teléfono= 988778658

 Registro creado =Salas,María,89765432D,34,988778658

        Menú Principal
================================

        <1> Ingresar Registros
        <2> Mostrar
        <3> Buscar
        <4> Eliminar
        <5> Modificar
        <6> Insertar
        <7> Salir
================================

Elige una opción: 1

Nuevo Registro
===============
Apellido= Solís
Nombre  = Pedro
Codigo  = 97788976
                                              Ln: 29  Col: 13
```

```
*IDLE Shell 3.9.2*                                          —    □    ×
File  Edit  Shell  Debug  Options  Window  Help
Elige una opción: 2

Mostrar Registros
----------------------------------------
 Apellido   Nombre  Código  Edad  Teléforo
----------------------------------------
Salas    María     89765432D      34    988778658
Solís    Pedro     97788976D      23    978789659

                                                    Ln: 29  Col: 13
```

```
*IDLE Shell 3.9.2*                                          —    □    ×
File  Edit  Shell  Debug  Options  Window  Help
Elige una opción: 6
 Ingrese posición a insertar = 1

Apellido=Córdova
Nombre = Teodoro
Código = 99876543
Código Autogenerado 99876543E
Edad =   60
Teléfono= 989876544


----------------------------------------
 Apellido   Nombre  Código  Edad  Teléfono
----------------------------------------

Córdova    Teodoro    99876543E   60    989876544
Salas    María     89765432D      34    988778658

Solís    Pedro     97788976D      23    978789659

                                                    Ln: 133  Col: 0
```

```
Arch_t_P.py - C:/Users/User/Desktop/libro_python_BD/Arch_t_P.py (3.9.2)    —    □    ×
File  Edit  Format  Run  Options  Window  Help
import os
n=0
print("\n\tMódulo de Validación")
print("-" *30)
print("\n\t Creando Archivo de usuario")
print("-"* 30)
arch=open("usuariosUni.txt","w")
print("\n\t Archivo creado")
arch.close()
print("\n\t Escribiendo datos ")
print("-"* 30)
arch=open("usuariosUni.txt","a")
arch.write("100")
arch.write("\n")
arch.write("123")
arch.close()
print("\n\t Validando datos ")
print("-"* 30)
a=input("Usuario = ")
b=input("Clave   = ")
arch=open("usuarios.txt","r")
lineas=arch.readlines()
print("\n\t Se ha comparado Datos de usuario con los de File")
print("-"* 50)
print(" Datos = ",lineas)
n=0
while n<3:
    if a==lineas[0] or b==lineas[1]:
        print("\n\t acceso Correcto ")
        break
    else:
        print("\n\tTError le quedan" (3-n) " intentos")

                                                    Ln: 10  Col: 0
```

```
*Arch_t_P.py - C:/Users/User/Desktop/libro_python_BD/Arch_t_P.py (3.9.2)*        —    □    ×
File  Edit  Format  Run  Options  Window  Help
    else:
        print("\n\Error le quedan",(3-n)," intentos")
        print(líneas)
        a=input("\tUsuario = ")
        b=input("\tClave    =")
    n=n+1
arch.close()

aux="2"
while True:
    print("\n\t Menú Principal   ")
    print("=" *30)
    print("\n\t<1> Ingresar Registros ")
    print("\t<2> Mostrar")
    print("\t<3> Buscar")
    print("\t<4> Eliminar")
    print("\t<5> Modificar")
    print("\t<6> Insertar")
    print("\t<7> Salir")
    print("=" *30)
    opción = int(input("\nElige una opción: "))
    if opción == 1:
        print ("\nNuevo Registro")
        print("="*15)
        with open("listado.txt","a") as archivo:
            apellido=input("Apellido= ")
            nombre = input("Nombre   = ")
            letras=["A","B","C","D","E","F","G","H","I","J","K","L","M"]
            código =int(input("Código  = "))
            cod=código;       sumaf=0
            t=0
            while cod>0:
Ln: 50  Col: 0
```

```
*Arch_t_P.py - C:/Users/User/Desktop/libro_python_BD/Arch_t_P.py (3.9.2)*        —    □    ×
File  Edit  Format  Run  Options  Window  Help
            while cod>0:
                sumaf=sumaf+(8-t)*(cod%10)
                cod=cod//10
                t+=1
            mod=sumaf%11
            print("\t\tCódigo Autogenerado = ",str(código)+letras[mod])
            codi=str(código)+letras[mod]
            while True :
                edad =int(input("Edad     = "))
                if 15<edad<80:
                    break
                else:
                    print(" Error , volver a Ingresar ")
            while True :
                teléfono =int(input("Teléfono= "))
                if 900000000<=teléfono<=999999999:
                    break
                else:
                    print(" Error , volver a Ingresar ")
            print (f"\n Registro creado ={apellido},{nombre},{codi},{eda
            archivo.write(apellido+"   ")
            archivo.write(nombre+"    ")
            archivo.write(codi+"    ")
            archivo.write(str(edad)+"   ")
            archivo.write(str(teléfono)+" "+"\n")
            archivo.close()
Ln: 81  Col: 45
```

Arch_t_P.py - C:/Users/User/Desktop/libro_python_BD/Arch_t_P.py (3.9.2) — □ ✕

File Edit Format Run Options Window Help

```
    elif opcion == 2:
        if aux=="5":
            print ("\nMostrar Registros modificados")
            with open("example2.txt","r") as archivo:
                print("------------------------------------")
                print(" Apellido  Nombre Código Edad Teléfono")
                print("------------------------------------")
                print (archivo.read())
                archivo.close()
        elif aux=="6":
            print ("\nMostrar Registros modificados")
            with open("example3.txt","r") as archivo:
                print("------------------------------------")
                print(" Apellido  Nombre Código Edad Teléfono")
                print("------------------------------------")
                print (archivo.read())
                archivo.close()
        else :
         print ("\nMostrar Registros")
         with open("listado.txt","r") as archivo:
                print("------------------------------------")
                print(" Apellido  Nombre Código Edad Teléfono")
                print("------------------------------------")
                print (archivo.read())
                archivo.close()
    elif opcion == 3:
            print()
            fh=open("listado.txt","r")
            word=input("Ingrese la palabra a buscar = ")
```

Ln: 107 Col: 49

Arch_t_P.py - C:/Users/User/Desktop/libro_python_BD/Arch_t_P.py (3.9.2) — □ ✕

File Edit Format Run Options Window Help

```
            s=" "; count=1;w=0
            while(s):
                s=fh.readline()
                L=s.split()
                if word in L:
                    print("\nLínea",count,":",s)
                    w=w+1
                count+=1
            if w==0:
                print("Palabra no encontrada ")
    elif opcion == 4  :
        with open("listado.txt","a") as archivo:
            archivo.truncate(0)
            print ("\nRegistros Eliminados")
            archivo.close()
    elif opción ==5:
        aux=opción
        file_name=("listado.txt")
        raw_file=open(file_name,"r")
        with open("example2.txt","w") as archivo:
        palabra=input("\nPalabra a modificar = ")
         new_palabra=input("\nReemplazar por= ")
         w=0
         for x in raw_file:
            xf=x.replace(palabra,new_palabra)
            if w==0:
              print("------------------------------------")
              print(" Apellido  Nombre Código Edad Teléfono")
              print("------------------------------------")
```

Ln: 125 Col: 20

```
*Arch_t_P.py - C:/Users/User/Desktop/libro_python_BD/Arch_t_P.py (3.9.2)*      —  □  ×
File  Edit  Format  Run  Options  Window  Help
                    w=w+1
                print(xf)
                archivo.write(xf)
            n=n+1
        elif opción == 6:
            aux=opción
            arch=open("listado.txt","r")
            with open("example3.txt","w") as archivo:
                pos=int(input(" Ingrese posición a insertar = "))
                apellido = input("\nApellido=")
                nombre =input("Nombre = ")
                letras=["A","B","C","D","E","F","G","H","I","J","K","L","M"]
                código =int(input("Código = "))
                cod=código
                sumaf=0
                t=0
                while cod>0:
                        sumaf=sumaf+(8-t)*(cod%10)
                        cod=cod//10
                        t+=1
                mod=sumaf%11
                print("Código Autogenerado",str(código)+letras[mod])
                codi=str(código)+letras[mod]
                while True :
                    edad =int(input("Edad =  "))
                    if 0<edad<100:
                        break
                    else:
                        print("Error, volver a ingresar ")
Ln: 154   Col: 24
```

```
*Arch_t_P.py - C:/Users/User/Desktop/libro_python_BD/Arch_t_P.py (3.9.2)*      —  □  ×
File  Edit  Format  Run  Options  Window  Help
                        print("Error, volver a ingresar ")
                while True :
                    teléfono =int(input("Teléfono= "))
                    if 900000000<=teléfono<=999999999:
                        break
                    else:
                        print("NÚMERO INCORRECTO,INTÉNTELO NUEVAMENTE")
                b=0
                print("\n-------------------------------------")
                print(" Apellido  Nombre Código Edad Teléfono")
                print("-------------------------------------")
                for i in arch:
                  b=b+1
                  if b==pos:
                    print(f"\n{apellido}   {nombre}   {codi}   {edad}    {tele
                    archivo.write(apellido+"    ")
                    archivo.write(nombre+"     ")
                    archivo.write(codi+"     ")
                    archivo.write(str(edad)+"    ")
                    archivo.write(str(teléfono)+" "+"\n")
                  print(i)
                  archivo.write(i)
                archivo.close()
        elif opción == 7:
            print(" Fin de programa ")
            exit()
        else:
            print("Debe elegir una opción")
os.system('cls')
Ln: 191   Col: 39
```

1.3. Serialización de archivos de acceso aleatorio (archivos binarios)

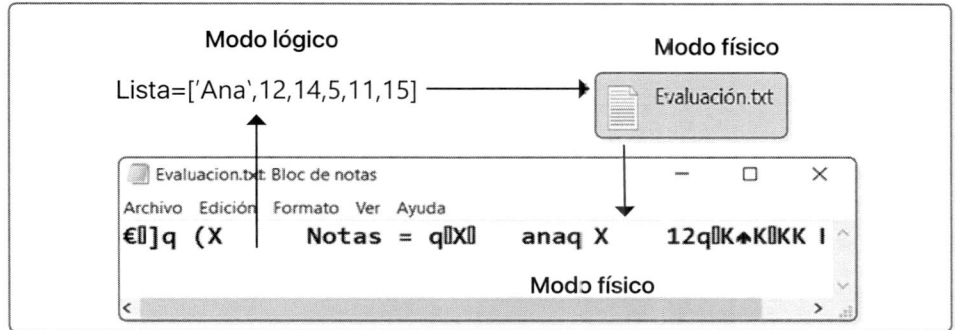

Consiste en un programa que transforma el contenido del archivo original en lenguaje máquina, en el que su contenido se puede ver pero no interpretar. Solo con código Python se sabrá el contenido del archivo.

1.3.1. Método Pickle()

Permite proveer dos métodos para serializar o deserializar archivos externos.

a. Dump.- La función dump graba una representación pickle.

pickle.dump(lista, archivo)

b. Load.- Para leer archivo.

pickle.load(archivo)

c. Unpicklear.- Para obtener el archivo (objeto) original de Python.

d. Serialización.- Consiste en guardar en un archivo externo estructuras como listas, diccionarios, etc.

Ejemplo:

Diseñar un programa que permita crear un archivo binario con información inicializada en una lista.

Solución:

Vista desde el archivo Windows:

Programa fuente:

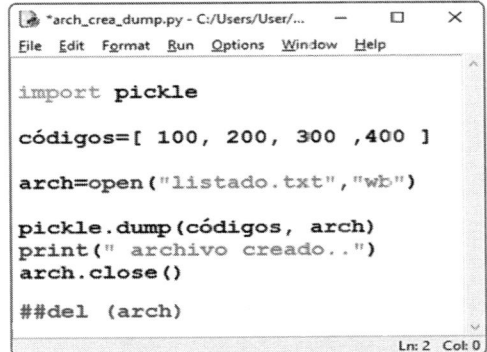

```
import pickle

códigos=[ 100, 200, 300 ,400 ]

arch=open("listado.txt","wb")

pickle.dump(códigos, arch)
print(" archivo creado..")
arch.close()

##del (arch)
```

Vista del contenido usando Python:

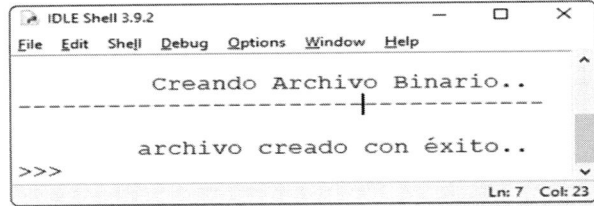

1.3.2. Método Load()

Permite leer información del archivo.

Sintaxis:

arch = open("listado.txt","rb")

datos = pickle.load(arch)

Ejemplo:

Diseñar un programa que permita crear un archivo binario notass.txt y guardar información de la estructura lista.

Solución:

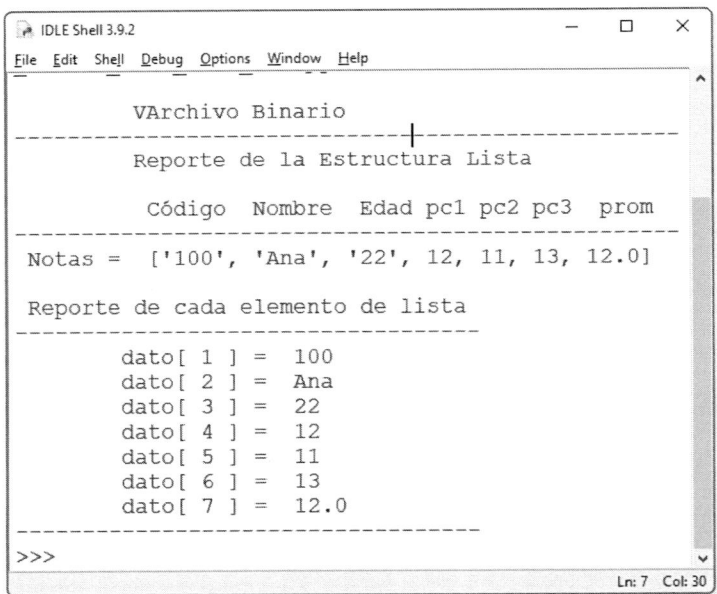

```
ARC_DUMP_LEER_ESC.py - C:\Users\User\Desktop\libro_python_BD\ARC_DUMF_...    —    □    ×
File  Edit  Format  Run  Options  Window  Help
import pickle
print(" \n\t VArchivo Binario ")
print("-"*50)
notas= ['100','Ana','22',12,11,13,12.0]
    #1.-  Crear archivo binario
arch = open('notass.txt', 'wb')
    #2.- # Grabar DATOS  DE LA LISTA
pickle.dump(notas,arch)
    #3.- # Abrir archivo para
arch=open('notas.txt', 'rb')
    ##4.- # carga del archivo y mostrar
lista = pickle.load(arch)
print(" \t Reporte de la Estructura Lista")
print("\n\t  Código  Nombre  Edad pc1 pc2 pc3  prom")
print("-"*50)
    ##5.- Reporte de la estructura lista
print(" Notas = ", lista)
    ##6.- iterar sobre lista
print("\n Reporte de cada elemento de lista")
print("-" *35)
k=0
for i in lista:
    k=k+1
    print("\tdato[",k,"] = ",i)
print("-" *35)
    ##7.- Cerrar Archivo
arch.close()
                                                          Ln: 20  Col: 14
```

Ejemplo:

Diseñar un programa que permita leer datos de un archivo.

Solución:

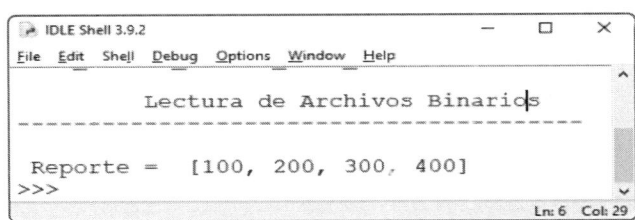

```
IDLE Shell 3.9.2                              —    □    ×
File  Edit  Shell  Debug  Options  Window  Help

           Lectura de Archivos Binarios
-------------------------------------------

 Reporte =   [100, 200, 300, 400]
>>>
                                          Ln: 6  Col: 29
```

```
*Arc_dump_leer.py - C:/Users/User/Desktop/libro_python_BD/...    —    □    ×
File  Edit  Format  Run  Options  Window  Help

import pickle
print("\n\t Lectura de Archivos Binarios")
print("-" *40)
arch=open("listadoBn.txt","rb")
datos = pickle.load(arch)
print()
print(" Reporte = ", datos)
arch.close()
                                          Ln: 7  Col: 0
```

Ejemplo:

Diseñar un programa que permita:

a. Inicializar información de un alumno en una lista.

notas = ['100','Ana','22',12,11,13,12.0]

b. Crear un archivo binario notas.txt.

c. Guardar la información (guardar en el archivo notas.txt).

d. Abrir el archivo.

e. Hacer un reporte.

Solución:

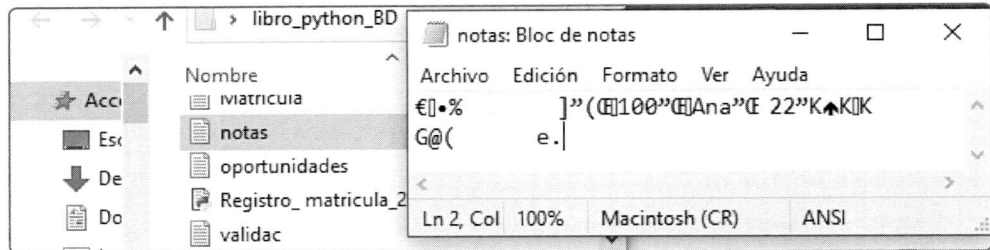

Resultados

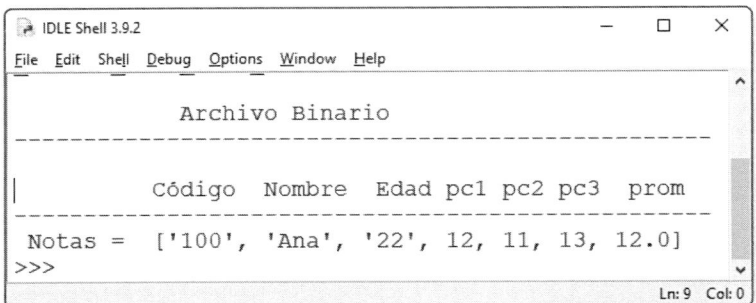

Programa fuente:

```python
import pickle
print(" \n\t    Archivo Binario ")
print("-"*50)
notas= ['100','Ana','22',12,11,13,12.0]
    #1.-  Crea archivo binario
arch = open('notas.txt', 'wb')

    #2.- # Grabar DATOS
pickle.dump(notas,arch)

    #3.- # Abre archivo para  leer
arch=open('notas.txt', 'rb')
    ##4.- # carga del archivo
lista = pickle.load(arch)

print("\n\t Código  Nombre  Edad pc1 pc2 pc3  prom")
print("-"*50)
##6.- iterar sobre lista
print(" Notas = ", lista)
arch.close()
```

Diseño más detallado:

```
Archiv_BINARIO.py - G:/Arch_Diccionario_Python/Archiv_BINARIO.py (3.6.4)
File  Edit  Format  Run  Options  Window  Help

import pickle
print("")
print(" Módulo: Crear Archivo Binario: archivo ARCHIVO_binario.txt  ")
print("-------------------------------------------------------------------"  )
print(" ")
print(" Guardar lista=['Notas=','ana','12',12,11,13,2,3] ")
print(" " )
# Declara lista
lista = [' Notas = ','ana','12',12,11,13,2,3]
# Abre archivo binario  PARA ESCRITURA
archivo = open('ARCHIVO_binario.txt', 'wb')
# Grabar
pickle.dump(lista, archivo)
# Abre archivo para  leer
archivo = open('Evaluación.txt', 'rb')
# carga lista desde archivo
lista = pickle.load(archivo)
# listado
print("")
print(" Reporte ")
print("")
print("Datos de Archivo = ",lista)
# Cierra archivo
archivo.close |
                                                        Ln: 24  Col: 15
```

Ejemplo:

Diseñar un programa que permita crear un archivo binario de nombre listaa1.txt. Este debe ser creado desde la consola; es decir, cuando ejecute el programa, primero le pedirá que ingrese el nombre del archivo y luego que inicie con el ingreso de registros de personas identificadas por código y apellidos. Hacer el reporte respectivo.

Solución:

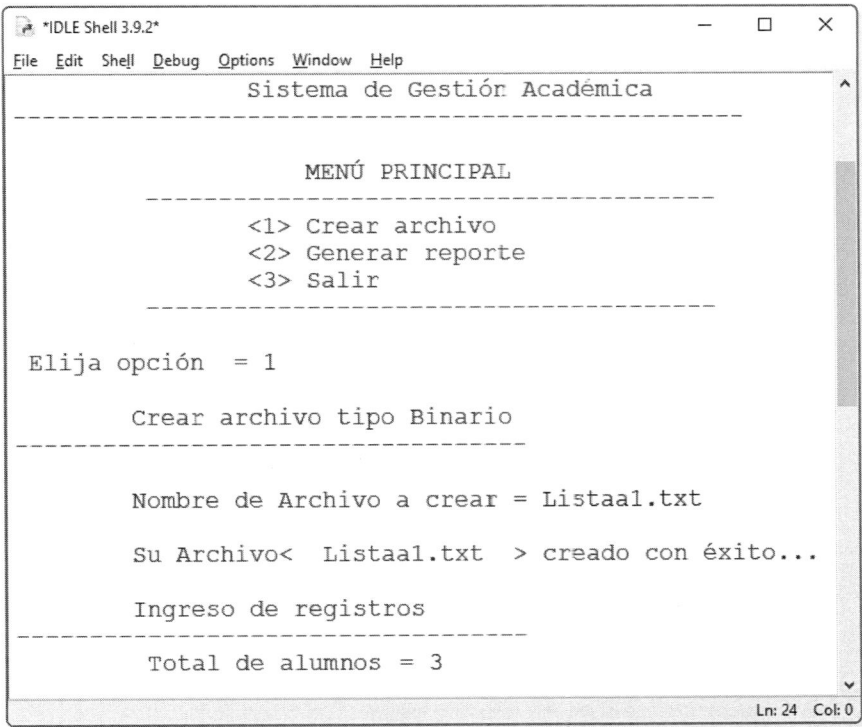

```
IDLE Shell 3.9.2
File  Edit  Shell  Debug  Options  Window  Help

                Sistema de Gestión Académica
        ----------------------------------------------

                        MENÚ PRINCIPAL
                ------------------------------------------
                    <1> Crear archivo
                    <2> Generar reporte
                    <3> Salir
                ------------------------------------------

        Elija opción  = 1

                Crear archivo tipo Binario
        ------------------------------------------

                Nombre de Archivo a crear = Listaa1.txt

                Su Archivo<  Listaa1.txt  > creado con éxito...

                Ingreso de registros
        ------------------------------------------
                Total de alumnos = 3
                                                        Ln: 24  Col: 0
```

```
*IDLE Shell 3.9.2*                                    —    □    ×
File  Edit  Shell  Debug  Options  Window  Help


        Alumno [ 2 ]:
                Código   = 200
                Apellido =  perico


        Alumno [ 3 ]:
                Código   = 300
                Apellido =  Solis
¿ Sr Desea continuar? (S/N)? => S

 Elija opción  = 2

|       Reporte de Alumnos
--------------------

Nro.  Código   Apellido
----------------------------------
1 .    100      Salas
2 .    200      perico
3 .    300      Solís
¿ Sr Desea continuar? (S/N)? => 3
                                         Ln: 46  Col: 0
```

```
*Arch_pille_Grec.py - C:/Users/User/Desktop/libro_python_BD/Arch_pille_Grec.py (3.9.2)*   —   □   ×
File  Edit  Format  Run  Options  Window  Help
import pickle
def crear():
    global n,nombarch,dicc
    print("\n\tCrear archivo tipo Binario")
    print("-"*35)
    nombarch=input("\n\tNombre de Archivo a crear = ")
    arch=open(nombarch,"ab+")
    print()
    print("\tSu Archivo< ", nombarch," > creado con éxito...")
    print(" \n\tIngreso de registros")
    print("-"*35)
    while True:
        n=input("\t Total de alumnos = ")
        if n.isdigit():
            n=int(n)
            if n>0:
                break
            else:
                print()
                print("Error, volver a ingresar ")
        else:
            print()
            print("Error, volver a ingresar")
dicc={}
for i in range(n):
    print()
    print("\n\tAlumno [",i+1,"]:")
    while True:
        codigo=input("\t\tCódigo  = ")
        if codigo.isdigit():
            break
        else:
                                         Ln: 25  Col: 0
```

Arch_pille_Grec.py - C:/Users/User/Desktop/libro_python_BD/Arch_pille_Grec.py (3.9.2) — □ ×

File   Edit   Format   Run   Options   Window   Help

```python
            else:
                print("Error, intente otra vez")
        while True:
            apell=input("\t\tApellido =   ")
            if apell.isalpha():
                break
            else:
                print("Error, volver a leer ")
        dicc[código]=apell
    pickle.dump(dicc,arch)
    return dicc
def reporte():
    print("\tReporte de Alumnos ")
    print("-"*20)
    with open(nombarch,"rb") as arch:
        lista2=pickle.load(arch)
        print("Nro.  Código   Apellido")
        print("-"*35)
        i=0
        for j in lista2.keys():
            i+=1
            print(i,".    ",j,"     ",dicc[j])
    return lista2
def menú():
    print("\n\t\t    MENÚ PRINCIPAL")
```

Ln: 54   Col: 39

Arch_pille_Grec.py - C:/Users/User/Desktop/libro_python_BD/Arch_pille_Grec.py (3.9.2) — □ ×

File   Edit   Format   Run   Options   Window   Help

```python
    print("\t\t<1> Crear archivo")
    print("\t\t<2> Generar reporte")
    print("\t\t<3> Salir")
    resp="S"
    while resp=="S":
        while True:
            opc=input("\n Elija opción  = ")
            if opc.isdigit():
                opc=int(opc)
                if opc>0 and opc<4:
                    break
                else:
                    print("\tError, intente otra vez")
            else:
                print("\tError, intente otra vez")
        if opc==1:
            crear()
        elif opc==2:
            reporte()
        else:
            print(" hasta luego..");exit()
        while True:
            resp=input("¿ Sr Desea continuar? (S/N)? => ")
            if resp.isalpha():
                resp=resp.upper()
                if resp=="S" or resp=="N":
                    break
                else:
                    print("\tError, intente de nuevo ")
            else:
                print("\tError, intente de nuevo ")
        if resp=="N":
```

Ln: 63   Col: 19

Ejemplo:

Diseñar un programa que use las siguientes funciones:

a. **agregar()**.- Solicita datos según formato de un diccionario y va mostrando su diseño en forma real.

b. **guardar_datos(dic)**.- Permite crear el archivo Arc_Dicc.txt con información que es de los diccionarios y luego realiza un reporte.

Solución:

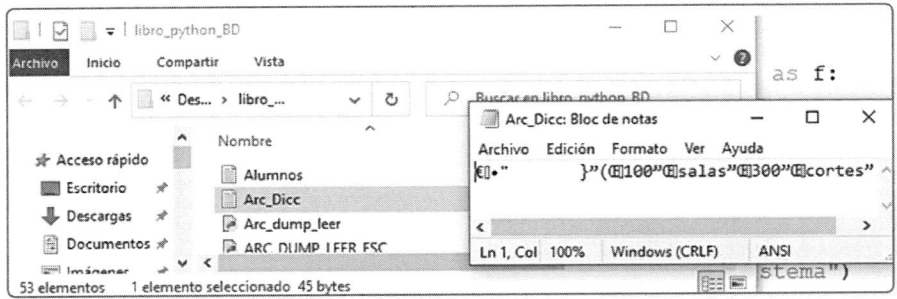

```
        Clave   = :200
        Valores = luisa

        Diccionario =  {'200': 'luisa'}

        Opciones
------------------------------
        1 Leer clave, valor
        2 Crear Diccionario
        Salir
------------------------------
        Ingrese opción 1

        Formando Diccionario

        Clave   = :300
        Valores = Maria

        Diccionario =  {'200': 'luisa', '300': 'María'}

|       Opciones
------------------------------
        1 Leer clave, valor
        2 Crear Diccionario
        Salir
------------------------------
        Ingrese opción 2

        Diccionario =  {'200': 'luisa', '300': 'María'}
```

Programa fuente

```
import pickle
def agregar():
    print(" \n\t Formando Diccionario")
    x=input("\n\tClave  = :")
    y=input("\tValores = ")
    dic[x]=y
    print ("\n\tDiccionario = ",dic)
    return
dic={}
print("Diccionario ", dic)
def guardar_datos(dic):
    with open("Arc_Dicc.txt", "wb") as arch:

        pickle.dump(dic, arch)
        arch.close()
        arch=open('Arc_Dicc.txt', 'rb')
        lista = pickle.load(arch)
        print(" \n\tDiccionario = ", lista)
    return
def menup():
    resp='S'
    while resp=='S':
        global opc
        print("\n\t Opciones")
        print("-" *30)
        print (" \t1 Leer clave, valor ")
        print (" \t2 Crear Diccicnario")
        print (" \t Salir")
        print("-" *30)
        opc=int( input("\t Ingrese opción "))
        if opc=='N':
            exit()
        if opc == 1:
            agregar()
        elif opc==2:
            guardar_datos(dic)
            print(" Archivo creado")
            input()
        elif opc==3:
            print(" \n\tSaliendo del Sistema")
            exit()
resp='S'
while resp=='S':
    menup()
    if resp=='N':
        exit()
```

Ejemplo:

Diseñar un programa que contenga las siguientes funciones:

a. agregar().- Solicita datos según formato de un diccionario y va mostrando su diseño en forma real.

b. guardar_datos(dic).- Permite crear el archivo Arc_Dicc.txt con información que es de los diccionarios y luego realiza un reporte.

Solución:

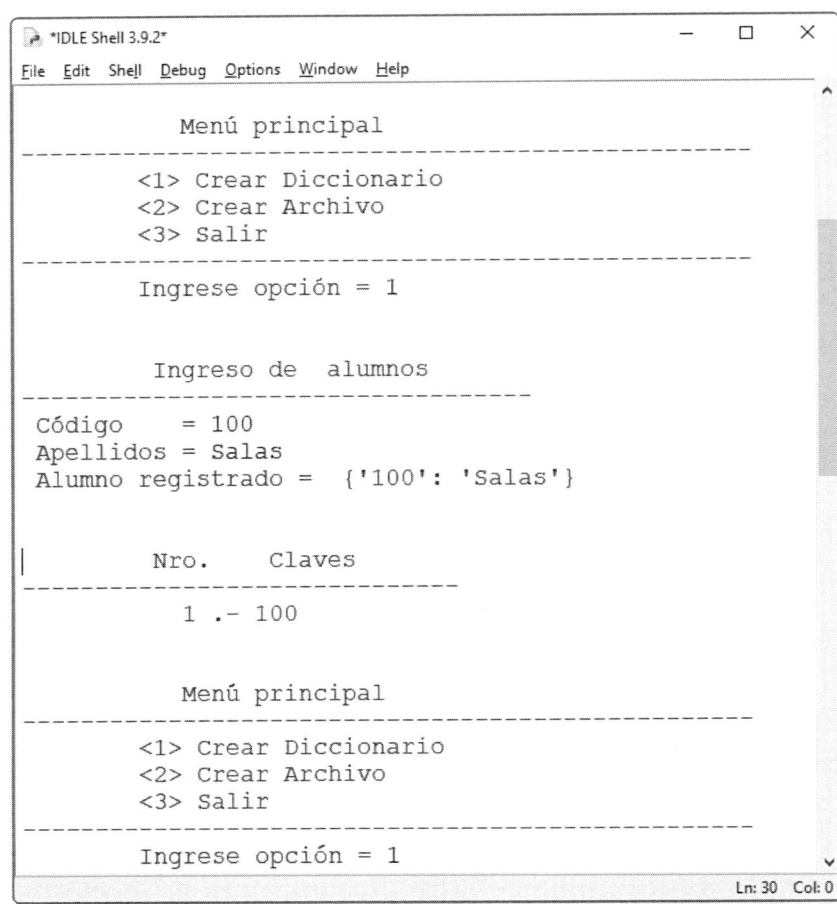

Ejemplo:

Diseñar un programa que use las siguientes funciones:

a. validar().- Permite validar datos de usuario.

b. agregar().- Solicita datos según formato de un diccionario y va mostrando su diseño en forma real.

c. guardar_datos(dic).- Permite crear el archivo lp.txt con información del diccionario.

d. Mostrar solo las claves del diccionario.

Solución:

```
*IDLE Shell 3.9.2*                                    —    □    ×
File  Edit  Shell  Debug  Options  Window  Help
            Módulo de Validación
----------------------------------------

          Código = 100
          Clave  = 123
----------------------------------------
Sr.Bienvenido

            Menú principal
------------------------------------------
          <1> Crear Diccionario
          <2> Crear Archivo
          <3> Salir
------------------------------------------
          Ingrese opción = 1


            Ingreso de  alumnos
------------------------------------
 Código    = 100
 Apellidos = Salas
 Alumno registrado =  {'100': 'Salas'}


          Nro.    Claves
------------------------------
            1 .- 100
                                              Ln: 30  Col: 0
```

```
*IDLE Shell 3.9.2*                                    —    □    ×
File  Edit  Shell  Debug  Options  Window  Help
            Menú principal
--------------------------------------------------
          <1> Crear Diccionario
          <2> Crear Archivo
          <3> Salir
--------------------------------------------------
          Ingrese opción = 1

            Ingreso de  alumnos
------------------------------------
 Código    = 300
 Apellidos = Perez
 Alumno registrado =  {'100': 'Salas', '200': 'Cortés',
'300': 'Pérez'}


          Nro.    Claves
------------------------------
            1 .- 100
            2 .- 200
            3 .- 300
                                              Ln: 64  Col: 0
```

```
*arch_dump_menu_ok.py - C:/Users/User/Desktop/libro_py...    —    □    ×
File  Edit  Format  Run  Options  Window  Help
import pickle
def validar():
    print("\n\t Módulo de Validación")
    print("-" *40)
    user=int(input("\n\tCódigo = "))
    pws=int(input(" \tClave  = "))

    print("-" *40)
    if(user==100 and pws==123):
        print("Sr.Bienvenido")
    else:
        print(" Error en sus datos")
        exit()
    return
def agregar():|
    print()
    print("\n\t Ingreso de  alumnos ")
    print("-"*35)
    x=input(" Código    = ")
    y=input(" Apellidos = ")
    dicc[x]=y
    print (" Alumno registrado = ",dicc)
    i=0
    print()
    print( " \n\t Nro.\t Claves ")
    print("-"*30)
    for key in dicc:
        i=i+1
        print("\t   ",i,".-", key)
    return
                                              Ln: 15  Col: 14
```

```
*arch_dump_menu_ok.py - C:/Users/User/Desktop/libro_python_BD/arc...   —   □   ×
File  Edit  Format  Run  Options  Window  Help
dicc={}
def guardar_datos(dicc):
    with open("lp.txt", "wb") as arch:
        pickle.dump(dicc, arch)
    print("\n\tDatos =",dicc)
    return dicc
def leerd():
    with open("lp.txt", "rb") as arch:
        arch=open('lp.txt', 'rb')
        lista = pickle.load(arch)
        print(" \n\tDiccionario = ", lista
    return lista
def salir():
    print(" Ud. saldrá del sistema..")
    input(); exit()
    return
def menu():
    print("\n\t   Menú principal")
    print("-"*50)

    print ("\t<1> Crear Diccionario")
    print ("\t<2> Crear Archivo")
    print ("\t<3> Salir ")
    print("-"*50)
    opc = int(input("\tIngrese opción = "))
    if opc== 1:
        agregar();    menu()
    elif opc==2:
        guardar_datos(dicc)
        print(" Datos almacenados")
                                              Ln: 51  Col: 0
```

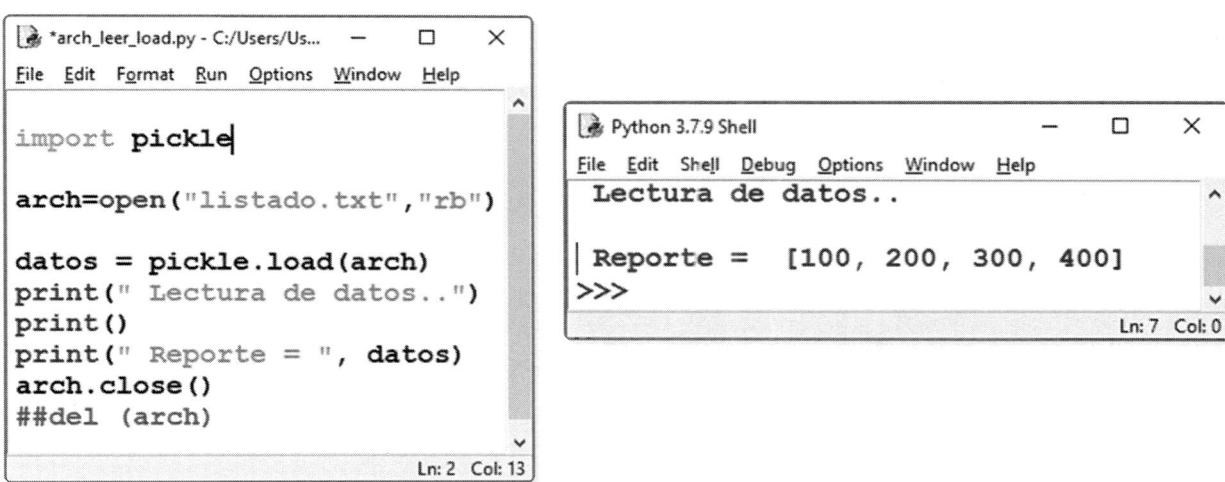

```
        print("Nuevos = ",dicc)
        menu()
    elif opc== 3:
        exit()
    else:
        print(" No existe opción :")
        exit()
    return opc
validar()
menu()
```

Ejemplo:

Diseñar un programa que permita leer la información de un archivo binario listado.txt.

Solución:

```
import pickle

arch=open("listado.txt","rb")

datos = pickle.load(arch)
print(" Lectura de datos..")
print()
print(" Reporte = ", datos)
arch.close()
##del (arch)
```

```
Lectura de datos..

Reporte =  [100, 200, 300, 400]
>>>
```

1.3.3. Tarea de un sistema de mantenimiento

Ejemplo:

Diseñar un programa que permita crear un archivo Archi.txt para almacenar n registros de alumnos identificados por código, apellido, nombre y edad. El programa debe disponer inicialmente de:

a. Validación para ingresar al sistema de mantenimiento de la tabla Alumnos.

b. Alternativas para realizar el mantenimiento de registros.

El módulo de validación debe cargar los datos del administrador del sistema por:

Usuario = 100 y Clave = 123

Datos almacenados en un archivo validar.txt. Se deja la implementación de este caso al lector.

Solución:

Interfaces de la aplicación:

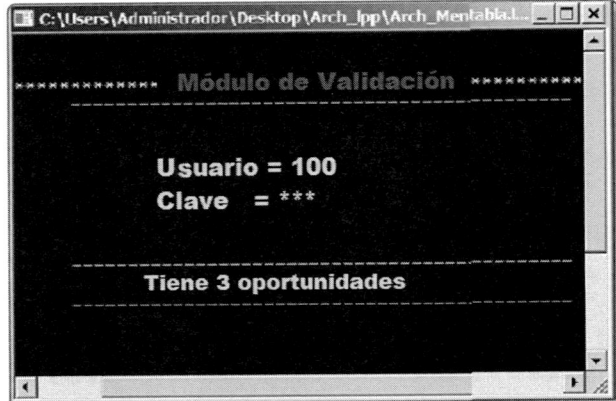

Opción 1:

Opción 2:

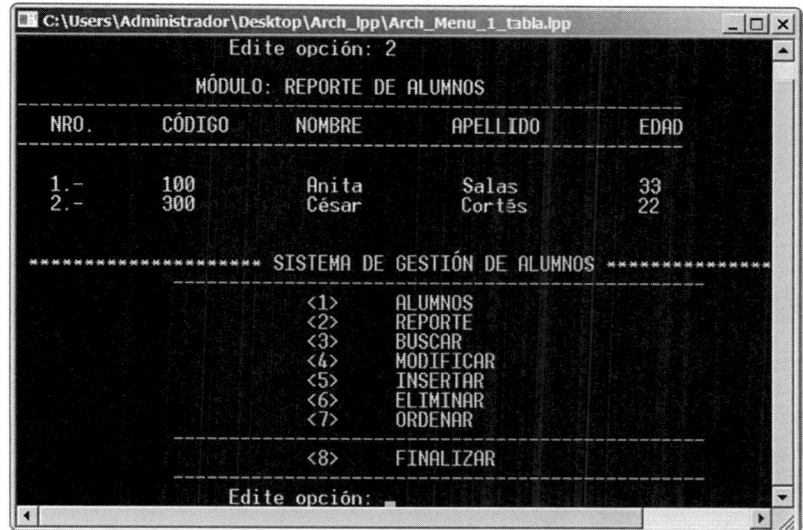

Opción 3:

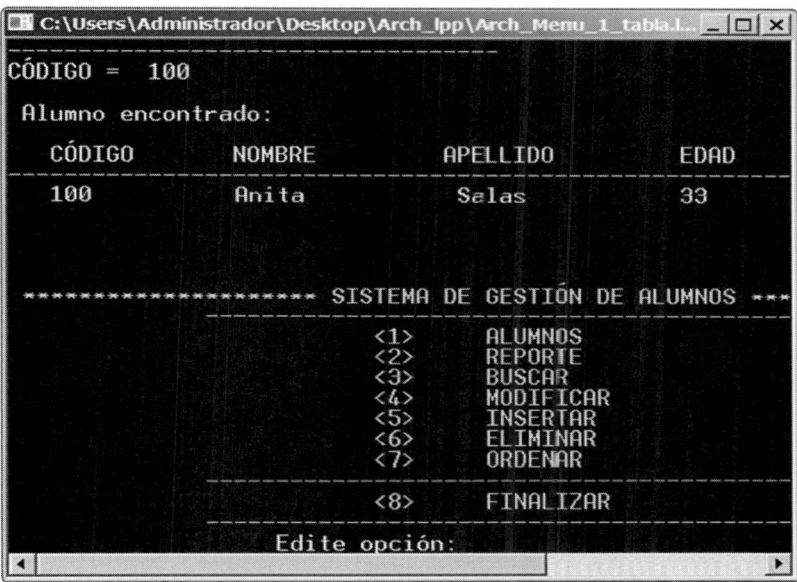

Opción 4:

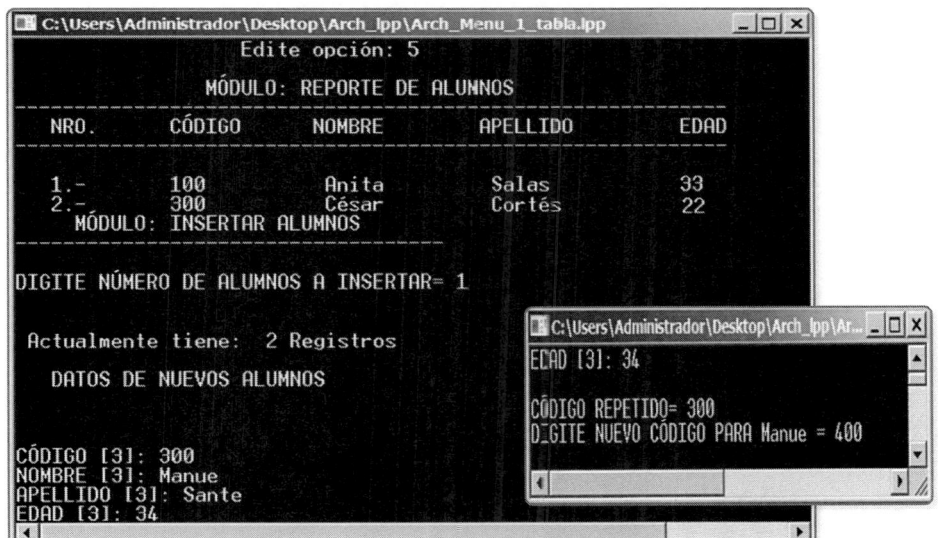

Opción 5:

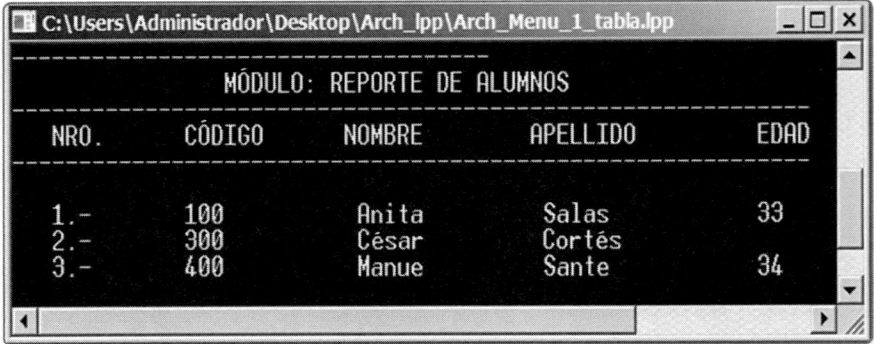

Opción 6:

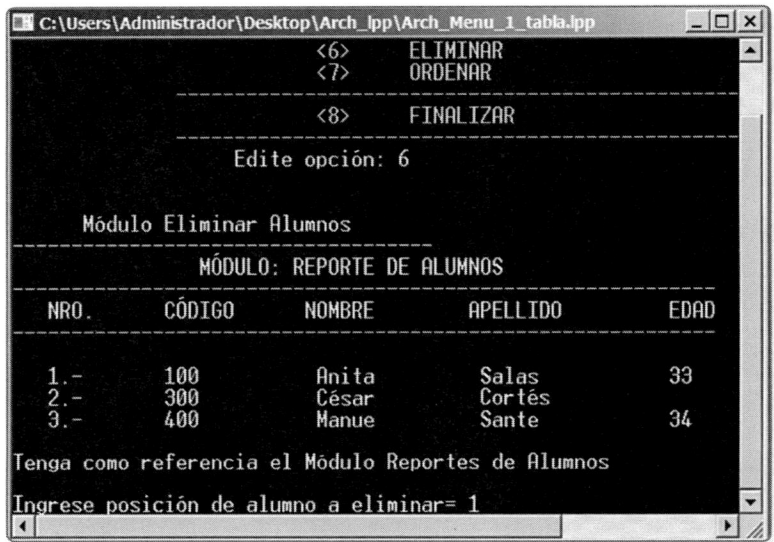

Ejemplo:

Se tiene una lista = ['Ana',12,4,13,11,14] con datos de un alumno. Diseñar un programa que permita crear un archivo eval.txt para guardar la información de la lista.

Solución:

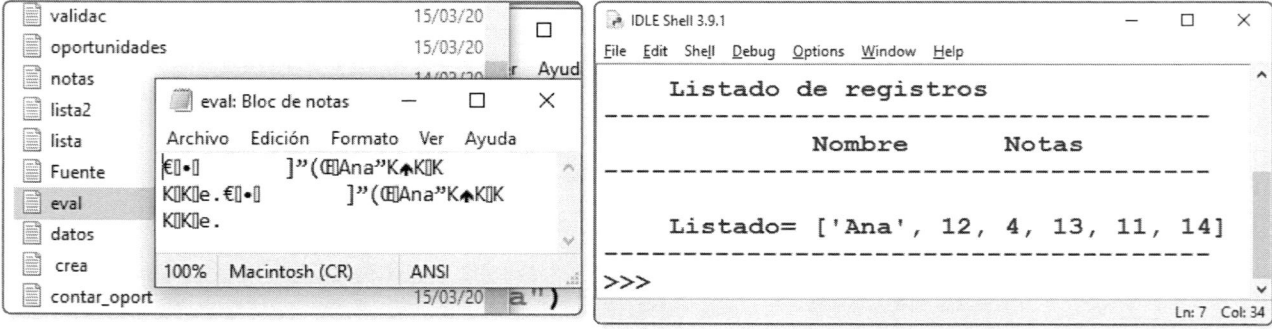

```
*Arch_dump1.py - C:\Users\User\Desktop\libro_pythcn...    —    □    ×
File  Edit  Format  Run  Options  Window  Help
import pickle
def reporte():
    lista=['Ana',12,4,13,11,14]
    arch=open("eval.txt",'wb')
    pickle.dump(lista,arch)
    lista =pickle.dump(lista,arch)
    arch=open("eval.txt",'rb')
    lista1 =pickle.load(arch)
    print("\n\tListado=",lista1)
    return
print("\n\tListado de registros ")
print("-" *40)
print("\t\t Nombre        Notas")
print("-" *40)
if __name__ == "__main__":
    reporte()
    print("-" *40)
                                            Ln: 15  Col: 21
```

Ejemplo:

Implementar un sistema de mantenimiento para el siguiente modelo relacional.

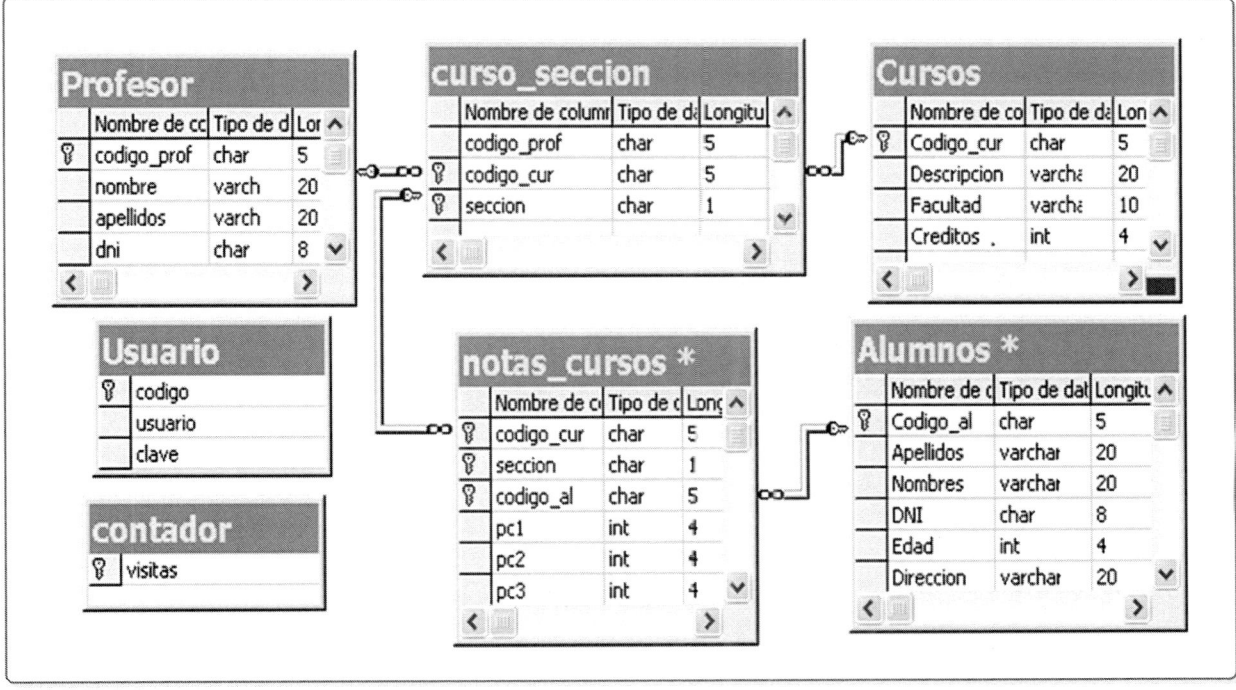

Ejemplo:

Diseñar un sistema informático que permita realizar un mantenimiento a una población de alumnos identificados por código, apellidos, nombres, pc1, pc2 y pc3. Calcular su promedio. Usar técnicas de programación modular dependiente.

Solución:

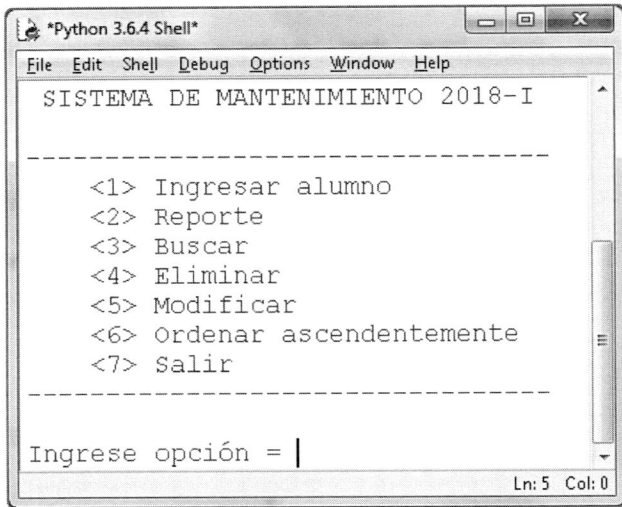

Módulos a considerar:

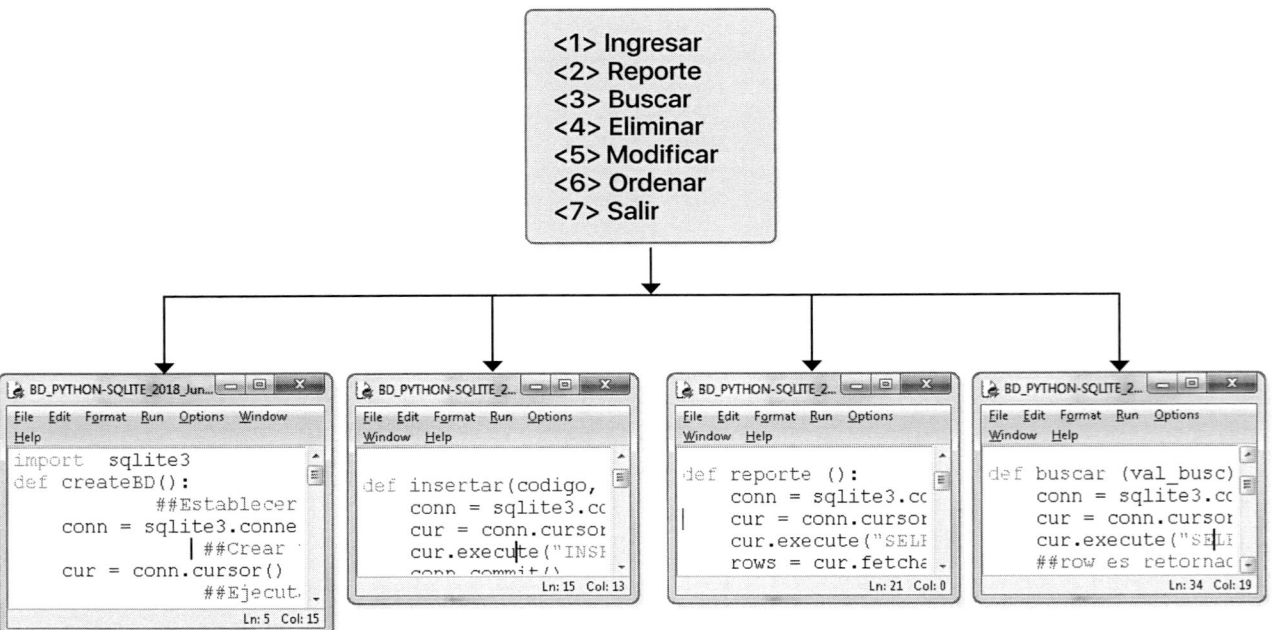

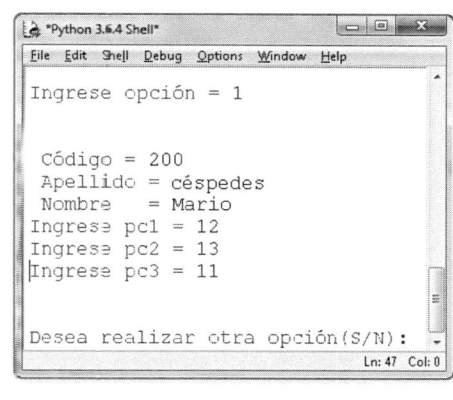

```
<3> Buscar
<4> Eliminar
<5> Modificar
<6> Ordenar ascendentemente
<7> Salir
---------------------------------

Ingrese opción = 4


Ingrese código  a eliminar=  200


Desea realizar otra opción(S/N):
```

```
Ingrese opción = 1


 Código = 200
 Apellido = céspedes
 Nombre  = Mario
Ingrese pc1 = 12
Ingrese pc2 = 13
Ingrese pc3 = 11


Desea realizar otra opción(S/N):
```

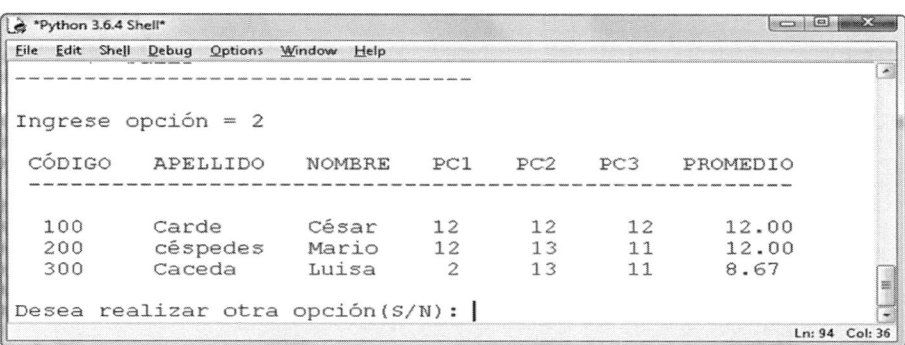

```
---------------------------------

Ingrese opción = 2

 CÓDIGO    APELLIDO    NOMBRE    PC1    PC2    PC3    PROMEDIO
 ------------------------------------------------------------

  100      Carde       César     12     12     12     12.00
  200      céspedes    Mario     12     13     11     12.00
  300      Caceda      Luisa      2     13     11      8.67
Desea realizar otra opción(S/N): |
```

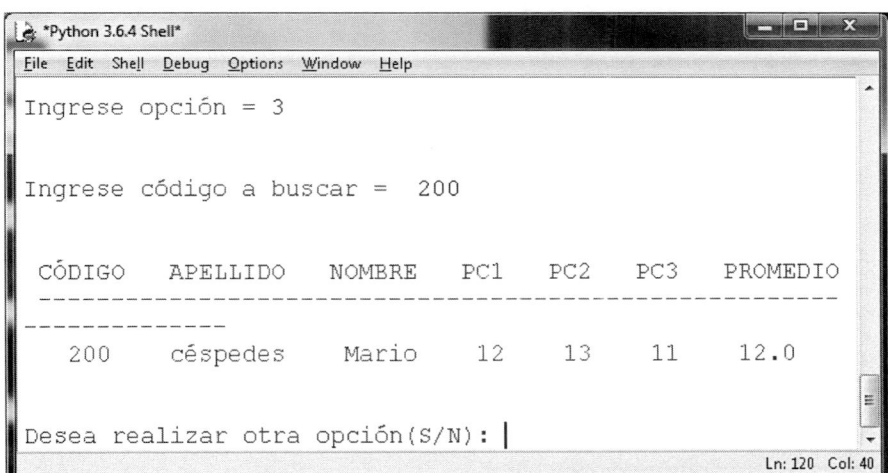

```
Ingrese opción = 3


Ingrese código a buscar =   200


 CÓDIGO    APELLIDO    NOMBRE    PC1    PC2    PC3    PROMEDIO
 ------------------------------------------------------------
 --------------
   200     céspedes     Mario    12     13     11     12.0


Desea realizar otra opción(S/N): |
```

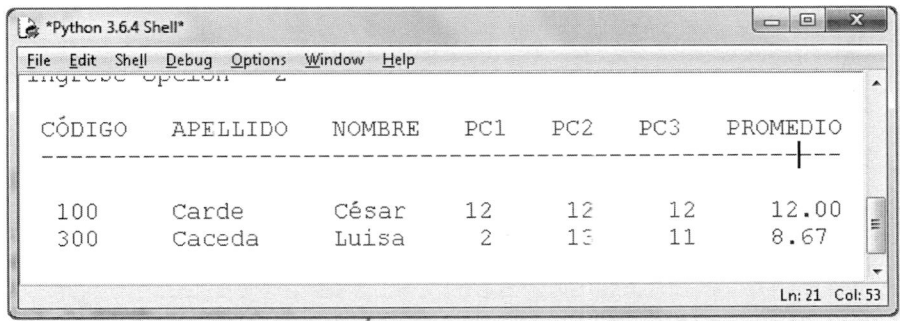

```
Ingrese opción = 2

 CÓDIGO    APELLIDO    NOMBRE    PC1    PC2    PC3    PROMEDIO
 ------------------------------------------------------------

  100      Carde       César     12     12     12     12.00
  300      Caceda      Luisa      2     13     11      8.67
```

```
*Python 3.6.4 Shell*
File  Edit  Shell  Debug  Options  Window  Help
-----------------------------------------------

Ingrese opción = 5


Ingrese código            =    100

Desea modificar pc1 ..?(S/N))=S
Ingrese nueva nota pc1 = 13

Desea modificar pc2 ..?(S/N)   = S
Ingrese nueva nota pc2   = 13
Desea modificar pc3 ..? (S/N) = S
Ingrese nueva nota pc3   = 13

Desea realizar otra opción(S/N):
```

```python
import  sqlite3
def createBD():
    conn = sqlite3.connect("alumnos.db")
    cur = conn.cursor()
    cur.execute("create table if not exists alumnos (código integer, apellido text, nombre text, pc1 integer, pc2
    conn.commit()
    conn.close()
def insertar(código, apellido, nombre, pc1, pc2, pc3, promedio):
    conn = sqlite3.connect("alumnos.db")
    cur = conn.cursor()
    cur.execute("INSERT INTO alumnos VALUES (?,?,?,?,?,?,?)",(código, apellido, nombre, pc1, pc2, pc3, promedio))
    conn.commit()
    conn.close()
def reporte ():
    conn = sqlite3.connect("alumnos.db")
    cur = conn.cursor()
    cur.execute("SELECT * FROM alumnos")
    rows = cur.fetchall()
    conn.close()
    print(" CÓDIGO   APELLIDO   NOMBRE   PC1   PC2   PC3   PROMEDIO ")
    print(" ------------------------------------------------------ ")
    for i in rows:
        print(" ", i[0], "   ", i[1], "   ", i[2], "   ", i[3], "   ", i[4], "   ", i[5], "   ", '%.2f' % i[6])
def buscar (val_busc):
    encontrado = False
    for i in rows:
        if i[0] == val_busc:
            print("")
            print(" CÓDIGO   APELLIDO   NOMBRE   PC1   PC2   PC3   PROMEDIO ")
            print(" ----------------------------------------------------------- ")
            print(" ", i[0]," ", i[1]," ", i[2], "   ", i[3]," ", i[4]," ", i[5]," ", i[6])
            encontrado = True
    if encontrado == False:
        print("")
        print("Alumno no encontrado")
def modificar_pc1 (código, pc1):
```

```
*archi_modulo.py - C:\Users\User\Desktop\libro_python_BD\bd_qlite_ok\archi_modulo.py (3.9.2)*      —  □  ×

File  Edit  Format  Run  Options  Window  Help

def modificar_pc1 (código, pc1):
    conn = sqlite3.connect("alumnos.db")
    cur = conn.cursor()
    cur.execute("UPDATE  alumnos SET pc1= ? WHERE código = ?", (pc1, código))
    conn.commit()
    conn.close()
def modificar_pc1 (código, pc1):
    conn = sqlite3.connect("alumnos.db")
    cur = conn.cursor()
    cur.execute("UPDATE  alumnos SET pc1= ? WHERE código = ?", (pc1, código))
    conn.commit()
    conn.close()
def modificar_pc2 (código, pc2):
    conn = sqlite3.connect("alumnos.db")
    cur = conn.cursor()
    cur.execute("UPDATE  alumnos SET pc2= ? WHERE código = ?", (pc2, código))
    conn.commit()
    close()
def modificar_pc3 (código, pc3):
    conn = sqlite3.connect("alumnos.db")
    cur = conn.cursor()
    cur.execute("UPDATE  alumnos SET pc3= ? WHERE código = ?", (pc3, código))
    conn.commit();      conn.close()
def modificar_prom (código):
    conn = sqlite3.connect("alumnos.db")
    cur = conn.cursor()
    cur.execute("SELECT * FROM alumnos")
    lista = cur.fetchall()
    conn.commit();      conn.close()
    for i in lista:
        if i[0] == código:
            promedio = (i[3] + i[4] + i[5])/3
    conn = sqlite3.connect("alumnos.db")
    cur = conn.cursor()
    cur.execute("UPDATE  alumnos SET promedio= ? WHERE código = ?", (promedio, código))
    conn.commit();      conn.close()

                                                                        Ln: 63  Col: 0
```

```
*archi_modulo.py - C:\Users\User\Desktop\libro_python_BD\bd_qlite_ok\archi_modulo.py (3.9.2)*      —  □  ×

File  Edit  Format  Run  Options  Window  Help

def ordenar_Asc ():
    conn = sqlite3.connect("alumnos.db")
    cur = conn.cursor()
    cur.execute("SELECT código, apellido, nombre, pc1, pc2, pc3, promedio FROM alumnos
                ORDER BY código")
    conn.commit()
    conn.close()
def eliminar (código):
    conn = sqlite3.connect("alumnos.db")
    cur = conn.cursor()
    cur.execute("DELETE FROM alumnos WHERE código = ?", (código,))
    conn.commit()
    conn.close()
def eliminar (código):
    conn = sqlite3.connect("alumnos.db")
    cur = conn.cursor()
    cur.execute("DELETE FROM alumnos WHERE código = ?", (código,))
    conn.commit();      conn.close()
def ocpiones ():
    print(" \n\tSISTEMA DE MANTENIMIENTO 2021")
    print("-" * 40)
    print("     \t<1> Ingresar alumno")
    print("     \t<2> Reporte")
    print("     \t<3> Buscar")
    print("     \t<4> Eliminar")
    print("     \t<5> Modificar")
```

```
    print("    \t<6> Ordenar ascendentemente")
    print("    \t<7> Salir")
    print("-" * 40)
    createBD();
aux = "S"
import os
while aux == "S":
    ocpiones ()
    respuesta = int(input("Ingrese opción = "))
    if respuesta == 1:
```
Ln: 101 Col: 0

archi_modulo.py - C:\Users\User\Desktop\libro_python_BD\bd_qlite_ok\archi_modulo.py (3.9.2)   — □ ×

File Edit Format Run Options Window Help

```
    if repuesta == 1:
        código = int(input(" Código   = "))
        apellido = input(" Apellido =  ")
        nombre = input(" Nombre   = ")
        pc1 = int(input("\t pc1 = "))
        pc2 = int(input("\t pc2 = "))
        pc3 = int(input("\t pc3 = "))
        promedio = (pc1 + pc2 +pc3)/3
        insertar(código, apellido, nombre, pc1, pc2, pc3, promedio)
    elif repuesta == 2:
        reporte ()
    elif repuesta == 3:
        val_busc = int(input("Ingrese código a buscar =  "))
        buscar (val_busc)
    elif repuesta == 4:
        código = int(input("Ingrese código  a eliminar="))
        eliminar (codigo)
    elif repuesta == 5:
        código = int(input("Ingrese código            =  "))
        resp1 = input("Desea modificar pc1 ..?(S/N))=")
        if (resp1 == "S"):
            pc1 = int(input("Ingrese nueva nota pc1 = "))
            modificar_pc1 (código, pc1)
            resp2 = input("Desea modificar pc2 ..?(S/N)  = ")
        if (resp2 == "S"):
            pc2 = int(input("Ingrese nueva nota pc2  = "))
            modificar_pc2 (código, pc2)
        resp3 = input("Desea modificar pc3 ..? (S/N) = ")
        if (resp3 == "S"):
            pc3 = int(input("Ingrese nueva nota pc3  = "));

            modificar_pc3 (código, pc3)
            modificar_prom(código)
    elif repuesta == 6:
        ordenar_Asc ()
    elif repuesta == 7:
```
Ln: 101 Col: 0

archi_modulo.py - C:\Users\User\Desktop\libro_python_BD\bd_qlite_ok\archi_modulo.py (3.9.2)   — □ ×

File Edit Format Run Options Window Help

```
    elif repuesta == 7:
        print("GRACIAS")
        break
    elif repuesta > 7 or repuesta < 0:
        print("Opción no válida...");        break
    print("");    aux = input ("Desea realizar otra opción(S/N): ");    os.system('cls')
```
Ln: 101 Col: 0

Ejemplo:

Diseñar un programa que realice todas las opciones mostradas en la siguiente interfaz para ejecutar el siguiente modelo relacional. Debe iniciar validando el ingreso al sistema con user = 200 y clave = 134.

Solución:

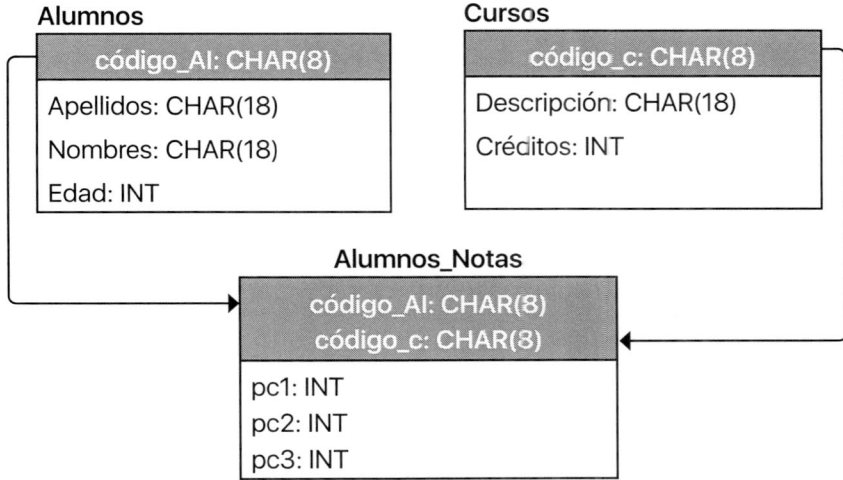

Alumnos

código_Al: CHAR(8)
Apellidos: CHAR(18)
Nombres: CHAR(18)
Edad: INT

Cursos

código_c: CHAR(8)
Descripción: CHAR(18)
Créditos: INT

Alumnos_Notas

código_Al: CHAR(8) código_c: CHAR(8)
pc1: INT
pc2: INT
pc3: INT

Modelo con datos:

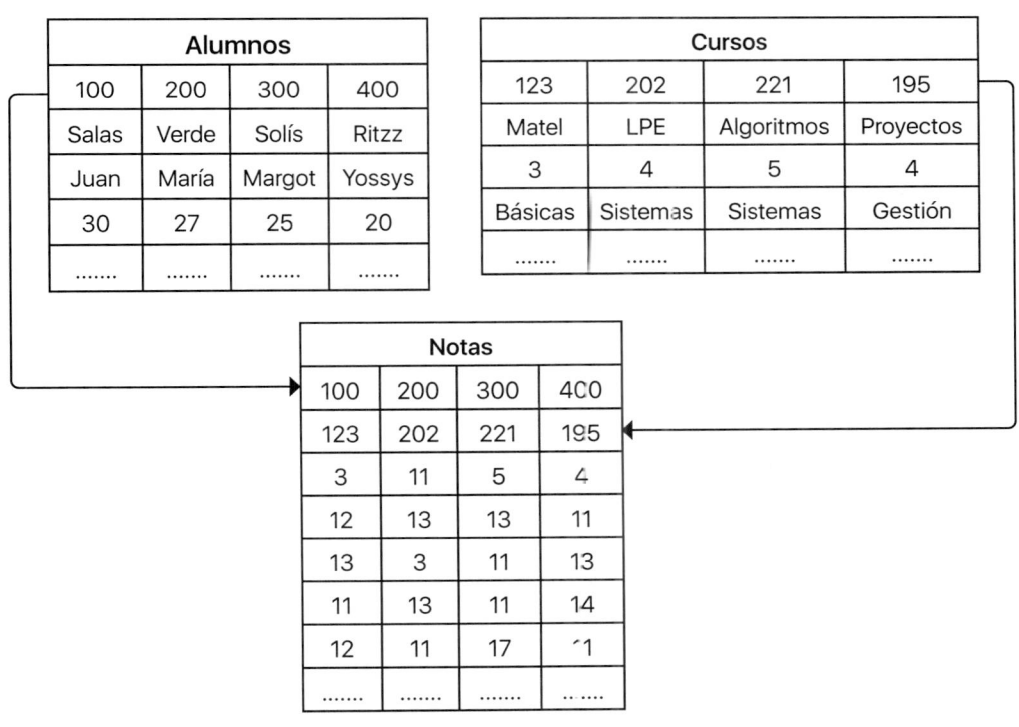

Alumnos			
100	200	300	400
Salas	Verde	Solís	Ritzz
Juan	María	Margot	Yossys
30	27	25	20
....	....	....	....

Cursos			
123	202	221	195
Matel	LPE	Algoritmos	Proyectos
3	4	5	4
Básicas	Sistemas	Sistemas	Gestión
....	....	....	....

Notas			
100	200	300	400
123	202	221	195
3	11	5	4
12	13	13	11
13	3	11	13
11	13	11	14
12	11	17	11
....	....	....	....

```
*IDLE Shell 3.9.2 - C:/Users/User/Desktop/libro_python_BD/Arch1_pickle1.py (3....    —    □    ×
File   Edit   Shell   Debug   Options   Window   Help

           Módulo de validación
-----------------------------------------------
           Ingrese usuario=100
           Ingrese clave  =123
-----------------------------------------------
                     MENÚ
-----------------------------------------------
           <1> Registrar Alumnos
           <2> Listado
           <3> Ordenar Notas y Mostrar Promedio
           <4> Buscar Registro
           <5> Eliminar
           <6> Modificar Notas
           <7> Añadir Alumno
           <8> Salir
-----------------------------------------------
Ingresa una opción: 1
-----------------------------------------------
 Código = 20215678K
Nombre =
Luisa
nota de PC1:
 pc = 12
Nota de PC2:
 pc = 11
Nota de PC3:
 pc = 14
Nota de PC4:
 pc = 10
 Parcial:
```

```
*IDLE Shell 3.9.2 - C:/Users/User/Desktop/libro_python_BD/Arch1_pickle1.py (3....    —    □    ×
File   Edit   Shell   Debug   Options   Window   Help
 Parcial:
 pc = 11
Final:
 pc = 13
Sustitutorio:
 pc = 11
-----------------------------------------------
---
Alumno registrado exitosamente
-----------------------------------------------
---
¿Desea Continuar...?(S/N)==>
                                                    Ln: 39  Col: 14
```

```
*IDLE Shell 3.9.2 - C:/Users/User/Desktop/libro_python_BD/Arch1_pickle1.py (3.9.2)*        —  □  ×
File  Edit  Shell  Debug  Options  Window  Help
            <1> Registrar Alumnos
            <2> Listado
            <3> Ordenar Notas y Mostrar Promedio
            <4> Buscar Registro
            <5> Eliminar
            <6> Modificar Notas
            <7> Añadir Alumno
            <8> Salir
--------------------------------------------
Ingresa una opción: 2

                      REPORTE GENERAL DE NOTAS
    -------------------------------------------------------------------------
    |  CÓDIGO   |         NOMBRE      | PC 1 | PC 2 | PC 3 | PC 4 | E.P. | E.F. | E.S. |
    -------------------------------------------------------------------------
    | 20213344J |         luisa       |  12  |  11  |  12  |  13  |  12  |  11  |  3   |
    -------------------------------------------------------------------------
                                                                      Ln: 112  Col: 19
```

Programa fuente

```
*Arch1_pikle1.py - C:\Users\User\Desktop\Arch1_pickle1.py (3.9.1)*        —  □  ×
File  Edit  Format  Run  Options  Window  Help
import pickle
con=1
print("\n\tMódulo de validación")
print("-"*50)
ne=1
user=int(input("\tIngrese usuario="))
clav=int(input("\tIngrese clave  ="))
while(user!=100 or clav!=123):
    print("\t\t\tError Nro.:",ne, " quedan",4-ne," oportunidades")
    print("Datos incorrectos, vuelva a intentarlo")
    user=int(input("\tIngrese usuario="))
    clav=int(input("\tIngrese clave  ="))
    print(" \nDatos correctos..continúe")
    ne=ne+1
    if ne==4:
        print("Saldrá del sistema")
        exit()
def Notas():
    while True:
        nota = input(" pc = ")
        if nota.isdigit():
            nota = int(nota)
            if nota>=0 and nota<21:
                return nota
            else:
                print("Dato ingresado incorrectamente. Ingréselo de nuevo.")
        else:
            print("Dato ingresado incorrectamente. Ingréselo de nuevo.")
                                                                      Ln: 26  Col: 55
```

```
*Arch1_pikle1.py - C:\Users\User\Desktop\Arch1_pikle1.py (3.9.1)*          —    □    ×
File  Edit  Format  Run  Options  Window  Help
def Códigos():
    while True:
        cod = input(" Código = ")
        if len(cod) == 9:
            num = cod[0:7]
            let = cod[8]
            if num.isdigit() and let.isalpha():
                return cod
            else:
                print("Dato ingresado incorrectamente. Ingréselo de nuevo.")
        else:
            print("Dato ingresado incorrectamente. Ingréselo de nuevo.")

def Nombres():
    while True:
        nomb=input()
        if not(nomb.isdigit()):
            return nomb
        else:
            print("Dato ingresado incorrectamente. Ingréselo de nuevo.")

def Reporte():
    print("\n\t\t\t\tREPORTE GENERAL DE NOTAS")
    print(" "*4+"-"*95)
    print('{9:>5}{0:^13}{9}{1:^30}{9}{2:^6}{9}{3:^6}{9}{4:^6}{9}{5:^6}{9}{6:
        .format("CÓDIGO","NOMBRE","PC 1","PC 2","PC 3","PC 4","E.P.","E.F.
    print(" "*4+"-"*95)
    with open("PC4.txt","rb") as archivo:
                                                                    Ln: 47  Col: 0
```

```
*Arch1_pikle1.py - C:\Users\User\Desktop\Arch1_pikle1.py (3.9.1)*          —    □    ×
File  Edit  Format  Run  Options  Window  Help
        data = pickle.Unpickler(archivo)
        diccA = data.load()
    for codi in diccA.keys():
        cod = codi
        nomb = diccA[cod][0]
        pc1 = diccA[cod][1]
        pc2 = diccA[cod][2]
        pc3 = diccA[cod][3]
        pc4 = diccA[cod][4]
        par = diccA[cod][5]
        fin = diccA[cod][6]
        sus = diccA[cod][7]
        print('{9:>5}{0:^13}{9}{1:^30}{9}{2:^6}{9}{3:^6}{9}{4:^6}{9}{5:^6}{9
            .format(cod,nomb,pc1,pc2,pc3,pc4,par,fin,sus,"|"))
        print(" "*4+"-"*95)
def Menúp():
    resp="S"
    while resp=="S":
        print("-"*44+"\n\t\t\tMENÚ\n"+"-"*44)
        print("\t<1> Registrar Alumnos")
        print("\t<2> Listado  ")
        print("\t<3> Ordenar Notas y Mostrar Promedio ")
        print("\t<4> Buscar Registro ")
        print("\t<5> Eliminar ")
        print("\t<6> Modificar Notas ")
        print("\t<7> Añadir Alumno ")
        print("\t<8> Salir")
        print("-"*44)
                                                                    Ln: 72  Col: 0
```

```
*Arch1_pikle1.py - C:\Users\User\Desktop\Arch1_pikle1.py (3.9.1)*        —   □   ×
File  Edit  Format  Run  Options  Window  Help

        opc=int(input("Ingresa una opción: "))
    if opc==1:
        print("-"*44)
        diccA = {}
        cod = Codigos()
        print("Nombre = ")
        nomb = Nombres()
        print("nota de PC1: ")
        pc1 = Notas()
        print("Nota de PC2: ")
        pc2 = Notas()
        print("Nota de PC3: ")
        pc3 = Notas()
        print("Nota de PC4: ")
        pc4 = Notas()
        print(" Parcial: ")
        par = Notas()
        print("Final: ")
        fin = Notas()
        print("Sustitutorio: ")
        sust = Notas()
        lista =[nomb,pc1,pc2,pc3,pc4,par,fin,sust]
        diccA[cod]=lista
        with open("PC4.txt","wb") as archivo:
            pickle.dump(diccA,archivo)
        print("-"*54)
        print("Alumno registrado exitosamente ")
        print("-"*54)
                                                          Ln: 106  Col: 54
```

```
*Arch1_pikle1.py - C:\Users\User\Desktop\Arch1_pikle1.py (3.9.1)*        —   □   ×
File  Edit  Format  Run  Options  Window  Help

    if opc==2:
        Reporte()
    if opc==3:
        print(" Listado de alumnos")
        with open("PC4.txt","rb") as archivo:
            data = pickle.Unpickler(archivo)
            diccA = data.load()
        keys=[]
        cont=0
        for key in diccA.keys():
            keys.append(key)
        cod=input("Ingrese código  ")
        for key in keys:
            if cod == key:
                cont=cont+1
                break
        if cont == 0:
            print("Código no encontrado ")
        else:
            lista = diccA[cod]
            m=lista[0]
            lista.pop(0)
            lista.sort()
            lista2 = [m]
            for i in lista:
                lista2.append(i)
            diccA[cod]=lista2
            print("Ordenamiento Ascendente: ",lista2)
                                                          Ln: 127  Col: 31
```

```
*Arch1_pikle1.py - C:\Users\User\Desktop\Arch1_pikle1.py (3.9.1)*          —  □  ×
File  Edit  Format  Run  Options  Window  Help
            sumapc=0;  listapc = []
            for i in range(4):
              sumapc=sumapc+lista[i]
              listapc.append(lista[i])
            pp = (sumapc-min(listapc))/3
            print("{0:<18}{1:.2f}".format("Promedio= ",form
            if lista[4]>=lista[5]:
                lista[5]=lista[6]
            else:
                lista[4]=lista[6]
            pf = (pp+ lista[4]+lista[5])/3
            print("{0:<18}{1:.2f}".format("Promedio Final:
            with open("PC4.txt","wb") as archivo:
                pickle.dump(diccA,archivo)
      if opc==4:
          with open("PC4.txt","rb") as archivo:
              data = pickle.Unpickler(archivo)
              diccA = data.load()
          claves = [];  cont = 0
          for key in diccA.keys():
              keys.append(key)
          cod = input("Ingrese el código= ")
          for key in keys:
              if cod ==key:
                  cont =cont+1
                  break
          if cont == 0:
              print("No se encontró el código buscado")
                                                           Ln: 159  Col: 24
```

```
*Arch1_pikle1.py - C:\Users\User\Desktop\Arch1_pikle1.py (3.9.1)*          —  □  ×
File  Edit  Format  Run  Options  Window  Help
          else:
              print("-"*54)
              print("\t\tReporte del Alumno")
              print("-"*54)
              print("\tNombre  :",diccA[cod][0])
              print("\tNota PC1 :",diccA[cod][1])
              print("\tNota PC2 :",diccA[cod][2])
              print("\tNota PC3 :",diccA[cod][3])
              print("\tNota PC4 :",diccA[cod][4])
              print("\tNota Exa.Parcial :",diccA[cod][5])
              print("\tNota Exa.Final : :",diccA[cod][6])
              print("\tNota Exa.Sustitutorio :",diccA[cod][7]
              print("-"*54)
      if opc==5:
          with open("PC4.txt","rb") as archivo:
              data = pickle.Unpickler(archivo)
              diccA = data.load()
          keys = [];  cont = 0
          for key in diccA.keys():
              keys.append(key)
          cod = input("Ingrese código a eliminar = ")
          for key in keys:
              if cod == key:
                  cont = cont+1
                  break
          if cont == 0:
              print("código no  se encuentra  ")
          else:
                                                           Ln: 193  Col: 23
```

Arch1_pikle1.py - C:\Users\User\Desktop\Arch1_pikle1.py (3.9.1) — □ ×

File Edit Format Run Options Window Help

```
        else:
            diccA.pop(cod)
            with open("PC4.txt","wb") as archivo:
                pickle.dump(diccA,archivo)
            Reporte()
    if opc==6:
        with open("PC4.txt","rb") as archivo:
            data = pickle.Unpickler(archivo)
            diccA = data.load()
        keys = [];  cont = 0
        for key in diccA.keys():
            keys.append(key)
        cod = input("Ingrese el código buscado: ")
        for key in keys:
            if cod == key:
                cont = cont+ 1
                break
        if cont == 0:
            print("No se encontró el código buscado")
        else:
            print("-"*36+"\n  Esccja qué nota desea elimina:
            print("\t1. PC1 =",diccA[cod][1])
            print("\t2. PC2 =",diccA[cod][2])
            print("\t3. PC3 =",diccA[cod][3])
            print("\t4. PC4 =",diccA[cod][4])
            print("\t5. Parcial =",diccA[cod][5])
            print("\t6. Final =",diccA[cod][6])
            print("\t7. Sustitutorio =",diccA[cod][7])
```

Ln: 205 Col: 22

Arch1_pikle1.py - C:\Users\User\Desktop\Arch1_pikle1.py (3.9.1) — □ ×

File Edit Format Run Options Window Help

```
            opcion = int(input("Elija opción : "))
            nota = int(input("Ingrese nueva Nota: "))
            diccA[cod][opcion] = nota
            with open("PC4.txt","wb") as archivo:
                pickle.dump(diccA,archivo)
            Reporte()
    if opc==7:
        with open("PC4.txt","rb") as archivo:
            data = pickle.Unpickler(archivo)
            diccA = data.load()
        print("Ingrese su código: ")
        cod = ValCod()
        while True:
            if cod in diccA.keys():
                print("Código ya existente")
                print("Ingrese nuevamente: ")
                cod = ValCod()
            else:
                break
        print("Nombre: ")
        nomb = ValNom()
        print("Nota de PC1: ")
        pc1 = Notas()
        print("Nota de PC2: ")
        pc2 = ValNotas()
        print("Nota de PC3: ")
        pc3 = Notas()
        print("Nota de PC4: ")
```

Ln: 205 Col: 22

```
*Arch1_pikle1.py - C:\Users\User\Desktop\Arch1_pikle1.py (3.9.1)*          —   □   ×
File  Edit  Format  Run  Options  Window  Help
            print("Nota de PC4:  ")
            pc4 = Notas()
            print("Nota de E.Parcial: ")
            par = Notas()
            print("Nota de E.Final: ")
            fin = Notas()
            print("Nota de E.Sustitutorio: ")
            sus = Notas()
            lista =[nomb,pc1,pc2,pc3,pc4,par,fin,sus]
            diccA[cod]=lista
            with open("PC4.txt","wb") as archivo:
                pickle.dump(diccA,archivo)
            Reporte()
        if opc==8:
            print("Saliendo del programa")
            print("")
            break
        resp = input("¿Desea Continuar...?(S/N)==> ")
    print("-"*44+"\n\t\tUd ha finalizado\n"+"-"*44)

if __name__ == "__main__":
    Menup()
                                                        Ln: 267  Col: 0
```

1.4. Base de datos

Primero se ilustra la funcionalidad de Python integrada con la base de datos SQLite, luego se ilustra cómo se instalará la base de datos y, finalmente, cómo hacer mantenimiento de registros pero a nivel de base de datos.

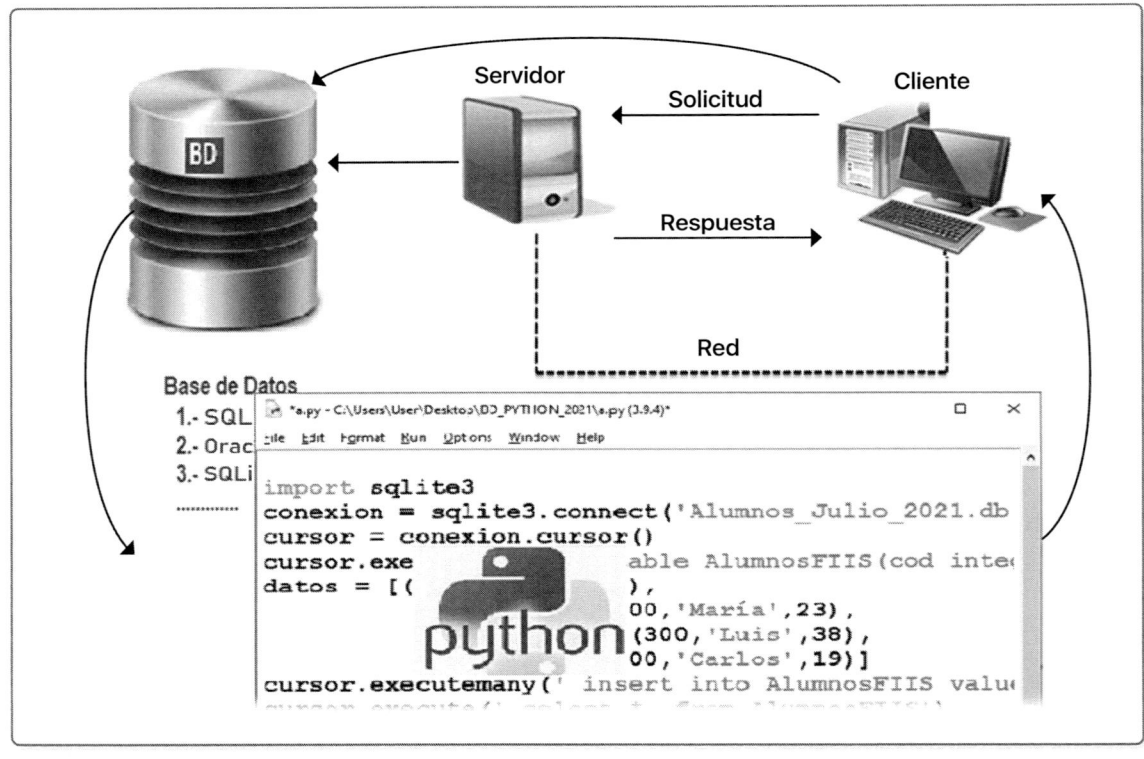

Figura que ilustra la petición del usuario, mediante Python, de los registros de la base de datos.

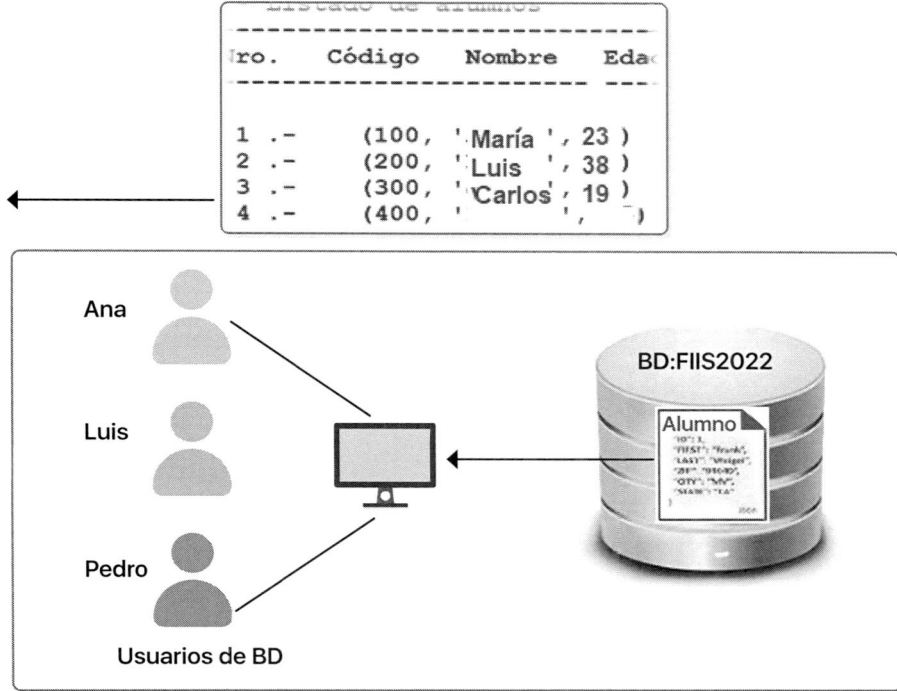

SQLite es una herramienta de ingeniería de software libre para almacenar información de una forma sencilla, eficaz, potente y rápida en equipos de ingeniería de hardware (PC o Android), con pocas capacidades de memoria para ser gestionada en computadora, así como en teléfono celular.

En este subcapítulo se crea una base de datos mediante las siguientes técnicas:

a. Usando sqlite3, forma manual para ejecutar sus íconos.

b. SQLite, usando código SQL.

c. Usando Python en combinación con código SQLite.

Para crear base de datos y tablas, seguir los siguientes pasos:

1. Cargar SQLite Administrator.

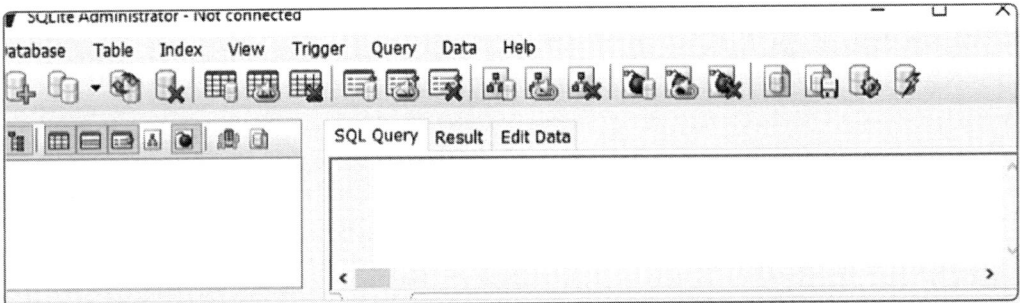

2. Digitar y ejecutar script.

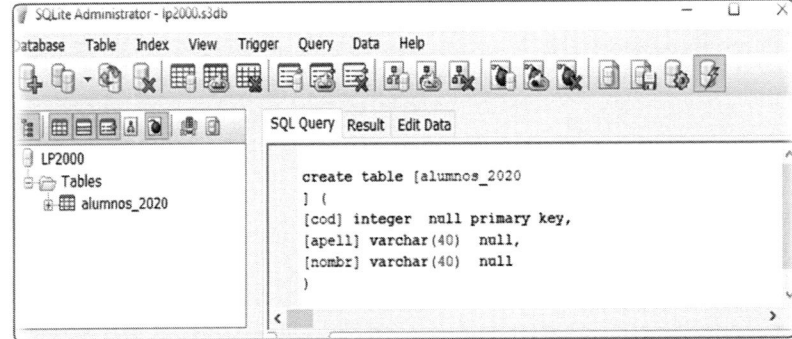

3. Crear una base de datos. Usar la opción Database o signo +. Se hará de forma manual.

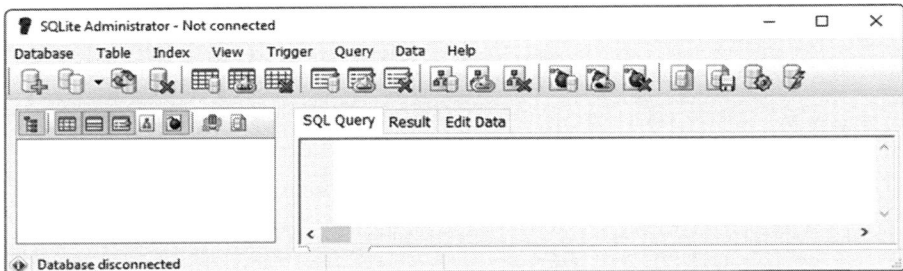

4. También se puede ejecutar. Hacer clic en operador + de la tabla y se obtendrá el diseño lógico de la tabla.

Con SQL se puede crear un servidor en la computadora, lo cual SQLite no permite. Entonces, antes de hacer consultas en Python, se darán las funciones más importantes de SQL. Usar Python y la sintaxis de código SQL que se describan.

Funciones básicas:

a. SELECT.- Permite seleccionar los datos por descargar.

b. WHERE.- Permite seleccionar qué filtro aplicar a los datos por descargar.

c. INSERT.- Permite insertar datos.

d. DELETE.- Permite borrar datos.

e. UPDATE.- Permite actualizar datos.

Ejemplos:

1. Tabla con registro de alumnos para hacer las consultas.

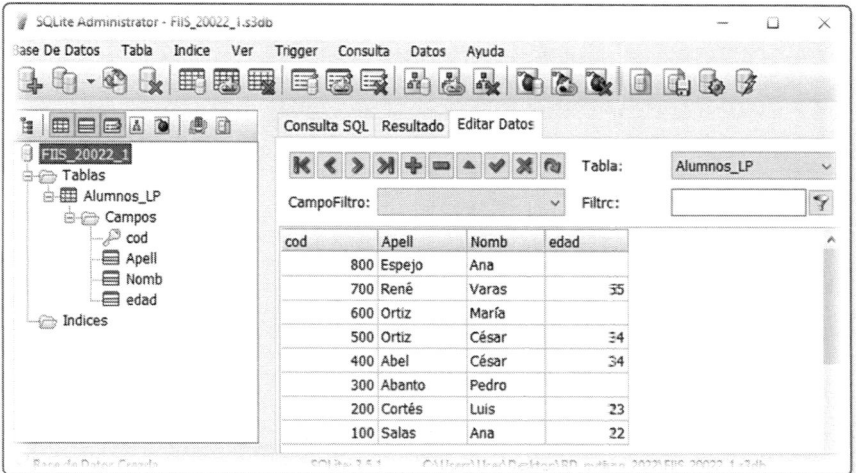

2. Listado de todos los registros. Posicionar cursor en Consultas SQL y editar:

Select *

from Alumnos_LP

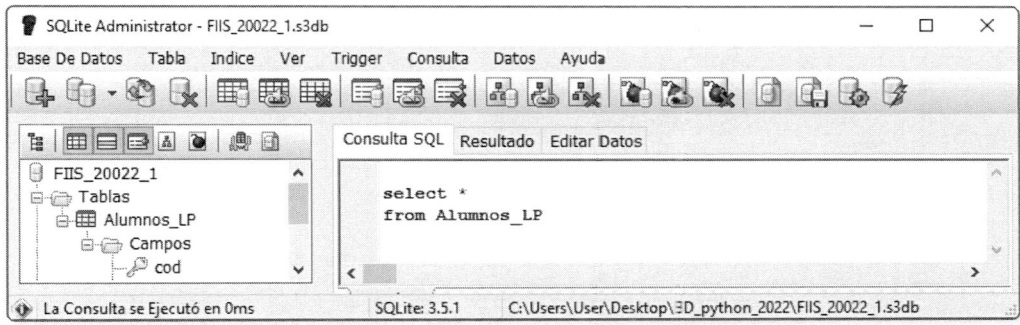

3. Listado de todos los registros, donde cada campo debe ser legible al usuario; es decir, cambiar cod por Código, apell por Apellido, nomb por Nombre...

From Alumnos_LP

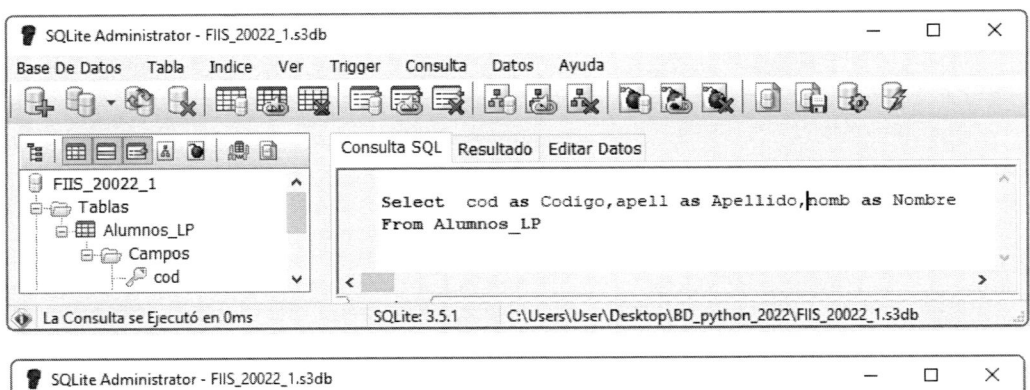

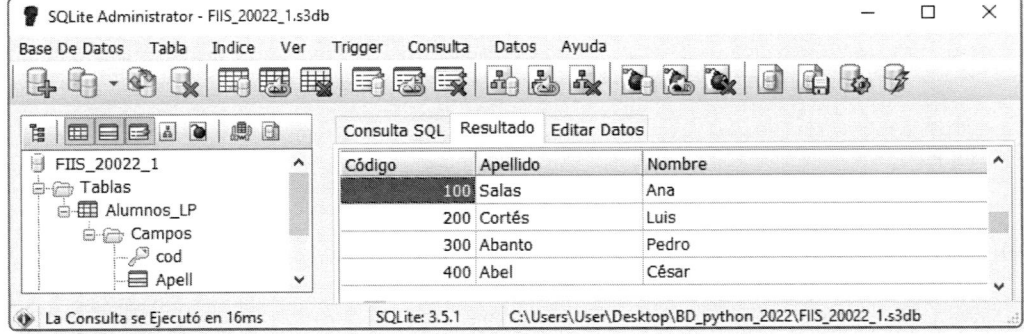

4. Promedio de edad de los alumnos y cambiar etiqueta.

Select avg(edad) as Edad

From Alumnos_LP

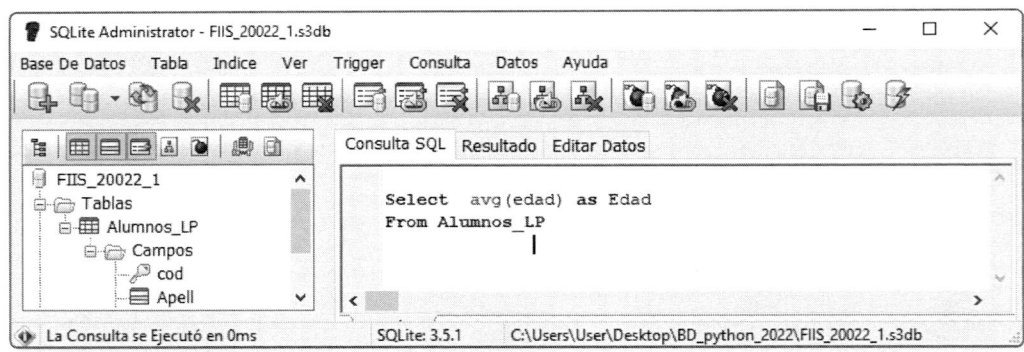

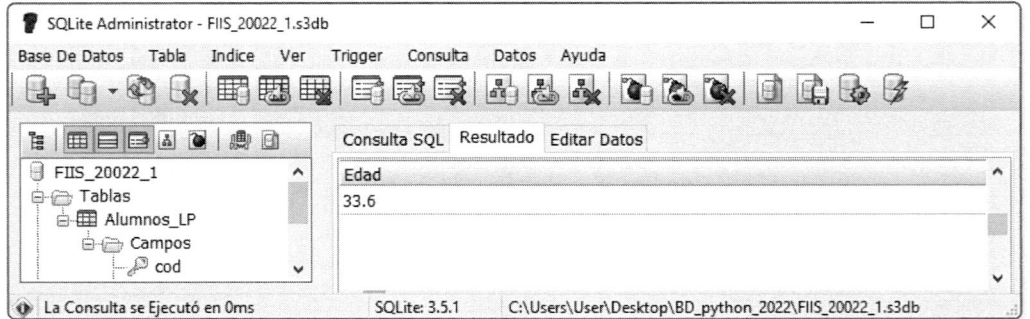

5. Listado de alumnos por código, nombre y edad; la edad debe ser 22 años.

Select cod as Código, nomb as Nombre

From Alumnos_LP

where edad = 22

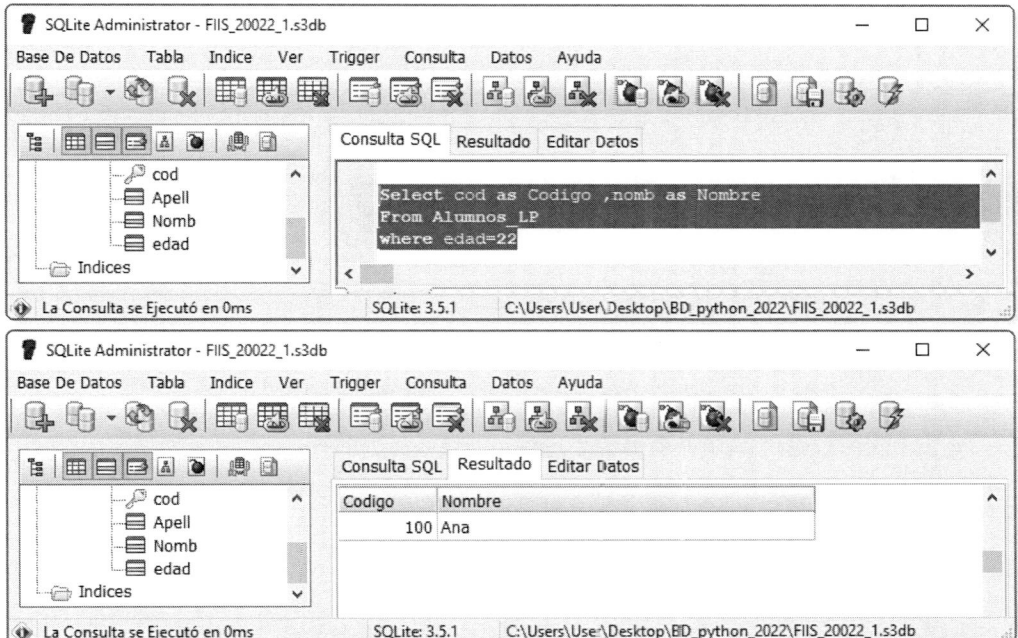

6. Listado de alumnos por código y nombre, donde nombre = 'César'.

Select cod as Código, nomb as Nombre

From Alumnos_LP

where nomb = 'César'

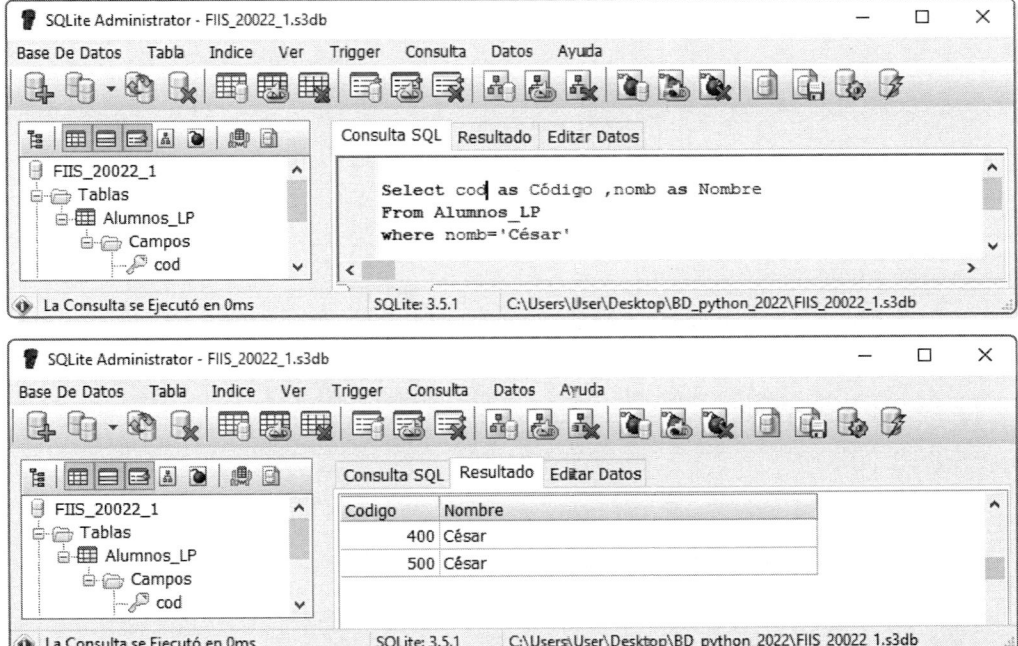

7. Listado de alumnos, código y nombre, donde la edad está en el rango [23..34].

SELECT cod, nomb

From Alumnos_LP

WHERE edad >= 23 and edad <= 34

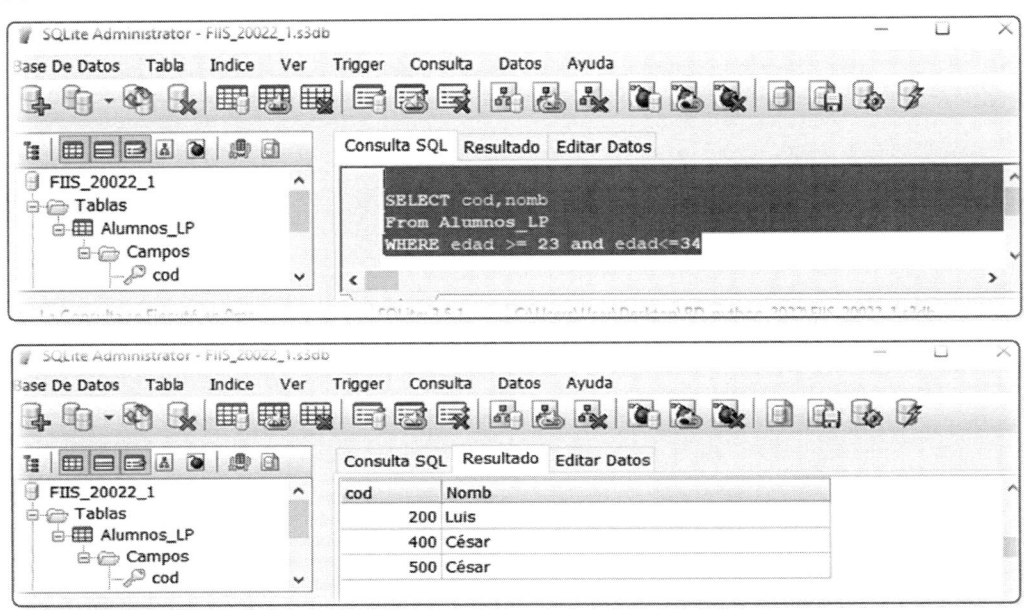

8. Listado de alumnos por código y apellido, donde este último se inicia con la letra A.

SELECT cod "Nº Empleado", apell as Apellidos

from Alumnos_LP

WHERE apell LIKE 'A%'

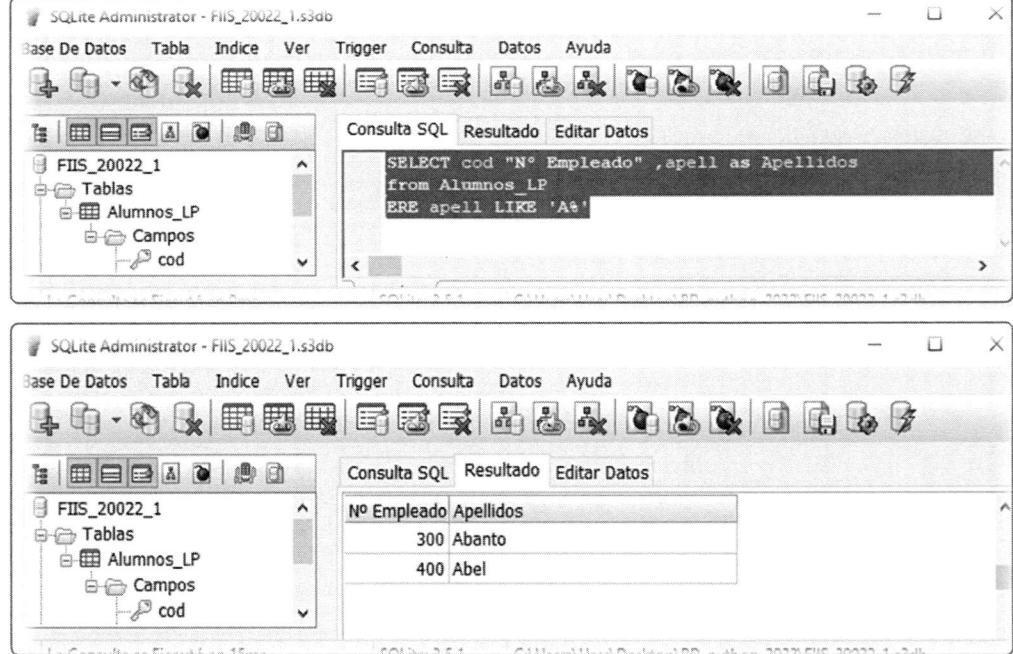

9. Listado de alumnos ordenados ascendentemente por apellidos y mostrar todos sus datos:

SELECT *

from Alumnos_LP

ORDER BY apell

SELECT *

FROM empleados

ORDER BY apell ASC;

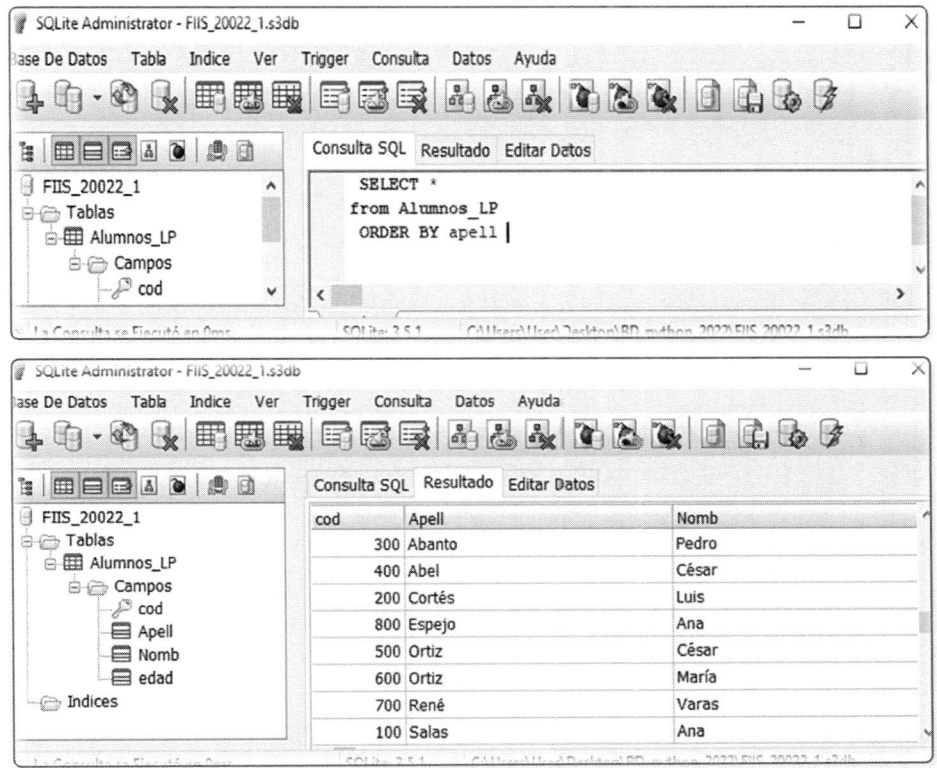

10. Insertar datos de alumnos y mostrar todos sus datos.

INSERT INTO Alumnos_LP(cod,apell,nomb,edad) VALUES (900,'Cordova', 'Teod',70);

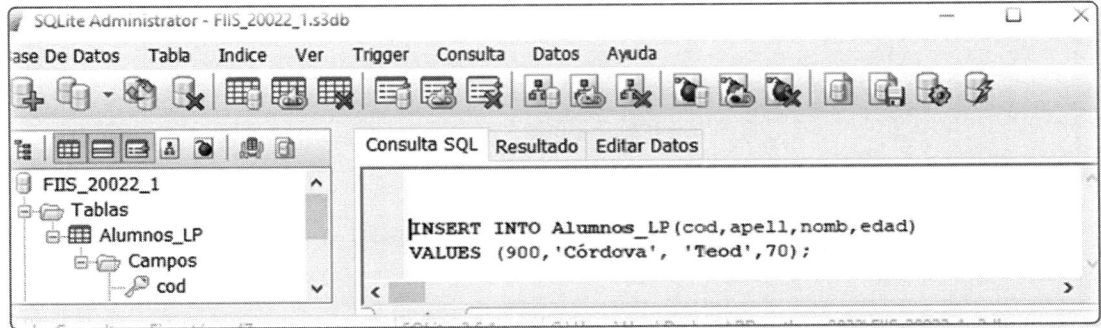

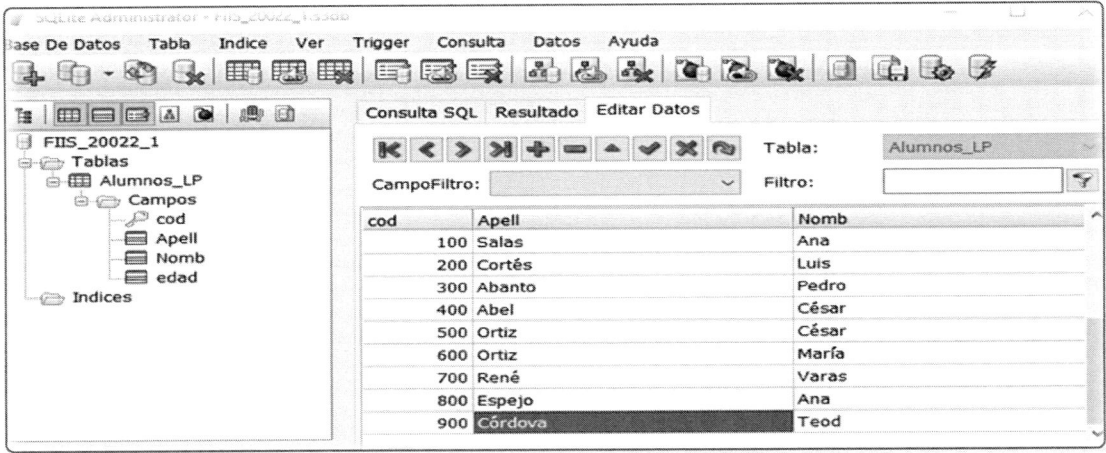

11. Cambiar la edad del alumno de código = 100 y su nueva edad será _ edad = 555.

UPDATE Alumnos_LP

SET edad = 555

WHERE cod = 100

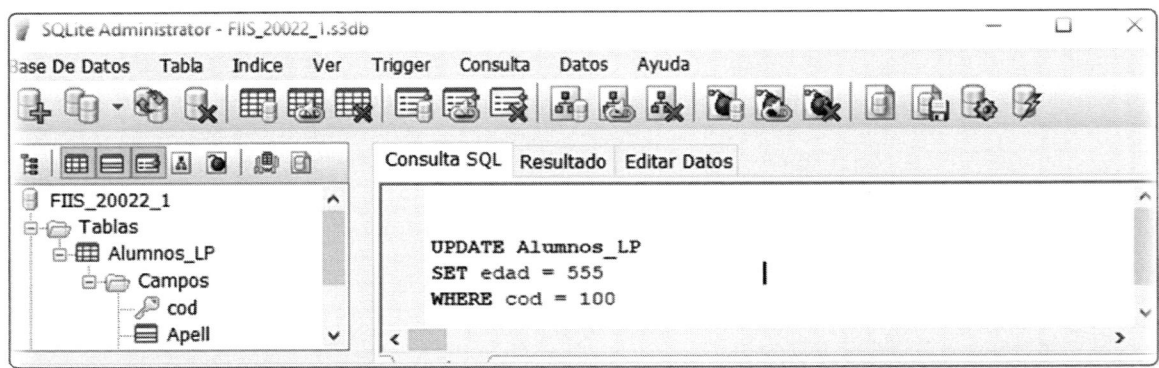

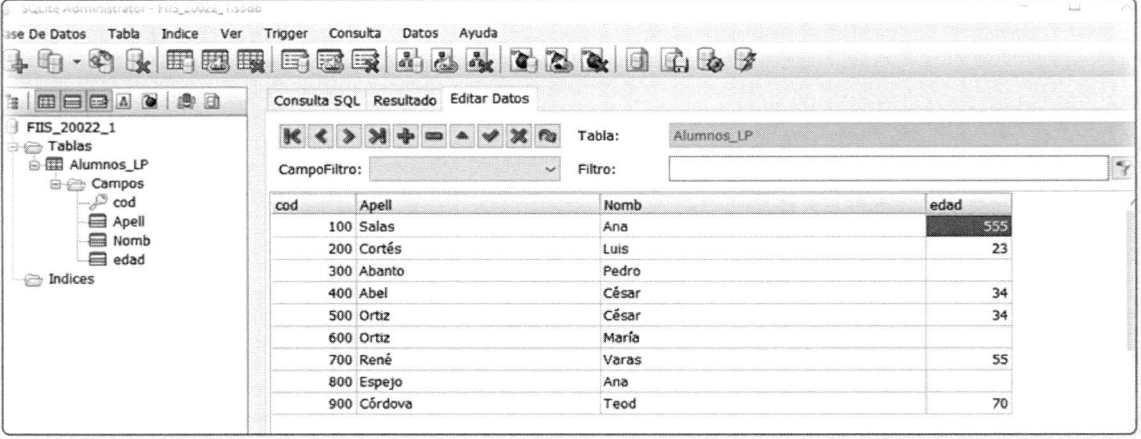

Ejemplo:

Diseñar un programa que realice las siguientes tareas:

a. Crear un módulo de validación donde el usuario solo tiene tres oportunidades; por cada error se deben mostrar las oportunidades que quedan, así como el total de errores cometidos por el usuario. Si durante la lectura de sus datos el usuario supera los tres errores, el sistema finaliza y envía el mensaje respectivo.

b. Crear una base de datos.

c. Crear usuarios por nombre, apellidos, DNI y teléfono (celular).

d. Crear el módulo de reportes.

e. Registro de préstamos, entre otras opciones mostradas en el menú principal.

Solución:

```
*IDLE Shell 3.9.2*                                              —  □  ×
File  Edit  Shell  Debug  Options  Window  Help
                   *** SISTEMA DE ADMINISTRACION DE BIBLIOTECA ***
------------------------------------------------------------------------

                      ----------------------------------------------------
                      Oportunidad          Error           Quedan
                      ----------------------------------------------------
                           1                 0                3
------------------------------------
        User  = 1234
        Clave = 122
------------------------------------
Usuario =  1234        Clave =  122

                      ----------------------------------------------------
                      Oportunidad          Error           Quedan
                      ----------------------------------------------------
                           2                 1                2
------------------------------------
        User  = 100
        Clave = 123
------------------------------------

                    MENÚ PRINCIPAL
------------------------------------------------------------

        <1> Abrir base de datos
        <2> Registrar libro
        <3> Registrar usuario
        <4> Registrar préstamo
        <5> Registrar devolución
        <6> Mostrar registro de libros
        <7> Mostrar registro de usuarios
        <8> Mostrar registro de préstamos
        <9> Salir
------------------------------------------------------------

\ Elija  opción =
                                                        Ln: 17   Col: 33
```

```
*IDLE Shell 3.9.2*                                          —    □    ×

File  Edit  Shell  Debug  Options  Window  Help
         ¿ Desea continuar...? (S/N) => S
\ Elija  opción =3

REGISTRO DE USUARIO
-------------------
 Nombre  = luis
Apellido=Solis
DNI   = 97865435
Celular =  8978654321
         Error, intente otra vez
Celular =  891245678

         ¿ Desea continuar...? (S/N) => S
\ Elija  opción =7

LISTA DE USUARIOS
-----------------
-----------------------------------------------
Nro.    DNI      Nombre    Apellido    Celular
-----------------------------------------------
1 .-  97865435  luis    Solís      891245678

         ¿ Desea continuar...? (S/N) => S
\ Elija  opción =4

REGISTRO DE PRÉSTAMO
--------------------
DNI del Usuario=891245678
         Error, intente otra vez
DNI del Usuario=891245678
         Error, intente otra vez
DNI del Usuario=97865435

Código del libro: 100
         No se encontró en la base de datos, intente otra vez

Código del libro:
                                                    Ln: 84  Col: 0
```

```
*Bd_consola.py - C:/Users/User/Desktop/libro_python_BD/Bd_consola.py (3.9.2)*        —    □    ×

File  Edit  Format  Run  Options  Window  Help
import sqlite3
def abrirBD():
        global BD
        print('\nCREACIÓN DE BASE DE DATOS')
        print("-"*25)
        BD=str(input('\nNombre de la BD = '))
        con=sqlite3.connect(BD)
        cur= con.cursor()
        cur.execute('SELECT name from sqlite_master WHERE type = "table" AND name = "Libros"')
        consulta=cur.fetchall()
        if len(consulta)==0:
                cur.execute('CREATE TABLE Libros(COD_LIBRO integer PRIMARY KEY,TÍTULO text,AUTOR text,
                        ESTADO text)')
                cur.execute('CREATE TABLE Usuarios(DNI_USUARIO integer PRIMARY KEY,NOMBRE text,
                        APELLIDO text,CELULAR integer)')
                cur.execute('CREATE TABLE Préstamos(COD_LIBRO integer,DNI_USUARIO integer,
                        CELULAR integer,PRIMARY KEY(COD_LIBRO,DNI_USUARIO))')
                print('\tSe ha creado la base de datos con éxito')
        else:
                print(' Se creó previamente una BD con ese nombre, al continuar, estará agregándole dato
        con.commit()
        con.close()

def registroL():
        con=sqlite3.connect(BD)
        cur=con.cursor()
        print('\n\tREGISTRO DE LIBRO')
        print("-"*17)
        titulo=input('Título = ')
        autor=input('Autor   = ')
        estado='Disponible'
                                                    Ln: 28  Col: 0
```

```
*Bd_consola.py - C:/Users/User/Desktop/libro_python_BD/Bd_consola.py (3.9.2)*          —    □    ×

File  Edit  Format  Run  Options  Window  Help

        while True:
                ej=input("Número de ejemplares= ")
                if ej.isdigit():
                        ej=int(ej)
                        if ej>0:
                                break
                        else:
                                print("\tError, intente otra vez")
                else:
                        print("\tError, intente otra vez")
        cur.execute('SELECT * FROM Libros')
        registro=cur.fetchall()
        if len(registro)==0:
                cod=int(9999)
        else:
                cod=registro[-1][0]
        for i in range(ej):
                cod+=1
                cur.execute('INSERT INTO Libros VALUES (?,?,?,?)',(cod,titulo,autor,estado));
        con.commit()
        con.close()
def registroU():
        con=sqlite3.connect(BD)
        cur= con.cursor();           print('\nREGISTRO DE USUARIO')
        print("-"*19);            nom=input(' Nombre = ');          apell=input('Apellido=')
        while True:
                dni=input('DNI    = ')
                if dni.isdigit():
                        if len(str(dni))==8:
                                dni=int(dni)
                                break
                        else:
                                print('\tError, intente otra vez')
                else:
                        print('\tError, intente otra vez')
        while True:
                cel=input('Celular =   ')
                                                                          Ln: 55  Col: 0
```

```
*Bd_consola.py - C:/Users/User/Desktop/libro_python_BD/Bd_consola.py (3.9.2)*          —    □    ×

File  Edit  Format  Run  Options  Window  Help

                if cel.isdigit():
                        if len(str(cel))==9:
                                cel=int(cel)
                                break
                        else:
                                print('\tError, intente otra vez')
                else:
                        print('\tError, intente otra vez')
        cur.execute('INSERT INTO Usuarios VALUES (?,?,?,?)',(dni,nom,apell,cel))
        con.commit()
        con.close()
def registroP():
        con=sqlite3.connect(BD)
        cur= con.cursor()
        print('\nREGISTRO DE PRÉSTAMO')
        print("-"*20)
        cur.execute('SELECT * FROM Libros')
        libros=dict((reg[0],(reg[1],reg[2],reg[3]))for reg in cur.fetchall())
        cur.execute('SELECT * FROM Usuarios')
        usuarios=dict((reg[0],(reg[1],reg[2],reg[3]))for reg in cur.fetchall())
        while True:
                dni=input('DNI del Usuario=')
                if dni.isdigit():
                        if len(str(dni))==8:
                                dni=int(dni)
                                break
                        else:
                                print('\tError, intente otra vez')
                else:
                        print('\tError, intente otra vez')
        if dni in usuarios.keys():
                while True:
                        codl=input("\nCódigo del libro: ")
                        if codl.isdigit():
                                codl=int(codl)
                                if codl in libros.keys():
                                        if libros[codl][2]=='Disponible':
                                                                          Ln: 89  Col: 0
```

```
*Bd_consola.py - C:/Users/User/Desktop/libro_python_BD/Bd_consola.py (3.9.2)*          —  □  ×
File  Edit  Format  Run  Options  Window  Help
                              if libros[codl][2]=='Disponible':
                                    estado='No disponible'
                                    cur.execute('UPDATE Libros SET ESTADO=? WHERE COD_LIBRO=?',(estado,
                                    cur.execute('INSERT INTO Préstamos VALUES (?,?,?)',(codl,dni,usuari
                                    break
                              else:
                                    print('\tEl libro seleccionado no está disponible para préstamos')
                                    break
                        else:
                              print('\tNo se encontró en la base de datos, intente otra vez')
                  else:
                        print('\tError, intente otra vez')
      else:
            print('\tNo es posible realizar el préstamo, el usuario debe estar registrado')
      con.commit();          con.close()
def registroD():
      con=sqlite3.connect(BD)
      cur= con.cursor()
      print('\nREGISTRO DE DEVOLUCIÓN')
      print("-"*22)
      cur.execute('SELECT * FROM Préstamos')
      prestamos=dict((reg[0],(reg[1],reg[2]))for reg in cur.fetchall())
      while True:
            codl=input('Código del libro = ')
            if codl.isdigit():
                  codl=int(codl)
                  if codl in prestamos.keys():
                        estado='Disponible'
                        cur.execute('UPDATE Libros SET ESTADO=? WHERE COD_LIBRO=?',(estado,codl))
                        cur.execute('DELETE FROM Préstamos WHERE COD_LIBRO=? ',(codl,))
                        print('\tOperación realizada con éxito')
                        break
                  else:
                        print('\tEl código ingresado no corresponde a un libro prestado, intente otra vez')
            else:
                  print('\tError, intente otra vez')
      con.commit()
                                                                              Ln: 126  Col: 0
```

```
*Bd_consola.py - C:/Users/User/Desktop/libro_python_BD/Bd_consola.py (3.9.2)*          —  □  ×
File  Edit  Format  Run  Options  Window  Help
def mostrarL():
      con=sqlite3.connect(BD)
      cur= con.cursor()
      print('\nLISTA DE LIBROS')
      print("-"*15)
      cur.execute('SELECT * FROM Libros')
      registro=cur.fetchall()
      if len(registro)==0:
            print('No existen libros registrados aún')
      else:
            print("-"*67)
            print("Nro.  Cód. Libro      Título          Autor          Estado")
            print("-"*67)
            p=0
            for m in registro:
                  p=p+1
                  print(p,".- ",m[0],"     ",m[1]," ",m[2]," ",m[3])
      con.close()
def mostrarU():
      con=sqlite3.connect(BD);          cur= con.cursor()
      print('\nLISTA DE USUARIOS')
      print("-"*17)
      cur.execute('SELECT * FROM Usuarios')
      registro=cur.fetchall()
      if len(registro)==0:
            print('No existen usuarios registrados aún')
      else:
            print("-"*48)
            print("Nro.    DNI    Nombre    Apellido    Celular")
            print("-"*48)
            p=0
            for m in registro:
                  p=p+1
                  print(p,".- ",m[0],"",m[1]," ",m[2]," ",m[3])
      con.close()

def mostrarP():
                                                                              Ln: 170  Col: 0
```

```
*Bd_consola.py - C:/Users/User/Desktop/libro_python_BD/Bd_consola.py (3.9.2)*          —   □   ×
File  Edit  Format  Run  Options  Window  Help
            con=sqlite3.connect(BD)
            cur= con.cursor()
            print('\nLISTA DE PRÉSTAMOS')
            print("-"*18)
            cur.execute('SELECT * FROM Préstamos')
            registro=cur.fetchall()
            if len(registro)==0:
                    print('Por ahora no hay libros en préstamc')
            else:
                    print("-"*47)
                    print("Nro.  Cód. Libro   DNI del Usuario   Celular")
                    print("-"*47)
                    p=0
                    for m in registro:
                            p=p+1
                            print(p,".- ",m[0],"            ",m[1],"        ",m[2])
            con.close()

def menu():
        global resp,op
        print("""\n\t\t\tMENÚ PRINCIPAL
--------------------------------------------------
\n\t<1> Abrir base de datos
\t<2> Registrar libro
\t<3> Registrar usuario
\t<4> Registrar préstamo
\t<5> Registrar devolución
\t<6> Mostrar registro de libros
\t<7> Mostrar registro de usuarios
\t<8> Mostrar registro de préstamos
\t<9> Salir
--------------------------------------------------

""")
        resp="S"
        while resp=="S":
                while True:
                        op=input("\ Elija  opción =")
                                                              Ln: 210  Col: 0
```

```
*Bd_consola.py - C:/Users/User/Desktop/libro_python_BD/Bd_consola.py (3.9.2)*          —   □   ×
File  Edit  Format  Run  Options  Window  Help
                        op=input("\ Elija  opción =")
                        if op.isdigit():
                                op=int(op)
                                if op>0 and op<10:
                                        break
                                else:
                                        print("\tError, intente otra vez")
                        else:
                                print("\tError, intente otra vez")
                if op==1:
                        abrirBD()
                if op==2:
                        registroL()
                if op==3:
                        registroU()
                if op==4:
                        registroP()
                if op==5:
                        registroD()
                if op==6:
                        mostrarL()
                if op==7:
                        mostrarU()
                if op==8:
                        mostrarP()
                if op==9:
                        print("\n\tHasta pronto...")
                        exit()

                while True:
                        resp=input("\n\t¿ Desea continuar...? (S/N) => ")
                        if resp.isalpha():
                                resp=resp.upper()
                                break
                        else:
                                print("\tError, intente otra vez")
                if resp=="N":
                                                              Ln: 241  Col: 0
```

```
*Bd_consola.py - C:/Users/User/Desktop/libro_python_BD/Bd_consola.py (3.9.2)*          —   □   ×
File  Edit  Format  Run  Options  Window  Help
                 if resp=="N":
                            print("\n\tHasta pronto...")
                            exit()


print("\n\t\t\t*** SISTEMA DE ADMINISTRACIÓN DE BIBLIOTECA ***")
print("-"*80)
contador2=0;contador3=3;a=1
while a<4:
        print("\n\t\t\t\t     ","-"*50)
        print("\t\t\t\t          Oportunidad        Error        Quedan      ")
        print("\t\t\t\t     ","-"*50)
        print("\t\t\t\t                   ",a,"                    ",contador2,"             ")
        print("-"*32)
        while True:
                user=input("\t  User  = ")
                if user.isdigit():
                        user=int(user)
                        break
                else:
                        print("\tError, intente otra vez")
        while True:
                clave=input("\t  Clave = ")
                if clave.isdigit():
                        clave=int(clave)
                        break
                else:
                        print("\tError, intente otra vez")
        print("-"*32)
        a+=1
        if(user==100 and clave==123):
                menu();  exit()
        else:
                contador2+=1;  contador3-=1
                print("Usuario = ",user,"     Clave = ",clave)
if contador2==3:
                                                                        Ln: 281   Col: 32
```

```
*Bd_consola.py - C:/Users/User/Desktop/libro_python_BD/Bd_consola.py (3.9.2)*          —   □   ×
File  Edit  Format  Run  Options  Window  Help
if contador2==3:
        print(" ")
        print("-"*32)
        print("       Error        Quedan       ")
        print("-"*32)
        print("          ",contador2,"              ",contador3)
        print("\t\t\t\t     ","-"*50)
        print("Superó las tres oportunidades, hasta luego...")
                                                                        Ln: 293   Col: 14
```

Ejemplo:

Diseñar un programa que simule el examen de admisión de la UNI, donde los alumnos hacen tres exámenes en tres fechas diferentes. Usar la base de datos sqlite3; la tabla será alumnos y la base de datos ADMISIÓN 21-1.db. Los datos de validación son:

Código: 2456

Clave: 2102

Solución:

```
Código UNI = 2456
 Verificando datos...
      continuar..
 clave =2102

Datos correctos.. Bienvenido

REGISTRO DE NOTAS DEL EXAMEN DE ADMISIÓN DE LA UNI 21-1
--------------------------------------------------------
      <1> Ingresar nuevo postulante
      <2> Reporte
      <3> Buscar
      <4> Eliminar
      <5> Modificar
      <6> Ordenar ascendentemente
      <7> Salir
--------------------------------------------------------

Ingrese opción = 1


Ingresar código: 106

Apellido= perez
Nombre= jhon

Ingresar nota de Humanidades: 14
Ingresar nota de Matemática: 14
Ingresar nota de Ciencias: 08
```

```
=============== RESTART: C:\Users\Usuario\Documents\EJERCICIO 1.py ===============

Código UNI = 2456
 Verificando datos...
      continuar..
 clave =2102

Datos correctos.. Bienvenido

REGISTRO DE NOTAS DEL EXAMEN DE ADMISIÓN DE LA UNI 21-1
--------------------------------------------------------
      <1> Ingresar nuevo postulante
      <2> Reporte
      <3> Buscar
      <4> Eliminar
      <5> Modificar
      <6> Ordenar ascendentemente
      <7> Salir
--------------------------------------------------------
```

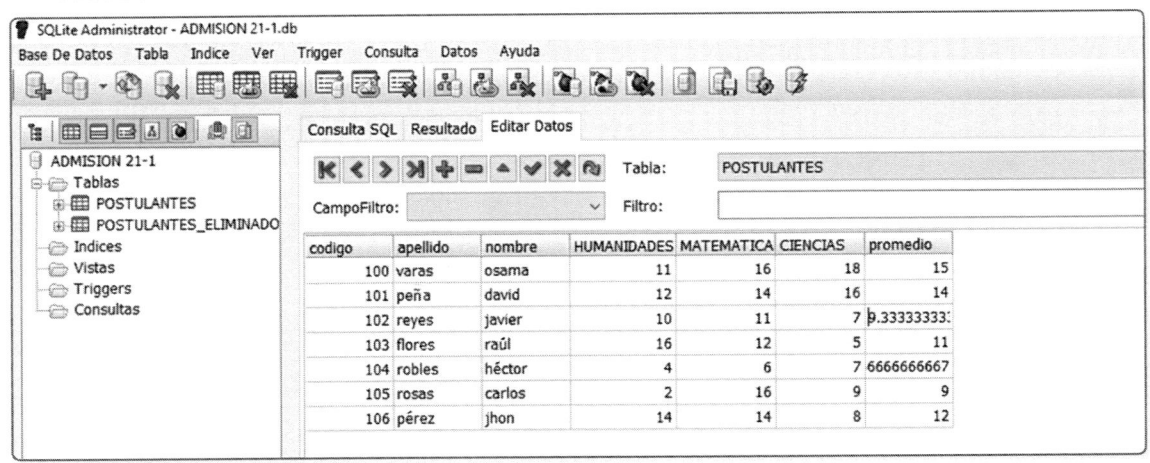

```
Ingrese opción = 2

CÓDIGO  APELLIDO   NOMBRE   HUMANIDADES  MATEMÁTICA  CIENCIAS  PROMEDIO
----------------------------------------------------
  100    varas     osama        11          16         18      15.0
  101    peña      david        12          14         16      14.0
  102    reyes     javier       10          11          7      9.333333333333334
  103    flores    raúl         16          12          5      11.0
  104    robles    héctor        4           6          7      5.666666666666667
  105    rosas     carlos        2          16          9      9.0

desea realizar otra opción(s/n): |
```

SQLite Administrator - ADMISION 21-1.db

Base De Datos   Tabla   Indice   Ver   Trigger   Consulta   Datos   Ayuda

Consulta SQL   Resultado   Editar Datos

Tabla: POSTULANTES

CampoFiltro: Filtro:

ADMISION 21-1
- Tablas
  - POSTULANTES
  - POSTULANTES_ELIMINADO
- Indices
- Vistas
- Triggers
- Consultas

codigo	apellido	nombre	HUMANIDADES	MATEMATICA	CIENCIAS	promedio
100	varas	osama	11	16	18	15
101	peña	david	12	14	16	14
102	reyes	javier	10	11	7	9.33333333
103	flores	raúl	16	12	5	11
104	robles	héctor	4	6	7	6666666667
105	rosas	carlos	2	16	9	9
106	pérez	jhon	14	14	8	12

bd_admision.py - C:/Users/User/Desktop/libro_python_BD/bd_admision.py (3.9.2)

File   Edit   Format   Run   Options   Window   Help

```python
import sqlite3
namedb = "ADMISIÓN 21-1.db"
def createBD():
    conn=sqlite3.connect("ADMISIÓN 21-1.db")
    cur=conn.cursor()
    cur.execute("CREATE TABLE IF NOT EXISTS POSTULANTES (código INTEGER PRIMARY KEY,
                apellido TEXT, nombre TEXT, HUMANIDADES INTEGER, MATEMÁTICA INTEGER,
                CIENCIAS INTEGER, promedio REAL)")
    cur.execute("CREATE TABLE IF NOT EXISTS POSTULANTES_ELIMINADOS (código INTEGER,
                apellido TEXT, nombre TEXT)")
    conn.commit()
    conn.close()
def eliminados(código, apellido, nombre):
    conn=sqlite3.connect("ADMISIÓN 21-1.db")
    cur=conn.cursor()
    cur.execute("INSERT INTO POSTULANTES_ELIMINADOS VALUES (?,?,?)", (código,
                                                            apellido, nombre))
    conn.commit()
    conn.close()
def insertar(código, apellido, nombre, HUMANIDADES, MATEMÁTICA, CIENCIAS):
    conn=sqlite3.connect("ADMISIÓN 21-1.db")
    cur=conn.cursor()
    cur.execute("INSERT INTO POSTULANTES VALUES (?,?,?,?,?,?,null)", (código,
                                                            apellido, nombre,
                                        HUMANIDADES, MATEMÁTICA, CIENCIAS))
    conn.commit()
    conn.close()
    modificar_prom(código)
def reporte():
    conn= sqlite3.connect("ADMISIÓN 21-1.db")
    cur= conn.cursor()
    cur.execute("SELECT * FROM POSTULANTES")
```

Ln: 18   Col: 17

```
*bd_admision.py - C:/Users/User/Desktop/libro_python_BD/bd_admision.py (3.9.2)*          —   □   ×

File  Edit  Format  Run  Options  Window  Help

    cur.execute("SELECT * FROM POSTULANTES")
    rows= cur.fetchall()
    conn.close()
    print(" CÓDIGO  APELLIDO   NOMBRE   HUMANIDADES MATEMÁTICA  CIENCIAS  PROMEDIO ")
    print("------------------------------------------------------------------")
    print("")
    for i in rows:
        print("  ", i[0], "  ",i[1], "      ", i[2], "          ", i[3], "          ", i[4], "
              i[5], "              ", i[6])
def buscar(val_busc)
    conn= sqlite3.connect("ADMISIÓN 21-1.db")
    cur= conn.cursor()
    cur.execute("SELECT * FROM POSTULANTES ")
    rows= cur.fetchall()
    conn.close()
    encontrado= False
    for i in rows:
        if i[0]== val_busc:
            print("")
            print(" CÓDIGO  APELLIDO   NOMBRE   HUMANIDADES  MATEMÁTICA  CIENCIAS
                  PROMEDIO ")
            print("  ", i[0], "    ",i[1], "      ", i[2], "          ", i[3], "          ",
                  i[4], "              ", i[5], "          ", i[6])
            encontrado= True
    if encontrado== False:
        print("")
        print("Postulante no encontrado ")
    return encontrado
def modificar_prom(código):
    conn = sqlite3.connect("ADMISIÓN 21-1.db")
    cur = conn.cursor()
    cur.execute("SELECT * FROM POSTULANTES")

                                                                          Ln: 55  Col: 28
```

```
*bd_admision.py - C:/Users/User/Desktop/libro_python_BD/bd_admision.py (3.9.2)*          —   □   ×

File  Edit  Format  Run  Options  Window  Help

    cur.execute("SELECT * FROM POSTULANTES")
    lista = cur. fetchall()
    conn.commit()
    conn.close()
    for i in lista:
        if i[0] == código:
            promedio = (i[3]+ i[4]+ i[5])/3
    conn = sqlite3.connect("ADMISIÓN 21-1.db")
    cur= conn.cursor()
    cur.execute("UPDATE POSTULANTES SET promedio=? WHERE código =?",(promedio,código))
    conn.commit()
    conn.close()
def ordenar_Asc():
    conn = sqlite3.connect("ADMISIÓN 21-1.db")
    cur = conn.cursor()
    cur.execute("SELECT código , apellido, nombre, nombre, HUMANIDADES, MATEMÁTICA,
                CIENCIAS, promedio FROM POSTULANTES ORDER BY código")
    conn.commit()
    conn.close()
def eliminar(código):
    conn = sqlite3.connect("ADMISIÓN 21-1.db")
    cur = conn.cursor()
    cur.execute("select código,apellido,nombre from POSTULANTES where código = ?",(códig
    lista = cur.fetchall()
    eliminados(lista[0][0],lista[0][1],lista[0][2])
    cur.execute("DELETE FROM POSTULANTES WHERE código =?", (código,))
    conn.commit()
    conn.close()
def opciones ():
    print("")
    print('REGISTRO DE NOTAS DEL EXAMEN DE ADMISIÓN DE LA UNI 21-1')
    print("------------------------------------------------------------------")

                                                                          Ln: 86  Col: 26
```

```
*bd_admision.py - C:/Users/User/Desktop/libro_python_BD/bd_admision.py (3.9.2)*          —   □   ×
File  Edit  Format  Run  Options  Window  Help
    print('REGISTRO DE NOTAS DEL EXAMEN DE ADMISIÓN DE LA UNI 21-1')
    print("-------------------------------------------------------")
    print("      <1> Ingresar nuevo postulante")
    print("      <2> Reporte")
    print("      <3> Buscar")
    print("      <4> Eliminar")
    print("      <5> Modificar")
    print("      <6> Ordenar ascendentemente")
    print("      <7> Salir")
    print("-------------------------------------------------------")
def modificar_pc(código,nota,atrb):
    conn = sqlite3.connect(namedb)
    cur = conn.cursor()
    cur.execute("UPDATE postulantes SET "+ atrb +"= ? WHERE código = ?", (nota, codigo))
    conn.commit()
    conn.close()
    modificar_prom(código)
def Validar(atrib):
    while True:
        try:
            while True:
                pc1=int(input("Ingresar nota de "+ atrib +": "))
                if pc1>=0 and pc1<=20:
                    return pc1
                else:
                    print("Nota incorrecta. intente De nuevo")
            break
        except ValueError:
            print("Oops! Nota no válida. Intente nuevamente...")
            print("_____")
def lisarCodigos():
    list_au=[]
                                                                          Ln: 118  Col: 0
```

```
*bd_admision.py - C:/Users/User/Desktop/libro_python_BD/bd_admision.py (3.9.2)*          —   □   ×
File  Edit  Format  Run  Options  Window  Help
    list_au=[]
    conn= sqlite3.connect("ADMISIÓN 21-1.db")
    cur= conn.cursor()
    cur.execute("SELECT * FROM postulantes")
    rows= cur.fetchall()
    conn.close()
    for i in rows:
        list_au.append(i[0])
    return list_au
def validarCodigo(código):
    list_cod=lisarCódigos()
    for i in list_cod:
        if(i == codigo):
            print("Existe un alumno registrado con este código.")
            return True
    return False
def validaC(f):
    flag = True
    while True:
        try:
            while flag:
                pc1=int(input("Ingresar código: "))
                print()
                if 99<pc1<1000:
                    flag = validarCódigo(pc1)
                    if flag == f:
                        return pc1
                else:
                    print("Código incorrecto. intente De nuevo")
            break
        except ValueError:
            print("Oops! Codigo no válido. Intente nuevamente...")
                                                                          Ln: 150  Col: 0
```

```
EJERCICIO 2.py - C:\Users\User\Desktop\EJERCICIO 2.py (3.9.2)          —    □    ×
File  Edit  Format  Run  Options  Window  Help

for i in range(n):
    while True:
        try:
            while True:
                DNI=int(input("Inserte su número de DNI: "))
                DNIExist=(DNI in diccionario)
                if DNI>=10000000 and DNI<=99999999 and DNIExist==False:
                    break
                else:
                    if(DNI>=10000000 and DNI<=99999999):
                        print("Incorrecto, ingrese nuevamente su DNI.")
                        print("_____")
                    if(DNIExist==True):
                        print("\t\t DNI existe, volver a ingresar")

            break
        except ValueError:
            print("Oops! Número no válido. Intente nuevamente...")
            print("_____")

NOMBRE=str(input(" Nombre Completo= "))
FUNCIÓN=str(input(" Función que desarrolla= "))
while True:
    try:
        while True:
            DESEMPEÑO=float(input(" Desempeño en %=  "))
            if (DESEMPEÑO>0) and (DESEMPEÑO<=100):
                break
            else:
                print("Este porcentaje ingresado no es válido.")
            break

                                                                          Ln: 61   Col: 0
```

```
*bd_admision.py - C:/Users/User/Desktop/libro_python_BD/bd_admision.py (3.9.2)*   —    □    ×
File  Edit  Format  Run  Options  Window  Help

            print("Oops! Código no válido. Intente nuevamente...")
            print("_____")
def main():
    createBD()
    eva = ["Humanidades","Matemática","Ciencias"]
    aux= "s"
    import os
    while aux=="s":
        opciones()
        print("")
        respuesta = input( "Ingrese opción = ")
        print("")
        if respuesta =="1":
            print("")
            código = validaC(False)
            apellido = input("Apellido= ")
            nombre = input( "Nombre= ")
            print()
            nota=[]
            for i in eva:
                nota.append( Validar(i))
            insertar (código, apellido, nombre, nota[0],nota[1], nota[2])
        elif respuesta=="2":
            reporte()
        elif respuesta =="3":
            print("")
            val_busc= int(input("Ingrese código a buscar= "))
            print("")
            buscar (val_busc)
        elif respuesta=="4":
            código = validaC(True)
            encontrado= buscar(codigo)
                                                                          Ln: 185   Col: 0
```

```
*bd_admision.py - C:/Users/User/Desktop/libro_python_BD/bd_admision.py (3.9.2)*          ─   □   ✕

File  Edit  Format  Run  Options  Window  Help

            encontrado= buscar(código)
            print("")
            if(encontrado):
                eliminar(código)
        elif respuesta=="5":
            print("")
            código= validaC(True)
            flag = buscar(código)
            print("")
            if(flag):
                i=0
                while i<len(eva):
                    rpta = input("Desea modificar el examen de "+ eva[i] + "?
                    if(rpta == "s"):
                        nota = Validar(eva[i])
                        modificar_pc(código,nota,eva[i])
                        i+=1;
                    elif (rpta == "n"):
                        i+=1
                    else :
                        print("Opción incorrecta.")
                        ##   i = i-1
        elif respuesta=="6":
            ordenar_Asc()
            reporte()
        elif respuesta=="7":
            print()
            print("Adiós, vuelva pronto :)")
            break
        else:
            print()
            print("Opción no valida    ")

                                                                        Ln: 208   Col: 0
```

```
*bd_admision.py - C:/Users/User/Desktop/libro_python_BD/bd_admision.py (3.9.2)*          ─   □   ✕

File  Edit  Format  Run  Options  Window  Help

            print()
            print("Opción no válida....")
            continue
        print("")
        aux = input ("desea realizar otra opción(s/n): ")

        while aux != "n" and aux != "s":
            aux = input ("desea realizar otra opción(s/n): ")
        #os.system("pause")
        #os.system("cls")
i=0
while i<3:
    print()
    abc =['A','B','C','D','E','F','G','H','I','J','K']
    código=int(input("Código UNI = "))
    t=1
    suma=0
    k=código
    ncódigo=0
    ##Notas=[]
    while (t<=8):
        suma=suma+(8-t)*(código%10)
        código=int(código/10)
        #print(str(suma) + "   " + str(codigo) + "   " +str(t))

                                                                        Ln: 229   Col: 54
```

```
*bd_admision.py - C:/Users/User/Desktop/libro_python_BD/bd_admision.py (3.9.2)*          —    □    ×
File  Edit  Format  Run  Options  Window  Help
        t=t+1
    nresto=suma%11
    ncodigo=str(k)
    if(0<=nresto<len(abc)):
        ncodigo+= abc[nresto]
        print(""" Verificando datos...
     continuar..""")
        clave=str(input(" clave ="))
#codigo=2456
#clave=2102
    if (ncodigo=="2456B" and clave=="2102"):
        print("")
        print("Datos correctos.. Bienvenido")
        main()
        break;
    print()
    print("Usuario o Contraseña incorrectos")
    i+=1
    print("Le quedan  "+ str(3-i)+" intentos.")
    if(3-i==0):
        print()
        print("Usted no es personal autorizado")
                                                        Ln: 244   Col: 29
```

Ejemplo:

Simular un sistema de gestión de empleados convencional que use archivos y base de datos. Realizar las opciones mostradas en la siguiente interfaz.

```
***********SISTEMA DE GESTIÓN DE EMPLEADOS************

Ingrese cantidad de empleados a registrar: 2
Inserte su número de DNI: 73264871
 Nombre Completo= Osama Varas Toribio
 Función que desarrolla= colaborador
 Desempeño en %=   75
 Años de empleo= 2

Inserte su número de DNI: 45742479
 Nombre Completo= Iván Cruz Vega
 Función que desarrolla= programador
 Desempeño en %=   68
 Años de empleo= 3

***********SISTEMA DE GESTIÓN DE EMPLEADOS************

            OPCIÓN<1>   REPORTE DE EMPLEADOS
            OPCIÓN<2>   BUSCAR EMPLEADO
            OPCIÓN<3>   MODIFICAR DATOS
            OPCIÓN<4>   INSERTAR UN EMPLEADO
            OPCIÓN<5>   ELIMINAR UN EMPLEADO
            OPCIÓN<6>   ORDENAR
            OPCIÓN<7>   CONCLUIR REGISTRO
```

```
Ingrese la opción que desea realizar a continuación:  1
Ingrese el reporte de un empleado:
MOSTRAR REPORTE DE EMPLEADOS
================================

DNI= 73264871
        NOMBRE= Osama Varas Toribio
        FUNCIÓN= 75.0
        DESEMPEÑO= colaborador
        TIEMPO= 2

DNI= 45742479
        NOMBRE= Iván Cruz Vega
        FUNCIÓN= 68.0
        DESEMPEÑO= programador
        TIEMPO= 3
************SISTEMA DE GESTIÓN DE EMPLEADOS************
```

OPCIÓN<1>   REPORTE DE EMPLEADOS

```
···········SISTEMA DE GESTIÓN DE EMPLEADOS···········

            OPCIÓN<1>   REPORTE DE EMPLEADOS
            OPCIÓN<2>   BUSCAR EMPLEADO
            OPCIÓN<3>   MODIFICAR DATOS
            OPCIÓN<4>   INSERTAR UN EMPLEADO
            OPCIÓN<5>   ELIMINAR UN EMPLEADO
            OPCIÓN<6>   ORDENAR
            OPCIÓN<7>   CONCLUIR REGISTRO

Ingrese la opción que desea realizar a continuación:  2

Ingreso a la opción de búsqueda.
Ingrese el DNI de la persona que desea buscar: 73264871
Numero de DNI valido:
Información encontrada:  ['Osama Varas Toribio', 75.0, 'colaborador', 2]

Ingrese la opción que desea realizar a continuación:  6

Tiene la siguiente forma de ordenamiento:
De acuerdo al DNI.
Ordenando de acuerdo al DNI de forma ascendente.
(45742479, ['Ivan Cruz Vega', 68.0, 'programador', 3])
(73264871, ['Osama Varas Toribio', 75.0, 'colaborador', 2])
{45742479: ['Ivan Cruz Vega', 68.0, 'programador', 3], 73264871: ['Osama Varas Toribio', 75.0, 'colaborador', 2]}

···········SISTEMA DE GESTION DE EMPLEADOS···········

            OPCION<1>   REPORTE DE EMPLEADOS
            OPCION<2>   BUSCAR EMPLEADO
            OPCIÓN<3>   MODIFICAR DATOS
            OPCIÓN<4>   INSERTAR UN EMPLEADO
            OPCIÓN<5>   ELIMINAR UN EMPLEADO
            OPCIÓN<6>   ORDENAR
            OPCIÓN<7>   CONCLUIR REGISTRO

Ingrese la opcion que desea realizar a continuacion:  7

Gracias por su visita.
```

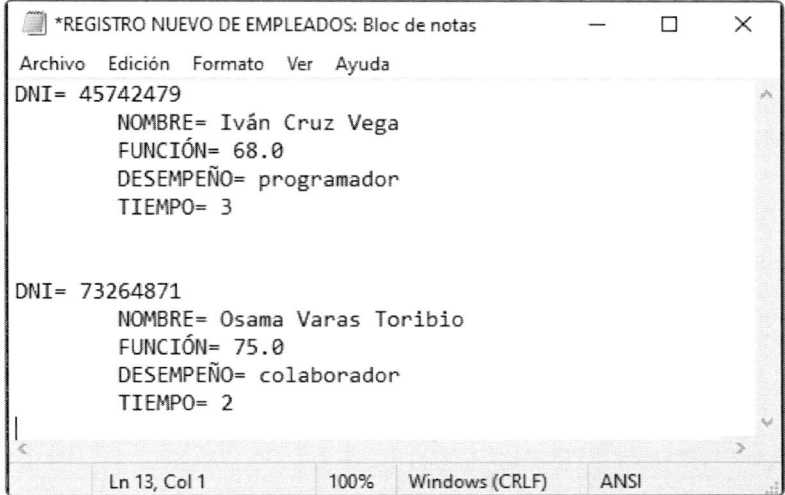

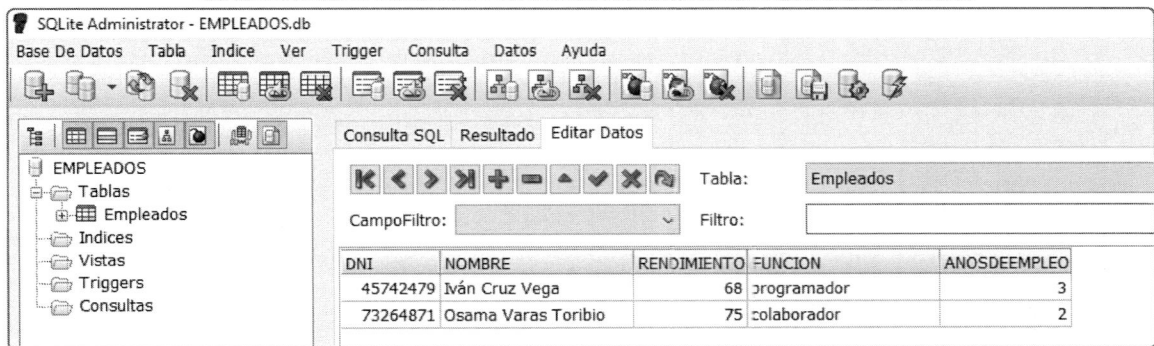

Solución:

```
*BD_Arch_empleados.py - C:/Users/User/Desktop/libro_python_BD/BD_Arch_empleados.py (3.9.2)*        —    □    ×
File  Edit  Format  Run  Options  Window  Help
from time import*
from operator import itemgetter
import sqlite3
conexion=sqlite3.connect("EMPLEADOS.db")
cursor=conexion.cursor()
cursor.execute("create table Empleados(DNI INTEGER PRIMARY KEY, NOMBRE VARCHAR(20),
            RENDIMIENTO INTEGER, FUNCION VARCHAR(20), ANOSDEEMPLEO INTEGER)")
arch=open("REGISTRO NUEVO DE EMPLEADOS.txt","a")
l=open('REGISTRO NUEVO DE EMPLEADOS.txt','r')
texto=l.read()
lección=texto.split(" ")
l.close()
a=0
codigo=[]
nombre=[]
desempeño=[]
funcion=[]
tiempo=[]
lista=[]
print("***********SISTEMA DE GESTIÓN DE EMPLEADOS***********")
print("_____")
diccionario={}
while True:
  try:
    while True:
      n=int(input("Ingrese cantidad de empleados a registrar: "))
      if n>0:
        break
      else:
        print("Cantidad incorrecta. De nuevo")
    break
                                                                    Ln: 20  Col: 0
```

```
*BD_Arch_empleados.py - C:/Users/User/Desktop/libro_python_BD/BD_Arch_empleados.py (3.9.2)*     —   □   ×
File  Edit  Format  Run  Options  Window  Help
    except ValueError:
        print("Oops! Cantidad no válida. Intente nuevamente...")
        print("_____")
for i in range(n):
  while True:
      try:
          while True:
              DNI=int(input("Inserte su número de DNI: "))
              DNIExist=(DNI in diccionario)
              if DNI>=10000000 and DNI<=99999999 and DNIExist==False:
                  break
              else:
                  if(DNI>=10000000 and DNI<=99999999):
                      print("Incorrecto, ingrese nuevamente su DNI.")
                      print("_____")
                  if(DNIExist==True):
                      print("\t\t DNI existe, volver a ingresar")
          break
      except ValueError:
          print("Oops! Número no válido. Intente nuevamente...")
          print("_____")
NOMBRE=str(input(" Nombre Completo= "))
FUNCIÓN=str(input(" Función que desarrolla= "))
while True:
  try:
      while True:
          DESEMPEÑO=float(input(" Desempeño en %=  "))
          if (DESEMPEÑO>0) and (DESEMPEÑO<=100):
              break
          else:
              print("Este porcentaje ingresado no es válido.")
          break
                                                                    Ln: 59  Col: 0
```

```
*BD_Arch_empleados.py - C:/Users/User/Desktop/libro_python_BD/BD_Arch_empleados.py (3.9.2)*     —   □   ×
File  Edit  Format  Run  Options  Window  Help
    print("                 OPCIÓN<5>  ELIMINAR UN EMPLEADO")
    print("                 OPCIÓN<6>  ORDENAR")
    print("                 OPCIÓN<7>  CONCLUIR REGISTRO")
    print("_____")
while True:
  try:
      while True:
          opción=int(input("Ingrese la opción que desea realizar a continuación:  "))
          if opción==1:
            print("Ingrese el reporte de un empleado: ")
            print ("MOSTRAR REPORTE DE EMPLEADOS")
            print("="*30)
            for i in diccionario:
              print('\nDNI= '+str(i)+'\n\tNOMBRE= '+str(diccionario[i][0])+'\n\tFUNCIÓ
                    +str(diccionario[i][1])+'\n\tDESEMPEÑO= '+str(diccionario[i][2])
                    +'\n\tTIEMPO= '+str(diccionario[i][3]))
            break
          elif opción==2:
            ne=1
            while True:
              print("_____")
              print("Ingresó a la opción de búsqueda.")
              if diccionario=={}:
                print("Imposible de ejecutar.")
              else:
                d=int(input("Ingrese el DNI de la persona que desea buscar: "))
                if d>=10000000 and d<=99999999:
                  print("Número de DNI válido: ")
                  print("Información encontrada: ",diccionario.get(d,None))
                  print("_____")
                  break
                else:
                                                                    Ln: 121  Col: 0
```

```
*BD_Arch_empleados.py - C:/Users/User/Desktop/libro_python_BD/BD_Arch_empleados.py (3.9.2)*
File  Edit  Format  Run  Options  Window  Help
                            break
                    else:
                        print("Número de DNI no válido ",ne, "le queda ", 3-ne," oportunidad
                        ne=ne+1
                        if ne>0 and ne<3:
                            print("Intente nuevamente")
                        else:
                            print("Número de DNI no válido.")
                            print("No le queda más oportunidades.")
                    break
        elif opción==3:
            if diccionario=={}:
                print("Imposible de ejecutar.")
            else:
                sleep(3)
                print("\n MODIFICAR DATOS DE EMPLEADOS")
                print("-"*50)
                print("\n Se imprime lista de datos recogidos",diccionario)

                while True:
                    DNI=int(input("Introduzca el DNI del empleado a modificar=  "))
                    if DNI in diccionario:
                        print("\n DNI registrado en el sistema.")
                        print("\n Los datos guardados son:",diccionario.get(DNI))
                        del diccionario[DNI]
                        print("Se le pide completar los nuevos datos del DNI",DNI)
                        NOMBRE=str(input("\n Nombre Completo= "))
                        FUNCIÓN=str(input("\n Función que desarrolla= "))
                        try:
                            while True:
                                DESEMPEÑO=float(input("\n Desempeño en %=  "))
                                if (DESEMPEÑO>0) and (DESEMPEÑO<=10)
                                                                        Ln: 144  Col: 70
```

```
*BD_Arch_empleados.py - C:/Users/User/Desktop/libro_python_BD/BD_Arch_empleados.py (3.9.2)*
File  Edit  Format  Run  Options  Window  Help
                                if (DESEMPEÑO>0) and (DESEMPEÑO<=100):
                                    break
                                else:
                                    print("El porcentaje es inválido.")
                        except ValueError:
                            print("Oops! Porcentaje no válido. Intente nuevamente...")
                            print("_____ ")
                        try:
                            while True:
                                AÑOS=int(input("\n Años de empleo= "))
                                if (AÑOS>0) and (AÑOS<=40):
                                    break
                                else:
                                    print("Los años ingresados no están considerados en nuestro rango
                        except ValueError:
                            print("Oops! Años inválidos. Intente nuevamente...")
                            print("_____ ")
                        datos=[DNI,[NOMBRE,DESEMPEÑO,FUNCIÓN,AÑOS]]
                        diccionario.update([datos])
                        nombre.insert(a,NOMBRE)
                        funcion.insert(a,FUNCIÓN)
                        desempeño.insert(a,DESEMPEÑO)
                        tiempo.insert(a,AÑOS)
                        sleep(3)
                        print("\n Lista modificada:", datos)
                        print("\n Nueva lista de empleados modificada",diccionario)
                        print("")
                        print("_____ ")
                        sleep(3)
                        break
                    else:
                        print("\n DNI no registrado, vuelva a intentarlo")
                                                                        Ln: 179  Col: 0
```

```
*BD_Arch_empleados.py - C:/Users/User/Desktop/libro_python_BD/BD_Arch_empleados.py (3.9.2)*
File  Edit  Format  Run  Options  Window  Help
                else:
                    print("Este porcentaje ingresado no es válido.")
                break
            except ValueError:
                print("Oops! Porcentaje no válido. Intente nuevamente...")
                print("_____")
        while True:
            try:
                while True:
                    AÑOS=int(input(" Años de empleo= "))
                    if (AÑOS>0) and (AÑOS<=40):
                        print("_____")
                        break
                    else:
                        print("Esta cantidad de años ingresada no es válida.")
                break
            except ValueError:
                print("Oops! Tiempo no válido. Intente nuevamente...")
                print("_____")

        datos=[DNI,[NOMBRE,DESEMPEÑO,FUNCIÓN,AÑOS]]
        diccionario.update([datos])
        nombre.insert(a,NOMBRE)
        funcion.insert(a,FUNCIÓN)
        desempeño.insert(a,DESEMPEÑO)
        tiempo.insert(a,AÑOS)
        codigo.insert(a,DNI)
        print(diccionario)
        break
    elif opción==5:
        print("_____")
        elim=int(input("Ingrese el DNI del trabajador que desea borrar del registr
                                                                    Ln: 243  Col: 0
```

```
*BD_Arch_empleados.py - C:/Users/User/Desktop/libro_python_BD/BD_Arch_empleados.py (3.9.2)*
File  Edit  Format  Run  Options  Window  Help
        elim=int(input("Ingrese el DNI del trabajador que desea borrar del registr
        while True:
            if elim in diccionario:
                del diccionario[elim]
                print("Eliminando.")
                print("...")
                sleep(3)
                print("Registro actualizado.")
                print("-------------------------")
                break
            else:
                print("DNI no registrado. Intente de nuevo.")
                break
        for clave in diccionario:
            print(clave, "=>", diccionario[clave])
        break
    elif opción==6:
        print("_____")
        print("Tiene la siguiente forma de ordenamiento: ")
        print("De acuerdo al DNI.")
        print("Ordenando de acuerdo al DNI de forma ascendente.")
        diccionariord=sorted(diccionario.items(), key=itemgetter(0))
        for i in range(n):
            print(diccionariord[i])
        diccionario={}
        for x,y in diccionariord:
            diccionario[x]=y
        print(diccionario)
        print("_____")
        break
    elif opción==7:
        print("_____")
                                                                    Ln: 266  Col: 0
```

```
*BD_Arch_empleados.py - C:/Users/User/Desktop/libro_python_BD/BD_Arch_empleados.py (3.9.2)*          —    □    ×
File  Edit  Format  Run  Options  Window  Help

        elif opción==7:
            print("_____")
            print("Gracias por su visita.")
            a=0
            for i in diccionario:
                arch.write('\n')
                arch.write('\nDNI= '+str(i)+'\n\tNOMBRE= '+str(diccionario[i][0])+'\n\tF
                            '+str(diccionario[i][1])+'\n\tDESEMPEÑO= '+str(diccionario[i]
                            '\n\tTIEMPO= '+str(diccionario[i][3]))
                arch.write('\n')
            arch.close()

            for i in diccionario:
                datos1=(i,diccionario[i][0],diccionario[i][1],diccionario[i][2],diciona
                lista.append(datos1)
            cursor.executemany('insert into Empleados values(?,?,?,?,?)',lista)
            lista=cursor.fetchall
            conexion.commit()
            conexion.close()
            exit()
            break
        else:
            print("Opción no especificada inténtelo nuevamente.")
            print("_____")
    break
except ValueError:
    print("Oops! Opción no válida. Intente nuevamente...")
    print("_____")
                                                                                Ln: 297  Col: 0
```

## Capítulo 2

Programación GUI: Tkinter

Con Tkinter de Python se diseñan las interfaces gráficas o GUI. Tkinter es fácil de usar, es multiplataforma y, además, viene incluido con Python en sus versiones para Windows y Mac, así como en la mayoría de las distribuciones GNU/Linux.

Tras crear la interfaz se realiza la inserción de los widgets (botones, íconos o controles), que son objetos disponibles para el usuario, acordes a sus necesidades.

2.1. Creación de widgets

Además de Tk(), podemos declarar más variables:

a. **Toplevel**. Crea una nueva ventana.

b. **Frame**. Coloca los paneles para ordenar los elementos.

c. **Canvas**. Para dibujar y graficar funciones, etc.

d. **Button**. Para colocar un botón.

e. **Label**. Coloca un texto.

f. **Message**. Coloca un texto.

g. **Entry**. Coloca una entrada de texto de una línea.

h. **Text**. Coloca una entrada de texto de varias líneas.

i. **Listbox**. Coloca una lista con elementos cliqueables.

j. **Menú**. Coloca un menú que puede contener cascadas y elementos cliqueables.

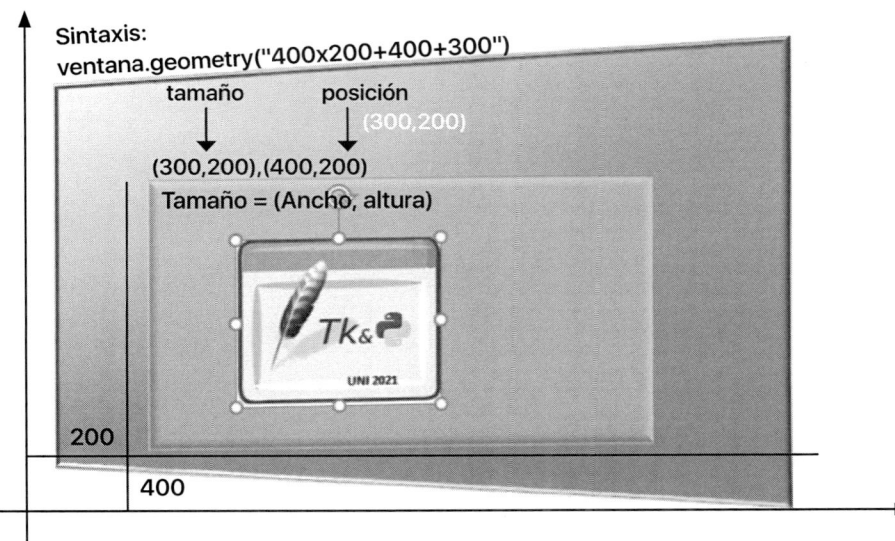

2.2. Ventana principal

Para la creación de la ventana principal se usa la función:

ventana = Tk()

Esta heredará todas las funciones de Tkinter. Para inicializar la ventana ventana.mainloop()", cerrar todas las instrucciones atribuidas a la ventana después de ejecutar todas las instrucciones. Con esto la ventana será lanzada.

Ejemplo:

Crear una ventana principal.

Solución:

from tkinter import *

 ventana = Tk()

 ventana.mainloop()

Seguimiento: La línea ventana = Tk() inicia el script y la línea ventana.mainloop() lo finaliza. Por lo tanto, todo el código para agregar las demás funcionalidades deberá ir después de la primera y antes de la última; en términos algorítmicos, define un inicio y un fin de los widgets a ejecutar.

Ejemplo:

Diseñar un programa que permita crear una ventana con las características mostradas en la interfaz.

Solución:

from tkinter import * # importa el módulo

v0 = Tk() # Tk() es la ventana principal

v0.config(bg="green") # le da color al fondo

v0.geometry("200x200") # cambia el tamaño de la ventana

b1=Button(v0,text="ABRIR VENTANA V1") # primer botón

b1.pack() # el botón es cargado

v1=Toplevel(v0) # crea una ventana hija

v1.withdraw() # oculta la ventana v1

Ejemplo:

Diseñar un programa que permita mostrar imágenes.

Solución:

```
from tkinter import *
v0=Tk()
imagen1=PhotoImage(file="FOTO_CORDOVA.gif")
label1 = Label(v0, image=imagen1)
label1.grid(row=1,column=1)
v0.mainloop()
```

Ejemplo:

Diseñar un programa que permita ingresar desde el teclado información de una persona por apellidos y nombres.

Solución:

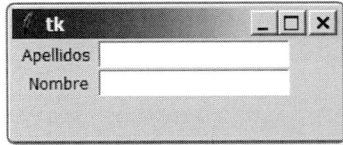

Ejemplo:

Diseñar un programa que permita pasar de ventana en ventana.

Solución:

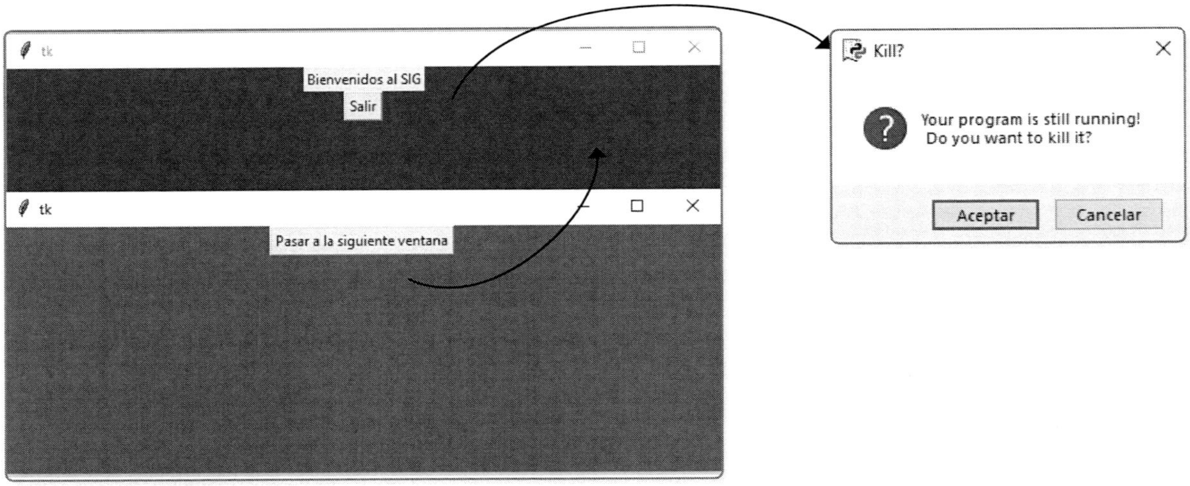

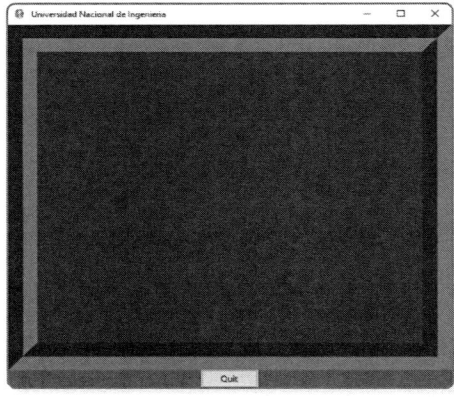

```python
import tkinter as tk

def    Window2():
    ventana1=tk.Tk()
    ventana1.config(bg="blue")

    ventana1.geometry("600x300")
    mensaje =tk.Label(ventana1, text = "Bienvenidos al SIG")
    buttonExample=tk.Button(ventana1, text = "Bienvenidos al SIG")
    buttonExample=tk.Button(ventana1, text = " Listado de Registros    " )
    buttonExample=tk.Button(ventana1, text = "Salir",command=exit)
    mensaje.pack()
    buttonExample.pack()

ventana=tk.Tk()
ventana.config(bg="green")
ventana.geometry("600x300")
buttonExample =tk.Button(ventana,text="Pasar a la siguiente ventana", command= Window2)
buttonExample.pack()
ventana.mainloop()
```

Ejemplo:

Diseñar un programa que permita mostrar la siguiente interfaz.

Solución:

```
tk_ventan_fame1.py - C:\Users\User\Desktop\gui_2021\tk_ventan_fame1.py (3.9.1)    —    □    ×
File  Edit  Format  Run  Options  Window  Help

from tkinter import*
from tkinter import ttk
ventana=Tk()


ventana.title(' Universidad Nacional de Ingeniería')
ventana.resizable(1,1)
ventana.config(bg='green')
ventana.iconbitmap("uni.ico")
ventana.title(" Universidad Nacional de Ingeniería")
frame1=Frame()

frame1=Frame()
frame1.pack()

frame1.config(bg="blue")
frame1.config(width="600",height="500")
frame1.config(bd="40")
frame1.config(relief="groove")
                                                                      Ln: 13  Col: 0
```

Ejemplo:

Diseñar un programa que permita generar el siguiente menú de opciones. Para cada opción existe una interfaz que permite realizar tal proceso diseñado.

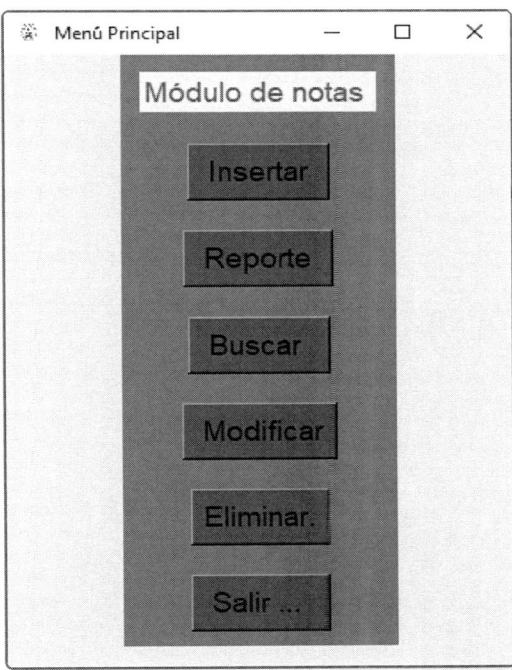

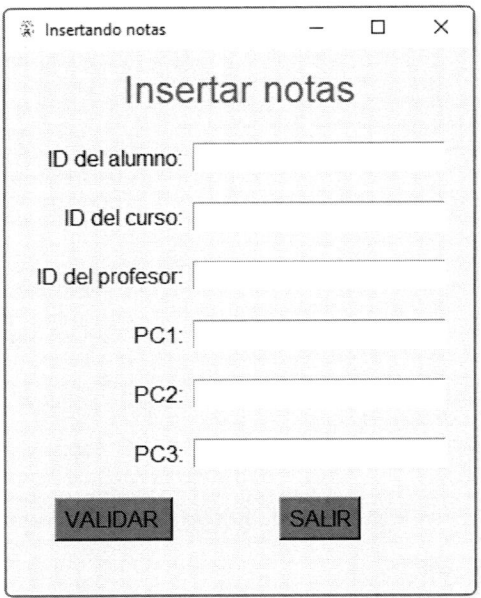

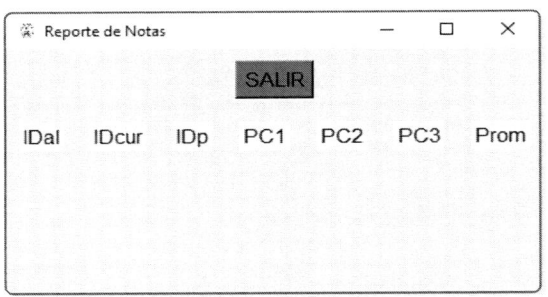

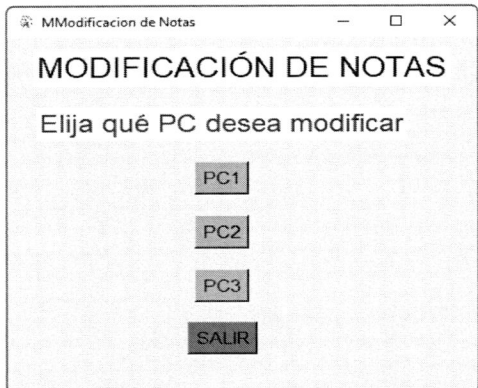

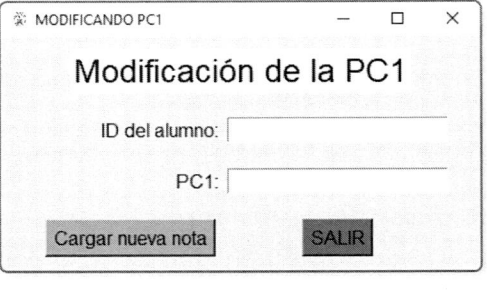

Solución:

```python
from tkinter import *
from tkinter import messagebox
ort sys
def notas_principal():
    global ventana1
    ventana1=Tk()
    ventana1.title(" Menú Principal")
    ventana1.resizable(1,1)
    ventana1.iconbitmap("logoUNI.ico")
    ventana1.geometry("600x500")
    ventana1.config(bg="beige")

    miframe=Frame()
    miframe.pack()
    miframe.config(bg="dodgerblue")
    miframe.config(width="600",height="350")

    titulo=Label(miframe,text="Módulo de notas ",fg="green",bg="yellow")
    titulo.grid(row=1,column=0,pady=12,padx=12)
    titulo.config(font='Arial 14')

    botoninsertar=Button(miframe,text=" Insertar ",command=ventinsert)
    botoninsertar.grid(row=2,column=0,pady=10,padx=10)
    botoninsertar.config(font='Arial 14',bg='green')
```

```
botonreporte=Button(miframe,text=" Reporte ",font=20,command=lambda:[ventana1.destroy(),nreporte()])
botonreporte.grid(row=3,column=0,pady=10,padx=10)
botonreporte.config(font='Arial 14',bg='green')

botonbuscar=Button(miframe,text=" Buscar   ",font=20,command=lambda:[ventana1.destroy(),vent_busc()])
botonbuscar.grid(row=4,column=0,pady=10,padx=10)
botonbuscar.config(font='Arial 14',bg='green')

botonmodificar=Button(miframe,text=" Modificar",command=lambda:[ventana1.destroy(),modificar()])
botonmodificar.grid(row=5,column=0,pady=10,padx=10)
botonmodificar.config(font='Arial 14',bg='green')
```

Ln: 8   Col: 27

---

tk_m.py - C:/Users/User/Desktop/tk_m.py (3.9.2)   —   □   ×

File   Edit   Format   Run   Options   Window   Help

```
    botoneliminar=Button(miframe,text="Eliminar.",command=lambda:[ventana1.destroy(),vent_elim()])
    botoneliminar.grid(row=6,column=0,pady=10,padx=10)
    botoneliminar.config(font='Arial 14',bg='green')


    botonsalir=Button(miframe,text=" Salir ...   ",command =lambda:[ventana1.destroy(),exit()])
    botonsalir.grid(row=7,column=0,pady=10,padx=10)
    botonsalir.config(font='Arial 14',bg='green')
def ventinsert():
    ventana1.destroy()
    vinsertar=Tk()
    vinsertar.title("Insertando notas")
    vinsertar.resizable(1,1)
    vinsertar.iconbitmap("logoUNI.ico")
    vinsertar.geometry("400x600")
    vinsertar.config(bg="beige")
    miframe1=Frame()
    miframe1.pack()
    miframe1.config(bg="beige")
    miframe1.config(width="600",height="350")

    titulo=Label(miframe1,text="Insertar notas",fg="green",bg="beige")
    titulo.grid(row=1,column=0,columnspan=2,pady=10,padx=10)
    titulo.config(font='Arial 20')

    IDalum_label=Label(miframe1,text="ID del alumno: ",bg="beige")
    IDalum_label.grid(row=2,column=0,sticky="e",pady=10)
    IDalum_label.config(font='Arial')
    IDalum_cuadro=Entry(miframe1)
    IDalum_cuadro.grid(row=2,column=1,sticky="w",pady=10)
    IDalum_cuadro.config(font='Arial')

    IDcur_label=Label(miframe1,text="ID del curso: ",bg="beige")
    IDcur_label.grid(row=3,column=0,sticky="e",pady=10)
    IDcur_label.config(font='Arial')
    IDcur_cuadro=Entry(miframe1)
```

Ln: 61   Col: 0

---

tk_m.py - C:/Users/User/Desktop/tk_m.py (3.9.2)   —   □   ×

File   Edit   Format   Run   Options   Window   Help

```
    IDcur_cuadro.grid(row=3,column=1,sticky="w",pady=10)
    IDcur_cuadro.config(font='Arial')

    IDprof_label=Label(miframe1,text="ID del profesor: ",bg="beige")
    IDprof_label.grid(row=4,column=0,sticky="e",pady=10)
    IDprof_label.config(font='Arial')
    IDprof_cuadro=Entry(miframe1)
    IDprof_cuadro.grid(row=4,column=1,sticky="w",pady=10)
    IDprof_cuadro.config(font='Arial')

    pc1_label=Label(miframe1,text="PC1: ",bg="beige")
    pc1_label.grid(row=5,column=0,sticky="e",pady=10)
    pc1_label.config(font='Arial')
    pc1_cuadro=Entry(miframe1)
    pc1_cuadro.grid(row=5,column=1,sticky="w",pady=10)
    pc1_cuadro.config(font='Arial')
```

```
    pc2_label=Label(miframe1,text="PC2: ",bg="beige")
    pc2_label.grid(row=6,column=0,sticky="e",pady=10)
    pc2_label.config(font='Arial')
    pc2_cuadro=Entry(miframe1)
    pc2_cuadro.grid(row=6,column=1,sticky="w",pady=10)
    pc2_cuadro.config(font='Arial')

    pc3_label=Label(miframe1,text="PC3: ",bg="beige")
    pc3_label.grid(row=7,column=0,sticky="e",pady=10)
    pc3_label.config(font='Arial')
    pc3_cuadro=Entry(miframe1)
    pc3_cuadro.grid(row=7,column=1,sticky="w",pady=10)
    pc3_cuadro.config(font='Arial')

    botonvalid=Button(miframe1,text="VALIDAR ",bg='red',command=lambda:[insertar(),
            vinsertar.destroy(),          notas_principal()])
    botonvalid.grid(row=8,column=0,pady=10,padx=10)
    botonvalid.config(font='Arial')
```

Ln: 99   Col: 53

tk_m.py - C:/Users/User/Desktop/tk_m.py (3.9.2)   —   □   ×

File Edit Format Run Options Window Help

```
    pc3_cuadro.config(font='Arial')

    botonvalid=Button(miframe1,text="VALIDAR ",bg='red',command=lambda:[insertar(),
            vinsertar.destroy(),          notas_principal()])
    botonvalid.grid(row=8,column=0,pady=10,padx=10)
    botonvalid.config(font='Arial')

    botonsalir=Button(miframe1,text="SALIR",command =lambda:
                    [vinsertar.destroy(),notas_principal()])
    botonsalir.grid(row=8,column=1,pady=10,padx=10)
    botonsalir.config(font='Arial',bg='red')
def nreporte():
    vreporte=Tk()
    vreporte.title("Reporte de Notas")
    vreporte.resizable(1,1)
    vreporte.iconbitmap("logoUNI.ico")
    vreporte.geometry("400x600")
    vreporte.config(bg="beige")
    miframe2=Frame()
    miframe2.pack()
    miframe2.config(bg="beige")
    miframe2.config(width="600",height="350")
    botonsalir1=Button(miframe2,text="SALIR",command =lambda:[vreporte.destroy(),
                                            notas_principal()])
    botonsalir1.grid(row=0,column=0,columnspan=7,pady=10,padx=10)
    botonsalir1.config(font='Arial',bg='red')
    e1 = Label(miframe2, text="IDal", font=(14),fg="black",bg="cornsilk")
    e1.grid(row=2,column=0,pady=10,padx=10)
    e1.config(font='Arial')
    e2 = Label(miframe2, text="IDcur", font=(14),fg="black",bg="cornsilk")
    e2.grid(row=2,column=1,pady=10,padx=10)
    e2.config(font='Arial')
    e3 = Label(miframe2, text="IDp", font=(14),fg="black",bg="cornsilk")
    e3.grid(row=2,column=2,pady=10,padx=10)
    e3.config(font='Arial')
```

Ln: 121   Col: 31

tk_m.py - C:/Users/User/Desktop/tk_m.py (3.9.2)   — □ ×

File Edit Format Run Options Window Help

```
    e4 = Label(miframe2, text="PC1", font=(14),fg="black",bg="cornsilk")
    e4.grid(row=2,column=3,pady=10,padx=10)
    e4.config(font='Arial')

    e5 = Label(miframe2, text="PC2", font=(14),fg="black",bg="cornsilk")
    e5.grid(row=2,column=4,pady=10,padx=10)
    e5.config(font='Arial')
    e6 = Label(miframe2, text="PC3", font=(14),fg="black",bg="cornsilk")
    e6.grid(row=2,column=5,pady=10,padx=10)
    e6.config(font='Arial')
    e7 = Label(miframe2, text="Prom", font=(14),fg="black",bg="cornsilk")
    e7.grid(row=2,column=6,pady=10,padx=10)
    e7.config(font='Arial')
def modificar():
    vmodificar=Tk()
    vmodificar.title("Modificación de Notas ")
    vmodificar.resizable(1,1)
    vmodificar.iconbitmap("logoUNI.ico")
    vmodificar.geometry("400x600")
    vmodificar.config(bg="beige")
    miframe3=Frame()
    miframe3.pack()
    miframe3.config(bg="beige")
    miframe3.config(width="600",height="350")
    titulo=Label(miframe3,text="MODIFICACIÓN DE NOTAS",fg="black",bg="white")
    titulo.grid(row=1,column=0,columnspan=7,pady=10,padx=10)
    titulo.config(font='Arial 20')
    titulo2=Label(miframe3,text="Elija qué PC desea modificar",fg="blue",bg="white")
    titulo2.grid(row=2,column=0,pady=10,padx=10)
    titulo2.config(font='Arial 18')
    botonPC1=Button(miframe3,text="PC1",command =lambda:[vmodificar.destroy(),ventmod_pc1()])
    botonPC1.grid(row=3,column=0,pady=10,padx=10)
    botonPC1.config(font='Arial',bg='orange')
    botonPC2=Button(miframe3,text="PC2",command =lambda:[vmodificar.destroy(),ventmod_pc2()])
    botonPC2.grid(row=4,column=0,pady=10,padx=10)
    botonPC2.config(font='Arial',bg='orange')
```

Ln: 162 Col: 0

tk_m.py - C:/Users/User/Desktop/tk_m.py (3.9.2)   — □ ×

File Edit Format Run Options Window Help

```
    botonPC2=Button(miframe3,text="PC2",command =lambda:[vmodificar.destroy(),ventmod_pc2()])
    botonPC2.grid(row=4,column=0,pady=10,padx=10)
    botonPC2.config(font='Arial',bg='orange')

    botonPC3=Button(miframe3,text="PC3",command =lambda:[vmodificar.destroy(),ventmod_pc3()])
    botonPC3.grid(row=5,column=0,pady=10,padx=10)
    botonPC3.config(font='Arial',bg='orange')

    botonsalir=Button(miframe3,text="SALIR",command =lambda:[vmodificar.destroy(),notas_princ
    botonsalir.grid(row=6,column=0,pady=10,padx=10)
    botonsalir.config(font='Arial',bg='red')

def ventmod_pc1():
    global vpc1,IDalum_cuadro1,pc1_cuadro1

    vpc1=Tk()
    vpc1.title("MODIFICANDO PC1")
    vpc1.resizable(1,1)

    vpc1.iconbitmap("logoUNI.ico")
    vpc1.geometry("400x200")
    vpc1.config(bg="beige")

    miframe31=Frame()
    miframe31.pack()
    miframe31.config(bg="beige")
    miframe31.config(width="400",height="200")

    titulo=Label(miframe31,text="Modificación de la PC1",fg="black",bg="white")
    titulo.grid(row=1,column=0,columnspan=2,pady=10,padx=10)
    titulo.config(font='Arial 20')

    IDalum_label1=Label(miframe31,text="ID del alumno: ",bg="beige")
    IDalum_label1.grid(row=2,column=0,sticky="e",pady=10)
    IDalum_label1.config(font='Arial')
    IDalum_cuadro1=Entry(miframe31)
```

Ln: 188 Col: 13

```
🖹 *tk_m.py - C:/Users/User/Desktop/tk_m.py (3.9.2)*                              —   □   ×
File  Edit  Format  Run  Options  Window  Help
    IDalum_cuadro1.grid(row=2,column=1,sticky="w",pady=10)
    IDalum_cuadro1.config(font='Arial')

    pc1_label1=Label(miframe31,text="PC1: ",bg="beige")
    pc1_label1.grid(row=3,column=0,sticky="e",pady=10)
    pc1_label1.config(font='Arial')
    pc1_cuadro1=Entry(miframe31)
    pc1_cuadro1.grid(row=3,column=1,sticky="w",pady=10)
    pc1_cuadro1.config(font='Arial')
    botonpc1=Button(miframe31,text="Cargar nueva nota",command =lambda:[vmod_pc1(),modificar
    botonpc1.grid(row=4,column=0,pady=10,padx=10)
    botonpc1.config(font='Arial',bg='orange')
    botonsalir=Button(miframe31,text="SALIR",command =lambda:[vpc1.destroy(),modificar()])
    botonsalir.grid(row=4,column=1,pady=10,padx=10)
    botonsalir.config(font='Arial',bg='red')
def vmod_pc1():
    pc1=int(pc1_cuadro1.get())
    codigo=int(IDalum_cuadro1.get())
    vpc1.destroy()
def vent_elim():
    global velim,IDalum_cuad
    velim=Tk()
    velim.title("Eliminar Registros")
    velim.resizable(1,1)
    velim.iconbitmap("logoUNI.ico")
    velim.geometry("500x600")
    velim.config(bg="beige")
    mifram=Frame()
    mifram.pack()
    mifram.config(bg="white")
    mifram.config(width="500",height="600")
    titulo=Label(mifram,text="Eliminar notas",fg="black",bg="white")
    titulo.grid(row=1,column=0,columnspan=2,pady=10,padx=10)
    titulo.config(font='Arial 20')
    IDalum_lab=Label(mifram,text="ID del alumno: ",bg="white")
    IDalum_lab.grid(row=2,column=0,sticky="e",pady=10)
                                                                          Ln: 243   Col: 0
```

```
🖹 *tk_m.py - C:/Users/User/Desktop/tk_m.py (3.9.2)*                              —   □   ×
File  Edit  Format  Run  Options  Window  Help
    mifram.config(width="500",height="600")
    titulo=Label(mifram,text="Eliminar notas",fg="black",bg="white")
    titulo.grid(row=1,column=0,columnspan=2,pady=10,padx=10)
    titulo.config(font='Arial 20')
    IDalum_lab=Label(mifram,text="ID del alumno: ",bg="white")
    IDalum_lab.grid(row=2,column=0,sticky="e",pady=10)
    IDalum_lab.config(font='Arial')
    IDalum_cuad=Entry(mifram)
    IDalum_cuad.grid(row=2,column=1,sticky="w",pady=10)
    IDalum_cuad.config(font='Arial')

    botonelim=Button(mifram,text="ELIMINAR",command =lambda:[eliminartotnotas(),velim.destroy
    botonelim.grid(row=4,column=0,pady=10,padx=10)
    botonelim.config(font='Arial',bg='orange')

    botonsalir=Button(mifram,text="SALIR",command =lambda:[velim.destroy(),notas_principal()]
    botonsalir.grid(row=4,column=1,pady=10,padx=10)
    botonsalir.config(font='Arial',bg='red')

def eliminartotnotas():
    cod_a=int(IDalum_cuad.get())

def salir_notas():
    print(" Sr saldrá del sistema")
    exit()
notas_principal()
                                                                          Ln: 260   Col: 0
```

Tarea:

Implemente la siguiente interfaz.

Ejemplo:

Programa para crear una interfaz con imagen, etiquetas, botones, etc., tal como se ilustra en la imagen. Los datos de validación están en una tabla y se deben usar estos datos de user y clave para validar. Si son correctos, crear un archivo oportunidades.txt.

Solución:

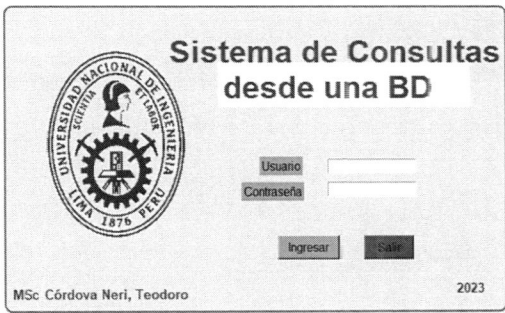

Base de datos SQLite para disponer de la tabla users. Su diseño será el siguiente:

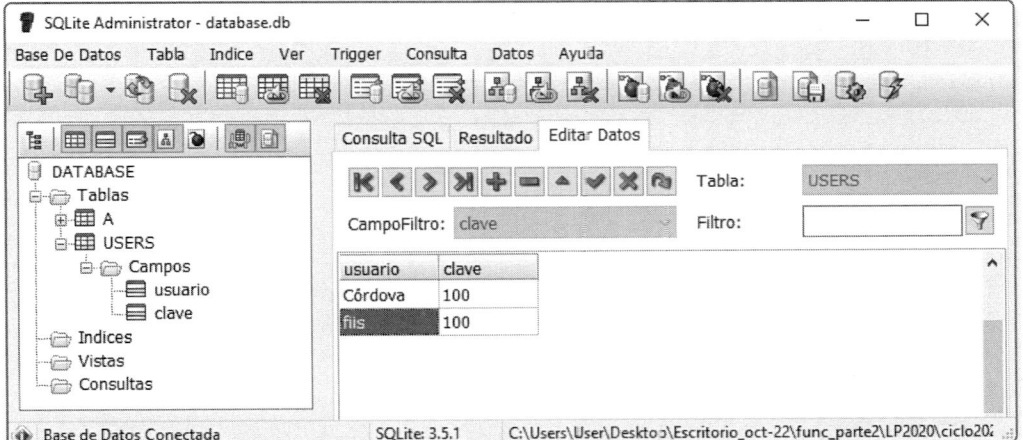

```
*Tkinter.py - C:\Users\User\Desktop\ciclo_2021_2\Lpp2021\LP_final_Arch_BD_Validacion\EX-FINAL LP\ALVARADO-VILLANUEVA-03\Ejercici...    —    □    ×
File  Edit  Format  Run  Options  Window  Help
from tkinter import *
from tkinter import messagebox
arch=open("veces.txt","a")
arch.write("0")
arch.close(); m="1"
aviso=open("advertencia.txt","w")
aviso.write("1")
aviso.close();raiz=Tk()
raiz.title("    Módulo de Validación de usuarios 2021")
raiz.resizable(0,0);raiz.iconbitmap("UNILOGO.ico")
raiz.config(relief="groove", bg="red", bd=10)
miFrame = Frame(raiz, width=700, height=400)
miFrame.pack();miFrame.config(cursor="hand2")
nombre=Label(raiz,text="2021-UNI",fg="red4",font=("Arial Black",50))
nombre.place(x=300,y=50)
imagen=PhotoImage(file="UNILOGO.gif")
Label(miFrame, image=imagen).place(x=50,y=50)
cuadroUsuario = Entry(miFrame);cuadroUsuario.place(x=450, y=200)
cuadroPass = Entry(miFrame, show="*")
cuadroPass.place(x=450,y=230)
UsuarioLabel = Label(miFrame, text="Usuario", font=(14),fg="black",bg="gray69")
UsuarioLabel.place(x=355,y=197)
PassLabel = Label(miFrame, text="Contraseña", font=(14),fg="black",bg="gray69")
PassLabel.place(x=330,y=230)
def login():
    usuario=cuadroUsuario.get().lower()
    cont = cuadroPass.get()
    arch=open("veces.txt","r")
    linea=arch.readline()
                                                        Ln: 23  Col: 62
```

```
*Tkinter.py - C:\Users\User\Desktop\ciclo_2021_2\Lpp2021\LP_final_Arch_BD_Validacion\EX-FINAL LP\ALVARADO-VILLANUEVA-03\Ejercicio 3\Tkinter.py (3.9.2)*    —    □    ×
File  Edit  Format  Run  Options  Window  Help
    arch.close()
    icont=int(linea)
    if usuario=="100" and cont=="123":
        messagebox.showinfo("Login correcto", "Usuario y contraseña correctos")
        raiz.destroy()
        aviso=open("advertencia.txt","w")
        aviso.write("0"); aviso.close()
    else:
        if icont<2:
            icont+=1
            arch=open("veces.txt","a")
            arch.write(str(icont))
            arch.close()
            messagebox.showinfo("Login incorrecto",
                            "Error en datos \n"+"Le quedan "+str(3-icont)+" intentos.")
        else:
            messagebox.showinfo("Login incorrecto",
                            " Error \n"+"Sr. ha superado los intentos.")
            raiz.destroy()
def salir():
    input(" Saliendo del sistema .....adiós")
    exit(0)
Button (text = "  Ingresar  ", font=20, bg="green3", command = login).place(x=380,y=300)
Button (text = "   Salir   ", font=420, bg="red3", command = salir).place(x=500,y=300)
raiz.mainloop()
aviso=open("aviso.txt","r")
m=aviso.read()
print(m)
aviso.close()
                                                        Ln: 41  Col: 34
```

Ejemplo:

Diseñar un programa que permita crear los archivos binarios cursos.txt y alumnos.txt, para lo cual debe iniciar con un módulo de validación en GUI(TK) y luego, si los datos son correctos, pasar de Tk a consola de Python mostrando un menú de opciones en la siguiente interfaz e implementar cada opción. No digitar ningún código, el sistema se ejecutará.

Para considerar la unicidad de datos, el programa aplica el algoritmo del módulo 11, que genera automáticamente un código. No editar códigos; crear los dígitos en forma aleatoria y luego asignar su letra según los datos del módulo 11.

Observación:

El presente menú de opciones es un formato para realizar otras aplicaciones empresariales: productos, vehículos, etc.

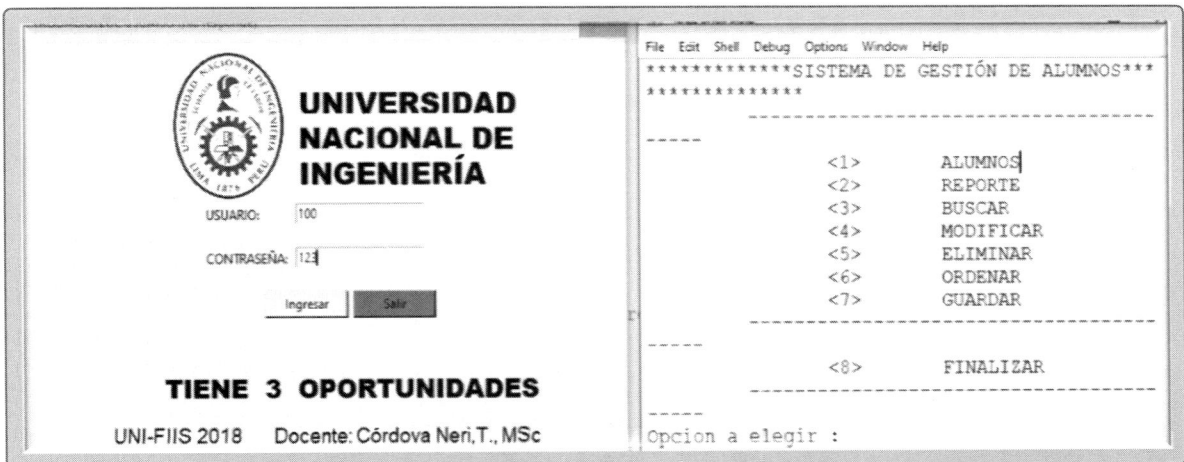

Solución:

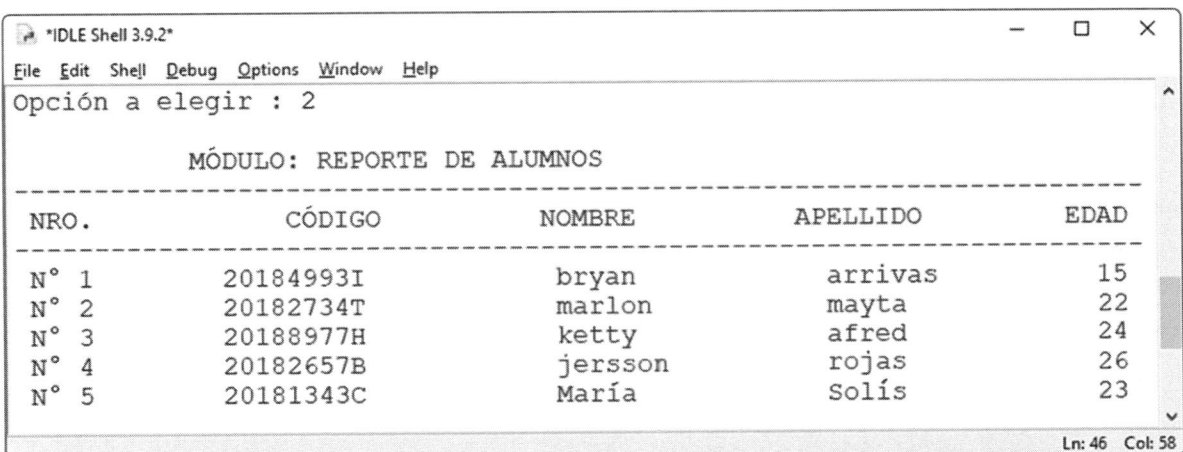

MÓDULO: REPORTE DE ALUMNOS

NRO.	CÓDIGO	NOMBRE	APELLIDO	EDAD
N° 1	20184993I	bryan	arrivas	15
N° 2	20182734T	marlon	mayta	22
N° 3	20188977H	ketty	afred	24
N° 4	20182657B	jersson	rojas	26
N° 5	20181343C	María	Solís	23

```
*PC3_LPE_ARRIVASPLATA BRYAN.py - C:\Users\User\Desktop\Nueva carpeta\PC3_LPE_ARRIVASPLATA BRYAN_19_Archivos\PC3_LPE_ARRIVASPLATA BRYAN_19_Archivos\PC...   —   □   ×
File  Edit  Format  Run  Options  Window  Help
from tkinter import*
from tkinter import messagebox
import sqlite3
import sys
import os
from random import *
from random import randint
codigo=[];nombre=[];apellido=[];edad=[]
a=0;suma=0;ne=1;ventana=Tk()
ventana.title("VALIDACIÓN DE USUARIO")
ventana.geometry("600x400+400+200")
uni = PhotoImage(file="uni.png").subsample(3,3)
fondo=Label(ventana,text="",image=uni).place(x=160,y=10);cont=2
lblnumero1=Label(ventana,text="UNIVERSIDAD",font=("Arial Black",20)).place(x=280,y=36)
lblnumero1=Label(ventana,text="NACIONAL DE",font=("Arial Black",20)).place(x=280,y=68)
lblnumero1=Label(ventana,text="INGENIERÍA",font=("Arial Black",20)).place(x=280,y=100)
lblnumero1=Label(ventana,text="USUARIO:").place(x=190,y=150)
lblnumero2=Label(ventana,text="CONTRASEÑA:").place(x=190,y=190)
lblnumero1=Label(ventana,text="TIENE  3  OPORTUNIDADES ",font=("Arial Black",18)).place(x=150,y=
def menu():
    print("\n\t"Menú Principal")
    print("-" *30)
    print("              <1>       Alumnos")
    print("              <2>       Reportes")
    print("              <3>       Buscar")
    print("              <4>       Modificar")
    print("              <5>       Eliminar")
    print("              <6>       Ordenar")
    print("              <7>       Guardar")
    print("              <8>       Finalizar")
    print("-" *30)
                                                                    Ln: 23  Col: 0
```

```
*PC3_LPE_ARRIVASPLATA BRYAN.py - C:\Users\User\Desktop\Nueva carpeta\PC3_LPE_ARRIVASPLATA BRY...   —   □   ×
File  Edit  Format  Run  Options  Window  Help
    print("-" *30)
    orden=int(input(" Elija opción ="))
    if (orden==1):
        Insertar()
    elif(orden==2):
        tablaAlumno()
    elif(orden==3):
        Buscar()
    elif(orden==4):
        Modificar()
    elif(orden==5):
        Eliminar()
    elif(orden==6):
        Ordenar()
    elif(orden==7):
        Guardar()
    else:
        exit()
def Insertar():
    while True:
        global a
        f = open ('Alumnos.txt','r')
        mensaje = f.read()
        lectura= mensaje.split("|")
        m=len(lectura)//5
        f.close()
        archivo=open('Alumnos.txt','a')
        ne=1
                                                                    Ln: 45  Col: 19
```

*PC3_LPE_ARRIVASPLATA BRYAN.py - C:\Users\User\Desktop\Nueva carpeta\PC3_LPE_ARRIVASPLATA BRYAN_19_Archivos\PC3_LPE_ARRIVASPLATA BRYAN_... — □ ×

File Edit Format Run Options Window Help

```
        cod=randint(20180000,20189999)
        t=1
        s=0
        aux=cod
        while True:
            if t<=6:
                s=s+(8-t)*(cod%10)
                cod=int(cod/10)
                t=t+1
                mod11=s%11
            else:break
        diccionario = {0:"A",1:"B",2:"C",3:"D",4:"E",5:"F",6:"G",7:"H",8:"I",9:"J",10:"K
        print("Código Autogenerado = ",aux,diccionario[mod11])
        if((str(aux)+diccionario[mod11]) not in código):
            código.insert(a,str(aux)+diccionario[mod11])
        else:
            print("Código repetido,vuelve a intentarlo...")
            Insertar()
        nomb=input("Ingrese Nombre  :")
        apell=input("Ingrese apellido :")
        while True:
            ed=int(input("Ingrese edad : "))
            if (ed>0)and(ed<90):
                break
            else:
                print("Ingresó edad no válida")
                print("")
        nombre.insert(a,nomb)
        apellido.insert(a,apell)
        edad.insert(a,ed)
        archivo.write('|'+str(código[a])+'|'+nombre[a]+'|'+apellido[a]+'|'+str(edad[a]))
        a=a+1
```
Ln: 83 Col: 21

*PC3_LPE_ARRIVASPLATA BRYAN.py - C:\Users\User\Desktop\Nueva carpeta\PC3_LPE_ARRIVASPLATA BRYAN_19_Archivos\PC3_LPE_ARRIVASPLATA BRYAN_... — □ ×

File Edit Format Run Options Window Help

```
        a=a+1
        archivo.close()
        resp=input("Desea Introducir otro dato (S/N)==> ")
        if (resp=='s')or(resp=='S'):
            print("-------------------------------------")
        else:
            print("--------------------------------------")
            print("")
            menú()


#-----------------------------------------------------

def tablaAlumno():
    arch = open ('Alumnos.txt','r')
    print("")
    print("             REPORTE DE ALUMNOS")
    print("-----------------------------------------------------")
    print(" NRO.           CÓDIGO        NOMBRE         APELLIDO        EDAD")
    print("-----------------------------------------------------")
    mensaje = arch.read()
    lectura= mensaje.split("|")
    m=len(lectura)
    q=0
    for i in range(0,m,4):
        print(" N°",q+1,"        ",lectura[i],"          ",lectura[i+1],"         ",lectu
        q=q+1
    arch.close()
    menu()
```
Ln: 106 Col: 0

```
*PC3_LPE_ARRIVASPLATA BRYAN.py - C:\Users\User\Desktop\Nueva carpeta\PC3_LPE_ARRIVASPLATA BRY...    —    □    ×
File  Edit  Format  Run  Options  Window  Help
        lectura= mensaje.split("|")
        arch.close()
        print("")
        a=a-1
        resp=input("Desea Eliminar algún otro elemento S/N ==> ")
        if (resp=='n')or(resp=='N'):
            menú()
        else:
            print("------------------------------------")
def Modificar():
    global e
    e=0
    while True:
        lectura1=[]
        modifi=[]
        print("")
        arch = open ('Alumnos.txt','r')
        mensaje = arch.read()
        lectura= mensaje.split("|")
        buscar=input("Digite el CÓDIGO donde modificará:")
        n=len(lectura)
        for i in range(n):
            if( lectura[i]== buscar):
                d=lectura.index(buscar)
        arch.close()
        for i in range(4):
            modifi.insert(i,lectura[d+i])
        print("")
        buscar1=input("Qué desea Modificar  (Nombre,Apellido,Edad)
                                                    Ln: 171  Col: 26
```

```
*PC3_LPE_ARRIVASPLATA BRYAN.py - C:\Users\User\Desktop\Nueva carpeta\PC3_LPE_ARRIVASPLATA BRY...    —    □    ×
File  Edit  Format  Run  Options  Window  Help
        menú()
def Eliminar():
    while True:
        global a
        lectura1=[]
        print("")
        arch= open ('Alumnos.txt','r')
        mensaje =arch.read()
        lectura= mensaje.split("|")
        buscar=input("Algún código del alumno a eliminar : ")
        n=len(lectura)
        for i in range(n):
            if( lectura[i]== buscar):
                d=lectura.index(buscar)
        f.close()
        d=lectura.index(buscar)
        for i in range(4):
            lectura.pop(d)
        for i in range(len(lectura)):
            lectura1.insert(i,lectura[i])
        print("Código Eliminado")
        fi = open ('Alumnos.txt','w+')
        for i in range(len(lectura1)-1):
            fi.write(lectura1[i]+'|')
        fi.write(lectura1[len(lectura1)-1])
        fi.close()
        f = open ('Alumnos.txt','r')
        mensaje = f.read()
                                                    Ln: 137  Col: 0
```

```
*PC3_LPE_ARRIVASPLATA BRYAN.py - C:\Users\User\Desktop\Nueva carpeta\PC3_LPE_ARRIVASPLATA BRY...   —   □   ×
File  Edit  Format  Run  Options  Window  Help
            if(buscar1=="Nombre")or(buscar1=="nombre"):
                buscar5=input("Qué Nombre desea modificar:")
                print(modifi)
                for i in range(4):
                    if(modifi[i]==buscar5):
                        e=i
                modifi.pop(e)
                print(modifi)
                nn=input("Qué Nombre desea insertar :")
                print(lectura)
                lectura.pop(e+d)
                print(lectura)
                lectura.insert(e+d,nn)
                print(lectura)
                for i in range(len(lectura)):
                    lectura1.insert(i,lectura[i])
                arch = open ('Alumnos.txt','w+')
                for i in range(len(lectura1)-1):
                    arch.write(lectura1[i]+'|')
                arch.write(lectura1[len(lectura1)-1])
                arch.close()
                print("Nombre Insertado")
        elif(buscar1=="Apellido")or(buscar1=="apellido"):
                buscar3=input("Qué Apellido desea modificar:")
                for i in range(4):
                    if(modifi[i]==buscar3):
                        e=modifi.index(buscar3)
                modifi.pop(e)
                nn=input("Qué Apellido desea insertar :")
```
Ln: 192   Col: 43

```
*PC3_LPE_ARRIVASPLATA BRYAN.py - C:\Users\User\Desktop\Nueva carpeta\PC3_LPE_ARRIVASPLATA BRY...   —   □   ×
File  Edit  Format  Run  Options  Window  Help
                nn=input("Qué Apellido desea insertar :")
                lectura.pop(e+d)
                lectura.insert(e+d,nn)
                for i in range(len(lectura)):
                    lectura1.insert(i,lectura[i])
                fi = open ('Alumnos.txt','w+')
                for i in range(len(lectura1)-1):
                    fi.write(lectura1[i]+'|')
                fi.write(lectura1[len(lectura1)-1])
                fi.close()
                print("Apellido Insertado")

        elif(buscar1=="Edad")or(buscar1=="edad"):
                buscar4=input("Qué Edad desea modificar:")
                for i in range(4):
                    if(modifi[i]==buscar4):
                        e=modifi.index(buscar4)
                modifi.pop(e)
                nn=input("Qué Edad desea insertar :")
                lectura.pop(e+d)
                lectura.insert(e+d,nn)
                for i in range(len(lectura)):
                    lectura1.insert(i,lectura[i])
                fi = open ('Alumnos.txt','w+')
                for i in range(len(lectura1)-1):
                    fi.write(lectura1[i]+'|')
                fi.write(lectura1[len(lectura1)-1])
                fi.close()
                print("Edad Insertada")
```
Ln: 227   Col: 45

```
*PC3_LPE_ARRIVASPLATA BRYAN.py - C:\Users\User\Desktop\Nueva carpeta\PC3_LPE_ARRIVASPLATA BRY...   —   □   ×
File  Edit  Format  Run  Options  Window  Help

            else:
                print("Como escribió incorrectamente no modificará al
            resp=input("Desea modificar otro dato S/N ==> ")
            if (resp=='s')or(resp=='S'):
                print("--------------------------------------")
            else:
                menú()
def Ordenar():
    while True:
        global a
        global nombre
        global apellido
        global código
        global edad
        global lista
        global lista1
        print("")
        edad=[]; lista=[]; lectura1=[];edadlis=[]; edadlista=[]
        ed=[]; edadlista1=[];edadlis1=[];  lectura1=[]
        print("")
        f = open ('Alumnos.txt','r')
        mensaje = f.read()
        lectura=mensaje.split("|")
        orden=input("Desea ordenar de forma creciente o decrecien
        n=len(lectura)
        f.close()
                                                      Ln: 256  Col: 23
```

```
*PC3_LPE_ARRIVASPLATA BRYAN.py - C:\Users\User\Desktop\Nueva carpeta\PC3_LPE_ARRIVASPLATA BRY...   —   □   ×
File  Edit  Format  Run  Options  Window  Help

            lista.insert(0,lectura[i])
            lista.insert(1,lectura[i+1])
            lista.insert(2,lectura[i+2])
            lista.insert(3,lectura[i+3])
            edadlis.insert(i,lista)
            lista=[]
    r=0;t=0; g=0; m=len(edadlis)
    if (orden=="c")or(orden=="C"):
        for i in range(m):
            edadlista.insert(r,edadlis[i][3])
            r=r+1
        for i in range(m):
            edadlista1.insert(0,edadlista[i])
        for i in range(m):
            for j in range(m):
                if(edadlista[i]<edadlista[j]):
                    aux=edadlista[i]
                    edadlista[i]=edadlista[j]
                    edadlista[j]=aux
        for i in range(m):
            for j in range(m):
                if(edadlista1[i]==edadlista[j]):
                    ed.insert(i,j)
        ed.reverse()
        for i in range(m):
            edadlis1.insert(i,edadlis[ed[i]])

        for i in range(m):
            for j in range(4):
                lectura1.insert(g,edadlis1[i][j])
                g=g+1
                                                      Ln: 283  Col: 30
```

*PC3_LPE_ARRIVASPLATA BRYAN.py - C:\Users\User\Desktop\Nueva carpeta\PC3_LPE_ARRIVASPLATA BRY...   —   □   ×

File   Edit   Format   Run   Options   Window   Help

```python
        for i in range(m):
            for j in range(4):
                lectura1.insert(g,edadlis1[i][j])
                g=g+1

        fi = open ('Alumnos.txt','w+')
        for i in range(len(lectura1)-1):
            fi.write(lectura1[i]+'|')
        fi.write(lectura1[len(lectura1)-1])
        fi.close()
        print("Ordenado en forma creciente")
        menú()

    elif (orden=="d")or(orden=="D"):
        for i in range(m):
            edadlista.insert(r,edadlis[i][3])
            r=r+1
        for i in range(m):
            edadlista1.insert(0,edadlista[i])
        for i in range(m):
            for j in range(m):
                if(edadlista[i]<edadlista[j]):
                    aux=edadlista[i]
                    edadlista[i]=edadlista[j]
                    edadlista[j]=aux
        for i in range(m):
            for j in range(m):
                if(edadlista1[i]==edadlista[j]):
```

Ln: 283   Col: 30

*PC3_LPE_ARRIVASPLATA BRYAN.py - C:\Users\User\Desktop\Nueva carpeta\PC3_LPE_ARRIVASPLATA BRY...   —   □   ×

File   Edit   Format   Run   Options   Window   Help

```python
                    ed.insert(i,j)
        ed.reverse()

        for i in range(m):
            edadlis1.insert(i,edadlis[ed[i]])
        edadlis1.reverse()
        for i in range(m):
            for j in range(4):
                lectura1.insert(g,edadlis1[i][j])
                g=g+1
        fi = open ('Alumnos.txt','w+')
        for i in range(len(lectura1)-1):
            fi.write(lectura1[i]+'|')
        fi.write(lectura1[len(lectura1)-1])
        fi.close()
        print("Ordenado en forma decreciente")
        menú()
    else:
        print("Solo acepta c/C o d/D")
        res=input("Desea volver intentar escribir S/N ==> ")
        if  (resp=='s')or(resp=='S'):
            print("------------------------------------")
        else:
            menú()
```

Ln: 337   Col: 0

```
*PC3_LPE_ARRIVASPLATA BRYAN.py - C:\Users\User\Desktop\Nueva carpeta\PC3_LPE_ARRIVASPLATA BRYAN_1...   —   □   ×
File  Edit  Format  Run  Options  Window  Help
def Buscar():
    global a
    print("")
    f = open ('Alumnos.txt','r')
    mensaje = f.read()
    lectura= mensaje.split("|")
    n=len(lectura)
    buscar=input("Ingrese código del Alumno a buscar : ")
    f.close()
    d=lectura.index(buscar)
    for i in range(n):
        if( lectura[i]== buscar):
            d=lectura.index(buscar)
            print("Alumno encontrado")
            print("    CÓDIGO              NOMBRE              APELLIDO
            print("-------------------------------------------------
            print(" ",lectura[d]," ",lectura[d+1]," ",lec
            respi=input("Desea buscar otro alumno (S/N) ==> ")
            if (respi=='S')or (respi=='s'):
                Buscar()
            else:
                menú()
    print("-------------------------------------------------")
    print("El alumno no existe")
    respu=input("Desea buscar otro alumno (S/N) ==> ")
    if (respu=='S')or (respu=='s'):
        Buscar()
    else:
        menú()
```

```
*PC3_LPE_ARRIVASPLATA BRYAN.py - C:\Users\User\Desktop\Nueva carpeta\PC3_LPE_ARRIVASPLATA BRYAN_1...   —   □   ×
File  Edit  Format  Run  Options  Window  Help
    print(
    archivo=open('LLEVARSE_ARCHIVO.txt','w')
    archivo.close()
    f = open ('Alumnos.txt','r')
    mensaje = f.read()
    lectura= mensaje.split("|")
    n=len(lectura)
    f.close()
    archivo=open('LLEVARSE_ARCHIVO.txt','a')
    archivo.write('           MÓDULO: REPORTE DE ALUMNOS\n')
    archivo.write('---------------------------------------------
    archivo.write(' NRO.           CÓDIGO           NOMBRE
    archivo.write('---------------------------------------------
    q=0
    for i in range(0,n,4):
        archivo.write(' N°'+str(q+1)+'              '+str(lectura[i]
        q=q+1
    archivo.close()
    print("LOS DATOS SE ALMACENARON EN EL  ARCHIVO")
    archivo.close()
    print("")
    menu()
def abrir_coneccion():
    connectar=sqlite3.connect('uni.sqlite3')
    cursor = connectar.cursor();
    return cursor;
#Funcion
def valida():
        global cont
        global mensaje
        consulta='SELECT id,name,password FROM users where name=:no
        entrada={'nom': entrada1.get(),'passw':entrada2.get()}
Ln: 401  Col: 0
```

```
                print("No encontro registros")
        else:
            cont=2
            lbluser=Label(ventana,text=str(cont)).place(x=280,y=410)
            resp = abrir_coneccion().execute(consulta, entrada)
            for i in resp:
                mensaje = "INGRESÓ CORRECTAMENTE\n OPCIÓN SÍ/NO \n SÍ ES PARA CONTINUAR \n NO ES PARA S
                window = Tk()
                window.title('Usuario Autentificado')
                window.geometry('400x200+1050+200')
                lbl = Label(window, text=mensaje,font=("Arial Black",15)).place(x=20,y=20)
                result=messagebox.askyesno(message="¿Desea continuar?", title="Ingresando a Menú")
                if result == True:
                    menu()
                else:
                    exit()
        abrir_coneccion().close()
botonI=Button(ventana,text="Ingresar",command=valida,widt=10,background="yellow").place(x=250,y=230)
entrada1=StringVar(ventana)
txtnumero1=Entry(ventana,text=entrada1).place(x=280,y=150)

entrada2=StringVar(ventana)

txtnumero2=Entry(ventana,text=entrada2).place(x=280,y=190)

botonS=Button(ventana,text="Salir",command=quit,widt=10,background="red").place(x=335,y=230)
lblnumero3=Label(ventana,text="UNI-FIIS 2018      Docente:Córdova Neri,T.,MSc",font=("Arial",14)).place
ventana.mainloop()
```

Ejemplo:

Diseñar un programa que lista nombres de personas que están inicializadas dentro del código Python. Ver interfaz.

Solución:

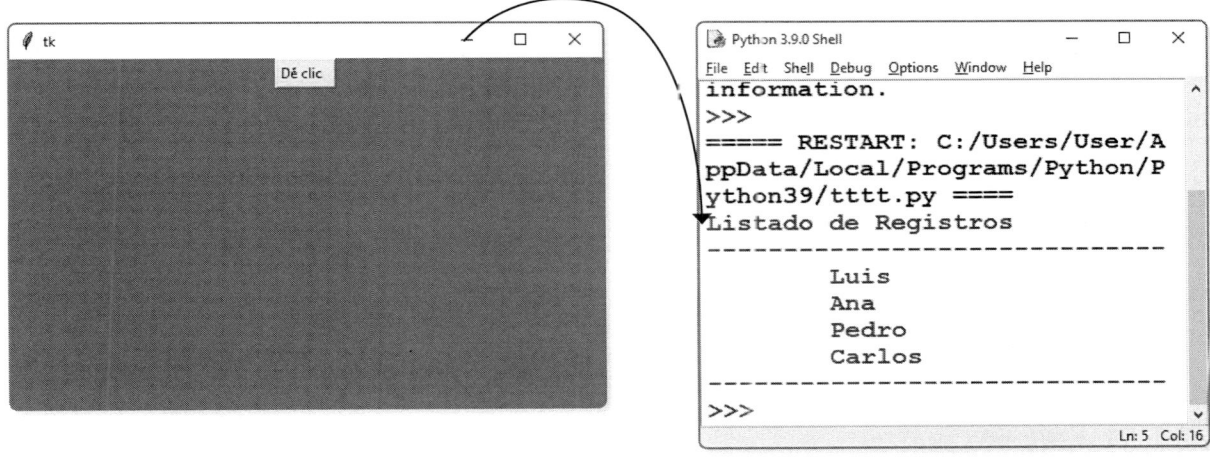

```
*tttt.py - C:/Users/User/AppData/Local/Programs/Python/Python39/tttt.py (3.9.0)*          —    □    ×
File  Edit  Format  Run  Options  Window  Help

from tkinter import *

def mens():
    print("Listado de Registros ")
    print("-" *30)
    print(" \tLuis ")
    print(" \tAna ")
    print(" \tPedro ")
    print(" \tCarlos ")
    print("-" *30)

    ventana.destroy()

ventana = Tk()
ventana.geometry('500x300') # anchura x altura

ventana.configure(bg = 'red')

Button(ventana, text="Dé clic", command=mens).pack(

ventana.mainloop()

                                                                        Ln: 15   Col: 0
```

Ejemplo:

Diseñar un programa que valide datos desde la interfaz 1. Si se ingresan datos con errores, el sistema le da ayuda para recordar sus datos grabados en la base de datos. Por cada error, se ilustra la ayuda. Cuando es verdad, pasa a la interfaz 2. Implementar cada opción.

Solución:

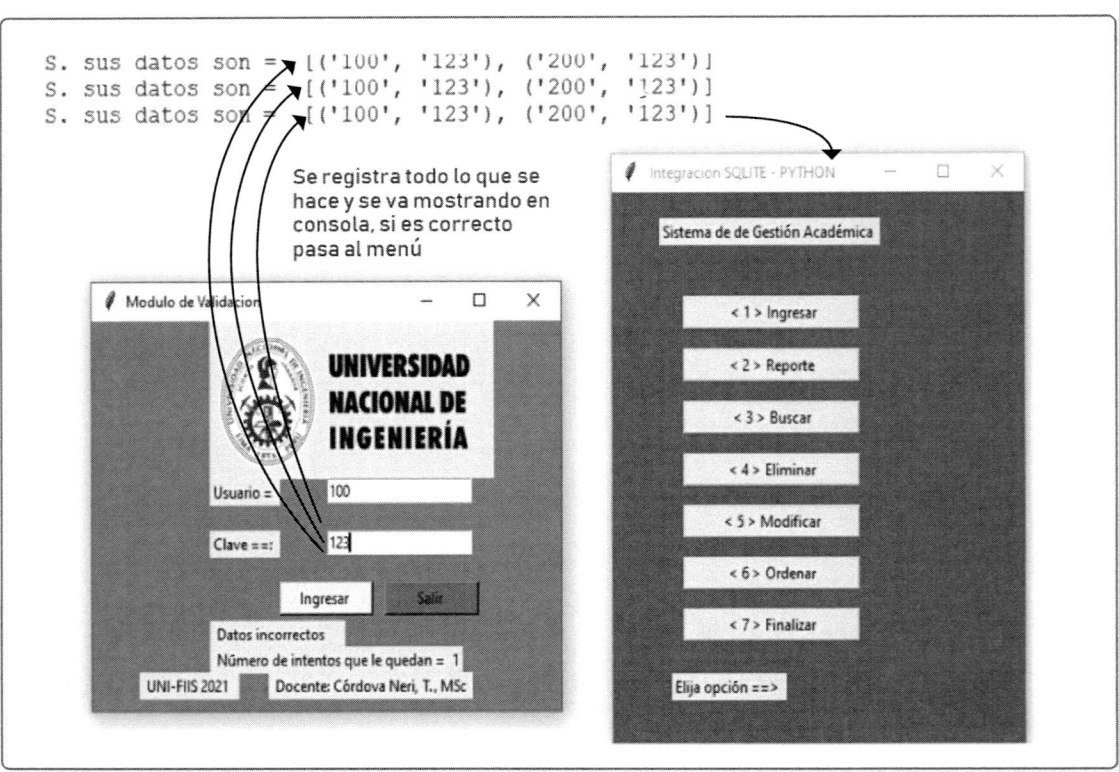

```
*Version final.py - C:\Users\User\Desktop\bd-python qlite\lun8\Arch_Val_SQL_OK\Version final.py (3.9.2)*        —   □   ×
File  Edit  Format  Run  Options  Window  Help
import  sqlite3
import os, sys
from tkinter import *
def crer_BD():
    conn = sqlite3.connect("LPE_2021")
    cur = conn.cursor()
    cur.execute("create table if if not exist Alumnos(cod INTEGER, apell  TEXT, nomb TEXT, pc1 INTEGER, pc2 1
    conn.commit();  conn.close()
def entrar():
    s="N"
    s=validar()
    if fail[0]<3:
        if s=="s":
            vec0[0]=1
        else:
            fail[0]=fail[0]+1
            linea3 = Label(v, text=" Datos incorrectos       ").place(x=100,y=230)
            linea4 = Label(v,text=" Número de intentos que le quedan =  "+str(3-fail[0])).place(x=100,y=250)
    else:
        print(" Sr. ha superado  intentos: ")
        v.destroy()
def menu ():
    v1 = Tk();    v1.title(" Integración SQLITE - PYTHON ")
    v1.geometry("350x450");    v1.configure(bg="green");    vec=[0]*6
    linea0=Label(v1,text="Sistema de de Gestión Académica ").place(x=40,y=20)
    linea1=Label(v1,text="Elija opción ==> ").place(x=50,y=370)
##estas funciones funcionarán cuando tabule e implemente el menú
    def c1():
        vec[0]=1
        v1.destroy()
    def c2():
        voc[0]=2
                                                                                    Ln: 23  Col: 0
```

```
*Version final.py - C:\Users\User\Desktop\bd-python qlite\lun8\Arch_Val_SQL_OK\Version final.py (3.9.2)*       —   □   ×
File  Edit  Format  Run  Options  Window  Help
    def c2():
        vec[0]=2;         v1.destroy()
    def c3():
            vec[0]=3;     v1.destroy()
    def c4():
        vec[0]=4;         v1.destroy()
    def c5():
        vec[0]=5;         v1.destroy()
    def c6():
        vec[0]=6;         v1.destroy()
    def c7():
        vec[0]=7;         v1.destroy()
    b1 = Button(v1,text=" < 1 > Ingresar",command=c1,width=20).place(x=60,y=80)
    b2 = Button(v1,text="< 2 > Reporte",command=c2,width=20).place(x=60,y=120)
    b3 = Button(v1,text="< 3 > Buscar",command=c3,width=20).place(x=60,y=160)
    b4 = Button(v1,text="< 4 > Eliminar",command=c4,width=20).place(x=60,y=200)
    b5 = Button(v1,text="< 5 > Modificar",command=c5,width=20).place(x=60,y=240)
    b6 = Button(v1,text="< 6 > Ordenar",command=c6,width=20).place(x=60,y=280)
    b7 = Button(v1,text="< 7 > Finalizar",command=c7,width=20).place(x=60,y=320)
    v1.mainloop()
def validar():
    us=user.get()
    cl=clave.get()
    conn = sqlite3.connect("LPE_2017.db")
    cur = conn.cursor();  cur.execute("select * from Validación")
    lista = cur.fetchall(); print(" S. sus datos son = ", lista);     conn.close()
    for i in lista:
        if i[0]==us and i[1]==cl:
            menu()
            v.destroy()
                                                                                    Ln: 41  Col: 0
```

```
                    v.destroy()
        return "s"
fail=[0];vec0=[0];v = Tk();user = StringVar();clave = StringVar()
v.title("Módulo de Validación ",)
v.geometry("400x300")
##v.configure(bg="yellow")
v['bg'] = '#49A'
linea1 = Label(v,text="Usuario = ").place(x=100,y=120)
usercaja = Entry(v,textvariable=user).place(x=200,y=120)
linea2 = Label(v,text="Clave ==: ").place(x=100,y=160)
linea=Label(v,text=" UNI-FIIS 2021  ").place(x=40,y=270)
linea=Label(v,text=" Docente: Córdova Neri,T.,MSc").place(x=150,y=270)
clavcaja = Entry(v,textvariable=clave).place(x=200,y=160)
imag=PhotoImage(file="logo_uni.png")
bimag=Label(v,image=imag).place(x=100,y=0)
bentrar = Button(v,text="Ingresar ",command=entrar,width=10,bg="yellow").place(x=160,y=200)
bsalir = Button(v,text="Salir ",command=v.destroy,width=10,bg="red").place(x=250,y=200)
v.mainloop()
```

La base de datos dispone de dos tablas, alumnos y validación, tal como se ilustra a continuación:

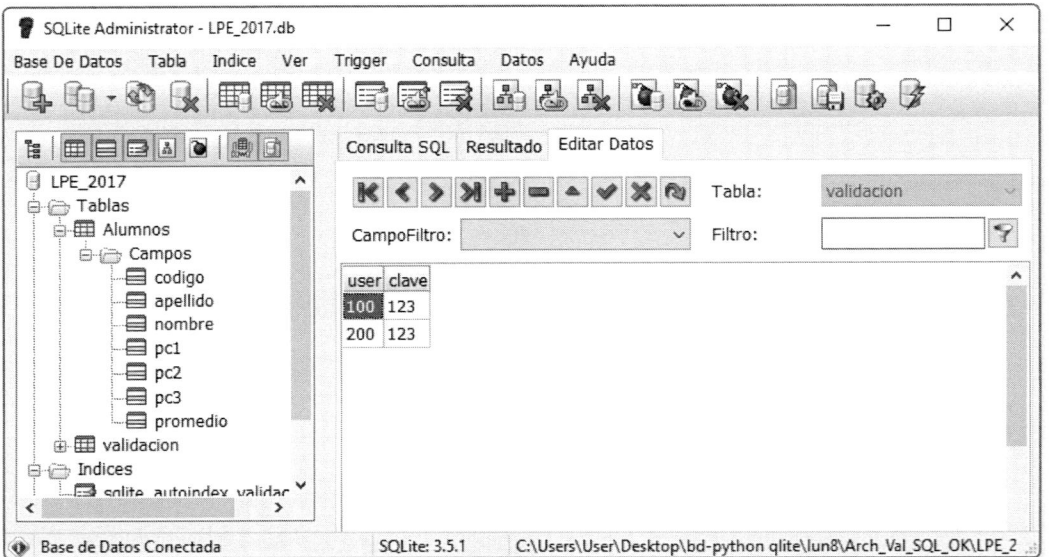

2.3. Integración de base de datos con Python

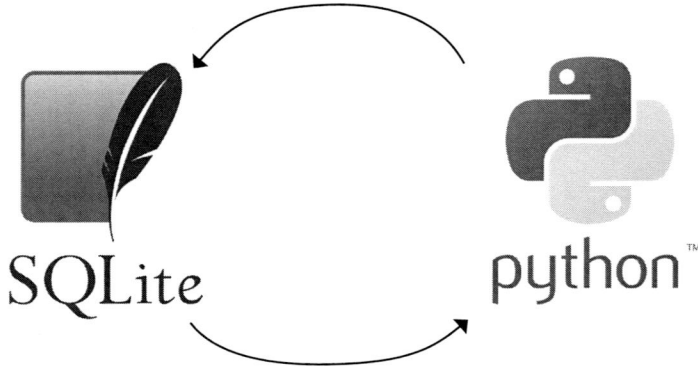

Es un tema importante para los desarrolladores de aplicaciones informáticas cuando buscan una aplicación veloz y rápida pero que integre Python con base de datos. La ejecución se realizará desde la consola. Más adelante, se verán las interfaces interactivas que utilizan GUI, para lo cual se debe usar la librería Tkinter.

SQLite es un sistema de gestión de bases de datos relacionales, pero a diferencia de otros, viene integrado, por tanto, no se tiene que instalar ningún tipo de servidor o aplicación parecida para poder usarlo.

La conexión de Python con SQLite es simple. Solo se necesita importar la biblioteca sqlite3.

import sqlite3

1. Abrir la conexión y crear un puntero.

2. Ejecutar la consulta.

3. Traer los resultados.

4. Cerrar el puntero y la conexión.

Nota: Los resultados de una consulta se reciben en una tupla.

Procedimientos:

1. import sqlite3

2. conn = sqlite3.connect('FIIS.db')

3. cur = conn.cursor()

4. cur.execute('SELECT * FROM usuarios')

5. datos = cur.fetchall()

   i = 0

6. for reg in datos:

        print(datos[i])

        i = i + 1

7. Conn.commit()   //finalizar con transacción de bd

   cur.close()   //cerrar conexión sql

Métodos para devolver registros:

a. **cursor.fetchall()**. Obtiene todas las filas del resultado de una consulta como una lista o tuplas.

b. **cursor.fetchmany(size)**. Obtiene el número de filas especificadas por el argumento de tamaño cuando se llama repetidamente.

c. **cursor.fetchone()**. Devuelve un solo registro o ninguno.

Algunos métodos de conexión:

a. **cursor()**. El método cursor acepta un único parámetro.

b. **commit()**. Si no se llama este método, cualquier cosa hecha desde la última llamada de commit() no será visible para otras conexiones de bases de datos.

c. **rollback()**. Retrocede cualquier cambio en la base de datos desde la llamada del último commit().

d. **close()**. Este método cierra la conexión a la base de datos.

e. execute(parámetros). Crea un objeto llamando el método cursor() para llamar a su método execute(), que permite ejecutar sentencias SQL.

Ejemplo:

En la siguiente base de datos FIIS_20022_1.db se tiene una tabla Alumnos_LP, con atributos cod, apell, nomb y edad. Usando Python, hacer un reporte de todos los registros.

Solución:

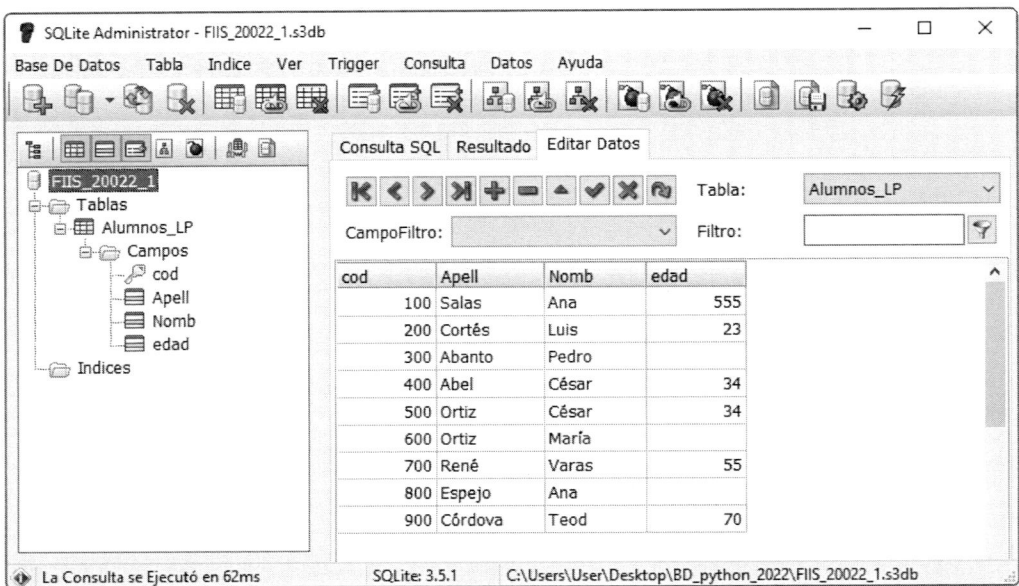

Listado de registros:

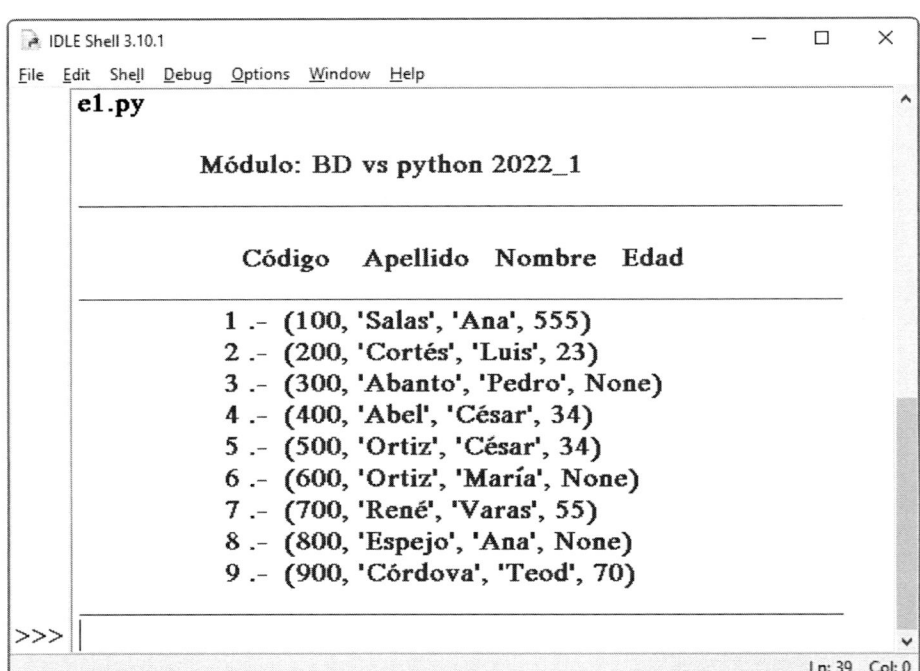

```
Reporte1.py - C:\Users\User\Desktop\BD_python_2022\Reporte...    —    □    ×
File  Edit  Format  Run  Options  Window  Help

import sqlite3
conn = sqlite3.connect('FIIS_20022_1.s3db')
cur = conn.cursor()
cur.execute('SELECT * FROM Alumnos_LP')
datos=cur.fetchall()
print("\n\tMódulo: BD vs python 2022_1")
i=0
print("_"*50)
print("\n\t    Código   Apellido   Nombre   Edad")
print("_"*50)
for alms in datos:
    print("\t ",i+1,".- ",datos[i])
    i=i+1
print("_"*50)
conn.commit()
conn.close()
                                                            Ln: 16  Col: 13
```

Ejemplo:

Elaborar un listado de registros según la siguiente interfaz:

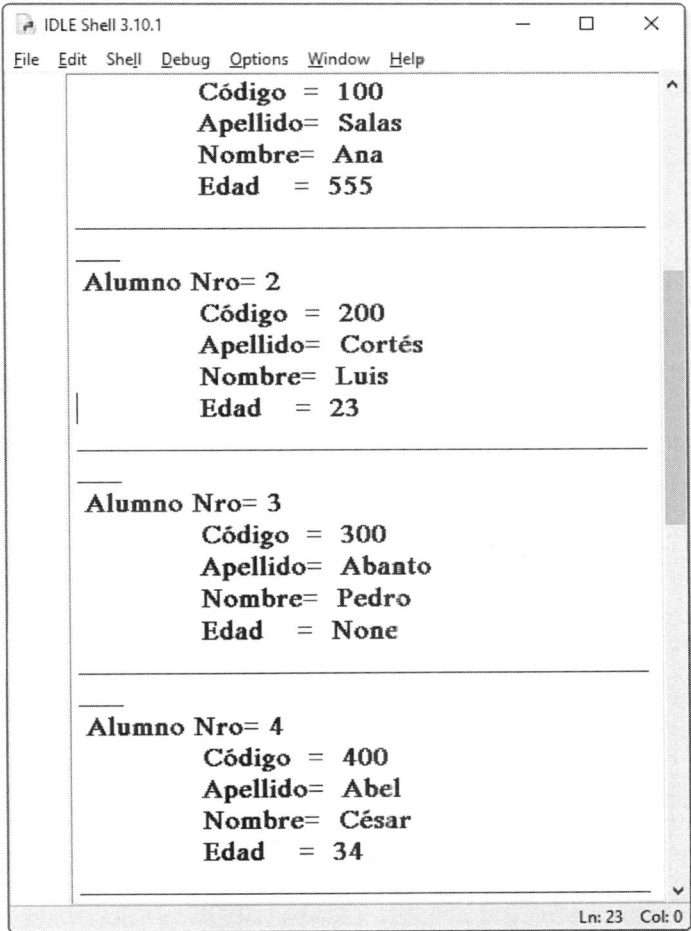

Solución:

```
*report2.py - C:\Users\User\Desktop\BD_python_2022\report2.py (3.10.1)*     —   □   ×
File  Edit  Format  Run  Options  Window  Help
import sqlite3
def consultas():
    try:
        conn = sqlite3.connect('FIIS_20022_1.s3db')
        cursor = conn.cursor()
        print("\nConectando con BD:  FIIS_20022_1.s3db ")
        print("_"*40)
        datos= """SELECT * from   Alumnos_LP"""
        cursor.execute(datos)
        regs = cursor.fetchall()
        print("\nTotal de registro = ", len(regs))
        print("\nMostrando cada registro")
        print("_"*40)
        i=0
        for atrib in regs:
            i=i+1
            print(" Alumno Nro=",i)
            print("\tCódigo  = ", atrib[0])
            print("\tApellido= ", atrib[1])
            print("\tNombre= ", atrib[2])
            print("\tEdad   = ", atrib[3])
            print("_"*40)
        """
        print("\t Código\tApellidos Nombres    Edad")
        print("_"*40)
        i=0
        for atrib in regs:
            i=i+1
                                              Ln: 19  Col: 43
```

Ejemplo:

Elaborar un listado de registro según la siguiente interfaz.

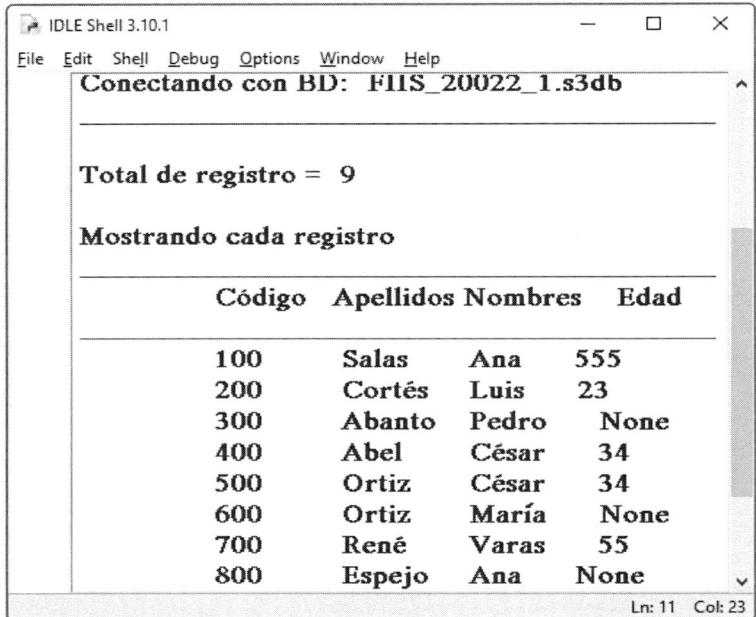

```
IDLE Shell 3.10.1                              —   □   ×
File  Edit  Shell  Debug  Options  Window  Help
    Conectando con BD:  FIIS_20022_1.s3db

    _____

    Total de registro =  9

    Mostrando cada registro

    _____

        Código   Apellidos Nombres    Edad
    _____

          100      Salas     Ana     555
          200      Cortés    Luis    23
          300      Abanto    Pedro   None
          400      Abel      César   34
          500      Ortiz     César   34
          600      Ortiz     María   None
          700      René      Varas   55
          800      Espejo    Ana     None
                                              Ln: 11  Col: 23
```

Solución:

```
reporte3.py - C:/Users/User/Desktop/BD_python_2022/reporte3.py (3.10.1)      —  □  ×
File  Edit  Format  Run  Options  Window  Help
            print("\tNombre= ", atrib[2])
            print("\tEdad    = ", atrib[3])
            print("_"*40)
        """
        print("\t Código\tApellidos Nombres    Edad")
        print("_"*40)
        i=0
        for atrib in regs:
            i=i+1
            print("\t", atrib[0],"\t",atrib[1],"\t", atrib[2],"    ", atrib[3],)

        cursor.close()
        print("_"*40)
    finally:
        if conn:
            conn.close()
            print("Ha cerrado la BD  Sqlite ")

consultas()
                                                              Ln: 17   Col: 0
```

Ejemplo:

Crear base de datos Fiis2022.db.

Alternativas:

a. Usando SQLite.

b. Desde Python.

Se usará la segunda opción; es decir, crear la base de datos y tabla directamente con código Python.

Solución:

Base de datos y su tabla creada: **Usar SQLite para verificar registros:**

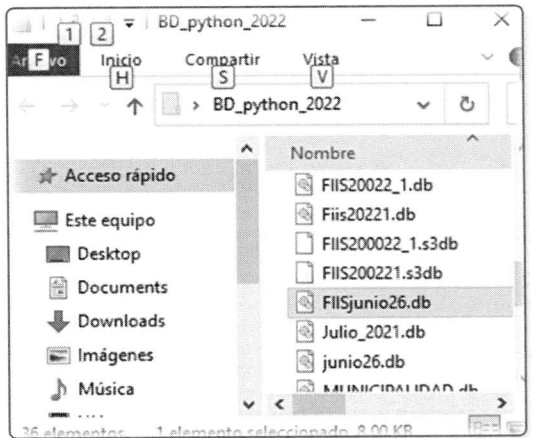

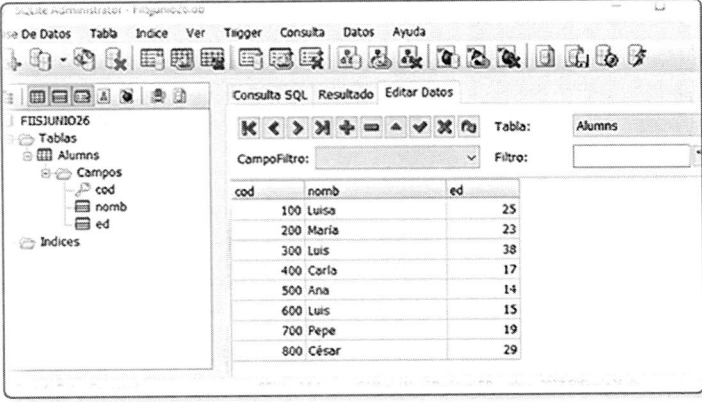

```
*bd_python_crea.py - C:/Users/User/Desktop/BD_python_2022/bd_python_crea.py (3.10.1)*    —  □  ✕
File  Edit  Format  Run  Options  Window  Help
import sqlite3
conexion = sqlite3.connect('FIISjunio26.db')
cursor = conexion.cursor()
cursor.execute('create table Alumns(cod integer PRIMARY KEY, nomb VARCHAR(20), ed intteger)')
datos = [(100,'Luisa',25),
      (200,'María',23),
      (300,'Luis',38),
      (400,'Carla',17),
      (500,'Ana',14),
      (600,'Luis',15),
      (700,'Pepe',19),
      (800,'César',29)]
cursor.executemany(' insert into  Alumns values(?,?,?)', datos)
cursor.execute(' select *  from Alumns')
datos = cursor.fetchall()
i=0
print("\n\t \tCódigo Nombre Edad  ")
print("-" * 40)
for usuario in datos:
      print("\t",i+1,".- ",datos[i])
      i=i+1
conexion.commit()
print("-" * 40)
conexion.close()
                                                                              Ln: 10  Col: 0
```

Ejemplo:

Usando Python, crear una base de datos y su tabla.

Solución:

Módulo crear base de datos.

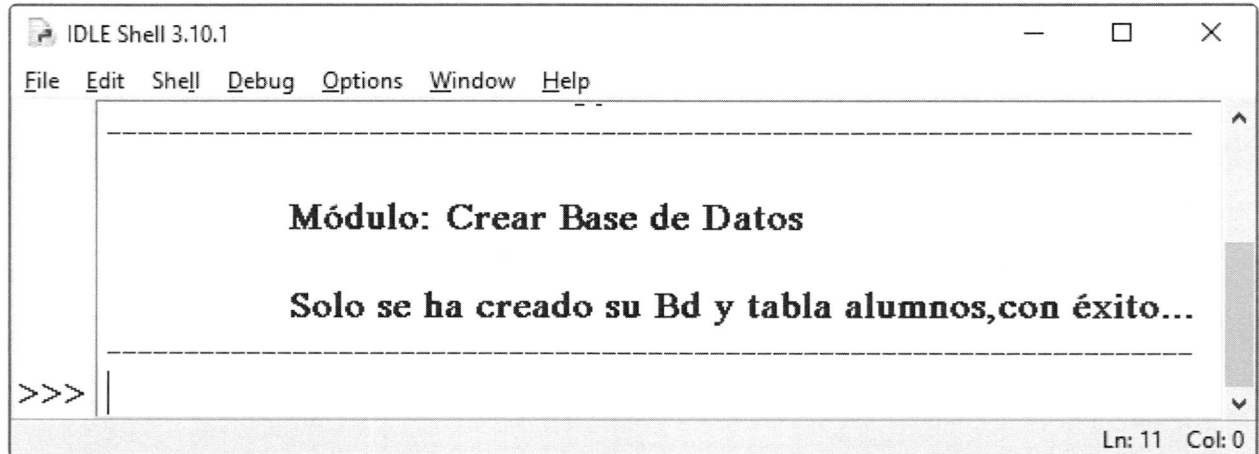

```
BD_Modulos.py - C:/Users/User/Desktop/BD_python_2022/MenuBD/BD_Modulos.py (3.10.1)          —  □  ✕
File  Edit  Format  Run  Options  Window  Help
import sqlite3
def crearBD():
    conn = sqlite3.connect("alum2022.db")
    cur = conn.cursor()
    cur.execute("CREATE TABLE IF NOT EXISTS alumnos (código INTEGER, apellido TEXT, nombre TEXT, pc1 INTEGER, pc2 INT
    conn.commit()
    conn.close()
    return
crearBD()
print("-"*70)
print("\n\t Módulo: Crear Base de Datos")
print("\n\t Solo se ha creado su Bd y tabla alumnos,con éxito...")
print("-"*70)
                                                                                        Ln: 10  Col: 13
```

Ejercicio:

Diseñar un programa que permita crear una base de datos Fiis.db y su tabla para almacenar un registro de alumnos. Luego hacer un mantenimiento respectivo, según la imagen:

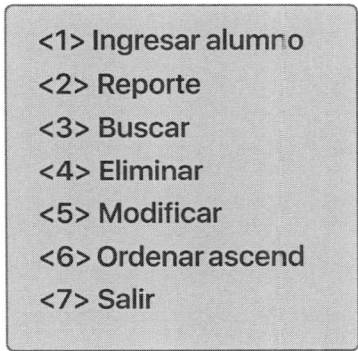

<1> Ingresar alumno
<2> Reporte
<3> Buscar
<4> Eliminar
<5> Modificar
<6> Ordenar ascend
<7> Salir

Solo se deben completar las funciones que realicen las opciones según la imagen y luego desde el programa principal.

En la siguiente imagen, se ilustran las opciones definidas, donde cada opción realiza una tarea específica y, por lo tanto, se debe diseñar su función respectiva en el entorno de PMD o PMI.

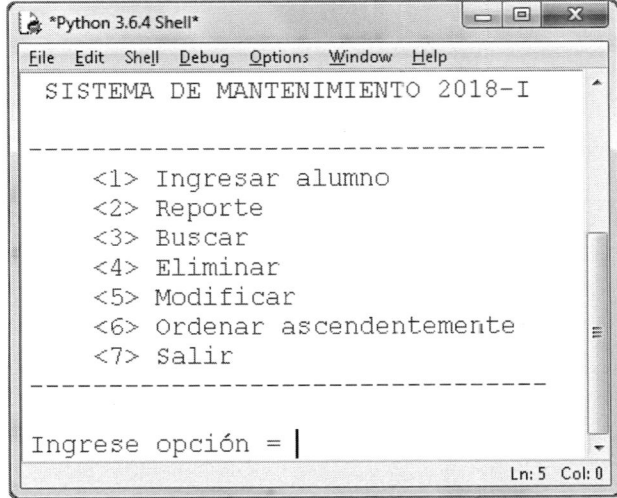

Ejemplo:

Crear una base de datos DBFIIS.db usando el código Python.

Solución:

Existen dos opciones:

a. Usando código Python.

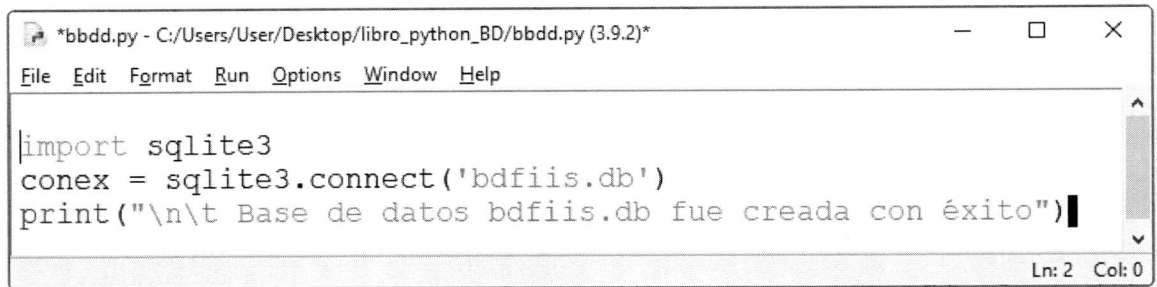

Base de datos creada. Se puede verificar vía Windows.

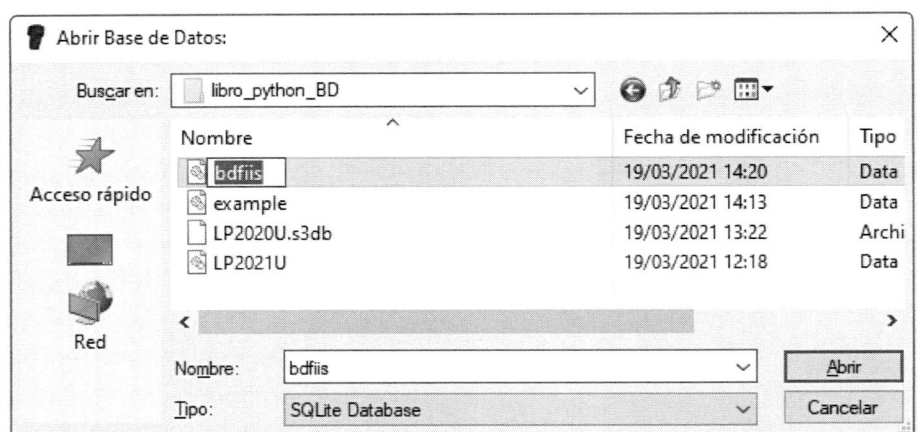

Ahora se puede usar sqlite3 y verificar.

b. Usando sqlite3. Se puede cargar SQLite y crear manualmente.

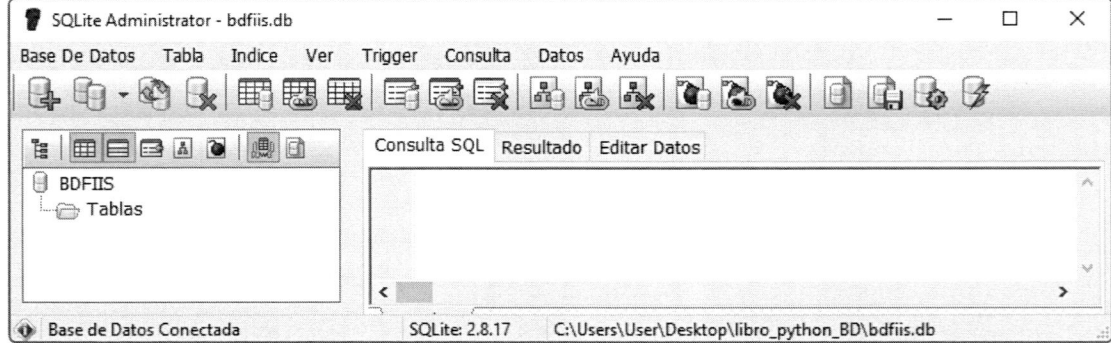

Ejemplo:

Diseñar un programa que permita crear una base datos Lp2021U.db que contenga una tabla Alumnos con los siguientes campos: cod, apell, nomb, pc1, pc2, pc3 y también una variable de cursos que permita realizar instrucciones SQLite.

Solución:

En la siguiente gráfica se observan algunas bases de datos creadas usando código Python. También se puede diseñar usando base de datos SQLite.

a. Usando Python:

```
*bd_crear1.py - C:/Users/User/Desktop/libro_python_BD/bd_crear1.py (3.9.2)*
File  Edit  Format  Run  Options  Window  Help

import  sqlite3
def create_table ():
    ##Establecer conexión con la data base
    conn = sqlite3.connect("LP2021U.db")
    ##Crear un cursor (puntero)
    cur = conn.cursor()
    ##Ejecutar código
    cur.execute("Create table if not exists Alumnos(cod integer not null,apell text,nomb txt,pc1 integer,pc2 intege,pc
    conn.commit()  ##     finaliza una transacción de base de datos
    conn.close()
print("\nCreando Base de Datos y una tabla")
print("-" *40)
print(" Se ha creado la base de datos Neri.db")
print(" Se ha creado la tabla ListaDB")
print(" Ahora puede usarla")
                                                                                        Ln: 13  Col: 14
```

b. Usando SQLite:

1. Forma manual: ejecutar SQLite.

2. Definir su base de datos en el entorno de SQLite.

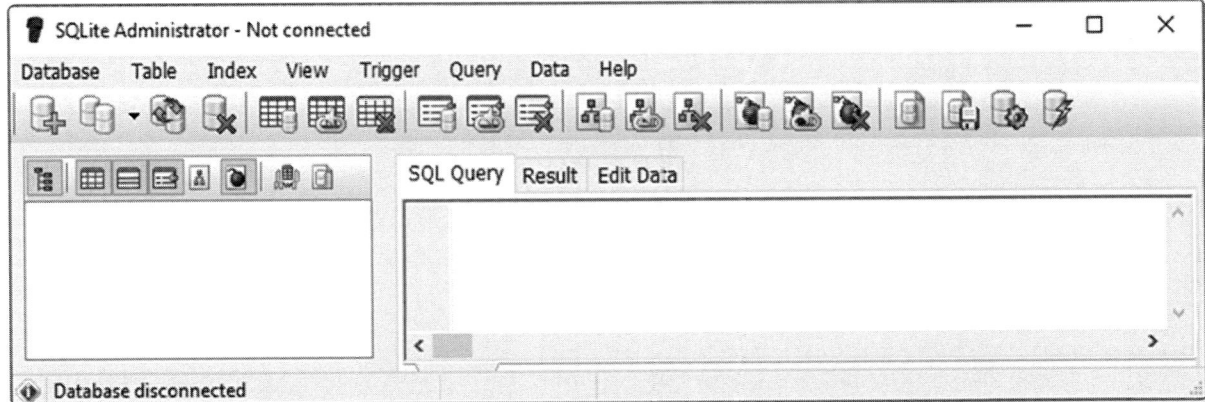

3. Designar el nombre de la base de datos, luego definir los campos con los datos respectivos.

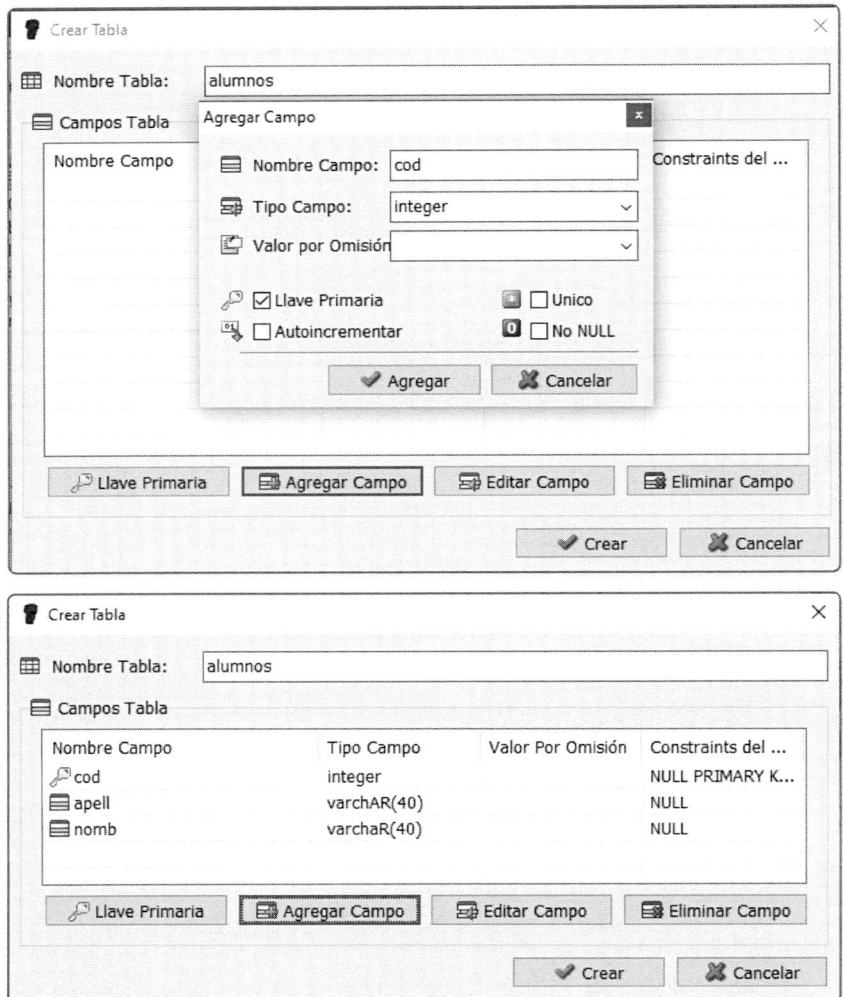

4. Usar código SQLite para crear su tabla().

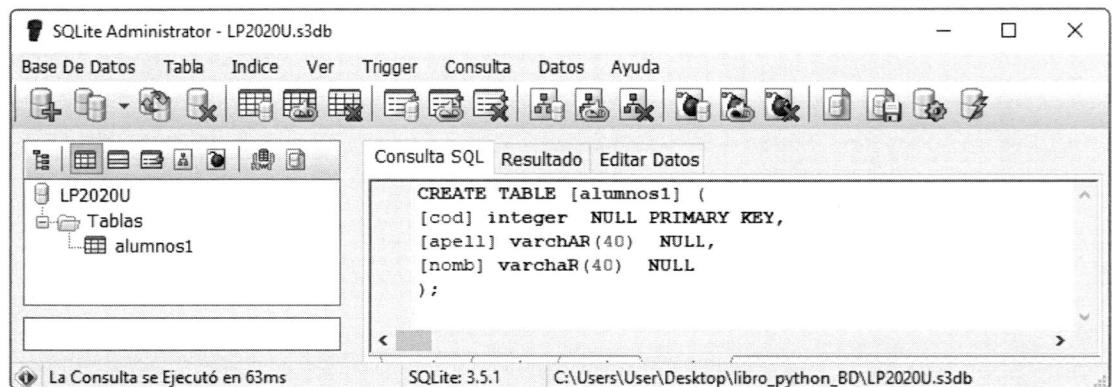

Ahora puede usar las sentencias de SQL para insertar, eliminar, modificar, etc.

Ejemplo:

Diseñar un programa que permita crear una base de datos usando solo código Python.

Solución:

```
*IDLE Shell 3.9.2*                                    —    □    ×
File  Edit  Shell  Debug  Options  Window  Help

            Crear Base de Datos con Python
        ----------------------------------------

                    Transacción =  2021-03-26 16:54:10.715649

        ----------------------------------------
            <1> Crear BD
            <2> Salir
        ----------------------------------------
        Elija opción = 1
        Sr. ingrese Apellido = Cordova

    Sr.   Córdova  tuvo éxito en crear su BD, FIIS_LP.db

                    Transacción =  2021-03-26 16:54:38.184400

        ----------------------------------------
            <1> Crear BD
            <2> Salir
        ----------------------------------------
        Elija opción =
                                                        Ln: 17  Col: 0
```

```
*sQLITE_CREAR_BAD.py - C:\Users\User\Desktop\Escritorio_oct-22\func_parte2\LP2020\SQLITE_2020_ok\sQLITE_CREAR_BAD.py (3.9.2)*   —   □   ×
File  Edit  Format  Run  Options  Window  Help
from datetime import*
import sqlite3
def Crear():
    apell=input(" Sr. ingrese Apellido = ")
    conn = sqlite3.connect('FIIS_LP.db')
    cur = conn.cursor()
    conn.commit()
    cur.close();    print()
    print("Sr. ",apell," tuvo éxito en crear su BD, FIIS_LP.db")
    return
def menuP():
    print()
    hor = datetime.now()
    print("\t\t Transacción = ", hor )
    print(" ")
    print("-"*40)
    print("\t<1> Crear BD")
    print("\t<2> Salir")
    print("-"*40)
    opc=int(input(" Elija opción = "))
    if opc==1:
        Crear()
        menuP()
    elif opc==2:
        print(" Ed. Ha finalizado...")
        input(" Presione teclas para continuar...")
        exit()
    return
print(" \n\tCrear Base de Datos con Python ")
print("-" *40)
menuP()
                                                        Ln: 8  Col: 16
```

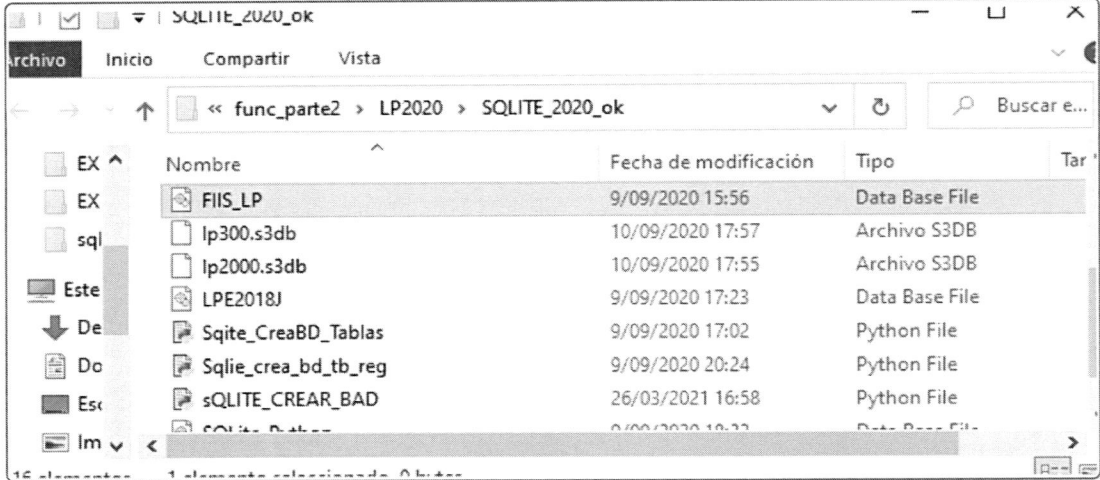

Ejemplo:

Diseñar un programa para crear una base de datos usando solo código Python.

Solución:

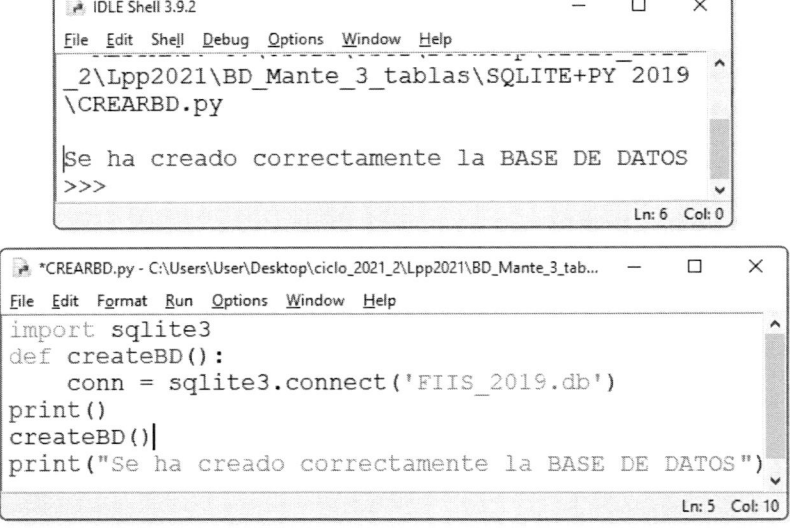

Ejemplo:

Diseñar un programa para crear una base de datos FIIS_2019.db con tres tablas: Alumnos, Cursos y Evaluaciones. Con estas tablas hacer multiconsultas. Los campos de cada objeto se muestran en las interfaces. Recordar que consta de un modelo relacional de base de datos con tres tablas y, por tanto, se deben tener en cuenta la clave primaria y la clave foránea, las cuales velan por la integridad de datos y permiten mezclar la información de las tablas. Usar la técnica de base de datos y consola de Python para los reportes del modelo relacional de base de datos. Al final, presentar la validación.

Solución:

En este modelo existe:

a. Concepto de relación de uno a muchos: 1:N.

b. Clave primaria: PK.

c. Clave foránea: FR.

Observación: El presente caso se resolvió usando archivos; ahora usar base de datos.

Usar condicionales para mezclar las tablas.

Si C.cod = A.cod y C.codcur = B:codcu, entonces

Imprimir(xod, pell, codc, descrip pca1,pc2).cod.

Donde A, B y C son tablas. Puede usar variables tipo simple o vector.

Alumnos

código_Al: CHAR(8)
Apellidos: CHAR(18)
Nombres: CHAR(18)
Edad: INT

Cursos

código_c: CHAR(8)
Descripción: CHAR(18)
Créditos: INT

Alumnos_Notas

código_Al: CHAR(8) códgo_c: CHAR(8)
pc1: INT
pc2: INT
pc3: INT

Forma estándar para definir una clave primaria en una tabla o entidad. Para definir la clave foránea deben existir dos o más tablas, que permite combinar información de las mismas.

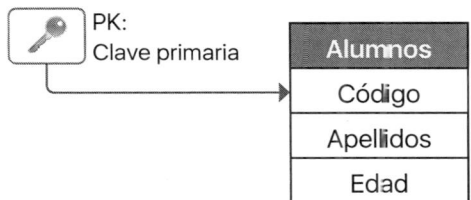

PK:
Clave primaria

Alumnos
Código
Apellidos
Edad

En la siguiente figura, se representa el concepto de sistemas distribuidos, donde existe una base de datos central. En forma externa, están definidas otras bases de datos que intercambian información en tiempo de ejecución.

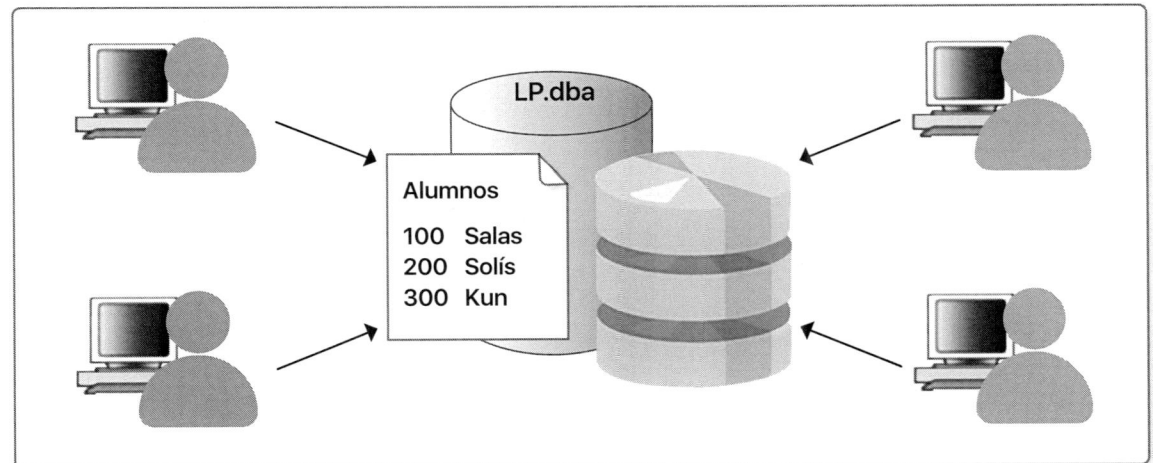

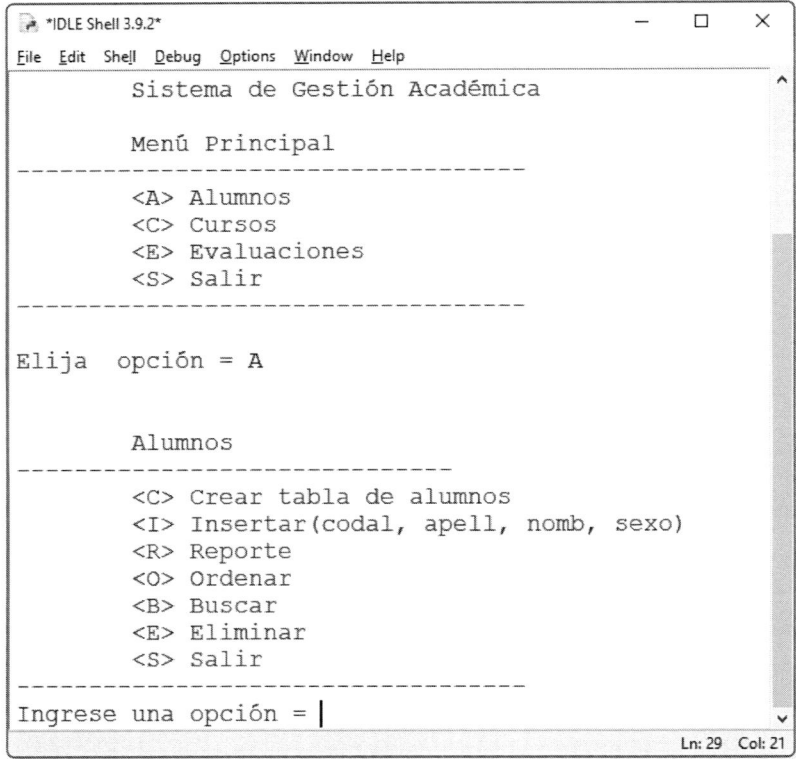

Al ejecutar el programa fuente, se obtiene la siguiente imagen con la definición de consultas a realizar.

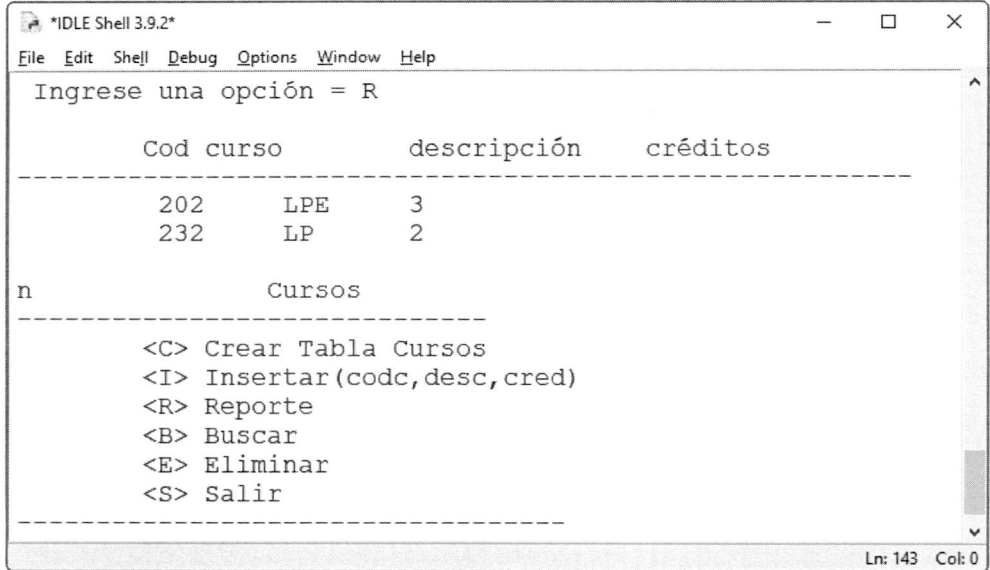

En la siguiente imagen, se presentan las opciones, dentro de las cuales se usará la opción E (eliminar).

```
*IDLE Shell 3.9.2*                                              —    □    ×
File  Edit  Shell  Debug  Options  Window  Help
Elija  opción = E


          Evaluaciones
------------------------------
          <C> Crear tabla de Evaluaciones
          <I> Insertar(codal,codc,pc1,pc2,pc3,pc4,prom)
          <R> Reporte
          <M> Modificar
          <B> Buscar
          <E> Eliminar
          <S> Salir
------------------------------
Ingrese una opción = R

     Cod_alumno      cod curso pc1  tpc2      pc3       pc4      prom
-------------------------------------------------------------------
        100           202     12    12        12        12      12.0
        200           202     1     1         1         1       1.0
        200           232     13    13        13        13      13.0
        100           10      12    11        13        12      12.3
        200           20      1     12        11        12      11.7

                                                            Ln: 91  Col: 23
```

Así se puede continuar con las consultas. Ahora muestre el programa fuente.

```
Programa.py - C:\Users\User\Desktop\bd-python qlite\Bd_mant_3_tablas_2021\BD_maten_tablas\Programa.py (3.9.2)    —    □    ×
File  Edit  Format  Run  Options  Window  Help
import sqlite3
def createBD():
    conn=sqlite3.connect('LPE.db')
    cur=conn.cursor()
    cur.execute("CREATE TABLE IF NOT EXISTS cursos(codc TEXT, desc TEXT, cred INTEGER)")
    cur.execute("CREATE TABLE IF NOT EXISTS alumnos(codal TEXT, apell TEXT, nomb TEXT, sexo TEXT)"
    cur.execute("CREATE TABLE IF NOT EXISTS evaluaciones(codal TEXT, codc TEXT,pc1 INTEGER,
                pc2 INTEGER,pc3 INTEGER,pc4 INTEGER,prom REAL")
    return
def insertarc(codc,desc,cred):
    conn=sqlite3.connect("LPE.db")
    cur=conn.cursor()
    cur.execute("INSERT INTO cursos VALUES(?,?,?)",(codc,desc,cred))
    conn.commit();    conn.close()
    return
def insertara(codal,apell,nomb,sexo):
    conn=sqlite3.connect("LPE.db");    cur=conn.cursor()
    cur.execute("INSERT INTO alumnos VALUES(?,?,?,?)",(codal,apell,nomb,sexo))
    conn.commit();    conn.close()
    return
def insertare(codal,codc,pc1,pc2,pc3,pc4,prom):
    conn=sqlite3.connect("LPE.db")
    cur=conn.cursor()
    cur.execute("INSERT INTO evaluaciones VALUES(?,?,?,?,?,?,?)",(codal,codc,pc1,pc2,pc3,pc4,prom)
    conn.commit();    conn.close()
    return
def buscarc(val_busc):
    conn= sqlite3.connect("LPE.db");  cur= conn.cursor(); cur.execute("select* from cursos")
    lista = cur.fetchall(); conn.close()
    encontrado=False
                                                            Ln: 22  Col: 0
```

Programa.py - C:\Users\User\Desktop\bd-python qlite\Bd_mant_3_tablas_2021\BD_maten_tablas\Programa.py (3.9.2) — □ ×

File Edit Format Run Options Window Help

```python
        encontrado=False
        for i in lista:
            if i[0] == val_busc:
                print("")
                print("\tCod curso\t descripción\tcréditos")
                print("----------------------------------------------------")
                print("\t",i[0],"\t",i[1],"\t",i[2])
                encontrado=True
        if encontrado==True:
            print("curso encontrado")
        else:
            print("curso no encontrado")
        return
def buscara (val_busc):
    conn= sqlite3.connect("LPE.db")
    cur= conn.cursor()
    cur.execute("select* from alumnos")
    lista = cur.fetchall() ;     conn.close()
    encontrado=False
    for i in lista:
        if i[0] == val_busc:
            print("")
            print("\tCod alumno\t apellido \tnombre \tsexo")
            print("----------------------------------------------------")
            print("\t",i[0],"\t",i[1],"\t",i[2],"\t",i[3])
            encontrado=True
    if encontrado==True:
        print("alumno encontrado")
    else:
        print("alumno no encontrado")
```

Ln: 22 Col: 0

Programa.py - C:\Users\User\Desktop\bd-python qlite\Bd_mant_3_tablas_2021\BD_maten_tablas\Programa.py (3.9.2) — □ ×

File Edit Format Run Options Window Help

```python
def buscare (val_busc):
    conn= sqlite3.connect("LPE.db")
    cur= conn.cursor()
    cur.execute("select* from evaluaciones")
    lista = cur.fetchall()
    conn.close()
    encontrado=False
    for i in lista:
        if i[0] == val_busc:
            print("")
            print("\tCod alumno\t cod curso \tpc1 \tpc2 \tpc3 \tpc4 \tprom")
            print("----------------------------------------------------")
            print("\t",i[0],"\t",i[1],"\t",i[2],"\t",i[3],"\t",i[4],"\t",i[5],
                "\t",format(i[6],"2.1f"))
            encontrado=True
    if encontrado==True:
        print("alumno encontrado")
    else:
        print("alumno no encontrado")
        return
def reportec():
    conn= sqlite3.connect("LPE.db")
    cur= conn.cursor()
    cur.execute("select* from cursos")
    lista = cur.fetchall()
    conn.close()
    return
    print("")
    print("\tCod curso\t descripción\tcréditos")
    print("----------------------------------------------------")
```

Ln: 80 Col: 0

```
                              *Programa.py - C:\Users\User\Desktop\bd-python qlite\Bd_mant_3_tablas_2021\BD_maten_tablas\Progra ma.py (3.9.2)*    —   □   ×
File  Edit  Format  Run  Options  Window  Help
        for i in lista:
            print("\t",i[0],"\t",i[1],"\t",i[2])
        return
def reportea():
    conn= sqlite3.connect("LPE.db")
    cur= conn.cursor()
    cur.execute("select* from alumnos")
    lista = cur.fetchall()
    conn.close()
    print("")
    print("\tCod alumno\t apellido \tnombre \tsexo")
    print("--------------------------------------------------------")
    for i in lista:
        print("\t",i[0],"\t",i[1],"\t",i[2],"\t",i[3])

def reportee():
    conn= sqlite3.connect("LPE.db")
    cur= conn.cursor()
    cur.execute("select* from evaluaciones")
    lista = cur.fetchall()
    conn.close()
    print("")
    print("\tCod_alumno\tcod curso pc1    pc2       pc3       pc4       prom")
    print("-" *70)
    for i in lista:
        print("\t",i[0],"\t\t",i[1],"\t",i[2],"\t",i[3],"\t",i[4],"\t",i[5],
              "\t",format(i[6],"2.1f"))
    return
def eliminarc(borrar):
    conn= sqlite3.connect("LPE.db")
                                                                              Ln: 104  Col: 0
```

```
                              *Programa.py - C:\Users\User\Desktop\bd-python qlite\Bd_mant_3_tablas_2021\BD_maten_tablas\Prcgrama.py (3.9.2)*    —   □   ×
File  Edit  Format  Run  Options  Window  Help
        cur= conn.cursor()
        cur.execute("DELETE FROM cursos WHERE codc=?",(borrar,))
        conn.commit();    conn.close()
        return
def eliminara(borrar):
    conn= sqlite3.connect("LPE.db")
    cur= conn.cursor()
    cur.execute("DELETE FROM alumnos WHERE codal=?",(borrar,))
    conn.commit();    conn.close()
    return
def eliminare(borrar):
    conn= sqlite3.connect("LPE.db")
    cur= conn.cursor()
    cur.execute("DELETE FROM evaluaciones WHERE codal=?",(borrar,))
    conn.commit();    conn.close()
    return
def modificar_pc1 (codal, pc1):
    conn= sqlite3.connect("LPE.db")
    cur= conn.cursor()
    cur.execute("update evaluaciones set pc1= ? where codal=?", (pc1, codal))
    conn.commit();    conn.close()
def modificar_pc2 (codal, pc2):
    conn= sqlite3.connect("LPE.db")
    cur= conn.cursor()
    cur.execute("update evaluaciones set pc2= ? where codal=?", (pc2, codal))
    conn.commit();    conn.close()
    return
def modificar_pc3 (codal, pc3):
    conn= sqlite3.connect("LPE.db")
    cur= conn.cursor()
                                                                              Ln: 145  Col: 27
```

```
*Programa.py - C:\Users\User\Desktop\bd-python qlite\Bd_mant_3_tablas_2021\BD_maten_tablas\Programa.py (3.9.2)*

File  Edit  Format  Run  Options  Window  Help

    cur.execute("update evaluaciones set pc3= ? where codal=?", (pc3, codal))
    conn.commit()
    conn.close()
def modificar_pc4 (codal, pc4):
    conn= sqlite3.connect("LPE.db")
    cur= conn.cursor()
    cur.execute("update evaluaciones set pc4= ? where codal= ?", (pc4, codal))
    conn.commit();    conn.close()
    return
def modificar_prom(codal):
    conn= sqlite3.connect("LPE.db")
    cur= conn.cursor()
    cur.execute("select* from evaluaciones")
    rows= cur.fetchall()
    conn.commit();    conn.close()
    return
    for i in rows:
        if i[0] == codal:
            promedio = (i[3] + i[4] + i[5]+ i[6]-min(i[3],i[4],i[5],i[6]))/3
    conn= sqlite3.connect("LPE.db")
    cur= conn.cursor()
    cur.execute("update notas set prom= ? where codal= ?", (promedio, codal))
    conn.commit()
    conn.close()
def ordenar_asca():
    conn= sqlite3.connect("LPE.db")
    cur= conn.cursor()
    cur.execute("select codal, codc, pc1, pc2, pc3, pc4 prom from evaluaciones
    conn.commit();    conn.close()
    return

                                                                  Ln: 177  Col: 0
```

```
*Programa.py - C:\Users\User\Desktop\bd-python qlite\Bd_mant_3_tablas_2021\BD_maten_tablas\Programa...

File  Edit  Format  Run  Options  Window  Help

def menu():
    print("\n\tSistema de Gestión Académica")
    print("\n\tMenú Principal")
    print("-" * 35)
    print("\t<A> Alumnos")
    print("\t<C> Cursos")
    print("\t<E> Evaluaciones")
    print("\t<S> Salir")
    print("-" * 35)
    return
def menuc():
    print()
    print("n\t\tCursos")
    print("-" *30)
    print("\t<C> Crear Tabla Cursos")
    print("\t<I> Insertar(codc,desc,cred)")
    print("\t<R> Reporte")
#    print("<M> Modificar(Por código)")
 #   print("<O> Ordenar")
    print("\t<B> Buscar")
    print("\t<E> Eliminar")
    print("\t<S> Salir")
    print("-" * 35)
    return
def menua():
    print()
    print("\n\tAlumnos")
    print("-" * 30)
    print("\t<C> Crear tabla de alumnos")
    print("\t<I> Insertar(codal, apell, nomb, sexo)")

                                                                  Ln: 203  Col: 0
```

```
*Programa.py - C:\Users\User\Desktop\bd-python qlite\Bd_mant_3_tablas_2021\BD_maten_tablas\Programa...   —   □   ×

File  Edit  Format  Run  Options  Window  Help
    print("\t<R> Reporte")
#     print("<M> Modificar")
    print("\t<O> Ordenar")
    print("\t<B> Buscar")
    print("\t<E> Eliminar")
    print("\t<S> Salir")
    print("-" * 35)
    return
def menue():
    print()
    print("\n\tEvaluaciones")
    print("-" * 30)
    print("\t<C> Crear tabla de Evaluaciones")
    print("\t<I> Insertar(codal,codc,pc1.pc2,pc3,pc4,prom)")
    print("\t<R> Reporte")
    print("\t<M> Modificar")
    print("\t<B> Buscar")
    print("\t<E> Eliminar")
    print("\t<S> Salir")
    print("-" * 35)
    return
def opcioncurso():
    while True:
        menuc()
        opcion=input("\n Ingrese una opción = ")
        if opcion == "C":
            if __name__=="__main__":
                print("")
                createBD()
                print("Se ha creado la tabla de cursos")

                                                Ln: 231  Col: 10
```

```
*Programa.py - C:\Users\User\Desktop\bd-python qlite\Bd_mant_3_tablas_2021\BD_maten_tablas\Programa...   —   □   ×

File  Edit  Format  Run  Options  Window  Help
        elif opción == "I":
            resp="S"
            print("MÓDULO INSERTAR REGISTROS CURSOS")
            print("")
            while(resp=="S"):
                codc=input("Código de curso   = ")
                desc=input("Nombre del curso = ")
                cred=int(input("Créditos del curso = "))
                print("")
                insertarc(codc,desc,cred)
                print("")
                print(" Registro de curso insertado.......")
                resp= input("Desea Insertar nuevo registro...? (S/
        elif opción == "R":
            reportec()
        elif opción == "B":
            resp="S"
            while(resp=="S"):
                val_busc= int(input("  Buscar código de curso= "))
                buscarc (val_busc)
                resp=input("Desea buscar nuevo Curso...?(S/N)==>")
        elif opción == "E":
            resp="S"
            while(resp=="S"):
                datoborrar=int(input("Ingrese código de curso a bo
                eliminarc(datoborrar)
                resp=input("Desea eliminar otro curso...?(S/N)==>'
        elif opción == "S":
            inicio()

                                                Ln: 271  Col: 0
```

```
            else:
                print("Opción incorrecta")
        return
def opcionalumnos():
    while True:
        menua()
        opción=input("Ingrese una opción = ")

        if opción == "C":
            if __name__=="__main__":
                print()
                createBD()
                print("Se ha creado la tabla de alumnos")

        elif opción == "I":
            resp="S"
            print("MÓDULO INSERTAR REGISTROS ALUMNOS")
            print("")
            while(resp=="S"):
                codal=int(input("Código= "))
                apell=input("Apellido  = ")
                nomb=input("Nombre    = ")
                sexo=input("Sexo      = ")
                print("")
                insertara(codal,apell,nomb,sexo)

                print("")
                print(" Registro  de alumno insertado.......")
                resp= input("Desea Insertar nuevo registro...? (S/
```

```
        elif opción == "R":
            reportea()
        elif opción == "M":
            resp="S"
            while(resp=="S"):
                print(" Módulo : Modificar Registro ")
                print("-" * 40)
                codal= int(input("Código = "))

                resp1 = input("Desea modificar pc1..? (S/N)==> ")
                if resp1 == "S":
                    pc1 = int(input("Ingrese nueva nota = "))
                    modificar_pc1 (codal, pc1)
                resp2 = input("Desea modificar pc2..? (S/N)==> ")
                if resp2 == "S":
                    pc2 = int(input("Ingrese nueva nota pc2 = "))
                    modificar_pc2 (codal, pc2)
                resp3 = input("Desea modificar pc3..?(S/N)==> ")
                if resp3 == "S":
                    pc3 = int(input("Ingrese nueva nota pc3 = "))
                    modificar_pc3 (codal, pc3)
                resp4 = input("Desea modificar pc4..? (S/N)==> ")
                if(resp3 == "S"):
                    pc3 = int(input("Ingrese nueva nota pc4 = "))
                    modificar_pc3 (codal, pc3)
                modificar_prom(codal)
                resp=input("Desea Modificar otras evaluaciones...?
        elif opción == "O":
            ordenar_asca()
            print("Se han ordenado los datos\n")
```

*Programa.py - C:\Users\User\Desktop\bd-python qlite\Bd_mant_3_tablas_2021\BD_maten_tablas\Programa... — □ ✕

File Edit Format Run Options Window Help

```
        elif opción == "B":
            resp="S"
            while(resp=="S"):
                val_busc= int(input("  Buscar código de alumno = "
                buscará (val_busc)
                resp=input("Desea buscar nuevo Alumno...?(S/N)==>"
        elif opción == "E":
            resp="S"
            while(resp=="S"):
                datoborrar=int(input("Ingrese código de alumno a b
                eliminara(datoborrar)
                resp=input("Desea eliminar otro alumno...?(S/N)==>
        elif opción == "S":
            inicio()
        else:
            print("Opción incorrecta")
    return
def opcionevaluaciones():
    while True:
        menue()
        opción=input("Ingrese una opción = ")
        if opción == "C":
            if __name__=="__main__":
                print()
                createBD()
                print("Se ha creado la tabla de evaluaciones")
        elif opción == "I":
            resp="S"
            print("MÓDULO INSERTAR REGISTROS EVALUACIONES")
            print("")
```

Ln: 350   Col: 0

*Programa.py - C:\Users\User\Desktop\bd-python qlite\Bd_mant_3_tablas_2021\BD_maten_tablas\Programa.py ... — □ ✕

File Edit Format Run Options Window Help

```
            print("")
            while(resp=="S"):
                codal=int(input("Código de alumno= "))
                codc=int(input("Código de curso  = "))
                pc1=int(input("pc1 del alumno    = "))
                pc2=int(input("pc2 del alumno    = "))
                pc3=int(input("pc3 del alumno    = "))
                pc4=int(input("pc4 del alumno    = "))
                prom=(pc1+pc2+pc3+pc4-min(pc1,pc2,pc3,pc4))/3
                print("")
                insertare(codal,codc,pc1,pc2,pc3,pc4,prom)
                print("")
                print(" Registro  de evaluación insertado.......")
                resp= input("Desea Insertar nuevo registro...? (S/N)
        elif opción == "R":
            reportee()
        elif opción == "M":
            resp="S"
            while(resp=="S"):
                print(" Módulo : Modificar Registro ")
                print(" ---------------------------")
                codal= int(input("Ingrese código = "))
                resp1 = input("Desea modificar pc1....? S/N)==> ")
                if(resp1 == "S"):
                    pc1 = int(input("Ingrese nueva nota pc1=  "))
                    modificar_pc1 (codal, pc1)
                    resp2 = input("Desea modificar pc2 ..?(S/N)==>
                if(resp2 == "S"):
                    pc2 = int(input("Ingrese nueva nota pc2 = "))
                    modificar_pc2 (codal, pc2)
```

Ln: 379   Col: 0

```
*Programa.py - C:\Users\User\Desktop\bd-python qlite\Bd_mant_3_tablas_2021\BD_maten_tablas\Programa.py ...    —    □    ×
File   Edit   Format   Run   Options   Window   Help
                    resp3 = input("Desea modificar pc3..?(S/N)==> ")
                    if resp3 == "S":
                        pc3 = int(input("Ingrese nueva nota pc3 = "))
                        modificar_pc3 (codal, pc3)
                    resp4 = input("Desea modificar pc4..? (S/N)==> ")
                    if(resp3 == "S"):
                        pc3 = int(input("Ingrese nueva nota pc4 = "))
                        modificar_pc3 (codal, pc3)
                    modificar_prom(codal)
                    resp=input("Desea Modificar otras evaluaciones...?(S
            elif opción == "O":
                ordenar_asca()
                print("Se han ordenado los datos\n")
            elif opción == "B":
                resp="S"
                while(resp=="S"):
                    val_busc= int(input("  Buscar código de alumno = ")]
                    buscará (val_busc)
                    resp=input("Desea buscar nuevo Alumno...?(S/N)==>")
            elif opción == "E":
                resp="S"
                while(resp=="S"):
                    datoborrar=int(input("Ingrese código de alumno a bo:
                    eliminara(datoborrar)
                    resp=input("Desea eliminar otro alumno...?(S/N)==>"
            elif opción == "S":
                inicio()
            else:
                print("Opción incorrecta")
                                                                Ln: 342   Col: 26
```

```
*Programa.py - C:\Users\User\Desktop\bd-python qlite\Bd_mant_3_tablas_2021\BD_maten_tablas\Programa.py ...    —    □    ×
File   Edit   Format   Run   Options   Window   Help
            elif opción == "E":
                resp="S"
                while(resp=="S"):
                    datoborrar=int(input("Ingrese código de alumno a bo:
                    eliminará(datoborrar)
                    resp=input("Desea eliminar otro alumno...?(S/N)==>"
            elif opción == "S":
                inicio()
            else:
                print("Opción incorrecta")
        return
def opcionevaluaciones():
    while True:
        menue()
        opción=input("Ingrese una opción = ")
        if opción == "C":
            if __name__=="__main__":
                print()
                createBD()
                print("Se ha creado la tabla de evaluaciones")
        elif opción == "I":
            resp="S"
            print("MÓDULO INSERTAR REGISTROS EVALUACIONES")
            print("")
            while(resp=="S"):
                codal=int(input("Código de alumno= "))
                codc=int(input("Código de curso  = "))
                pc1=int(input("pc1 del alumno    = "))
                pc2=int(input("pc2 del alumno    = "))
                pc3=int(input("pc3 del alumno    = "))
                                                                Ln: 353   Col: 0
```

```
*Programa.py - C:\Users\User\Desktop\bd-python qlite\Bd_mant_3_tablas_2021\BD_maten_tablas\Programa.py (3.9.2)*     —     □     ×
File  Edit  Format  Run  Options  Window  Help
                pc4=int(input("pc4 del alumno    = "))
                prom=(pc1+pc2+pc3+pc4-min(pc1,pc2,pc3,pc4))/3
                print("")
                insertare(codal,codc,pc1,pc2,pc3,pc4,prom)
                print("")
                print(" Registro  de evaluación insertado.......")
                resp= input("Desea Insertar nuevo registro...? (S/N)==
        elif opción == "R":
            reportee()
        elif opción == "M":
            resp="S"
            while(resp=="S"):
                print(" Módulo : Modificar Registro ")
                print(" ----------------------------")
                codal= int(input("Ingrese código = "))
                resp1 = input("Desea modificar pc1....? S/N)==> ")
                if(resp1 == "S"):
                    pc1 = int(input("Ingrese nueva nota pc1=  "))
                    modificar_pc1 (codal, pc1)
                    resp2 = input("Desea modificar pc2 ..?(S/N)==> ")
                if(resp2 == "S"):
                    pc2 = int(input("Ingrese nueva nota pc2 = "))
                    modificar_pc2 (codal, pc2)
                resp3 = input("Desea modificar pc3 (S/N): ")
                if(resp3 == "S"):
                    pc3 = int(input("Ingrese nueva nota pc3: "))
                    modificar_pc3 (codal, pc3)
                resp4 = input("Desea modificar pc4...? (S/N)==> ")
                if(resp3 == "S"):
                    pc3 = int(input("Ingrese nueva nota pc4 = "))
                                                                    Ln: 390  Col: 59
```

```
*Programa.py - C:\Users\User\Desktop\bd-python qlite\Bd_mant_3_tablas_2021\BD_maten_tablas\Programa.py (3.9.2)*     —     □     ×
File  Edit  Format  Run  Options  Window  Help
                if(resp3 == "S"):
                    pc3 = int(input("Ingrese nueva nota pc4 = "))
                    modificar_pc3 (codal, pc4)
                modificar_prom(codal)
                resp=input("Desea Modificar otras evaluaciones...?(S/N
#       elif opción == "O":
        elif opción == "B":
            resp="S"
            while(resp=="S"):
                val_busc= int(input("  Buscar código de alumno= "))
                buscará (val_busc)
                resp=input("Desea buscar nuevo Alumno...?(S/N)==>")
        elif opción == "E":
            resp="S"
            while(resp=="S"):
                datoborrar=int(input("Ingrese evaluaciones de alumno a
                eliminaré(datoborrar)
                resp=input("Desea eliminar otra evaluación de alumno..
        elif opción == "S":
            inicio()
        else:
            print("Opción incorrecta")
    return
def inicio():
    while True:
        menú()
        opción=input("\nElija  opción = ")
        if opción == "A":
            opcionalumnos()
        elif opción == "C":
                                                                    Ln: 412  Col: 32
```

```
                      opcionalumnos()
           elif opción == "C":
                opcioncurso()
           elif opción == "E":
                opcionevaluaciones()
           elif opción == "S":
                exit()
           else:
                print("Opción incorrecta")
inicio()
```

Ln: 431   Col: 0

Ahora se presenta el módulo de validación, donde se respetan las reglas de validación, se crea el archivo de entradas de oportunidades que se ingresen y se muestra la hora en forma dinámica.

```
import sqlite3
from tkinter import *;import sys; import time; from tkinter import messagebox
raiz=Tk()
raiz.title("Universidad Nacional de Ingeniería")
raiz.resizable(1,1); raiz.iconbitmap("logoUNI.ico"); raiz.config(bg="beige")
miframe=Frame(); miframe.pack();miframe.config(bg="beige")
miframe.config(width="650",height="350"); logo=PhotoImage(file="logouni.png")
logo1=Label(miframe, image=logo, bg="beige")
logo1.grid(row=0,column=0,columnspan=2,pady=10,padx=10);usuariocuadro=Entry(miframe)
usuariocuadro.grid(row=1,column=1,sticky="w",pady=10)
usuariocuadro.config(font='Arial 14')
usuariolabel=Label(miframe,text="Usuario ",bg="beige")
usuariolabel.grid(row=1,column=0,sticky="e",pady=10)
usuariolabel.config(font="Arial 14",fg="red"); passcuadro=Entry(miframe)
passcuadro.grid(row=2,column=1,sticky="w",pady=10)
passcuadro.config(font='Arial 14', show='*')
passlabel=Label(miframe,text="Clave    ",bg="beige")
passlabel.grid(row=2,column=0,sticky="e",pady=10)
passlabel.config(font='Arial 14')
def times():
        tiempo=time.strftime("%H:%M:%S")
        reloj.config(text=tiempo,font="Arial 14");    reloj.after(200,times)
reloj=Label(miframe,bg="beige")
reloj.grid(row=3,column=0,pady=10,padx=5);times()
def verificar():
        usuario=usuariocuadro.get()
        cont = passcuadro.get()
        arch=open("oportunidades.txt","r")
        linea=arch.readline()
        arch.close()
        icont=int(linea)
        if usuario=="1" and cont=="123":
```

Ln: 12   Col: 25

```
          linea=arch.readline()
          arch.close()
          icont=int(linea)
          if usuario=="1" and cont=="123":
                  messagebox.showinfo("Validación correcta", " Sus datos son correctos")
                  raiz.destroy()
          else:
                  if icont<2:
                          icont+=1
                          arch=open("oportunidades.txt","a")
                          arch.write(str(icont))
                          arch.close()
                          messagebox.showinfo("LValidación incorrecta",
                                              "Error\n"-" quedan "+str(3-icont)+" oportunid
                  else:
                          messagebox.showinfo("Login incorrecto",
                                      "datos son incorrectos\n"+"Sr. ha superado el límite de in
                          raiz.destroy()
def salir():
          sal=messagebox.askokcancel("Cerrar","¿Desea salir de la aplicación?")
          if(sal==True):
                  raiz.destroy()
botonac=Button(miframe,text="Aceptar",command=verificar)
botonac.grid(row=3,column=1,sticky="w",pady=10,padx=€0);
botonac.config(font=("Arial",14))

botonsal=Button(miframe,text="Salir",command=salir)
botonsal.grid(row=3,column=1,sticky="e",pady=10,padx=30,ipadx=10);
botonsal.config(font=("Arial",14));raiz.mainloop()
```

Ejemplo:

Diseñar un programa que permita crear una base de datos BD_2021_1.db y su tabla respectiva Alumn. Insertar en la tabla información de empleados por código, apellidos, edad e información inicializada. Luego hacer un reporte.

Solución:

```
chon/bd_sqlite_ins.py —
 Su Base de datos creada......
 Su tabla fue creada...
 Ahora ingresar Registros a su tabla  y hacer reportes...

     10,     Anaís,25
     20,     Luis,45
     30,     Juan,35
     40,     Luis,25
    100,   Ana  ,25
    200,   Luis ,45
    300,   Juan ,35
    400,   Pedro ,25
   1000,    Ana  ,25
   2000,   Luis ,45
   3000,   Juan ,35
   4000,   Pedro ,25
   ...
>>>
```

Programa fuente:

```
bd_sqlite_Ins.py - C:/Users/User/Desktop/SQLite2021/BD_SQLite_Python/bd_sqlite_Ins.py (3.9.2)          —    □    ×
File  Edit  Format  Run  Options  Window  Help

import sqlite3

conn =sqlite3.connect('BD_2021_1.db')
print(" Su Base de datos creada......")
cur= conn.cursor()

cur.execute("create table if not exists Alumn(cod integer not null,nomb text,ed integer)")

print("\t Su tabla fue creada...")
conn.commit()

print(" Ahora ingresar Registros a su tabla  y hacer reportes...")

cur.execute("insert into  Alumn values(10,'Anaís', 25)")
cur.execute("insert into  Alumn values (20,'Luis', 45)")
cur.execute("insert into  Alumn values (30,'Juan', 35)")
cur.execute("insert into  Alumn values (40,'Luis', 25)")

cur.execute("SELECT cod,nomb,ed FROM Alumn")

resultados = cur.fetchall()

for reg in resultados:
    print ("%i, %s,%i" %(reg[0], reg[1],reg[2]))
conn.close()
                                                                          Ln: 13  Col: 0
```

Ejemplo:

Diseñar un programa que permita crear una base de datos BD_2021_1.db y su tabla respectiva Alumn; luego hacer un reporte de empleados por código y edad, donde la edad esté en el rango de [20..40]. Se tiene que consultar también la cantidad de registros que cumplen tal condición.

Solución:

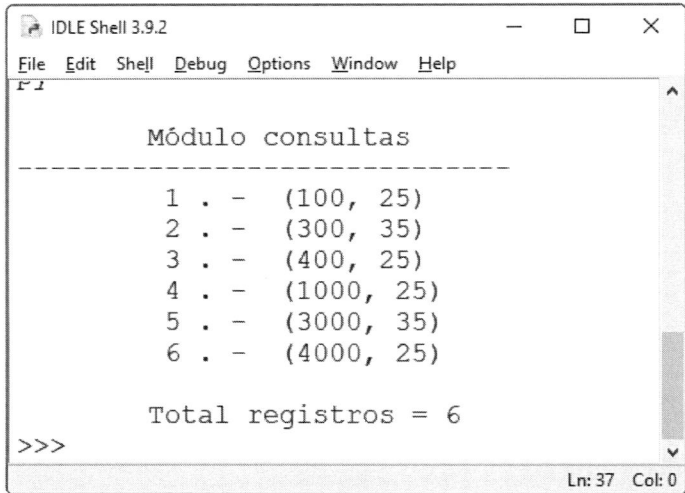

Programa fuente

```
bd_sqlite_Ins.py - C:\Users\User\Desktop\SQLlite2021\BD_SQLlte_Python\bd_sqlite_Ir s.py (3.9.2)    —    □    ×
File  Edit  Format  Run  Options  Window  Help

import sqlite3
conn = sqlite3.connect('BD_2021_1.db')

def  consulta(conn):
    global i
    objcurs = conn.cursor()
    objcurs.execute('SELECT cod,ed FROM Alumn WHERE ed>19 and ed<=40')
    registros = objcurs.fetchall()
    i=0
    for reg in registros:
        i=i+1
        print("\t",i,". - ",reg)

print(" \n\tMódulo consultas")
print("-" *30)
if __name__ == "__main__":
    consulta(conn)
    print(" \n\tTotal registros =",i)
                                                          Ln: 40  Col: 32
```

Ejemplo:

Diseñar un programa que permita crear la base de datos bd2021uni.db y su tabla Alumnos(cod.). Luego hacer un reporte.

La información está inicializada en Python. Guardar en la tabla respectiva.

Solución:

```
IDLE Shell 3.9.2                                                —    □    ×
File  Edit  Shell  Debug  Options  Window  Help
Type  help , copyright , credits  or license()  for more information.
>>>
== RESTART: C:\Users\User\Desktop\SQLlite2021\BD_SQLlte_Python\cordova2021.py ==
 Su Base de datos creada......


 Su tabla fue creada...

Ahora ingresar Registros a su tabla  y hacer reportes...

1.-  Listado = [(100, 'Ana  ', 25), (200, 'Luis ', 45), (300, 'Juan ', 35), (400, 'Pedro ', 25)]
2.-  Nro.  Código  Nombre  Edad
-----------------------  -------

    1 .-    (100, 'Ana  ', 25)
    2 .-    (200, 'Luis ', 45)
    3 .-    (300, 'Juan ', 35)
    4 .-    (400, 'Pedro ', 25)
>>>
                                                          Ln: 10  Col: 0
```

```
BD_cordova2021.py - C:/Users/User/Desktop/libro_python_BD/BD_cordova2021.py (3.9.2)          —   □   ×
File  Edit  Format  Run  Options  Window  Help
import sqlite3 as lite
conexion =lite.connect(' BDUNI2021.db')
print(" Su Base de datos creada......")
print()
cur= conexion.cursor()
cur.execute('create table alumnos(cod integer PRIMARY KEY,nomb text,ed integer)')
print("")
print(" Su tabla fue creada...")
print()
# Guardamos los cambios haciendo un commit
conexion.commit()

print(" Ahora ingresar Registros a su tabla  y hacer reportes...")
cur.execute("insert into  Alumnos values(100,'Ana  ', 25)")
cur.execute("insert into  Alumnos values (200,'Luis ', 45)")
cur.execute("insert into  Alumnos values (300,'Juan ', 35)")
cur.execute("insert into  Alumnos values (400,'Pedro ', 25)")
cur.execute(' select *  from Alumnos')
Alumns = cur.fetchall()# Recorre  registros con fetchall, y almacenar en una lista
print()
print(" 1.-  Listado = ",Alumns)
i=0
print("2.- Nro.   Código   Nombre   Edad  ")
print("--------------------------- -------")
print("")
for al in Alumns:
        print("    ",i+1,".-    ",Alumns[i])
        i=i+1
conexión.commit()
conexión.close()
                                                                              Ln: 12  Col: 0
```

Ejercicio:

Implementar un sistema de mantenimiento para el siguiente modelo relacional:

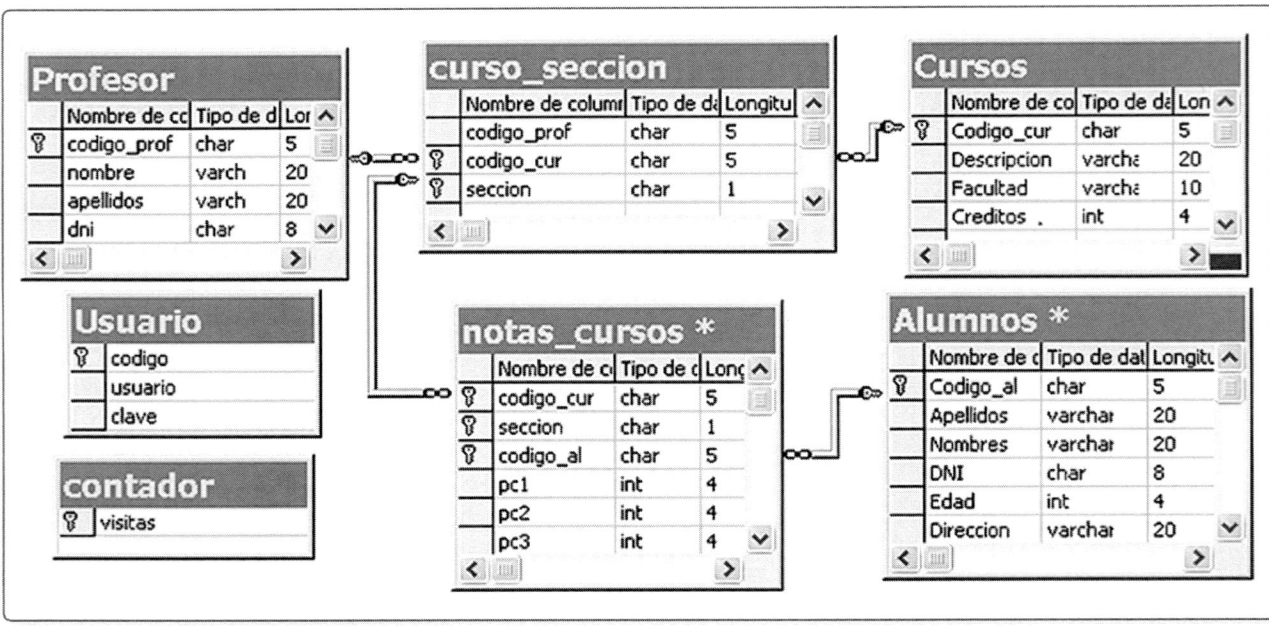

Ejemplo:

Diseñar un sistema informático que permita realizar un mantenimiento a una población de alumnos identificados por código, apellidos, nombres, pc1, pc2 y pc3. Calcular su promedio. Usar la técnica de programación modular dependiente y solo utilizar la tabla de alumnos.

Módulos a considerar:

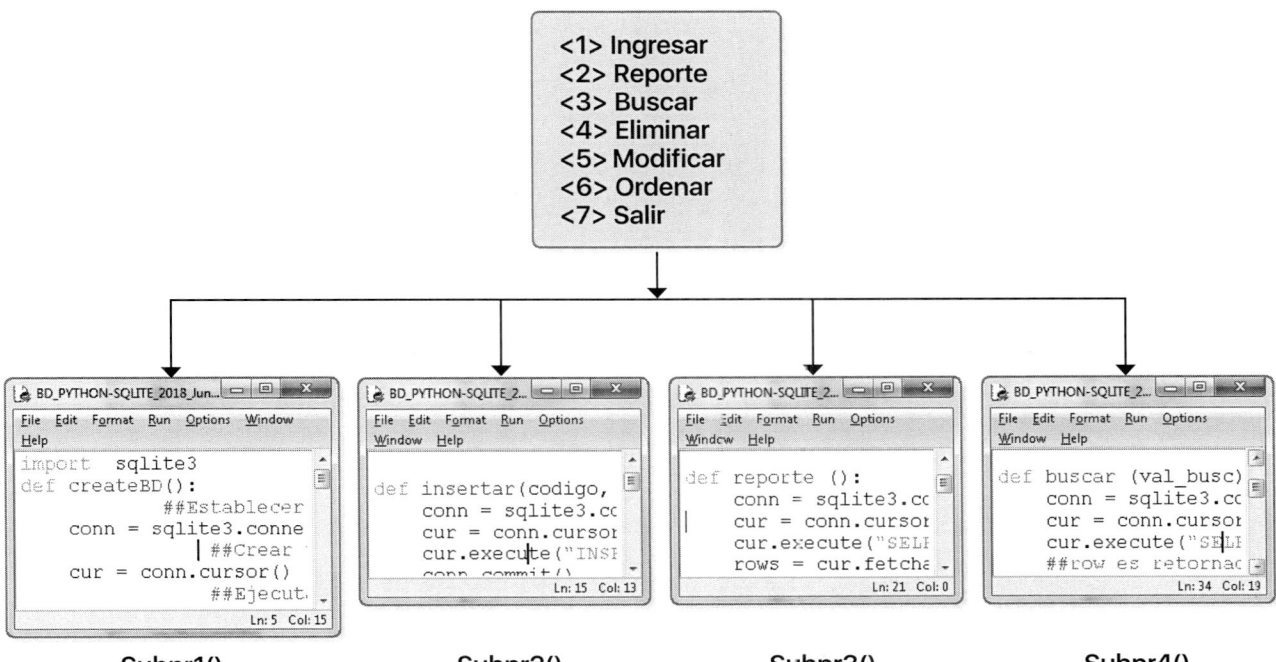

Subpr1()   Subpr2()   Subpr3()   Subpr4()

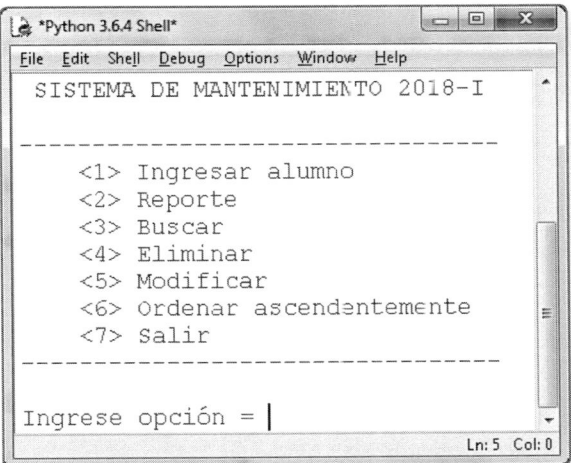

```
*archi_modulo.py - C:/Users/User/Desktop/Escritorio_oct-22/func_parte2/LP2020/BD_python_Setiembre_2020_OK/bd_qlite_ok/archi_modulo.py (3.9.2)*
File  Edit  Format  Run  Options  Window  Help
import   sqlite3
def createBD():
    conn = sqlite3.connect("alumnos.db")
    cur = conn.cursor()
    cur.execute("create table if not exists alumnos (código integer, apellido text, nombre text, pc1 integer,
              pc2 integer, pc3 integer, promedio real )")
    conn.commit()
    conn.close()

def insertar(código, apellido, nombre, pc1, pc2, pc3, promedio):
    conn = sqlite3.connect("alumnos.db")
    cur = conn.cursor()
    cur.execute("INSERT INTO alumnos VALUES (?,?,?,?,?,?,?)",(código, apellido, nombre, pc1, pc2, pc3,
                                              promedio))
    conn.commit()
    conn.close()
def reporte ():
    conn = sqlite3.connect("alumnos.db")
    cur = conn.cursor()
    cur.execute("SELECT * FROM alumnos")
    rows = cur.fetchall()
    conn.close()
    print(" CÓDIGO   APELLIDO   NOMBRE    PC1    PC2    PC3   PROMEDIO ")
    print(" ----------------------------------------------------------- ")
    for i in rows:
        print(" ", i[0], "    ", i[1], "     ", i[2], "     ", i[3], "    ", i[4], "    ", i[5], "    ", '%.2f' % i[6])
def buscar (val_busc):
    encontrado = False
    for i in rows:
        if i[0] == val_busc:

            print("")
            print(" CÓDIGO   APELLIDO   NOMBRE    PC1    PC2    PC3   PROMEDIO ")
            print(" -------------------------------------------------------------- ")
            print(" ", i[0]," ", i[1]," ", i[2], " ", i[3]," ", i[4]," ", i[5]," ", i[6])
            encontrado = True
```

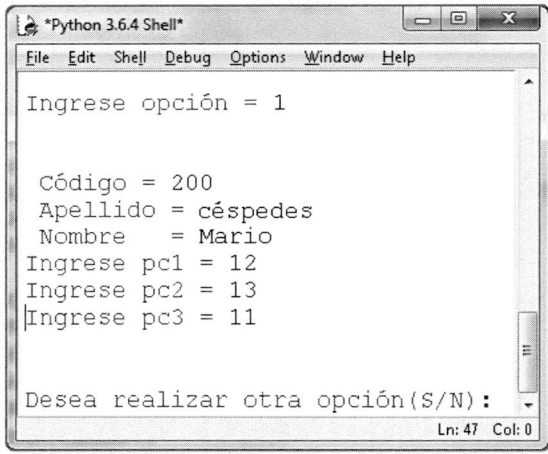

```
*Python 3.6.4 Shell*
File  Edit  Shell  Debug  Options  Window  Help

Ingrese opción = 1


 Código = 200
 Apellido = céspedes
 Nombre   = Mario
Ingrese pc1 = 12
Ingrese pc2 = 13
Ingrese pc3 = 11



Desea realizar otra opción(S/N):
```

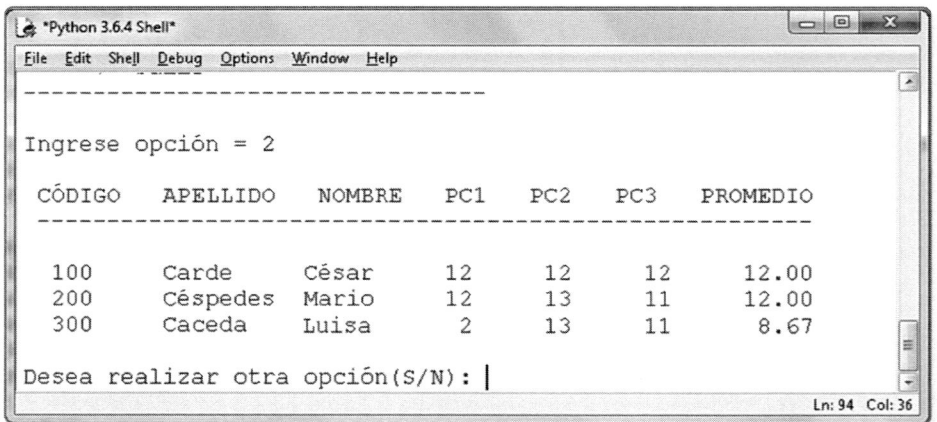

```
*Python 3.6.4 Shell*
File  Edit  Shell  Debug  Options  Window  Help

---------------------------------

Ingrese opción = 2

 CÓDIGO    APELLIDO    NOMBRE    PC1    PC2    PC3    PROMEDIO
 ---------------------------------------------------------

  100      Carde       César     12     12     12     12.00
  200      Céspedes    Mario     12     13     11     12.00
  300      Caceda      Luisa      2     13     11      8.67

Desea realizar otra opción(S/N):
```

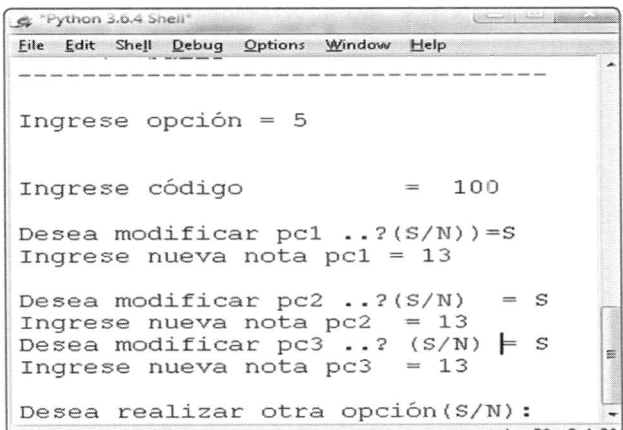

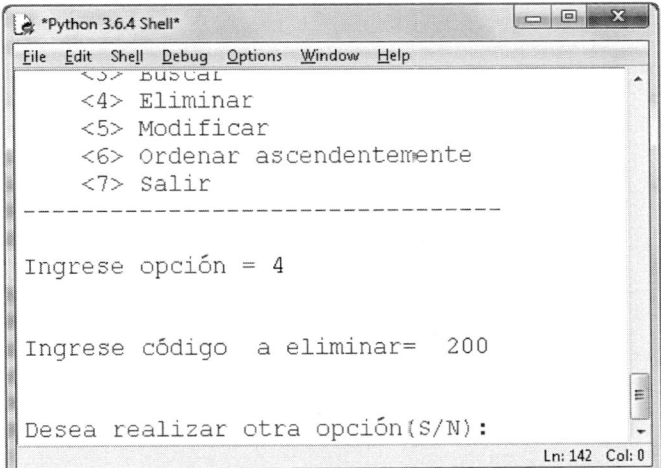

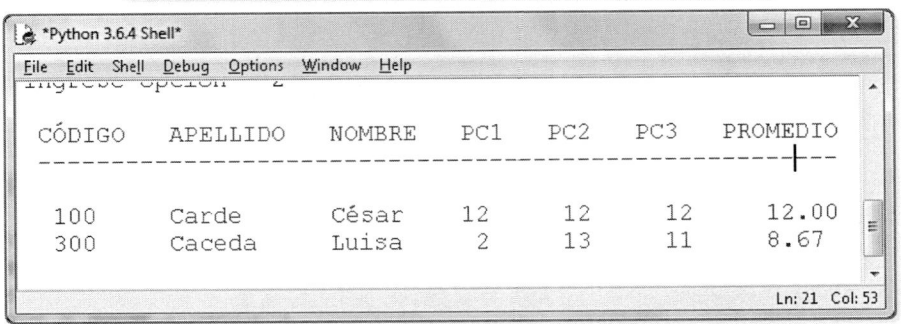

Python desde el laboratorio - Aplicaciones GUI, integración con base de datos e inteligencia artificial

TEODORO CÓRDOVA NERI, MSc. Y DRA. SARA ARANA TORRES

```
*archi_modulo.py - C:/Users/User/Desktop/Escritorio_oct-22/func_parte2/LP2020/BD_python_Setiembre_2020_OK/bd_qlite_ok/archi_modulo.py (3....    —    □    ×
File  Edit  Format  Run  Options  Window  Help
def modificar_pc1 (código, pc1):
    conn = sqlite3.connect("alumnos.db")
    cur = conn.cursor()
    cur.execute("UPDATE  alumnos SET pc1= ? WHERE código = ?", (pc1, código))
    conn.commit()
    conn.close()
def modificar_pc2 (código, pc2):
    conn = sqlite3.connect("alumnos.db")
    cur = conn.cursor()
    cur.execute("UPDATE  alumnos SET pc2= ? WHERE código = ?", (pc2, código))
    conn.commit()
    conn.close()
def modificar_pc3 (código, pc3):
    conn = sqlite3.connect("alumnos.db")
    cur = conn.cursor()
    cur.execute("UPDATE  alumnos SET pc3= ? WHERE código = ?", (pc3, código))
    conn.commit();        conn.close()
def modificar_prom (código):
    conn = sqlite3.connect("alumnos.db")
    cur = conn.cursor()
    cur.execute("SELECT * FROM alumnos")
    lista = cur.fetchall()
    conn.commit();        conn.close()
    for i in lista:
        if i[0] == código:
            promedio = (i[3] + i[4] + i[5])/3
    conn = sqlite3.connect("alumnos.db")
    cur = conn.cursor()
    cur.execute("UPDATE  alumnos SET promedio= ? WHERE código = ?", (promedio, código))
    conn.commit();        conn.close()
def ordenar_Asc ():
    conn = sqlite3.connect("alumnos.db")
    cur = conn.cursor()
    cur.execute("SELECT código, apellido, nombre, pc1, pc2, pc3, promedio FROM alumnos
            ORDER BY código")
    conn.commit()
                                                                                    Ln: 72  Col: 0
```

```
*archi_modulo.py - C:/Users/User/Desktop/Escritorio_oct-22/func_parte2/LP2020/BD_python_Setiembre_2020_OK/b...    —    □    ×
File  Edit  Format  Run  Options  Window  Help
    conn.close()
def eliminar (código):
    conn = sqlite3.connect("alumnos.db")
    cur = conn.cursor()
    cur.execute("DELETE FROM alumnos WHERE código = ?", (código,))
    conn.commit()
    conn.close()
def eliminar (código):
    conn = sqlite3.connect("alumnos.db")
    cur = conn.cursor()
    cur.execute("DELETE FROM alumnos WHERE código = ?", (código,))
    conn.commit();        conn.close()
def ocpiones ():
    print(" \n\tSISTEMA DE MANTENIMIENTO 2021")
    print("-" * 40)
    print("     \t<1> Ingresar alumno")
    print("     \t<2> Reporte")
    print("     \t<3> Buscar")
    print("     \t<4> Eliminar")
    print("     \t<5> Modificar")
    print("     \t<6> Ordenar ascendentemente")
    print("     \t<7> Salír")
    print("-" * 40)
createBD();
aux = "S"
import os
while aux == "S":
    ocpiones ()
    repuesta = int(input("Ingrese opción = "))
    if repuesta == 1:
        código = int(input(" Código   = "))
        apellido = input(" Apellido =  ")
        nombre = input(" Nombre   = ")
        pc1 = int(input("\t pc1 = "))
        pc2 = int(input("\t pc2 = "))
        pc3 = int(input("\t pc3 = "))
                                                                                    Ln: 106  Col: 0
```

```
    *archi_modulo.py - C:/Users/User/Desktop/Escritorio_oct-22/func_parte2/LP2020/BD_python_Setiembre_...   —   □   ×
File  Edit  Format  Run  Options  Window  Help
        pc3 = int(input("\t pc3 = "))
        promedio = (pc1 + pc2 +pc3)/3
        insertar(código, apellido, nombre, pc1, pc2, pc3, promedio)
    elif repuesta == 2:
        reporte ()
    elif repuesta == 3:
        val_busc = int(input("Ingrese código a buscar =  "))
        buscar (val_busc)
    elif repuesta == 4:
        código = int(input("Ingrese código  a eliminar="))
        eliminar (codigo)
    elif repuesta == 5:
        código = int(input("Ingrese código           =  "))
        resp1 = input("Desea modificar pc1 ..?(S/N))=")
        if (resp1 == "S"):
            pc1 = int(input("Ingrese nueva nota pc1 = "))
            modificar_pc1 (código, pc1)
            resp2 = input("Desea modificar pc2 ..?(S/N)  = ")
        if (resp2 == "S"):
            pc2 = int(input("Ingrese nueva nota pc2  = "))
            modificar_pc2 (código, pc2)
        resp3 = input("Desea modificar pc3 ..? (S/N) = ")
        if (resp3 == "S"):
            pc3 = int(input("Ingrese nueva nota pc3  = "));

            modificar_pc3 (código, pc3)
            modificar_prom(código)
    elif repuesta == 6:
        ordenar_Asc ()
    elif repuesta == 7:
        print("GRACIAS")
        break
    elif repuesta > 7 or repuesta < 0:
        print("Opción no válida...");
        break
    print("")
                                                                    Ln: 144  Col: 0
```

Ejemplo:

Diseñar un programa usando la técnica de TK, la cual permita:

a. Crear una interfaz de validación con las siguientes características:

Datos de validación: Usuario = Córdova y clave = 100

Si el usuario olvida sus datos, el sistema provee de ayuda, tal como se ilustra en la siguiente interfaz.

```
    *archi_modulo.py - C:/Users/User/Desktop/Escritorio_oct-22/func_parte2/LP2020/BD_python_Setie...   —   □   ×
File  Edit  Format  Run  Options  Window  Help
        print("Opción no válida...");
        break
    print("")
    aux = input ("Desea realizar otra opción(S/N): ")
    os.system('cls')
                                                                    Ln: 153  Col: 0
```

b. Incluir un botón de ayuda, de modo que cuando el usuario olvide sus datos de validación, tendrá la ayuda respectiva.

c. Aceptar solo tres errores.

d. Informar en un botón de la hora y fecha de ingreso al sistema.

e. Los datos de validación serán comparados con datos que se encuentran en una base de datos y su tabla de usuarios (ver interfaz).

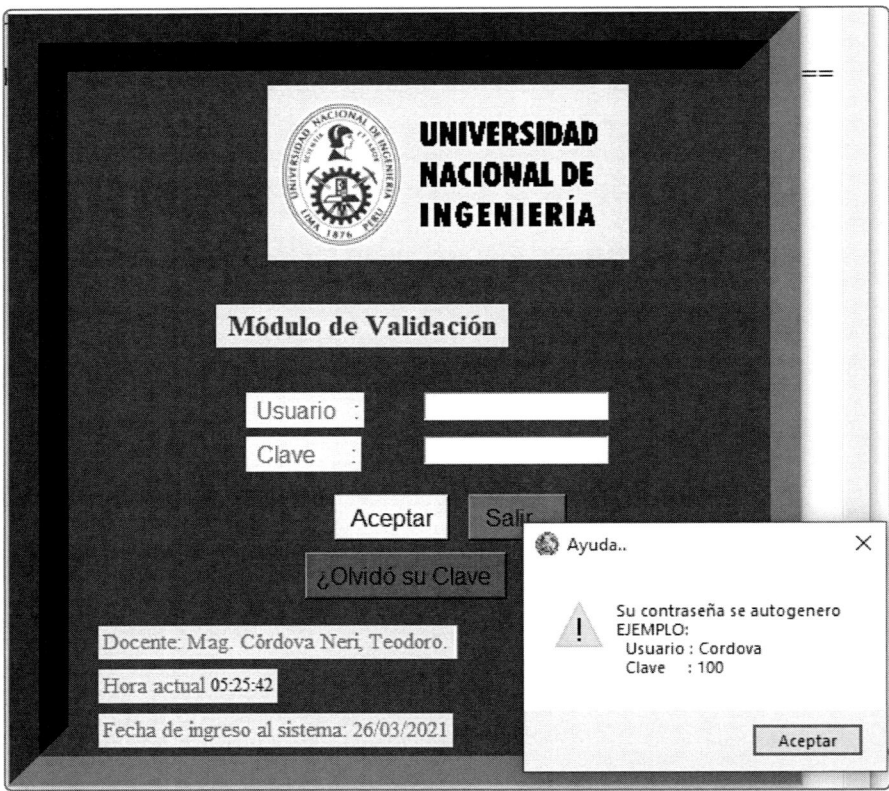

Segunda forma de la interfaz:

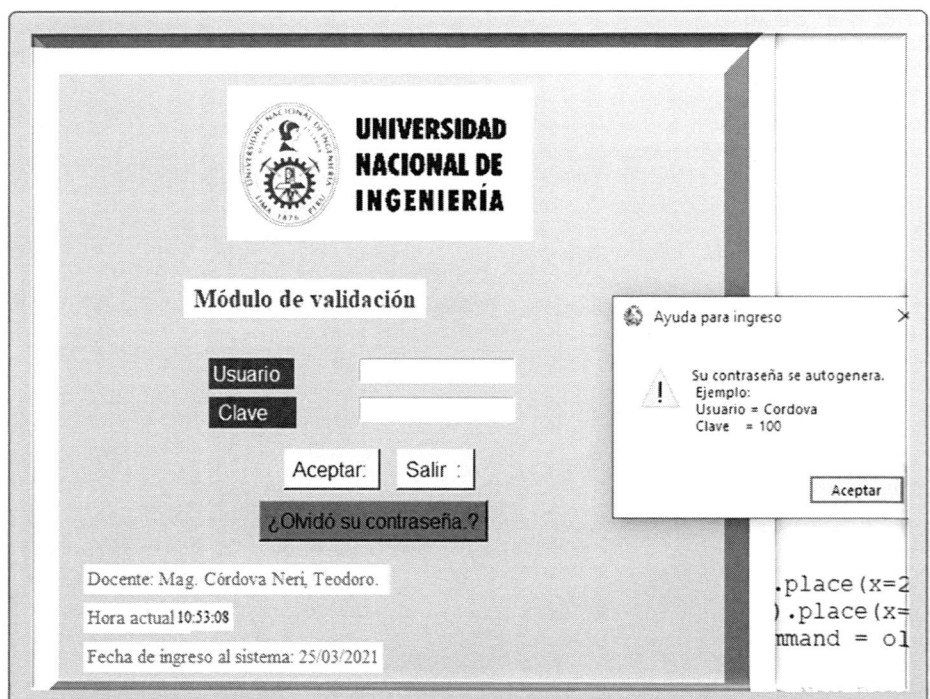

Base de datos y tabla para usuario:

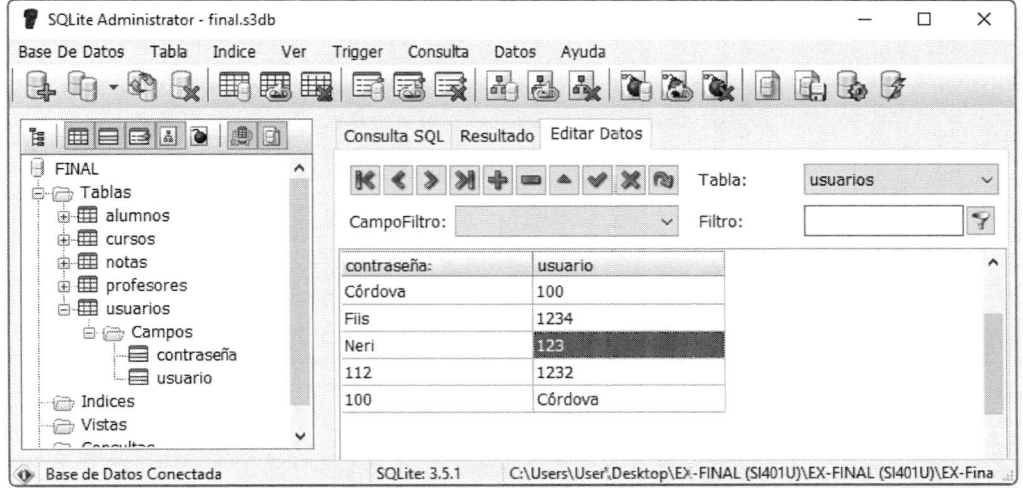

Si los datos son correctos presentarán la siguiente interfaz:

Ingreso de profesores Opción 1 Registro de docente

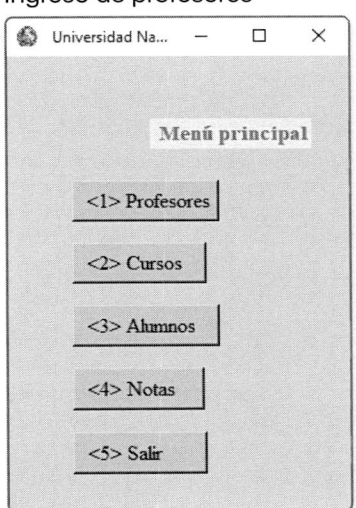 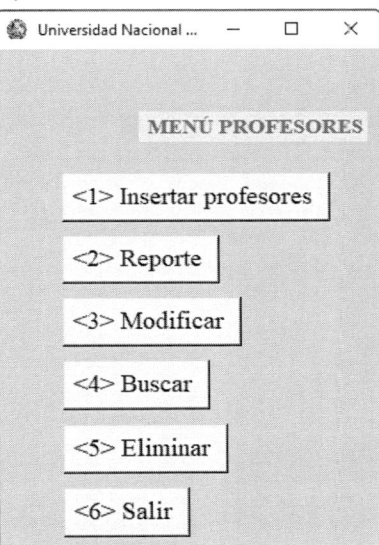 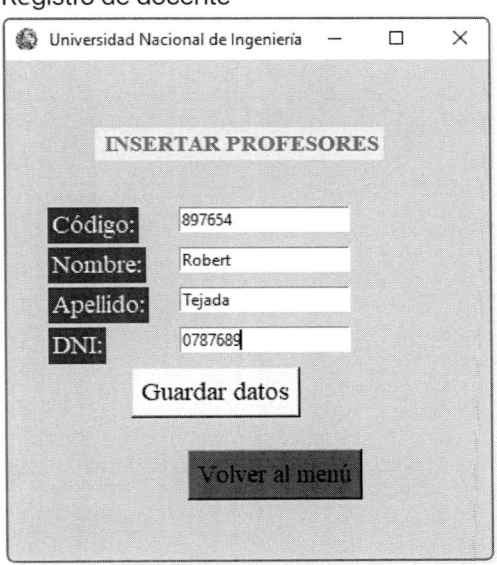

Reporte de docentes:

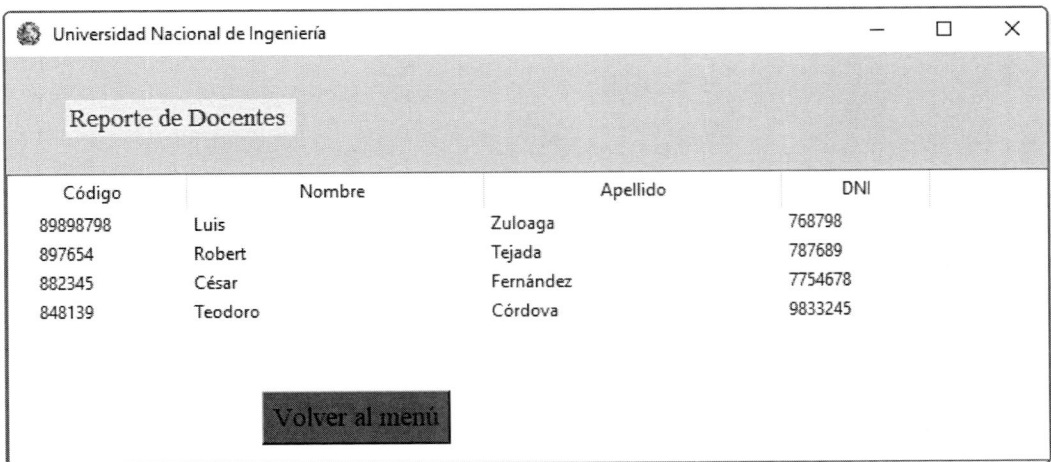

Cursos:

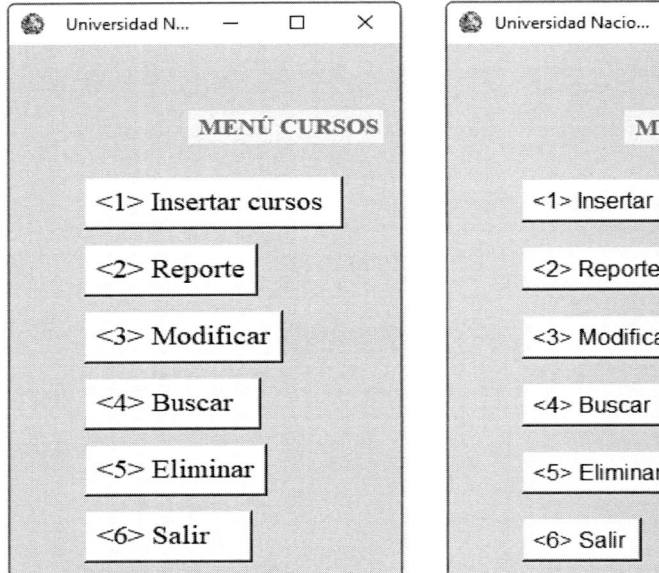

Reporte de cursos:

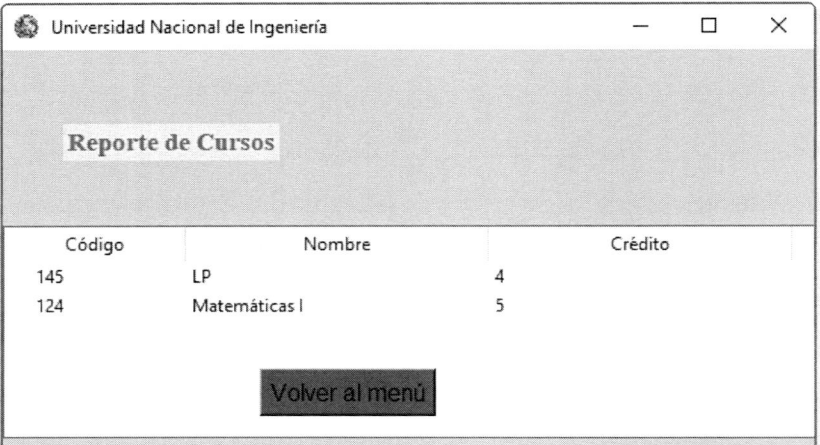

Reporte de alumnos:

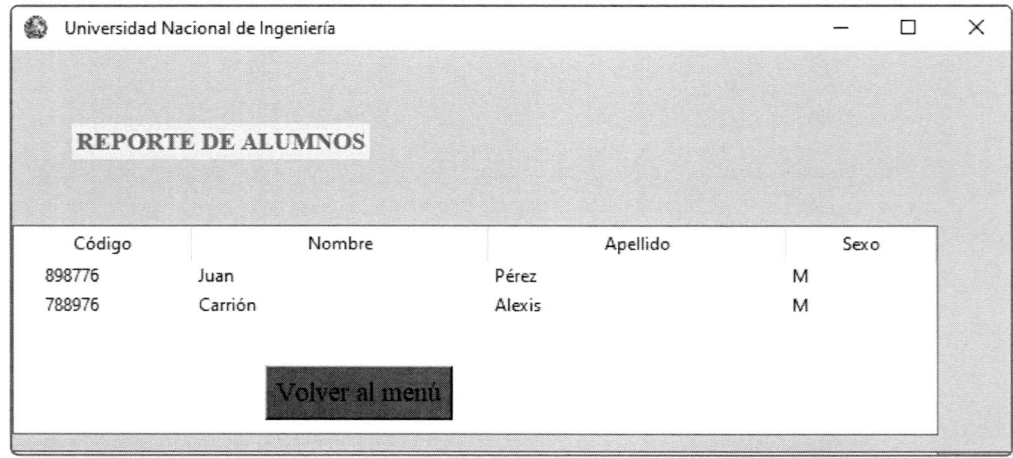

Interfaz para registrar notas de alumnos:

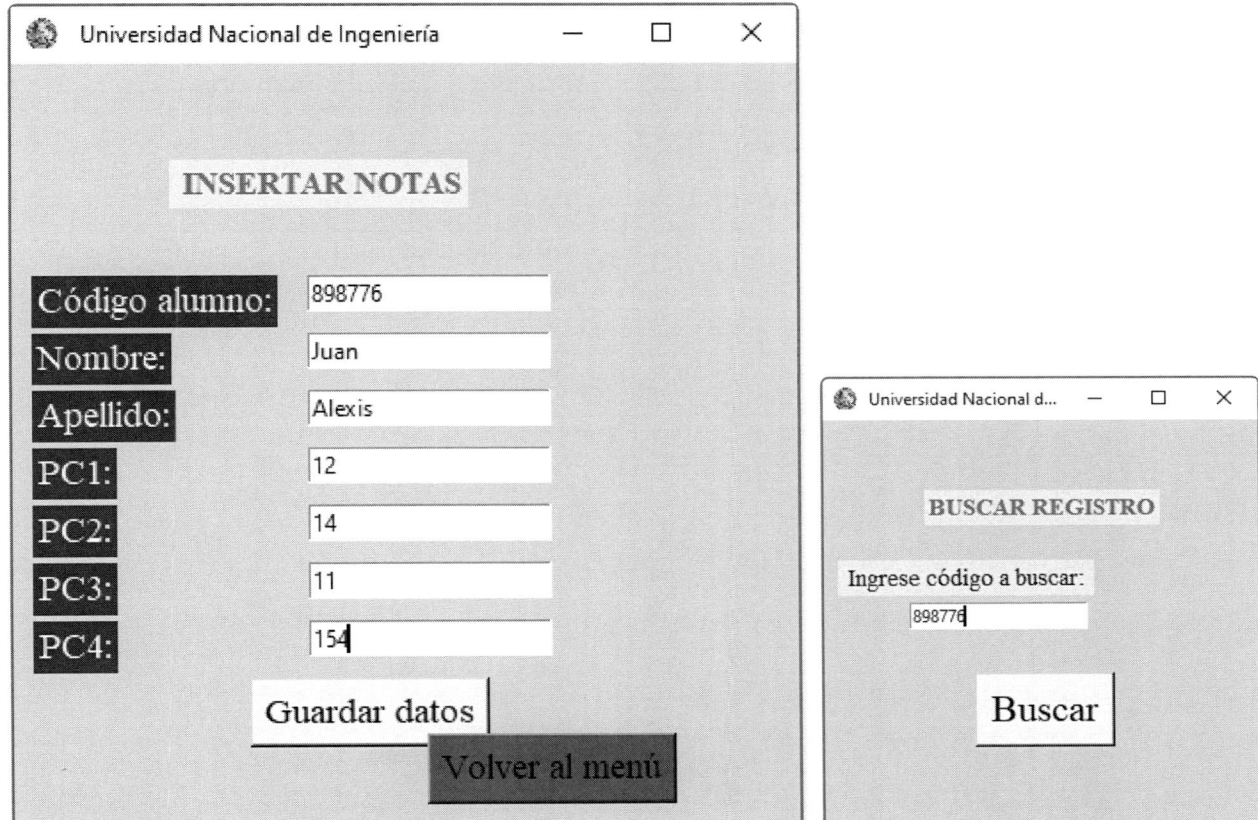

De este modo se puede continuar con la ilustración de las interfaces restantes. Ahora se presentará el programa fuente, el cual es extenso debido al uso de instrucciones con TK.

Cabe recordar que después del diseño de interfaces se hará uso del código fuente en Python para ingresar datos en cada tabla de alumnos, cursos y notas de la base de datos FINAL.db.

Solución:

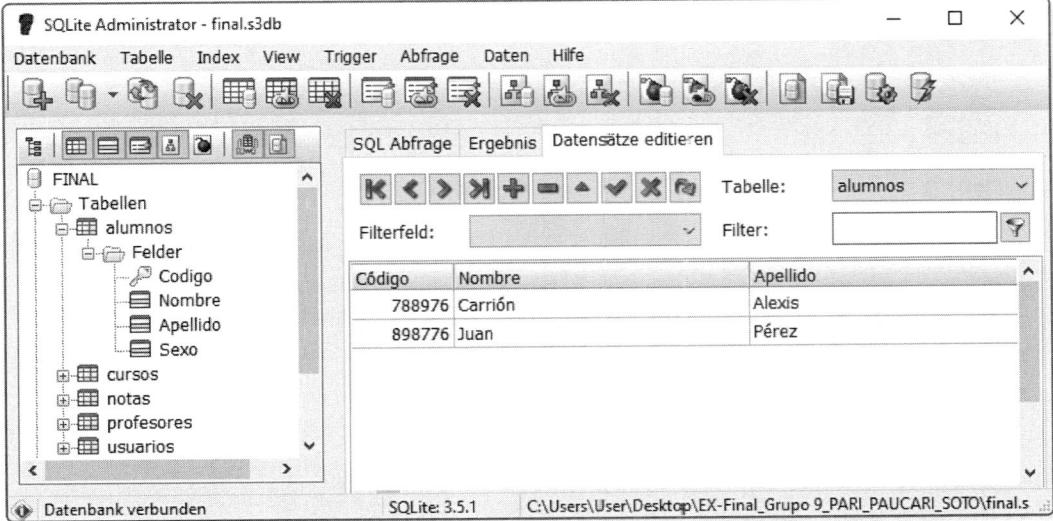

```
*FINAL.py - C:\Users\User\Desktop\EX-FINAL (SI401U) (1)\FINAL.py (3.9.2)*     —  □  ✕
File  Edit  Format  Run  Options  Window  Help
import tkinter
import datetime
from tkinter import ttk
from tkinter import *
from tkinter import messagebox
import sys
import time
import sqlite3

raiz=Tk()
raiz.title(" Universidad Nacional de Ingeniería")
raiz.resizable(1,1)
raiz.iconbitmap('logo_uni.ico')
raiz.config(width="610",height="550")
frame1=Frame()
frame1.pack()


imagenUNI=PhotoImage(file ="logo2.gif")
lblImagen=Label(raiz, image=imagenUNI).place(x=175,y=50)

frame1.config(bg="blue")
frame1.config(width="610",height="550")
frame1.config(bd="40")
frame1.config(relief="sunken")
frame1.config(cursor="hand2")
frame1.config(cursor="pirate")

nombre=Label(raiz,text=" Módulo de Validación ",fg="blue",font=("Times New Roman",15,"bold"))
nombre.place(x=140,y=200)

cuadroUsuario = Entry(frame1)
cuadroUsuario.place(x=240, y=220)
cuadroPass = Entry(frame1, show="*")
cuadroPass.place(x=240,y=250)

                                                                    Ln: 18  Col: 0
```

```
*FINAL.py - C:\Users\User\Desktop\EX-FINAL (SI401U) (1)\FINAL.py (3.9.2)*     —  □  ✕
File  Edit  Format  Run  Options  Window  Help
UsuarioLabel = Label(frame1, text=" Usuario    :", font=(14),fg="red",bg="yellow")
UsuarioLabel.place(x=120,y=220)

PassLabel = Label(frame1, text=" Clave      :", font=(14),fg="red",bg="yellow")
PassLabel.place(x=120,y=250)

def menup():
    global raiz2
    raiz2=Tk()
    raiz2.title("  Universidad Nacional de Ingeniería")
    raiz2.resizable(1,1)
    raiz2.configure(background="olive Drab2")
    raiz2.iconbitmap('logo_uni.ico')
    raiz2.config(width="400",height="400")
    nombre2=Label(raiz2,text=" Menú principal",fg="deep pink",font=("Times New Roman",13,"bol
    nombre2.place(x=110,y=50)
    botoncrear=tkinter.Button(raiz2,text =" <1> Profesores", font=("Times New Roman",12), bg=
                              command = menuprof).place(x=50,y=100)
    botonmenor=tkinter.Button(raiz2,text = " <2> Cursos     ", font=("Times New Roman",12), bg=
                              command = cursos).place(x=50,y=150)
    botonelim=tkinter.Button(raiz2,text =  " <3> Alumnos   ",  font=("Times New Roman",12), bg:
                             command = menualum).place(x=50,y=200)
    botonmod=tkinter.Button(raiz2,text  =  " <4> Notas    ",  font=("Times New Roman",12), bg=
                            command = menunotas).place(x=50,y=250)
    botonsal=tkinter.Button(raiz2,text  =  " <5> Salir      ",  font=("Times New Roman",12), 
                            command = salir2).place(x=50,y=300)
def salir2():
    raiz2.destroy()

def cursos():
    global raiz30
    raiz30=Tk()
    raiz30.title("   Universidad Nacional de Ingeniería")
    raiz30.resizable(1,1)
    raiz30.configure(background="olive Drab2")
    raiz30.iconbitmap('logo_uni.ico')

                                                                    Ln: 69  Col: 57
```

```
*FINAL.py - C:\Users\User\Desktop\EX-FINAL (SI401U) (1)\FINAL.py (3.9.2)*          —  □  ×
File  Edit  Format  Run  Options  Window  Help
    raiz30.config(width="400",height="400")
    nombre30=Label(raiz30,text=" MENÚ CURSOS",fg="red",font=("Times New Roman",13,"bold"))
    nombre30.place(x=120,y=50)
    botoninsert30=tkinter.Button (raiz30,text = "<1> Insertar cursos ", font=("Times New Roman",15), bg="ye
                            command = insert2).place(x=50,y=100)
    botonrepor30=tkinter.Button (raiz30,text = "<2> Reporte ", font=("Times New Roman",15), bg="yellow",
                            command = report2).place(x=50,y=150)
    botonmod30=tkinter.Button (raiz30,text = "<3> Modificar ", font=("Times New Roman",15), bg="yellow",
                            command = mod2).place(x=50,y=200)
    botonbusc30=tkinter.Button (raiz30,text = "<4> Buscar ", font=("Times New Roman",15), bg="yellow",
                            command = busc2).place(x=50,y=250)
    botonelim30=tkinter.Button (raiz30,text = "<5> Eliminar ", font=('Times New Roman',15), bg="yellow",
                            command = elim2).place(x=50,y=300)
    botonsal30=tkinter.Button (raiz30,text = "<6> Salir ", font=("Times New Roman",15), bg="yellow",
                            command = salir3).place(x=50,y=350)
def salir3():
    raiz30.destroy()

def elim2():
    global nombre471
    raiz481=Tk()
    raiz481.title("  Universidad Nacional de Ingeniería")
    raiz481.resizable(1,1)
    raiz481.configure(background="olive Drab2")
    raiz481.iconbitmap('logo_uni.ico')
    raiz481.config(width="400",height="400")
    nombre481=Label(raiz481,text=" ELIMINAR REGISTRO",fg="red",font=("Times New Roman",13,"bold"))
    nombre481.place(x=70,y=50)
    nombre491=Label(raiz481,text=" Ingrese código a eliminar: ",fg="black",font=("Times New Roman",13,"bold
    nombre491.place(x=10,y=100)
    nombre471= Entry(raiz481)
    nombre471.place(x=60, y=130)
    botonbusc=tkinter.Button (raiz481,text = "Eliminar ", font=("Times New Roman",20), bg="yellow",
                            command = uy3).place(x=105,y=180)
def uy3():
    raiz510=Tk()
                                                                              Ln: 96  Col: 0
```

```
*FINAL.py - C:\Users\User\Desktop\EX-FINAL (SI401U) (1)\FINAL.py (3.9.2)*          —  □  ×
File  Edit  Format  Run  Options  Window  Help
    raiz510.title("  Universidad Nacional de Ingeniería")
    raiz510.resizable(1,1)
    raiz510.configure(background="olive Drab2")
    raiz510.iconbitmap('logo_uni.ico')
    raiz510.config(width="400",height="400")
    messagebox.showwarning("UNI - FIIS","ELIMINADO CON ÉXITO")
    conexion = sqlite3.connect ("final.s3db")
    cursor = conexion.cursor()
    cursor.execute('select * from cursos ')
    hola="delete from cursos where codcurso="+nombre471.get()
    cursor.execute(hola)
    conexion.commit()
    conexion.close()

def busc2():
    global nombre470
    raiz480=Tk()
    raiz480.title(" Universidad Nacional de Ingeniería")
    raiz480.resizable(1,1)
    raiz480.configure(background="olive Drab2")
    raiz480.iconbitmap('logo_uni.ico')
    raiz480.config(width="400",height="400")
    nombre480=Label(raiz480,text=" BUSCAR REGISTRO",fg="red",font=("Times New Roman",13,"bold"))
    nombre480.place(x=80,y=50)
    nombre490=Label(raiz480,text=" Ingrese código a buscar: ",fg="black",font=("Times New Roman",13))
    nombre490.place(x=10,y=100)
    nombre470= Entry(raiz480)
    nombre470.place(x=60, y=130)
    botonbusc=tkinter.Button (raiz480,text = "Buscar ", font=("Tines New Roman",20), bg="yellow",
                            command = uy2).place(x=110,y=180)
def uy2():
    global nombre770, nombre670,raiz100
    raiz500=Tk()
    raiz500.title(" _ Universidad Nacional de Ingeniería")
    raiz500.resizable(1,1)
    raiz500.configure(background="snow3")
                                                                              Ln: 136  Col: 0
```

```
*FINAL.py - C:\Users\User\Desktop\EX-FINAL (SI401U) (1)\FINAL.py (3.9.2)*              —    □    ×

File  Edit  Format  Run  Options  Window  Help
    raiz500.iconbitmap('logo_uni.ico')
    raiz500.config(width="400",height="400")
    miConexion = sqlite3.connect ("final.s3db")
    miCursor = miConexion.cursor ()
    nombre30=Label(raiz500,text="REPORTE DE CURSOS",fg="red",font=("Times New Roman",13,"bold"))
    nombre30.place(x=80,y=50)
    tree=ttk.Treeview(raiz500,height=10,columns=('#0','#1','#2',))
    tree.place(x=0,y=120)
    tree.column('#0',width=120)
    tree.heading('#0', text="Código",anchor=CENTER)
    tree.heading('#1', text="Curso",anchor=CENTER)
    tree.heading('#2', text="Crédito",anchor=CENTER)
    registros=tree.get_children()
    for elemento in registros:
        tree.delete(elemento)
    try:
        miCursor.execute("SELECT * FROM cursos where codcurso="+nombre470.get())
        for row in miCursor:
            tree.insert("",0,text=row[0], values=(row[1],row[2],))
    except:
        pass
    botonvolver=tkinter.Button(raiz500,text = "Volver al menú", font=("Times New Roman",14), bg="green",
                        command = volv5000).place(x=170,y=300)

def volv5000():
    raiz500.destroy()
    cursos()

def mod2():
    global nombre170
    raiz80=Tk()
    raiz80.title("  Universidad Nacional de Ingeníeria")
    raiz80.resizable(1,1)
    raiz80.configure(background="olive Drab2")
    raiz80.iconbitmap('logo_uni.ico')
    raiz80.config(width="400",height="400")

                                                                              Ln: 160   Col: 0
```

```
*FINAL.py - C:\Users\User\Desktop\EX-FINAL (SI401U) (1)\FINAL.py (3.9.2)*              —    □    ×

File  Edit  Format  Run  Options  Window  Help
    nombre80=Label(raiz80,text=" MODIFICAR REGISTRO",fg="red",font=("Times New Roman",13,"bold"))
    nombre80.place(x=80,y=50)
    nombre90=Label(raiz80,text=" Ingrese código de curso a modificar: ",fg="black",font=("Times New Roman",
    nombre90.place(x=10,y=100)
    nombre170= Entry(raiz80)
    nombre170.place(x=60, y=130)
    botonmodf=tkinter.Button (raiz80,text = "Modificar ", font=("Times New Roman",20), bg="yellow", comman

def uy():
    global nombre270, nombre370,raiz100
    raiz100=Tk()
    raiz100.title("   Universidad Nacional de Ingeniería")
    raiz100.resizable(1,1)
    raiz100.configure(background="olive Drab2")
    raiz100.iconbitmap('logo_uni.ico')
    raiz100.config(width="400",height="400")
    nombre190=Label(raiz100,text=" Ingrese el nuevo nombre del curso: ",fg="black",font=("Times New Roman",
    nombre190.place(x=10,y=80)
    nombre270= Entry(raiz100)
    nombre270.place(x=60, y=120)
    nombre390=Label(raiz100,text=" Ingrese el nuevo creditaje: ",fg="black",font=("Times New Roman",13))
    nombre390.place(x=10,y=150)
    nombre370= Entry(raiz100)
    nombre370.place(x=60, y=180)
    botonguar=tkinter.Button (raiz100,text = "Modificar datos", font=("Times New Roman",20), bg="yellow",
                        command =confe).place(x=80,y=220)
def confe():
    conexion = sqlite3.connect('final.s3db')
    cursor=conexion.cursor()
    cursor.execute('select * from cursos')
    sql="update cursos set nomcur='"+nombre270.get()+"', cred='"+nombre370.get()+"' where codcurso="+nombr
    cursor.execute(sql)
    conexion.commit()
    conexion.close()
    raiz100.destroy()

                                                                              Ln: 211   Col: 93
```

```
*FINAL.py - C:\Users\User\Desktop\EX-FINAL (SI401U) (1)\FINAL.py (3.9.2)*          —   □   ×
File  Edit  Format  Run  Options  Window  Help
def insert2():
    global raiz31,cod31,nom31,apell31,cred31
    raiz30.destroy()
    raiz31=Tk()
    raiz31.title(" Universidad Nacional de Ingeniería")
    raiz31.resizable(1,1)
    raiz31.configure(background="olive Drab2")
    raiz31.iconbitmap('logo_uni.ico')
    raiz31.config(width="400",height="400")
    nombre31=Label(raiz31,text=" INSERTAR CURSOS",fg="red",font=("Times New Roman",13,"bold"))
    nombre31.place(x=70,y=50)
    cod= Label(raiz31, text="Código:", font=("Times New Roman",14),fg="white",bg="blue")
    cod.place(x=30,y=110)
    cod31 = Entry(raiz31)
    cod31.place(x=110, y=110)
    nom= Label(raiz31, text="Nombre:", font=("Times New Roman",14),fg="white",bg="blue")
    nom.place(x=30,y=140)
    nom31 = Entry(raiz31)
    nom31.place(x=110, y=140)
    cred= Label(raiz31, text="Créditos:", font=("Times New Roman",14),fg="white",bg="blue")
    cred.place(x=30,y=200)
    cred31=Entry(raiz31)
    cred31.place(x=110, y=200)
    botonguar31=tkinter.Button (raiz31,text = "Guardar datos", font=('Times New Roman',14), bg="yellow",
                              command = guardar2).place(x=90,y=250)
    botonvolver31=tkinter.Button (raiz31,text = "Volver al menú", font=("Times New Roman",14), bg="yellow",
                              command = volv2).place(x=130,y=280)
def guardar2():
    conexion = sqlite3.connect('final.s3db')
    cursor=conexion.cursor()
    datos= cod31.get(), nom31.get(), cred31.get()
    cursor.execute("insert into cursos(codcurso,nomcur,cred) values (?,?,?)",(datos))
    cursor.execute('select * from cursos')
    cred=cred31.get()
    if not (cred.isdigit()):
        messagebox.showwarning("Cuidado!", "Creditaje incorrecto")
    cod31.delete(0,END)
                                                                          Ln: 246  Col: 28
```

```
*FINAL.py - C:\Users\User\Desktop\EX-FINAL (SI401U) (1)\FINAL.py (3.9.2)*          —   □   ×
File  Edit  Format  Run  Options  Window  Help
    nom31.delete(0,END)
    cred31.delete(0,END)
    conexion.commit()
    conexion.close()
def volv2():
    raiz31.destroy()
    cursos()
def report2():
    raiz50=Tk()
    raiz50.title(" Universidad Nacional de Ingeniería")
    raiz50.resizable(1,1)
    raiz50.configure(background="olive Drab2")
    raiz50.iconbitmap('logo_uni.ico')
    raiz50.config(width="700",height="400")
    miConexion = sqlite3.connect ("final.s3db")
    miCursor = miConexion.cursor ()
    nombre8000=Label(raiz50,text="REPORTE DE CURSOS",fg="red",
                 font=("Times New Roman",13,"bold"))
    nombre8000.place(x=40,y=50)
    tree=ttk.Treeview(raiz50,height=10,columns=('#0','#1','#2','#3'))
    tree.place(x=0,y=120)
    tree.column('#0',width=120)
    tree.heading('#0', text="Código",anchor=CENTER)
    tree.heading('#1', text="Nombre",anchor=CENTER)
    tree.heading('#2', text="Crédito",anchor=CENTER)
    registros=tree.get_children()
    for elemento in registros:
        tree.delete(elemento)
    try:
        miCursor.execute("SELECT * FROM cursos")
        for row in miCursor:
            tree.insert("",0,text=row[0], values=(row[1],row[2],))
    except:
        pass
    botonvolver=tkinter.Button (raiz50,text = "Volver al menú", font=14, bg="green",
                              command = volv0).place(x=
                                                                          Ln: 281  Col: 29
```

```
*FINAL.py - C:\Users\User\Desktop\EX-FINAL (SI401U) (1)\FINAL.py (3.9.2)*        —   □   ×
File  Edit  Format  Run  Options  Window  Help
        nom31.delete(0,END)
        cred31.delete(0,END)
        conexion.commit()
        conexion.close()
def volv2():
        raiz31.destroy()
        cursos()
def report2():
        raiz50=Tk()
        raiz50.title(" Universidad Nacional de Ingeniería")
        raiz50.resizable(1,1)
        raiz50.configure(background="olive Drab2")
        raiz50.iconbitmap('logo_uni.ico')
        raiz50.config(width="700",height="400")
        miConexion = sqlite3.connect ("final.s3db")
        miCursor = miConexion.cursor ()
        nombre8000=Label(raiz50,text="REPORTE DE CURSOS",fg="red",
                        font=("Times New Roman",13,"bold"))
        nombre8000.place(x=40,y=50)
        tree=ttk.Treeview(raiz50,height=10,columns=('#0','#1','#2','#3'))
        tree.place(x=0,y=120)
        tree.column('#0',width=120)
        tree.heading('#0', text="Código",anchor=CENTER)
        tree.heading('#1', text="Nombre",anchor=CENTER)
        tree.heading('#2', text="Crédito",anchor=CENTER)
        registros=tree.get_children()
        for elemento in registros:
            tree.delete(elemento)
        try:
            miCursor.execute("SELECT * FROM cursos")
            for row in miCursor:
                tree.insert("",0,text=row[0], values=(row[1],row[2],))
        except:
            pass
        botonvolver=tkinter.Button (raiz50,text = "Volver al menú", font=14, bg="green",
                                command = volv0).place(x=
                                                                        Ln: 281  Col: 29
```

```
*FINAL.py - C:\Users\User\Desktop\EX-FINAL (SI401U) (1)\FINAL.py (3.9.2)*        —   □   ×
File  Edit  Format  Run  Options  Window  Help
        raiz482.title("  Universidad Nacional de Ingeniería")
        raiz482.resizable(1,1)
        raiz482.configure(background="snow3")
        raiz482.iconbitmap('logo_uni.ico')
        raiz482.config(width="400",height="400")
        nombre482=Label(raiz482,text=" ELIMINAR REGISTRO",fg="red",font=("Times New Roman",13,"bold"))
        nombre482.place(x=70,y=50)
        nombre492=Label(raiz482,text=" Ingrese código del profesor para eliminar: ",fg="black",font=("Times Ne
        nombre492.place(x=10,y=100)
        nombre472= Entry(raiz482)
        nombre472.place(x=60, y=130)
        botonbusc=tkinter.Button (raiz482,text = "Eliminar ", font=("Times New Roman",20), bg="yellow",
                                command = uy135).place(x=105,y=180)
def uy135():
        raiz51=Tk()
        raiz51.title(" GRUPO  Universidad Nacional de Ingeniería")
        raiz51.resizable(1,1)
        raiz51.configure(background="olive Drab2")
        raiz51.iconbitmap('logo_uni.ico')
        raiz51.config(width="400",height="400")
        messagebox.showwarning("FIIS - UNI","ELIMINADO CON ÉXITO")
        conexion = sqlite3.connect ("final.s3db")
        cursor = conexion.cursor()
        cursor.execute('select * from profesores ')
        hola="delete from profesores where Código="+nombre472.get()
        cursor.execute(hola)
        conexion.commit()
        conexion.close()
def mod1():
        global nombre180
        raiz21=Tk()
        raiz21.title("  Universidad Nacional de Ingeniería")
        raiz21.resizable(1,1)
        raiz21.configure(background="olive Drab2")
        raiz21.iconbitmap('logo_uni.ico')
        raiz21.config(width="400",height="400")
        nombre88=Label(raiz21,text=" MODIFICAR REGISTRO",fg="red",font=("Times New Roman",13,"bold"))
                                                                        Ln: 358  Col: 0
```

```
*FINAL.py - C:\Users\User\Desktop\EX-FINAL (SI401U) (1)\FINAL.py (3.9.2)*                    —    □    ×
File  Edit  Format  Run  Options  Window  Help
    nombre88=Label(raiz21,text=" MODIFICAR REGISTRO",fg="red",font=("Times New Roman",13,"bold"))
    nombre88.place(x=70,y=50)
    nombre99=Label(raiz21,text=" Ingrese código del profesor a modificar: ",fg="red",font=("Times New Roman
    nombre99.place(x=10,y=100)
    nombre180= Entry(raiz21)
    nombre180.place(x=60, y=130)
    botonmodf=tkinter.Button (raiz21,text = "Modificar ", font=20, bg="yellow", command = uy11).place(x=105

def uy11():
    global nombre276, nombre376,nombre476,raiz106
    raiz106=Tk()
    raiz106.title("  Universidad Nacional de Ingeniería")
    raiz106.resizable(1,1)
    raiz106.configure(background="olive Drab2")
    raiz106.iconbitmap('logo_uni.ico')
    raiz106.config(width="400",height="400")
    nombre11=Label(raiz106,text=" Ingrese el nuevo nombre del profesor: ",fg="black",font=("Times New Roman
    nombre11.place(x=10,y=80)
    nombre276= Entry(raiz106)
    nombre276.place(x=60, y=120)
    nombre33=Label(raiz106,text=" Ingrese el nuevo Apellido del profesor: ",fg="black",font=("Times New Ro
    nombre33.place(x=10,y=150)
    nombre376= Entry(raiz106)
    nombre376.place(x=60, y=180)
    nombre44=Label(raiz106,text=" Ingrese el nuevo DNI: ",fg="black",font=("Times New Roman",13))
    nombre44.place(x=10,y=210)
    nombre476= Entry(raiz106)
    nombre476.place(x=60, y=240)
    botonguar=tkinter.Button (raiz106,text = "Modificar datos', font=("Times New Roman",20), bg="yellow",
                            command =confe11).place(x=120,y=250)

def confe11():
    conexion = sqlite3.connect('final.s3db')
    cursor=conexion.cursor()
    cursor.execute('select * from profesores')
    sql="update profesores set Nombre='"+nombre276.get()+"', Apellido='"+nombre376.get()+"',DNI='"
    +nombre476.get()+"' where Código="+nombre180.get()
                                                                                       Ln: 358  Col: 0
```

```
*FINAL.py - C:\Users\User\Desktop\EX-FINAL (SI401U) (1)\FINAL.py (3.9.2)*                    —    □    ×
File  Edit  Format  Run  Options  Window  Help
    +nombre476.get()+"' where Código="+nombre180.get()
    cursor.execute(sql)
    conexion.commit()
    conexion.close()
    raiz106.destroy()
def report1():
    global raiz5
    raiz5=Tk()
    raiz5.title(" Universidad Nacional de Ingeniería")
    raiz5.resizable(1,1)
    raiz5.configure(background="snow3")
    raiz5.iconbitmap('logo_uni.ico')
    raiz5.config(width="700",height="400")
    miConexion = sqlite3.connect ("final.s3db")
    miCursor = miConexion.cursor ()
    nombre123=Label(raiz5,text="REPORTE DE PROFESORES",fg="red",font=("Times New Roman",13,"bold"))
    nombre123.place(x=40,y=50)
    tree=ttk.Treeview(raiz5,height=10,columns=('#0','#1','#2','#3'))
    tree.place(x=0,y=120)
    tree.column('#0',width=120)
    tree.heading('#0', text="Código",anchor=CENTER)
    tree.heading('#1', text="Nombre",anchor=CENTER)
    tree.heading('#2', text="Apellido",anchor=CENTER)
    tree.column('#3',width=100)
    tree.heading('#3', text="DNI",anchor=CENTER)
    registros=tree.get_children()
    for elemento in registros:
        tree.delete(elemento)
    try:
        miCursor.execute("SELECT * FROM profesores")
        for row in miCursor:
            tree.insert("",0,text=row[0], values=(row[1],row[2],row[3]))
    except:
        pass
    botonvolver=tkinter.Button (raiz5,text = "Volver al menú", font=("Times New Roman",14), bg="green",
                            command = volv123).place(x=170,y=300)
def volv123():
                                                                                       Ln: 419  Col: 0
```

```
*FINAL.py - C:\Users\User\Desktop\EX-FINAL (SI401U) (1)\FINAL.py (3.9.2)*          —   □   ×
File  Edit  Format  Run  Options  Window  Help
def volv123():
    raiz5.destroy()
    menuprof()
def busc1():
    global nombre403
    raiz483=Tk()
    raiz483.title(" Universidad Nacional de Ingenieria")
    raiz483.resizable(1,1)
    raiz483.configure(background="olive Drab2")
    raiz483.iconbitmap('logo_uni.ico')
    raiz483.config(width="400",height="400")
    nombre483=Label(raiz483,text=" BUSCAR REGISTRO",fg="red",font=("Times New Roman",13,"bold"))
    nombre483.place(x=80,y=50)
    nombre493=Label(raiz483,text=" Ingrese código a buscar: ",fg="red",font=("Times New Roman",13))
    nombre493.place(x=10,y=100)
    nombre403= Entry(raiz483)
    nombre403.place(x=60, y=130)
    botonbusc=tkinter.Button (raiz483,text = "Buscar ", font=("Times New Roman",20), bg="yellow",
                              command = uy400).place(x=105,y=180)
def uy400():
    raiz505=Tk()
    raiz505.title("  Universidad Nacional de Ingenieria")
    raiz505.resizable(1,1)
    raiz505.configure(background="olive Drab2")
    raiz505.iconbitmap('logo_uni.ico')
    raiz505.config(width="400",height="400")
    miConexion = sqlite3.connect ("final.s3db")
    miCursor = miConexion.cursor()
    nombre1234=Label(raiz505,text="Reporte de Profesores",fg="green2",font=("Times New Roman",13,"redd"
    nombre1234.place(x=40,y=50)
    tree=ttk.Treeview(raiz505,height=10,columns=('#0','#1','#2','#3',))
    tree.place(x=0,y=120)
    tree.column('#0',width=120)
    tree.heading('#0',  text="Código",anchor=CENTER)
    tree.heading('#1',  text="Nombre",anchor=CENTER)
    tree.heading('#2',  text="Apellido",anchor=CENTER)
    tree.heading('#3',  text="DNI",anchor=CENTER)
                                                          Ln: 459  Col: 47
```

```
*FINAL.py - C:\Users\User\Desktop\EX-FINAL (SI401U) (1)\FINAL.py (3.9.2)*          —   □   ×
File  Edit  Format  Run  Options  Window  Help
    registros=tree.get_children()
    for elemento in registros:
        tree.delete(elemento)
    try:
        miCursor.execute("SELECT * FROM profesores where Código="+nombre403.get())
        for row in miCursor:
            tree.insert("",0,text=row[0], values=(row[1],row[2],row[3]))
    except:
        pass
    botonvolver=tkinter.Button (raiz505,text = "Volver al menú", font=("Times New Roman",14), bg="olive Dr
                                command = volv1234).place(x=170,y=300)
def volv1234():
    raiz505.destroy()
    menuprof()

conexion = sqlite3.connect('final.s3db')
cursor=conexion.cursor()
cursor.execute('''
    CREATE TABLE IF NOT EXISTS profesores (
    Código INTEGER PRIMARY KEY,
    Nombre VARCHAR(30) NOT NULL,
    Apellido VARCHAR(30) NOT NULL,
    DNI INTEGER NOT NULL)
    ''')
conexion.commit()
conexion.close()

conexion = sqlite3.connect('final.s3db')
cursor=conexion.cursor()
cursor.execute('''
    CREATE TABLE IF NOT EXISTS cursos (
    codcurso INTEGER PRIMARY KEY,
    nomcur VARCHAR(50) NOT NULL,
    cred INTEGER NOT NULL)
    ''')
conexion.commit()
conexion.close()
                                                          Ln: 508  Col: 0
```

FINAL.py - C:\Users\User\Desktop\EX-FINAL (SI401U) (1)\FINAL.py (3.9.2)   — ☐ ✕

File Edit Format Run Options Window Help

```python
def insert1():
    global raiz4,cod2,nom2,apell2,dni2
    raiz3.destroy()
    raiz4=Tk()
    raiz4.title(" Universidad Nacional de Ingeniería")
    raiz4.resizable(1,1)
    raiz4.configure(background="olive Drab2")
    raiz4.iconbitmap('logo_uni.ico')
    raiz4.config(width="400",height="400")
    nombre4=Label(raiz4,text=" INSERTAR PROFESORES",fg="red",font=("Times New Roman",13,"bold"))
    nombre4.place(x=65,y=50)
    cod= Label(raiz4, text="Código:", font=("Times New Roman",14),fg="white",bg="blue")
    cod.place(x=30,y=110)
    cod2 = Entry(raiz4)
    cod2.place(x=125, y=110)
    nom= Label(raiz4, text="Nombre:", font=("Times New Roman",14),fg="white",bg="blue")
    nom.place(x=30,y=140)
    nom2 = Entry(raiz4)
    nom2.place(x=125, y=140)
    apell= Label(raiz4, text="Apellido:", font=("Times New Roman",14),fg="white",bg="blue")
    apell.place(x=30,y=170)
    apell2 = Entry(raiz4)
    apell2.place(x=125, y=170)
    dni= Label(raiz4, text="DNI:", font=("Times New Roman",14),fg="white",bg="blue")
    dni.place(x=30,y=200)
    dni2 = Entry(raiz4)
    dni2.place(x=125, y=200)
    botonguar=tkinter.Button (raiz4,text = "Guardar datos", font=("Times New Roman",14), bg="yellow",
                        command = guardar).place(x=90,y=230)
    botonvolver=tkinter.Button (raiz4,text = "Volver al menú", font=("Times New Roman",14), bg="green",
                        command = volv).place(x=130,y=290)
def volv():
    raiz4.destroy()
    menuprof()
def limiarCampos():

    miCodigo.set("")
```

Ln: 540   Col: 0

FINAL.py - C:\Users\User\Desktop\EX-FINAL (SI401U) (1)\FINAL.py (3.9.2)   — ☐ ✕

File Edit Format Run Options Window Help

```python
def guardar():
    conexion = sqlite3.connect('final.s3db')
    cursor=conexion.cursor()
    datos= cod2.get(), nom2.get(), apell2.get(), dni2.get()
    cursor.execute("insert into profesores(código,nombre,apellido,dni) values (?,?,?,?)",(datos))
    cursor.execute('select * from profesores')
    dni1=dni2.get()
    if not (dni1.isdigit()):
        messagebox.showwarning("Cuidado!", "DNI incorrecto")
    cod2.delete(0,END)
    nom2.delete(0,END)
    apell2.delete(0,END)
    dni2.delete(0,END)
    conexion.commit()
    conexion.close()

conexion = sqlite3.connect('final.s3db')
cursor=conexion.cursor()
cursor.execute("CREATE TABLE IF NOT EXISTS usuarios(usuario VARCHAR(20) PRIMARY KEY,
                contraseña VARCHAR(20) NOT NULL)")
conexion.commit()
conexion.close()

def menunotas():
    global raiz13
    raiz13=Tk()
    raiz13.title(" Universidad Nacional de Ingeniería")
    raiz13.resizable(1,1)
    raiz13.configure(background="olive Drab2")
    raiz13.iconbitmap('logo_uni.ico')
    raiz13.config(width="400",height="400")
    nombre13=Label(raiz13,text=" MENÚ NOTAS",fg="red",font=("Times New Roman",13,"bold"))
    nombre13.place(x=90,y=50)
    botoninsert13=tkinter.Button (raiz13,text = "<1> Insertar alumnos ", font=15, bg="yellow", command =
                            insert13).place(x=50,y=100)
    botonrepor13=tkinter.Button (raiz13,text = "<2> Reporte ", font=15, bg="yellow", command =
                            report13).place(x=50,y=150)
```

Ln: 577   Col: 55

```
*FINAL.py - C:\Users\User\Desktop\EX-FINAL (SI401U) (1)\FINAL.py (3.9.2)*          —    □    ×
File  Edit  Format  Run  Options  Window  Help
        botonmod13=tkinter.Button (raiz13,text = "<3> Modificar ", font=15, bg="yellow", command
                            = mod13).place(x=50,y=200)
        botonbusc10=tkinter.Button (raiz13,text = "<4> Buscar ", font=15, bg="yellow", command =
                            busc45).place(x=50,y=250)
        botonelim13=tkinter.Button (raiz13,text = "<5> Eliminar ", font=15, bg="yellow", command =
                            elim45).place(x=50,y=300)
        botonsal10=tkinter.Button (raiz13,text = "<6> Salir ", font=15, bg="yellow", command =
                            salir55).place(x=50,y=350)
def salir55():
    raiz13.destroy()
def elim45():
    global nombre473
    raiz483=Tk()
    raiz483.title("  Universidad Nacional de Ingeniería")
    raiz483.resizable(1,1)
    raiz483.configure(background="olive Drab2")
    raiz483.iconbitmap('logo_uni.ico')
    raiz483.config(width="400",height="400")
    nombre483=Label(raiz483,text=" ELIMINAR REGISTRO",fg="red",font=("Times New Roman",13,"bold"))
    nombre483.place(x=70,y=50)
    nombre493=Label(raiz483,text=" Ingrese código del alumno para eliminar: ",fg="black",font=("Times New 
    nombre493.place(x=10,y=100)
    nombre473= Entry(raiz483)
    nombre473.place(x=60, y=130)
    botonbusc=tkinter.Button (raiz483,text = "Eliminar ", font=20, bg="yellow", command = uy125).place(x=1

def busc45():
    global nombre1170
    raiz1180=Tk()
    raiz1180.title(" Universidad Nacional de Ingeniería")
    raiz1180.resizable(1,1)
    raiz1180.configure(background="olive Drab2")
    raiz1180.iconbitmap('logo_uni.ico')
    raiz1180.config(width="400",height="400")
    nombre1180=Label(raiz1180,text=" BUSCAR REGISTRO",fg="red",font=("Times New Roman",13,"bold"))
    nombre1180.place(x=80,y=50)
    nombre1190=Label(raiz1180,text="  Ingrese código a buscar: ",fg="red",font=("Times New Roman",13))
                                                                              Ln: 619   Col: 48
```

```
*FINAL.py - C:\Users\User\Desktop\EX-FINAL (SI401U) (1)\FINAL.py (3.9.2)*          —    □    ×
File  Edit  Format  Run  Options  Window  Help
        nombre1190.place(x=10,y=100)
        nombre1170= Entry(raiz1180)
        nombre1170.place(x=60, y=130)
        botonbusc=tkinter.Button (raiz1180,text = "Buscar ", font=("Times New Roman",20), bg="yellow",
                            command = uy1100).place(x=105,y=180)

def uy1100():
    raiz1100=Tk()
    raiz1100.title(" Universidad Nacional de Ingeniería")
    raiz1100.resizable(1,1)
    raiz1100.configure(background="olive Drab2")
    raiz1100.iconbitmap('logo_uni.ico')
    raiz1100.config(width="400",height="400")
    miConexion = sqlite3.connect ("final.s3db")
    miCursor = miConexion.cursor ()
    nombre30=Label(raiz1100,text="REPORTE DE NOTAS",fg="red",font=("Times New Roman",13,"bold"))
    nombre30.place(x=40,y=50)
    tree=ttk.Treeview(raiz1100,height=10,columns=('#0','#1','#2','#3','#1','#2','#3'))
    tree.place(x=0,y=120)
    tree.column('#0',width=120)
    tree.heading('#0', text="Código",anchor=CENTER)
    tree.heading('#1', text="Nombre",anchor=CENTER)
    tree.heading('#2', text="Apellido",anchor=CENTER)
    tree.column('#3',width=60)
    tree.heading('#3', text="pc1",anchor=CENTER)
    tree.column('#4',width=60)
    tree.heading('#4', text="pc2",anchor=CENTER)
    tree.column('#5',width=60)
    tree.heading('#5', text="pc3",anchor=CENTER)
    tree.column('#6',width=60)
    tree.heading('#6', text="pc4",anchor=CENTER)
    registros=tree.get_children()
    for elemento in registros:
        tree.delete(elemento)
    try:
        miCursor.execute("SELECT * FROM Notas where Código="+nombre1170.get())
        for row in miCursor:
                                                                              Ln: 661   Col: 28
```

```
*FINAL.py - C:\Users\User\Desktop\EX-FINAL (SI401U) (1)\FINAL.py (3.9.2)*                    —   □   ×
File  Edit  Format  Run  Options  Window  Help
            for row in miCursor:
                tree.insert("",0,text=row[0], values=(row[1],row[2],row[3],row[4],row[5],row[6]))
        except:
            pass
        botonvolver=tkinter.Button (raiz1100,text = "Volver al menú", font=("Times New Roman",14), bg="green",
                                    command = vo50).place(x=170,y=500)

def vo50():
    raiz1100.destroy()
    menunotas()

def uy125():
    raiz52=Tk()
    raiz52.title(" Universidad Nacional de Ingeniería")
    raiz52.resizable(1,1)
    raiz52.configure(background="olive Drab2")
    raiz52.iconbitmap('logo_uni.ico')
    raiz52.config(width="400",height="400")
    messagebox.showwarning("FIIS - UNI","ELIMINADO CON ÉXITO")
    conexion = sqlite3.connect ("final.s3db")
    cursor = conexion.cursor()
    cursor.execute('select * from notas ')
    hola="delete from notas where Código="+nombre473.get()
    cursor.execute(hola)
    conexion.commit()
    conexion.close()


def mod13():
    global nombre181
    raiz22=Tk()
    raiz22.title("  Universidad Nacional de Ingeniería")
    raiz22.resizable(1,1)
    raiz22.configure(background="olive Drab2")
    raiz22.iconbitmap('logo_uni.ico')
    raiz22.config(width="400",height="400")
                                                                                    Ln: 696  Col: 0
```

```
*FINAL.py - C:\Users\User\Desktop\EX-FINAL (SI401U) (1)\FINAL.py (3.9.2)*                    —   □   ×
File  Edit  Format  Run  Options  Window  Help
    nombre89=Label(raiz22,text=" MODIFICAR REGISTRO",fg="red",font=("Times New Roman",13,"bold"))
    nombre89.place(x=70,y=50)
    nombre91=Label(raiz22,text=" Ingrese código del alumno a modificar: ",fg="red",font=("Times New Roman",
                                                                                        13))
    nombre91.place(x=10,y=100)
    nombre181= Entry(raiz22)
    nombre181.place(x=60, y=130)
    botonmodf=tkinter.Button (raiz22,text = "Modificar ", font=("Times New Roman",20), bg="yellow",
                             command = uy13).place(x=100,y=180)
def uy13():
    global nombre277, nombre377,nombre477,nombre478,nombre479,nombre480,raiz107
    raiz107=Tk()
    raiz107.title(" Universidad Nacional de Ingeniería")
    raiz107.resizable(1,1)
    raiz107.configure(background="olive Drab2")
    raiz107.iconbitmap('logo_uni.ico')
    raiz107.config(width="500",height="500")
    nombre12=Label(raiz107,text=" Ingrese el nuevo nombre del alumno: ",fg="red",font=("Times New Roman",13
    nombre12.place(x=10,y=80)
    nombre277= Entry(raiz107)
    nombre277.place(x=60, y=110)
    nombre34=Label(raiz107,text=" Ingrese el nuevo Apellido del alumno: ",fg="red",font=("Times New Roman",
    nombre34.place(x=10,y=140)
    nombre377= Entry(raiz107)
    nombre377.place(x=60, y=170)
    nombre45=Label(raiz107,text=" Ingrese el nuevo pc1: ",fg="red",font=("Times New Roman",13))
    nombre45.place(x=10,y=200)
    nombre477= Entry(raiz107)
    nombre477.place(x=60, y=230)
    nombre46=Label(raiz107,text=" Ingrese el nuevo pc2: ",fg="red",font=("Times New Roman",13))
    nombre46.place(x=10,y=260)
    nombre478= Entry(raiz107)
    nombre478.place(x=60, y=290)
    nombre47=Label(raiz107,text=" Ingrese el nuevo pc3: ",fg="red",font=("Times New Roman",13))
    nombre47.place(x=10,y=310)
    nombre479= Entry(raiz107)
    nombre479.place(x=60, y=340)
                                                                                    Ln: 728  Col: 30
```

```
*FINAL.py - C:\Users\User\Desktop\EX-FINAL (SI401U) (1)\FINAL.py (3.9.2)*        —   □   ×
File  Edit  Format  Run  Options  Window  Help
            nombre48=Label(raiz107,text=" Ingrese el nuevo pc4: ",fg="red",font=("Times New Roman",13))
            nombre48.place(x=10,y=370)
            nombre480= Entry(raiz107)
            nombre480.place(x=60, y=400)
            botonguar=tkinter.Button (raiz107,text = "Modificar datos", font=("Times New Roman",20),
                                      bg="yellow", command =confe13).place(x=120,y=250)

def confe13():
    conexion = sqlite3.connect('final.s3db')
    cursor=conexion.cursor()
    cursor.execute('select * from notas')
    sql="update notas set Nombre='"+nombre277.get()+"', Apellido='"+nombre377.get()+"',
    pc1='"+nombre477.get()+"',pc2='"+nombre478.get()+"',pc3='"+nombre479.get()+"',
    pc4='"+nombre480.get()+"' where Codigo="+nombre181.get()
    cursor.execute(sql)
    conexion.commit()
    conexion.close()
    raiz107.destroy()

def insert13():
    global raiz14,cod14,nom14,apell14,pc114,pc214,pc314,pc414
    raiz13.destroy()
    raiz14=Tk()
    raiz14.title("  Universidad Nacional de Ingeniería")
    raiz14.resizable(1,1)
    raiz14.configure(background="olive Drab2")
    raiz14.iconbitmap('logo_uni.ico')
    raiz14.config(width="400",height="400")
    nombre14=Label(raiz14,text=" INSERTAR NOTAS",fg="red",font=("Times New Roman",13,"bold"))
    nombre14.place(x=80,y=50)
    cod= Label(raiz14, text="Código alumno:", font=("Times New Roman",14),fg="white",bg="blue")
    cod.place(x=10,y=110)
    cod14= Entry(raiz14)
    cod14.place(x=150, y=110)
    nom= Label(raiz14, text="Nombre:", font=("Times New Roman",14),fg="white",bg="blue")
    nom.place(x=10,y=140)
    nom14 = Entry(raiz14)
                                                                                   Ln: 765  Col: 0
```

```
*FINAL.py - C:\Users\User\Desktop\EX-FINAL (SI401U) (1)\FINAL.py (3.9.2)*        —   □   ×
File  Edit  Format  Run  Options  Window  Help
    nom14.place(x=150,y=140)
    apell= Label(raiz14, text="Apellido:", font=("Times New Roman",14),fg="white",bg="blue")
    apell.place(x=10,y=170)
    apell14 = Entry(raiz14)
    apell14.place(x=150, y=170)
    pc1= Label(raiz14, text="PC1:", font=("Times New Roman",14),fg="white",bg="blue")
    pc1.place(x=10,y=200)
    pc114= Entry(raiz14)
    pc114.place(x=150, y=200)
    pc2= Label(raiz14, text="PC2:", font=("Times New Roman",14),fg="white",bg="blue")
    pc2.place(x=10,y=230)
    pc214= Entry(raiz14)
    pc214.place(x=150, y=230)
    pc3= Label(raiz14, text="PC3:", font=("Times New Roman",14),fg="white",bg="blue")
    pc3.place(x=10,y=260)
    pc314= Entry(raiz14)
    pc314.place(x=150, y=260)
    pc4= Label(raiz14, text="PC4:", font=("Times New Roman",14),fg="white",bg="blue")
    pc4.place(x=10,y=290)
    pc414= Entry(raiz14)
    pc414.place(x=150, y=290)
    botonguar=tkinter.Button (raiz14,text = "Guardar datos", font=("Times New Roman",14), bg="yellow
                              command = guardar13).place(x=120,y=320)
    botonvolver=tkinter.Button (raiz14,text = "Volver al menú", font=("Times New Roman",14), bg="gre
                                command = volv13).place(x=210,y=350)

conexion = sqlite3.connect('final.s3db')
cursor=conexion.cursor()
cursor.execute('''
    CREATE TABLE IF NOT EXISTS notas (
    Código INTEGER PRIMARY KEY,
    Nombre VARCHAR(30) NOT NULL,
    Apellido VARCHAR(30) NOT NULL,
    pc1 INTERGER NOT NULL,
    pc2 INTERGER NOT NULL,
    pc3 INTERGER NOT NULL,
    pc4 INTERGER NOT NULL)
                                                                                   Ln: 800  Col: 0
```

```
*FINAL.py - C:\Users\User\Desktop\EX-FINAL (SI401U) (1)\FINAL.py (3.9.2)*                    —   □   ×
File  Edit  Format  Run  Options  Window  Help
    ''')
conexion.commit()
conexion.close()

def guardar13():
    conexion = sqlite3.connect('final.s3db')
    cursor=conexion.cursor()
    datos= cod14.get(), nom14.get(), apell14.get(), pc114.get(), pc214.get(), pc314.get(), pc414.get
    cursor.execute("insert into notas(Código,Nombre,Apellido,pc1,pc2,pc3,pc4)
                    values (?,?,?,?,?,?,?)",(datos))
    cursor.execute('select * from notas')
    pc113=pc114.get()
    if not(pc113.isdigit()):
        messagebox.showwarning("Cuidado!", "Pc incorrecto")
    cod14.delete(0,END)
    nom14.delete(0,END)
    apell14.delete(0,END)
    pc114.delete(0,END)
    pc214.delete(0,END)
    pc314.delete(0,END)
    pc414.delete(0,END)

    conexion.commit()
    conexion.close()

def report15():
    raiz15=Tk()
    raiz15.title(" Universidad Nacional de Ingeniería")
    raiz15.resizable(1,1)
    raiz15.configure(background="olive Drab4")
    raiz15.iconbitmap('logo_uni.ico')
    raiz15.config(width="800",height="400")
    miConexion = sqlite3.connect ("final.s3db")
    miCursor = miConexion.cursor()
    nombre30=Label(raiz15,text=" Listado de profesores",fg="green",font=("Times New Roman",13,"red")
    nombre30.place(x=40,y=50)
    tree=ttk.Treeview(raiz15,height=10,columns=('#0','#1','#2','#3','#4','#5','#6'))
                                                                              Ln: 833  Col: 0
```

```
*FINAL.py - C:\Users\User\Desktop\EX-FINAL (SI401U) (1)\FINAL.py (3.9.2)*                    —   □   ×
File  Edit  Format  Run  Options  Window  Help
    tree.place(x=0,y=120)
    tree.column('#0',width=120)
    tree.heading('#0', text="Código",anchor=CENTER)
    tree.heading('#1', text="Nombre",anchor=CENTER)
    tree.heading('#2', text="Apellido",anchor=CENTER)
    tree.column('#3',width=60)
    tree.heading('#3', text="pc1",anchor=CENTER)
    tree.column('#4',width=60)
    tree.heading('#4', text="pc2",anchor=CENTER)
    tree.column('#5',width=60)
    tree.heading('#5', text="pc3",anchor=CENTER)
    tree.column('#6',width=60)
    tree.heading('#6', text="pc4",anchor=CENTER)
    registros=tree.get_children()
    for elemento in registros:
        tree.delete(elemento)
    try:
        miCursor.execute("SELECT * FROM notas")
        for row in miCursor:
            tree.insert("",0,text=row[0], values=(row[1],row[2],row[3],row[4],row[5],row[6]))
    except:
        pass
    botonvolver=tkinter.Button (raiz15,text = "Volver al menú", font=("Times New Roman",14), bg="blu
                                command = volv50).place(x=170,y=300)
def volv50():
    raiz15.destroy()
    menuprof()
def volv13():
    raiz14.destroy()
    menunotas()
def menualum():
    global raiz10
    raiz10=Tk()
    raiz10.title(" Universidad Nacional de Ingeniería")
    raiz10.resizable(1,1)
    raiz10.configure(background="olive Drab2")
    raiz10.iconbitmap('logo_uni.ico')
                                                                              Ln: 862  Col: 0
```

```
*FINAL.py - C:\Users\User\Desktop\EX-FINAL (SI401U) (1)\FINAL.py (3.9.2)*          —   □   ×
File  Edit  Format  Run  Options  Window  Help
    raiz10.config(width="400",height="400")
    nombre10=Label(raiz10,text=" MENÚ ALUMNOS",fg="red",font=("Times New Roman",13,"bold"))
    nombre10.place(x=120,y=50)
    botoninsert10=tkinter.Button (raiz10,text=" <1> Insertar alumnos ", font=15, bg="yellow", comma
            insert10).place(x=50,y=100)
    botonrepor10=tkinter.Button (raiz10,text = "<2> Reporte ", font=15, bg="yellow", command =
                    report10).place(x=50,y=150)
    botonmod10=tkinter.Button (raiz10,text = "<3> Modificar ", font=15, bg="yellow", command =
                    mod10).place(x=50,y=200)
    botonbusc10=tkinter.Button (raiz10,text = "<4> Buscar ", font=15, bg="yellow", command =
                    busc10).place(x=50,y=250)
    botonelim10=tkinter.Button (raiz10,text = "<5> Eliminar ", font=15, bg="yellow", command =
                    elim46).place(x=50,y=300)
    botonsal10=tkinter.Button (raiz10,text = "<6> Salir ", font=15, bg="yellow", command =
                    salir10).place(x=50,y=350)
def salir10():
    raiz10.destroy()
def elim46():
    global nombre474
    raiz484=Tk()
    raiz484.title("Universidad Nacional de Ingeniería")
    raiz484.resizable(1,1)
    raiz484.configure(background="olive Drab2")
    raiz484.iconbitmap('logo_uni.ico')
    raiz484.config(width="400",height="400")
    nombre484=Label(raiz484,text="ELIMINAR REGISTRO",fg="red",font=("Times New Roman",13,"bold"))
    nombre484.place(x=70,y=50)
    nombre494=Label(raiz484,text=" Ingrese código del alumno para eliminar: ",fg="black",font=("Time
    nombre494.place(x=10,y=100)
    nombre474= Entry(raiz484)
    nombre474.place(x=60, y=130)
    botonbusc=tkinter.Button (raiz484,text = "Eliminar ", font=("Times New Roman",20), bg="yellow",
                    command = uy126).place(x=105,y=180)
def uy126():
    raiz53=Tk()
    raiz53.title(" Universidad Nacional de Ingeniería")
    raiz53.resizable(1,1)
                                                                    Ln: 908  Col: 60
```

```
*FINAL.py - C:\Users\User\Desktop\EX-FINAL (SI401U) (1)\FINAL.py (3.9.2)*          —   □   ×
File  Edit  Format  Run  Options  Window  Help
    raiz53.configure(background="olive Drab2")
    raiz53.iconbitmap('logo_uni.ico')
    raiz53.config(width="400",height="400")
    messagebox.showwarning("FIIS - UNI","ELIMINADO CON ÉXITO")
    conexion = sqlite3.connect ("final.s3db")
    cursor = conexion.cursor()
    cursor.execute('select * from alumnos ')
    hola="delete from alumnos where Código="+nombre474.get()
    cursor.execute(hola)
    conexion.commit()
    conexion.close()
def mod10():
    global nombre175
    raiz20=Tk()
    raiz20.title("  Universidad Nacional de Ingeniería")
    raiz20.resizable(1,1)
    raiz20.configure(background="olive Drab2")
    raiz20.iconbitmap('logo_uni.ico')
    raiz20.config(width="400",height="400")
    nombre8=Label(raiz20,text=" MODIFICAR REGISTRO",fg="red",font=("Times New Roman",13,"bold"))
    nombre8.place(x=70,y=50)
    nombre9=Label(raiz20,text=" Ingrese código del alumno a modificar: ",fg="black",font=("Times Nev
    nombre9.place(x=10,y=100)
    nombre175= Entry(raiz20)
    nombre175.place(x=60, y=130)
    botonmodf=tkinter.Button (raiz20,text = "Modificar ", font=("Times New Roman",20), bg="yellow",
                    command = uy10).place(x=110,y=180)
def uy10():
    global nombre275, nombre375,nombre475,raiz105
    raiz105=Tk()
    raiz105.title(" GRUPO 9 - Universidad Nacional de Ingeniería")
    raiz105.resizable(1,1)
    raiz105.configure(background="olive Drab2")
    raiz105.iconbitmap('logouni.ico')
    raiz105.config(width="400",height="400")
    nombre19=Label(raiz105,text=" Ingrese el nuevo nombre del alumno: ",fg="black",font=("Times New
    nombre19.place(x=10,y=80)
                                                                    Ln: 948  Col: 0
```

```
*FINAL.py - C:\Users\User\Desktop\EX-FINAL (SI401U) (1)\FINAL.py (3.9.2)*                    —    □    ×
File  Edit  Format  Run  Options  Window  Help
      nombre275= Entry(raiz105)
      nombre275.place(x=60, y=110)
      nombre39=Label(raiz105,text=" Ingrese el nuevo Apellido del alumno: ",fg="black",font=("Times Ne
      nombre39.place(x=10,y=140)
      nombre375= Entry(raiz105)
      nombre375.place(x=60, y=180)
      nombre49=Label(raiz105,text=" Ingrese el nuevo sexo: ",fg="black",font=("Times New Roman",13))
      nombre49.place(x=10,y=200)
      nombre475= Entry(raiz105)
      nombre475.place(x=60, y=240)
      botonguar=tkinter.Button (raiz105,text = "Modificar datos", font=20, bg="yellow", command =confe

def confe10():
      conexion = sqlite3.connect('final.s3db')
      cursor=conexion.cursor()
      cursor.execute('select * from alumnos')
      sql="update alumnos set Nombre='"+nombre275.get()+"', Apellido='"+nombre375.get()+"',
      Sexo='"+nombre475.get()+"' where Codigo="+nombre175.get()
      cursor.execute(sql)
      conexion.commit()
      conexion.close()
      raiz105.destroy()

def busc10():
      global nombre670
      raiz680=Tk()
      raiz680.title(" Universidad Nacional de Ingeniería")
      raiz680.resizable(1,1)
      raiz680.configure(background="olive Drab2")
      raiz680.iconbitmap('logo_uni.ico')
      raiz680.config(width="400",height="400")
      nombre680=Label(raiz680,text="BUSCAR REGISTRO",fg="red",font=("Times New Roman",13,"bold"))
      nombre680.place(x=70,y=50)
      nombre690=Label(raiz680,text=" Ingrese código a buscar: ",fg="black",font=("Times New Roman",13)
      nombre690.place(x=10,y=100)
      nombre670= Entry(raiz680)
      nombre670.place(x=60, y=130)
                                                                                    Ln: 987   Col: 0
```

```
*FINAL.py - C:\Users\User\Desktop\EX-FINAL (SI401U) (1)\FINAL.py (3.9.2)*                    —    □    ×
File  Edit  Format  Run  Options  Window  Help
      botonbusc=tkinter.Button (raiz680,text = "Buscar", font=("Times New Roman",20), bg="yellow",
                               command = uy600).place(x=105,y=180)
def uy600():
      raiz600=Tk()
      raiz600.title(" GRUPO 9 - Universidad Nacional de Ingeniería")
      raiz600.resizable(1,1)
      raiz600.configure(background="olive Drab2")
      raiz600.iconbitmap('logouni.ico')
      raiz600.config(width="400",height="400")
      miConexion = sqlite3.connect ("final.s3db")
      miCursor = miConexion.cursor ()
      nombre30=Label(raiz600,text="REPORTE DE ALUMNOS",fg="blue",font=("Times New Roman",13,"blue"))
      nombre30.place(x=40,y=50)
      tree=ttk.Treeview(raiz600,height=10,columns=('#0','#1','#2','#3'))
      tree.place(x=0,y=120)
      tree.column('#0',width=120)
      tree.heading('#0', text="Código",anchor=CENTER)
      tree.heading('#1', text="Nombre",anchor=CENTER)
      tree.heading('#2', text="Apellido",anchor=CENTER)
      tree.heading('#3', text="Sexo",anchor=CENTER)
      registros=tree.get_children()
      for elemento in registros:
          tree.delete(elemento)
      try:
          miCursor.execute("SELECT * FROM alumnos where código="+nombre670.get())
          for row in miCursor:
              tree.insert("",0,text=row[0], values=(row[1],row[2],row[3]))
      except:
          pass
      botonvolver=tkinter.Button (raiz600,text = "Volver al menú", font=("Times New Roman",14), bg="bl
                               command = v50).place(x=170,y=300)
def v50():
      raiz600.destroy()
      menualum()
def insert10():
      global raiz11,cod11,nom11,apell11,sex11
      raiz10.destroy()
                                                                                    Ln: 1018   Col: 72
```

```
*FINAL.py - C:\Users\User\Desktop\EX-FINAL (SI401U) (1)\FINAL.py (3.9.2)*          —    □    ×
File  Edit  Format  Run  Options  Window  Help
    raiz11=Tk()
    raiz11.title("  Universidad Nacional de Ingeniería")
    raiz11.resizable(1,1)
    raiz11.configure(background="olive Drab2")
    raiz11.iconbitmap('logo_uni.ico')
    raiz11.config(width="400",height="400")
    nombre11=Label(raiz11,text="INSERTAR ALUMNOS",fg="red",font=("Times New Roman",13,"bold"))
    nombre11.place(x=70,y=50)
    cod= Label(raiz11, text="Código:", font=("Times New Roman",14),fg="white",bg="blue")
    cod.place(x=30,y=110)
    cod11= Entry(raiz11)
    cod11.place(x=120, y=110)
    nom= Label(raiz11, text="Nombre:", font=("Times New Roman",14),fg="white",bg="blue")
    nom.place(x=30,y=140)
    nom11 = Entry(raiz11)
    nom11.place(x=120, y=140)
    apell= Label(raiz11, text="Apellido:", font=("Times New Roman",14),fg="white",bg="blue")
    apell.place(x=30,y=170)
    apell11 = Entry(raiz11)
    apell11.place(x=120,y=170)
    sex= Label(raiz11, text="Sexo:", font=("Times New Roman",14),fg="white",bg="blue")
    sex.place(x=30,y=200)
    sex11= Entry(raiz11)
    sex11.place(x=120, y=200)
    botonguar=tkinter.Button (raiz11,text = "Guardar datos", font=("Times New Roman",14), bg="yellow
                        command = guardar10).place(x=90,y=240)
    botonvolver=tkinter.Button (raiz11,text = "Volver al menú", font=("Times New Roman",14), bg="gre
                        command = volv10).place(x=180,y=270)
def guardar10():
    conexion = sqlite3.connect('final.s3db')
    cursor=conexion.cursor()
    datos= cod11.get(), nom11.get(), apell11.get(), sex11.get()
    cursor.execute("insert into alumnos(Código,Nombre,Apellido,Sexo) values (?,?,?,?)",(datos))
    cursor.execute('select * from alumnos')
    sex10=sex11.get()
    if (sex10.isdigit()):
        messagebox.showwarning("Cuidado!", "Sexo incorrecto")
                                                                        Ln: 1018  Col: 72
```

```
*FINAL.py - C:\Users\User\Desktop\EX-FINAL (SI401U) (1)\FINAL.py (3.9.2)*          —    □    ×
File  Edit  Format  Run  Options  Window  Help
    cod11.delete(0,END)
    nom11.delete(0,END)
    apell11.delete(0,END)
    sex11.delete(0,END)
    conexion.commit()
    conexion.close()

def volv10():
    raiz11.destroy()
    menualum()
conexion = sqlite3.connect('final.s3db')
cursor=conexion.cursor()
cursor.execute('''
    CREATE TABLE IF NOT EXISTS alumnos (
    Código INTEGER PRIMARY KEY,
    Nombre VARCHAR(30) NOT NULL,
    Apellido VARCHAR(30) NOT NULL,
    Sexo VARCHAR(30) NOT NULL)
    ''')
conexion.commit()
conexion.close()
def report10():
    raiz12=Tk()
    raiz12.title("  Universidad Nacional de Ingeniería")
    raiz12.resizable(1,1)
    raiz12.configure(background="olive Drab2")
    raiz12.iconbitmap('logo_uni.ico')
    raiz12.config(width="700",height="400")
    miConexion = sqlite3.connect ("final.s3db")
    miCursor = miConexion.cursor()
    nombre80=Label(raiz12,text="REPORTE DE ALUMNOS",fg="red",font=("Times New Roman",13,"bold"))
    nombre80.place(x=40,y=50)
    tree=ttk.Treeview(raiz12,height=10,columns=('#0','#1','#2'))
    tree.place(x=0,y=120)
    tree.column('#0',width=120)
    tree.heading('#0', text="Código",anchor=CENTER)
    tree.heading('#1', text="Nombre",anchor=CENTER)
                                                                        Ln: 1018  Col: 72
```

```
        tree.heading('#2', text="Apellido",anchor=CENTER)
        tree.heading('#3', text="Sexo",anchor=CENTER)
        tree.column('#3',width=100)
        registros=tree.get_children()
        for elemento in registros:
            tree.delete(elemento)
        try:
            miCursor.execute("SELECT * FROM alumnos")
            for row in miCursor:
                tree.insert("",0,text=row[0], values=(row[1],row[2],row[3]))
        except:
            pass
        botonvolver=tkinter.Button (raiz12,text = "Volver al menú", font=("Times New Roman",14), bg="gre
                                    command = volv100).place(x=170,y=300)
def volv100():
    raiz12.destroy()
    menuprof()
def login():
    conexion = sqlite3.connect('final.s3db')
    cursor=conexion.cursor()
    datos= cuadroUsuario.get(), cuadroPass.get()
    cursor.execute('select * from usuarios')
    clave= cuadroPass.get()
    multiplicador = 7
    clavedigit = clave[0:6]
    if not clavedigit.isdigit():
        messagebox.showwarning("Cuidado!", "Clave incorrecta")
    Letra = clave[6:7].upper()
    Contra = []
    abc = ['A', 'B', 'C', 'D', 'E', 'F', 'G', 'H', 'I', 'J', 'K']
    for i in clavedigit:
        Contra.append(int(i) * multiplicador)
        multiplicador = multiplicador - 1
    suma = 0
    for m in Contra:
        suma = suma + int(m)
    resto = suma % 11
```

```
        suma = suma + int(m)
    resto = suma % 11
    poslet = 11 - resto
    if poslet == 11:
        poslet = 0
    letcl = abc[poslet]
    if Letra == letcl:
        menup()
    else:
        messagebox.showwarning("Cuidado!", "Clave incorrecta")
    conexion.commit()
    conexion.close()
    raiz.destroy()
def salir():
    raiz.destroy()
def olv():
    messagebox.showwarning("Ayuda..", "Su contraseña se autogeneró\n"+"EJEMPLO:\n"+"  Usuario : Cord
def times():
    global current_time
    current_time=time.strftime("%H:%M:%S")
    clock.config(text=current_time,fg="black",font=("Times New Roman",10))
    clock.after(200,times)
botoning=tkinter.Button (text = " Aceptar ", font=20, bg="yellow", command = login).place(x=220,y=33
botonsal=tkinter.Button (text = " Salir    ", font=420, bg="red", command = salir).place(x=310,y=330
botonolv=tkinter.Button (text = "¿Olvidó su Clave ", font=420, bg="green", command = olv).place(x=20
nombre0=Label(raiz,text="Docente: Mag. Córdova Neri, Teodoro. ",fg="red",font=("Times New Roman",11))
nombre0.place(x=60,y=420)
nombre=Label(raiz,text="Hora actual: ",fg="red",font=("Times New Roman",11))
nombre.place(x=60,y=450)
clock=Label(raiz,font=("times",30))
clock.place(x=128,y=450)
times()
time2=time.strftime("%d/%m/%Y")
hora=Label(raiz,text="Fecha de ingreso al sistema: "+str(time2),fg="red",font=("Times New Roman",11)
hora.place(x=60,y=480)
raiz.mainloop()
```

Ejemplo:

Diseñar un programa que realice las siguientes tareas:

a. Crear módulo de validación. Si está registrado, entonces el sistema da la alternativa para crear un nuevo usuario.

b. Presentar un menú de opciones como se muestra a continuación.

c. Por cada opción, realizar el mantenimiento respectivo. Las interfaces guiarán en lo que se debe hacer.

Se inicializa con un grupo de alumnos.

Solución:

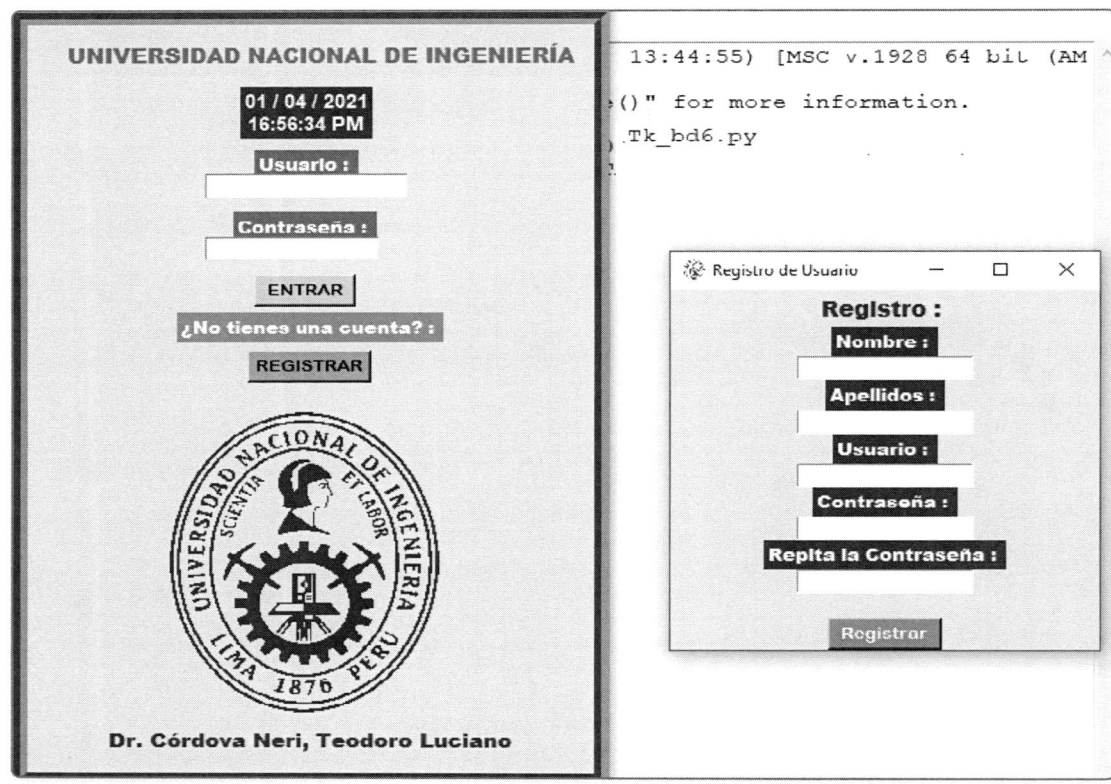

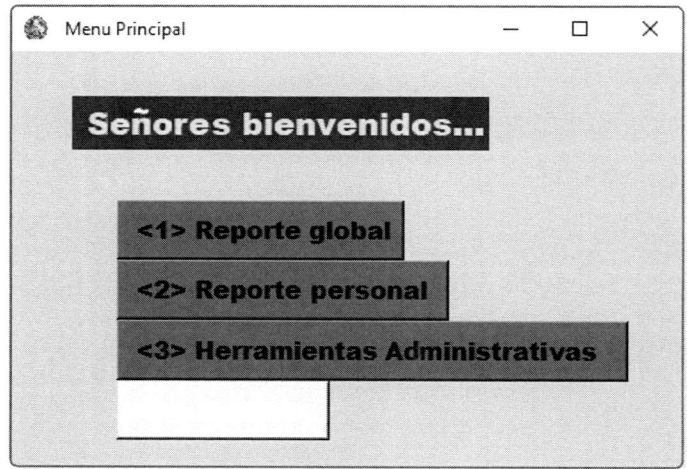

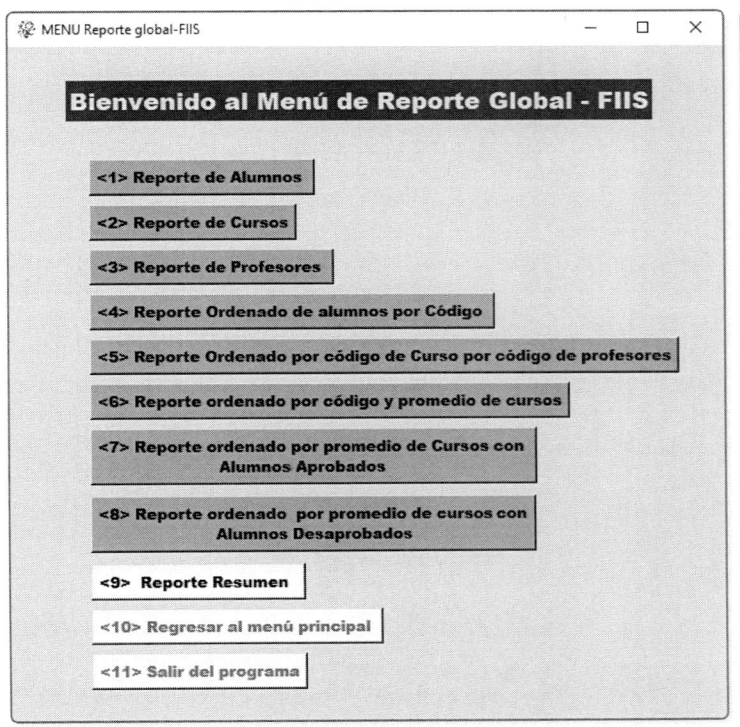

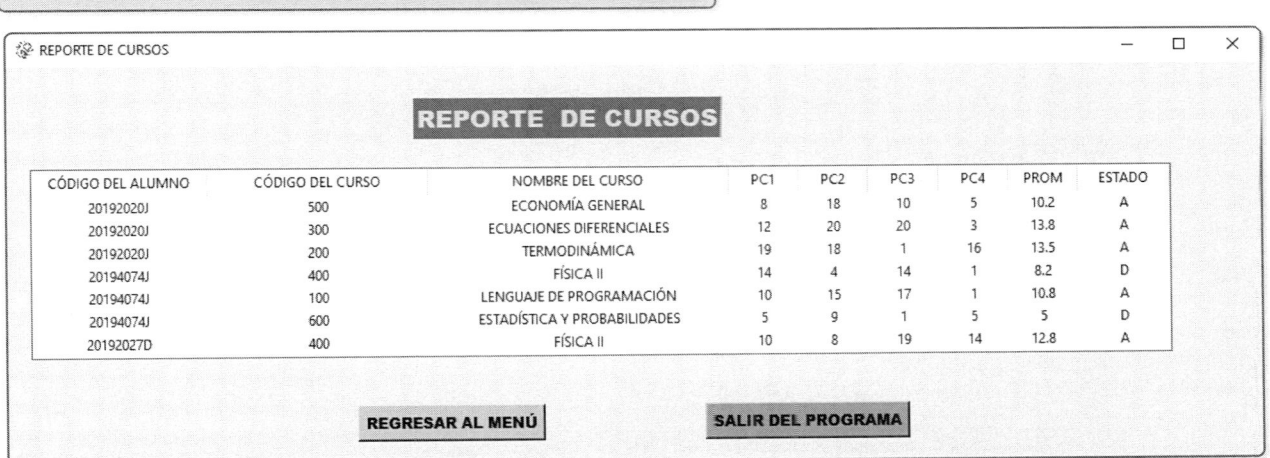

REPORTE DE CURSOS

CÓDIGO DEL ALUMNO	CÓDIGO DEL CURSO	NOMBRE DEL CURSO	PC1	PC2	PC3	PC4	PROM	ESTADO
20192020J	500	ECONOMÍA GENERAL	8	18	10	5	10.2	A
20192020J	300	ECUACIONES DIFERENCIALES	12	20	20	3	13.8	A
20192020J	200	TERMODINÁMICA	19	18	1	16	13.5	A
20194074J	400	FÍSICA II	14	4	14	1	8.2	D
20194074J	100	LENGUAJE DE PROGRAMACIÓN	10	15	17	1	10.8	A
20194074J	600	ESTADÍSTICA Y PROBABILIDADES	5	9	1	5	5	D
20192027D	400	FÍSICA II	10	8	19	14	12.8	A

REGRESAR AL MENÚ   SALIR DEL PROGRAMA

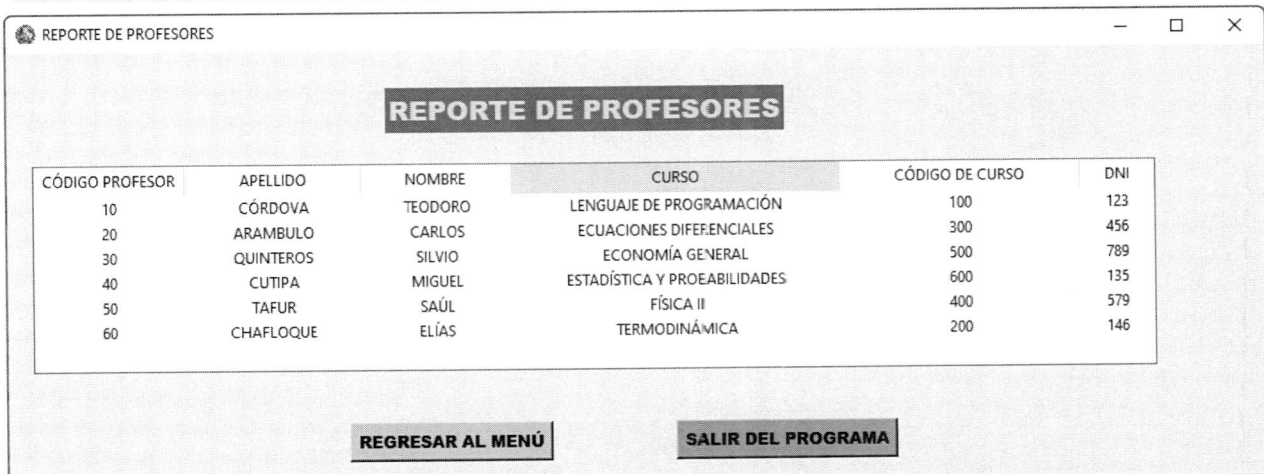

REPORTE DE PROFESORES

CÓDIGO PROFESOR	APELLIDO	NOMBRE	CURSO	CÓDIGO DE CURSO	DNI
10	CÓRDOVA	TEODORO	LENGUAJE DE PROGRAMACIÓN	100	123
20	ARAMBULO	CARLOS	ECUACIONES DIFERENCIALES	300	456
30	QUINTEROS	SILVIO	ECONOMÍA GENERAL	500	789
40	CUTIPA	MIGUEL	ESTADÍSTICA Y PROBABILIDADES	600	135
50	TAFUR	SAÚL	FÍSICA II	400	579
60	CHAFLOQUE	ELÍAS	TERMODINÁMICA	200	146

REGRESAR AL MENÚ   SALIR DEL PROGRAMA

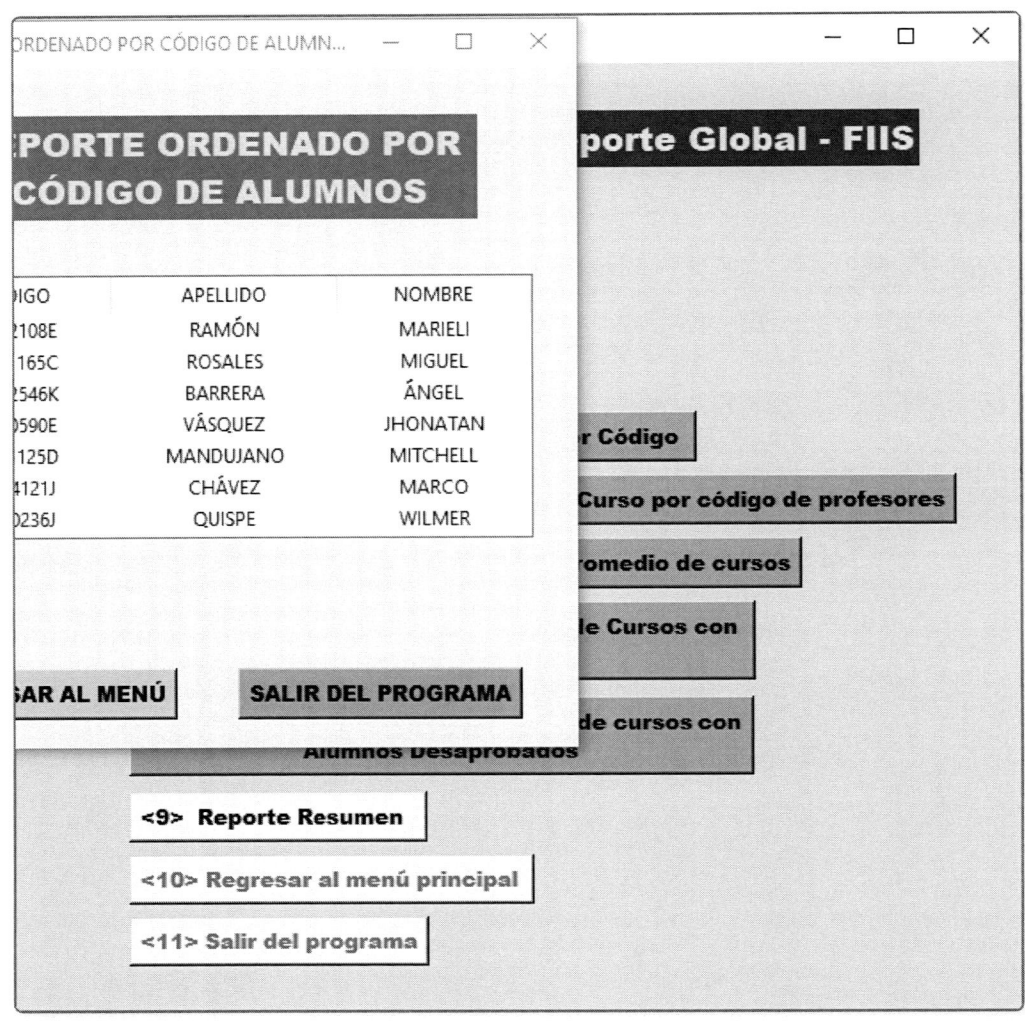

REPORTE ORDENADO POR CÓDIGO DE ALUMNOS

CÓDIGO	APELLIDO	NOMBRE
2108E	RAMÓN	MARIELI
165C	ROSALES	MIGUEL
2546K	BARRERA	ÁNGEL
0590E	VÁSQUEZ	JHONATAN
125D	MANDUJANO	MITCHELL
4121J	CHÁVEZ	MARCO
0236J	QUISPE	WILMER

<9> Reporte Resumen

<10> Regresar al menú principal

<11> Salir del programa

REGRESAR AL MENÚ   SALIR DEL PROGRAMA

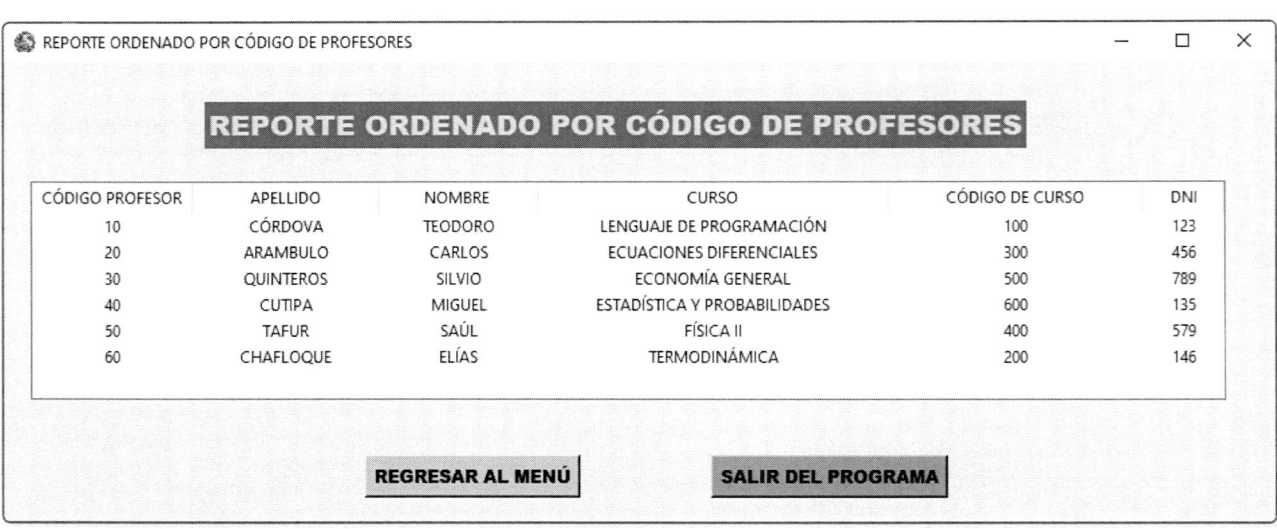

REPORTE ORDENADO POR CÓDIGO DE PROFESORES

CÓDIGO PROFESOR	APELLIDO	NOMBRE	CURSO	CÓDIGO DE CURSO	DNI
10	CÓRDOVA	TEODORO	LENGUAJE DE PROGRAMACIÓN	100	123
20	ARAMBULO	CARLOS	ECUACIONES DIFERENCIALES	300	456
30	QUINTEROS	SILVIO	ECONOMÍA GENERAL	500	789
40	CUTIPA	MIGUEL	ESTADÍSTICA Y PROBABILIDADES	600	135
50	TAFUR	SAÚL	FÍSICA II	400	579
60	CHAFLOQUE	ELÍAS	TERMODINÁMICA	200	146

REGRESAR AL MENÚ   SALIR DEL PROGRAMA

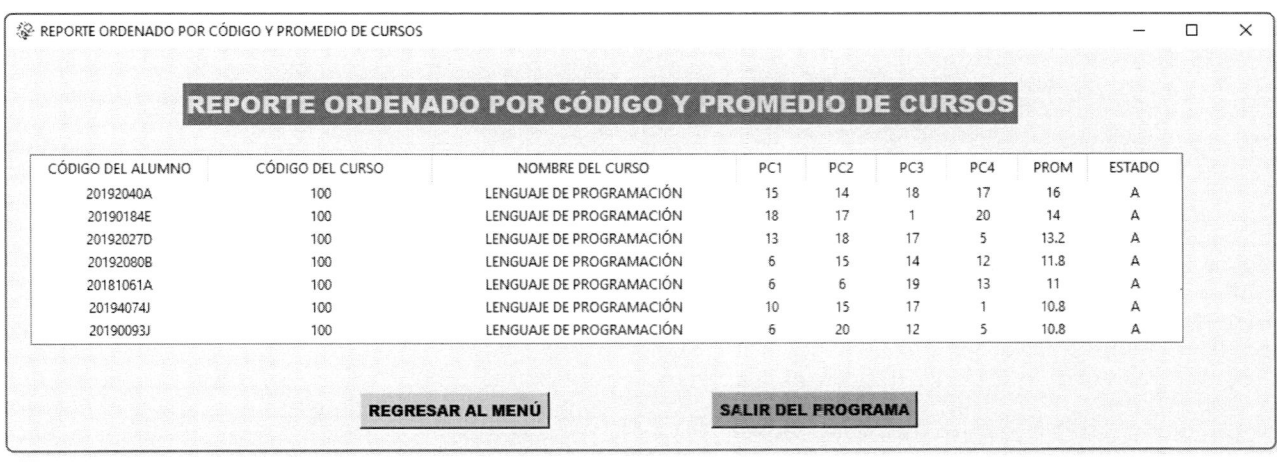

REPORTE ORDENADO POR CÓDIGO Y PROMEDIO DE CURSOS

CÓDIGO DEL ALUMNO	CÓDIGO DEL CURSO	NOMBRE DEL CURSO	PC1	PC2	PC3	PC4	PROM	ESTADO
20192040A	100	LENGUAJE DE PROGRAMACIÓN	15	14	18	17	16	A
20190184E	100	LENGUAJE DE PROGRAMACIÓN	18	17	1	20	14	A
20192027D	100	LENGUAJE DE PROGRAMACIÓN	13	18	17	5	13.2	A
20192080B	100	LENGUAJE DE PROGRAMACIÓN	6	15	14	12	11.8	A
20181061A	100	LENGUAJE DE PROGRAMACIÓN	6	6	19	13	11	A
20194074J	100	LENGUAJE DE PROGRAMACIÓN	10	15	17	1	10.8	A
20190093J	100	LENGUAJE DE PROGRAMACIÓN	6	20	12	5	10.8	A

REGRESAR AL MENÚ   **SALIR DEL PROGRAMA**

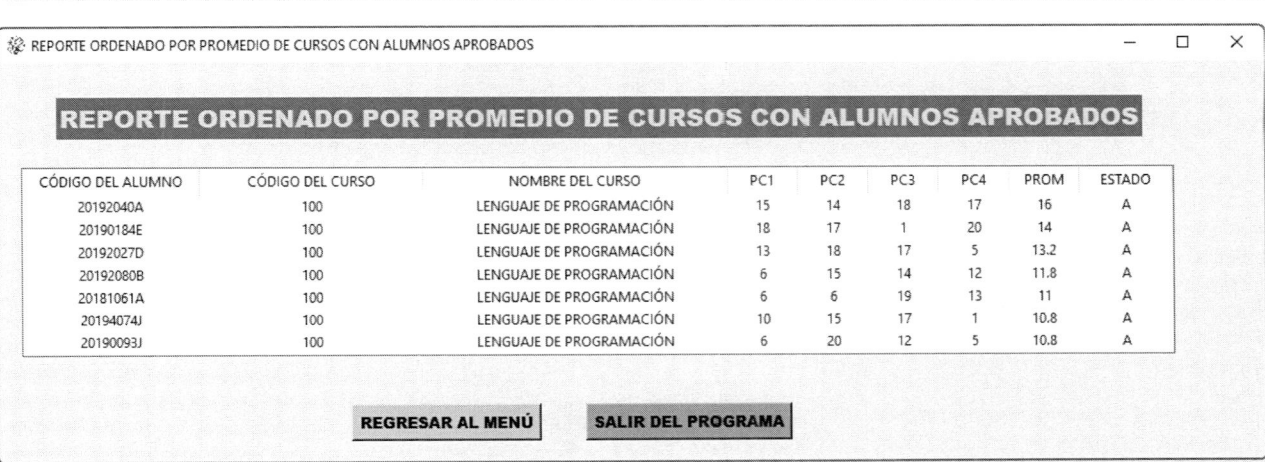

REPORTE ORDENADO POR PROMEDIO DE CURSOS CON ALUMNOS APROBADOS

CÓDIGO DEL ALUMNO	CÓDIGO DEL CURSO	NOMBRE DEL CURSO	PC1	PC2	PC3	PC4	PROM	ESTADO
20192040A	100	LENGUAJE DE PROGRAMACIÓN	15	14	18	17	16	A
20190184E	100	LENGUAJE DE PROGRAMACIÓN	18	17	1	20	14	A
20192027D	100	LENGUAJE DE PROGRAMACIÓN	13	18	17	5	13.2	A
20192080B	100	LENGUAJE DE PROGRAMACIÓN	6	15	14	12	11.8	A
20181061A	100	LENGUAJE DE PROGRAMACIÓN	6	6	19	13	11	A
20194074J	100	LENGUAJE DE PROGRAMACIÓN	10	15	17	1	10.8	A
20190093J	100	LENGUAJE DE PROGRAMACIÓN	6	20	12	5	10.8	A

REGRESAR AL MENÚ   **SALIR DEL PROGRAMA**

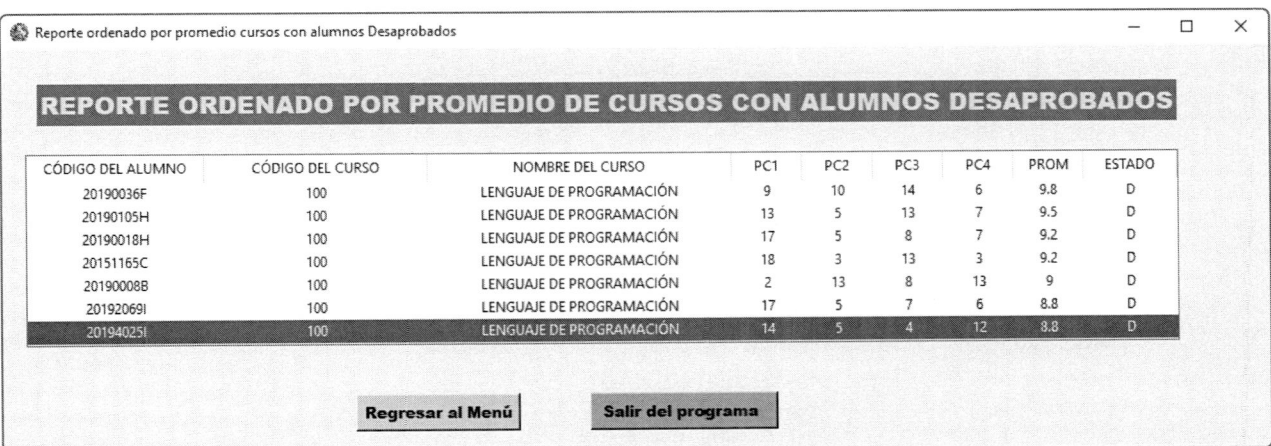

REPORTE ORDENADO POR PROMEDIO DE CURSOS CON ALUMNOS DESAPROBADOS

CÓDIGO DEL ALUMNO	CÓDIGO DEL CURSO	NOMBRE DEL CURSO	PC1	PC2	PC3	PC4	PROM	ESTADO
20190036F	100	LENGUAJE DE PROGRAMACIÓN	9	10	14	6	9.8	D
20190105H	100	LENGUAJE DE PROGRAMACIÓN	13	5	13	7	9.5	D
20190018H	100	LENGUAJE DE PROGRAMACIÓN	17	5	8	7	9.2	D
20151165C	100	LENGUAJE DE PROGRAMACIÓN	18	3	13	3	9.2	D
20190008B	100	LENGUAJE DE PROGRAMACIÓN	2	13	8	13	9	D
20192069I	100	LENGUAJE DE PROGRAMACIÓN	17	5	7	6	8.8	D
20194025I	100	LENGUAJE DE PROGRAMACIÓN	14	5	4	12	8.8	D

Regresar al Menú   **Salir del programa**

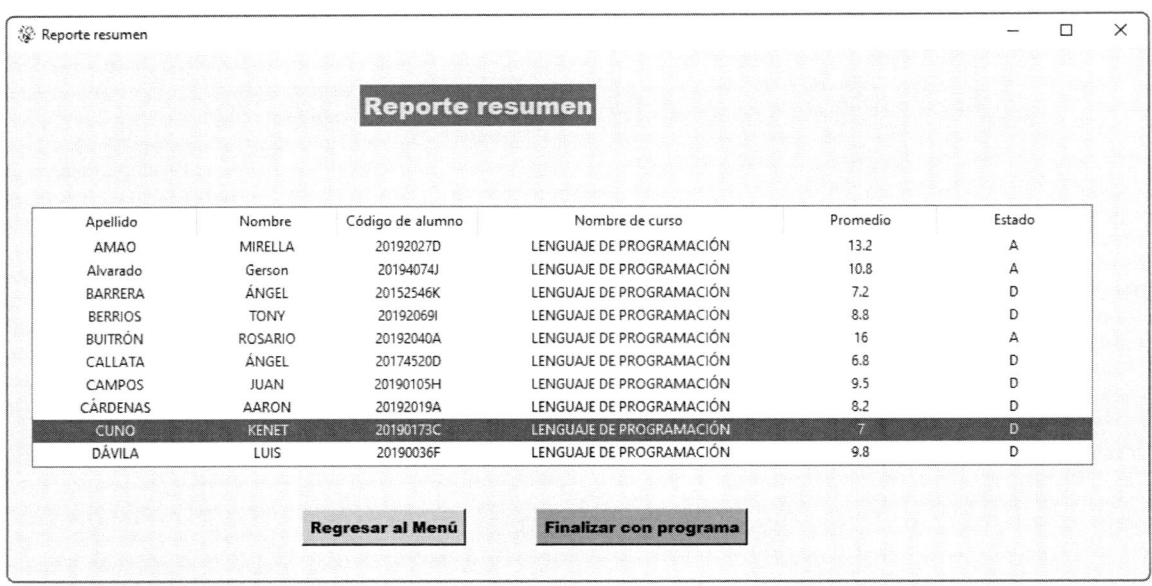

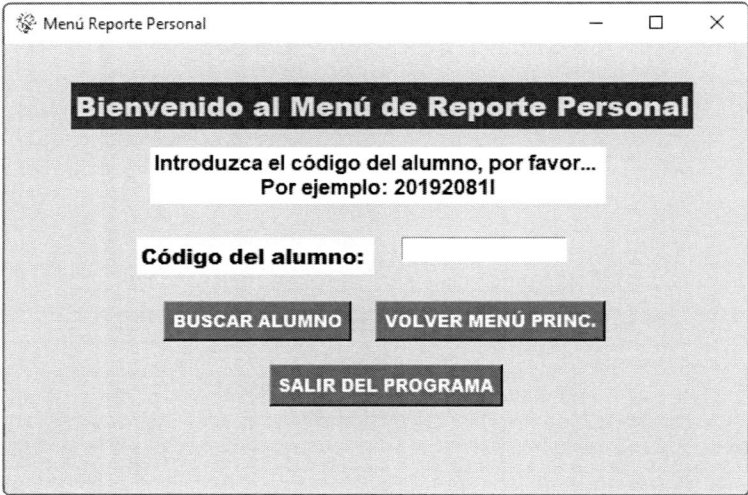

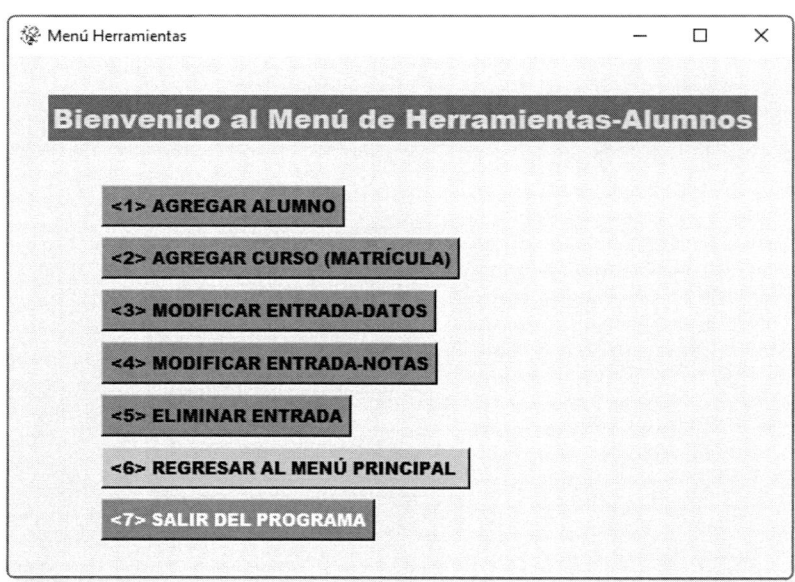

Se muestran las interfaces para la opción 1 del menú principal. Así se realizará para todas las demás opciones.

```
*tk_bd6.py - C:/Users/User/Desktop/tk_bd6.py (3.9.2)*                                    —  □  ×
File  Edit  Format  Run  Options  Window  Help
from random import randint, randrange
import sqlite3 as lite
import sqlite3 #Nos permite conectarnos a una base de datos (sqlite3)
import os
from tkinter import *
import tkinter as tk
from tkinter import messagebox
from tkinter import messagebox as mb#Nos permite abrir ventanas de mensajes
from datetime import datetime
from time import strftime
import os
from tkinter import ttk

datoGrupo=[('Ángel','Barrera Noriega','barrera','20152546'),('Christopher','Bendezú Riega','bendezú','20190009'),('Nilson','Blanco (

datosAlumnos = [("20192020J", "ALARCÓN", "RENATO"), ("20194074J", "ALVARADO", "GERSON"), ("20192027D", "AMAO", "MIRELLA"), ("2015254
                ("2019206SI", "BERRIOS", "TONY"), ("20190060D", "BLANCO", "NILSON"), ("20190085G", "BOCANEGRA", "JAMIR"), ("20192040I
                ("20192081I", "CALLATA", "DANA"), ("20190105H", "CAMPOS", "JUaN"), ("21192019A", "CÁRDENAS", "AARON"), ("20164121J",
                ("20190036F", "DÁVILA", "LUIS"), ("20190008B", "ENCISO", "HAROLD"), ("20172014D", "HUAMANÍ", "MARLON"), ("20190115C",
                ("20171013D", "MANDUJANO", "VERENICE"), ("20161125D", "MANDUJANO", "MITCHELL"), ("20190123F", "ORCCOTOMA", "ÁLVARO"),
cursos = [(100, "LENGUAJE DE PROGRAMACIÓN"), (200, "TERMODINÁMICA"), (300, "ECUACIONES DIFERENCIALES"), (400, "FÍSICA II"), (500, "E(

datosProfesores = [(10, "CÓRDOVA", "TEODORO","LENGUAJE DE PROGRAMACIÓN",100, 123), (20, "ARAMBULO", "CARLOS","ECUACIONES DIFERENCIALI
                   (60, "CHAFLOQUE", "ELÍAS", "TERMODINÁMICA",200,146)]

conn=sqlite3.connect('usuarios.db')
c=conn.cursor()
                                                                                        Ln: 26  Col: 35
```

```
*tk_bd6.py - C:/Users/User/Desktop/tk_bd6.py (3.9.2)*                                    —  □  ×
File  Edit  Format  Run  Options  Window  Help
def create_table(Bool):
    c.execute("CREATE TABLE IF NOT EXISTS usuarios(Nombre TEXT,Apellido TEXT ,Usuario TEXT,Pass TEXT)")
    conn.commit()
    if Bool:
        c.executemany("INSERT OR IGNORE INTO usuarios VALUES (?, ?, ?, ?)", datoGrupo)
        conn.commit()
        conn.close()

create_table(True)

ventana=tk.Tk()
ventana.iconbitmap("UNILOGO.ico")
ventana.title("INICIO_SISTEMA ACADÉMICO FIIS-UNI")    #Título de la ventana principal
ventana.config(relief="groove", bg="red", bd=10)
ventana.resizable(0, 0)

miFrame = Frame(ventana, width=400, height=600)

miFrame.config(cursor="hand2")
miFrame.config(bg='wheat1')
login=Label(ventana,fg="firebrick2",bg='wheat1',text="UNIVERSIDAD NACIONAL DE INGENIERÍA",font=("Arial Black",12))
login.place(x=25,y=10)
ing= Label(ventana,text='Dr. Córdova Neri, Teodoro Luciano',fg='red4',bg='wheat1',font=("Arial Black",11))
ing.place(x=54,y=560)
#Abrir imagen para ventana principal

imagen=PhotoImage(file="UNILOGO.gif")
Label(ventana, image=imagen,bg='wheat1').place(x=90,y=300)

#Cajas de nuestra ventana Principal
Label(ventana,text="Usuario : ",bg="firebrick2",fg='white',font=("Arial Black",10)).place(x=160,y=100)
caja1=Entry(ventana,font=("Arial",10))
caja1.place(x=125,y=120)#Posición de la 'caja1'
caja1.config(bg='white')

Label(ventana,text="Contraseña : ",bg="firebrick2",fg='white',font=("Arial Black",10)).place(x=145,y=150)
caja2=Entry(ventana,show="*")
                                                                                        Ln: 46  Col: 0
```

```
*tk_bd6.py - C:/Users/User/Desktop/tk_bd6.py (3.9.2)*                              —    □    ×
File  Edit  Format  Run  Options  Window  Help
def create_table(Bool):
    c.execute("CREATE TABLE IF NOT EXISTS usuarios(Nombre TEXT,Apellido TEXT ,Usuario TEXT,Pass TEXT)")
    conn.commit()
    if Bool:
        c.executemany("INSERT OR IGNORE INTO usuarios VALUES (?, ?, ?, ?)", datoGrupo)
        conn.commit()
        conn.close()

create_table(True)

ventana=tk.Tk()
ventana.iconbitmap("UNILOGO.ico")
ventana.title("INICIO SISTEMA ACADÉMICO FIIS-UNI")    #Título de la ventana principal
ventana.config(relief="groove", bg="red", bd=10)
ventana.resizable(0, 0)
miFrame = Frame(ventana, width=400, height=600)
miFrame.config(cursor="hand2")
miFrame.config(bg='wheat1')
login=Label(ventana,fg="firebrick2",bg='wheat1',text="UNIVERSIDAD NACIONAL DE INGENIERÍA",font=("Arial Black",12))
login.place(x=25,y=10)
ing= Label(ventana,text='Dr. Córdova Neri, Teodoro Luciano',fg='red4',bg='wheat1',font=("Arial Black",11))
ing.place(x=54,y=560)
imagen=PhotoImage(file="UNILOGO.gif")
Label(ventana, image=imagen,bg='wheat1').place(x=90,y=300)
Label(ventana,text="Usuario : ",bg="firebrick2",fg='white',font=("Arial Black",10)).place(x=160,y=100)
caja1=Entry(ventana,font=("Arial",10))
caja1.place(x=125,y=120)
caja1.config(bg='white')
Label(ventana,text="Contraseña : ",bg="firebrick2",fg='white',font=("Arial Black",10)).place(x=145,y=150)
caja2=Entry(ventana,show="*")
caja2.place(x=125,y=170)
caja2.config(bg='white')
db=sqlite3.connect('usuarios.db')
ce=db.cursor()
def login():
    usuario=caja1.get()
    contr=caja2.get()
                                                                          Ln: 63  Col: 0
```

```
*tk_bd6.py - C:/Users/User/Desktop/tk_bd6.py (3.9.2)*                              —    □    ×
File  Edit  Format  Run  Options  Window  Help
    contr=caja2.get()
    ce.execute('SELECT * FROM usuarios WHERE Usuario = ? AND Pass = ?',(usuario,contr))

    if ce.fetchall():
        mb.showinfo(title="Login Correcto",message="Usuario y contraseña correctos")
        MenuPrincipal()
    else:
        mb.showerror(title="Login incorrecto",message="Usuario o contraseña incorrecto")
nuevaVentana():
newVentana=tk.Toplevel(ventana)
newVentana.title("Registro de Usuario")
newVentana.geometry("300x290")
newVentana.config(bg='wheat1')
newVentana.iconbitmap("UNILOGO.ico")
labelExample=tk.Label(newVentana,text="Registro : ",bg="wheat1", fg="red4",font=("Arial Black",12)).pack(side="top")
Label(newVentana,text="Nombre : ",bg="firebrick4", fg="white",font=("Arial Black",10)).pack()
caja3=Entry(newVentana)
caja3.pack()
Label(newVentana,text="Apellidos : ",bg="firebrick4", fg="white",font=("Arial Black",10)).pack()
caja4=Entry(newVentana)
caja4.pack()
Label(newVentana,text="Usuario : ",bg="firebrick4", fg="white",font=("Arial Black",10)).pack()
caja5=Entry(newVentana)
caja5.pack()
Label(newVentana,text="Contraseña : ",bg="firebrick4", fg="white",font=("Arial Black",10)).pack()
caja6=Entry(newVentana,show="*")
caja6.pack()
Label(newVentana,text="Repita la Contraseña : ",bg="firebrick4", fg="white",font=("Arial Black",10)).pack() |
caja7=Entry(newVentana,show="*")
caja7.pack()
def registro():
    Nombre=caja3.get()
    Apellido=caja4.get()
    Usr_reg=caja5.get()
    Contra_reg=caja6.get()
    Contra_reg_2=caja7.get()
    if(Contra_reg==Contra_reg_2):
                                                                          Ln: 92  Col: 112
```

```
*tk_bd6.py - C:\Users\User\Desktop\tk_bd6.py (3.9.2)*                              —  □  ×
File  Edit  Format  Run  Options  Window  Help
                ce.execute('INSERT INTO usuarios values(?,?,?,?)',(Nombre,Apellido,Usr_reg,Contra_reg))
                mb.showinfo(title="Registro Correcto",message="Hola "+Nombre+" "+Apellido+" ¡¡ \nSu registro fue exitoso.")
                newVentana.destroy()
            else:
                mb.showerror(title="Contraseña Incorrecta",message="Error¡¡¡ \nLas contraseñas no coinciden.")
        db.commit()
        mb.close()
    buttons=tk.Button(newVentana,text="Registrar ¡",command=registro,bg="coral",fg='white',font=("Arial Rounded MT Bold",10)).pack(s
def BaseDeDatos(Bool):
    link = lite.connect("GRUPO6.db")
    cursor = link.cursor()
    cursor.execute("CREATE TABLE IF NOT EXISTS Alumnos (CodAlumno NVARCHAR(40) PRIMARY KEY, ApellidoAlumno NVARCHAR(40), NombreAlumno
    cursor.execute("CREATE TABLE IF NOT EXISTS Cursos (CodAlumno NVARCHAR(40), CodCurso INTEGER, NombreCurso NVARCHAR(40), PC1 INTEGE
    cursor.execute("CREATE TABLE IF NOT EXISTS Profesores (CodProfesor INTEGER , ApellidoProfesor NVARCHAR(40), NombreProfesor NVARCH
    if Bool:
        cursor.executemany("INSERT OR IGNORE INTO Alumnos VALUES (?, ?, ?)", datosAlumnos)
        link.commit()
        cursor.executemany("INSERT OR IGNORE INTO Profesores VALUES (?, ?, ?, ?,?,?)", datosProfesores)
        link.commit()
        for alumnos in datosAlumnos:
            a, b, c = randrange(6), randrange(6), randrange(6)
            while not (a != b and a != c and b != c):
                b = randrange(6)
                c = randrange(6)
            datosCurso1 = (alumno[0], ) + cursos[a] + (randint(1, 20), randint(1, 20), randint(1, 20), randint(1, 20))
            pcmin=min(int(datosCurso1[3]) + int(datosCurso1[4]) + int(datosCurso1[5]) + int(datosCurso1[6]))
            prom1 = round((int(datosCurso1[3]) + int(datosCurso1[4]) + int(datosCurso1[5]) + int(datosCurso1[6])-int(pcmin)) / 3, 1)
            estado1 = 'A'
            if prom1 < 10:
                estado1 = 'D'
            datosCurso1 += (prom1, estado1)
            datosCurso2 = (alumno[0], ) + cursos[b] + (randint(1, 20), randint(1, 20), randint(1, 20), randint(1, 20))
            pcmin=min(int(datosCurso1[3]) + int(datosCurso1[4]) + int(datosCurso1[5]) + int(datosCurso1[6]))
            prom2 = round((int(datosCurso1[3]) + int(datosCurso1[4]) + int(catosCurso1[5]) + int(datosCurso1[6])-int(pcmin)) / 3, 1)
            estado2 = 'A'
            if prom2 < 10:
                                                              Ln: 137  Col: 26
```

```
*tk_bd6.py - C:\Users\User\Desktop\tk_bd6.py (3.9.2)*                              —  □  ×
File  Edit  Format  Run  Options  Window  Help
                estado2 = 'D'
            datosCurso2 += (prom2, estado2)
            #Curso 3
            datosCurso3 = (alumno[0], ) + cursos[c] + (randint(1, 20), randint(1, 20), randint(1, 20), randint(1, 20))
            pcmin=min(int(datosCurso1[3]) + int(datosCurso1[4]) + int(datosCurso1[5]) + int(datosCurso1[6]))
            prom3 = round((int(datosCurso1[3]) + int(datosCurso1[4]) + int(datosCurso1[5]) + int(datosCurso1[6])-int(pcmin)) / 3, 1)
            estado3 = 'A'
            if prom3 < 10:
                estado3 = 'D'
            datosCurso3 += (prom3, estado3)
            cursor.executemany("INSERT OR IGNORE INTO Cursos VALUES (?, ?, ?, ?, ?, ?, ?, ?, ?)", [datosCurso1, datosCurso2,
                                                                                                   datosCurso3])
        link.commit()
        link.close()
    else:
        link.commit()
        link.close()
        pass
def ReporteAlumnos():
    link = lite.connect("GRUPO6.db")
    cursor = link.cursor()
    cursor.execute("SELECT * FROM Alumnos")
    alum=Toplevel(bg="khaki")
    alum.iconbitmap("UNILOGO.ico")
    lbltitle = Label(alum,text="REPORTE DE ALUMNOS", bg="orangered2", fg="thistle1", font=("arial black", 16))
    lbltitle.place(x=70, y=30)
    reportalum=Frame(alum)
    reportalum.pack(side =tk.LEFT,padx=20)
    veralum=ttk.Treeview(reportalum,columns=(1,2,3),show='headings',height='10')
    veralum.pack()
    veralum.column(1, width=120 ,anchor="center")
    veralum.column(2, width=140 ,anchor="center")
    veralum.column(3, width=120 ,anchor="center")
    veralum.heading(1, text= 'CÓDIGO')
    veralum.heading(2, text= 'APELLIDO')
    veralum.heading(3, text= 'NOMBRE')
                                                              Ln: 159  Col: 43
```

```
*tk_bd6.py - C:\Users\User\Desktop\tk_bd6.py (3.9.2)*                          —   □   ×
File  Edit  Format  Run  Options  Window  Help
        datoAlumnos = cursor.fetchall()
        if datoAlumnos:
            for datoAlumno in datoAlumnos:
                veralum.insert('','end',values=datoAlumno)
        else:
            mb.showerror(title="Login incorrecto",message="ERROR: TABLA Alumnos ESTÁ VACÍA")
        def finalizar():
            alum.destroy()
            MenuReporteGlobal
        alum.title('REPORTE DE ALUMNO')
        alum.geometry('430x480')
        btnvolvermenuprincipal = Button(alum, text="REGRESAR AL MENÚ", font=("arial black", 10),bg="chartreuse2", fg="black",
                                        command=finalizar)
        btnsalir = Button(alum, text="SALIR DEL PROGRAMA", font=("arial black", 10),bg="salmon1", fg="black", command=salir)
        btnvolvermenuprincipal.place(x=20, y=400)
        btnsalir.place(x=220, y=400)
        alum.mainloop
        link.close()
def ReporteCursos():
        link = lite.connect("GRUPO6.db")
        cursor = link.cursor()
        cursor.execute("SELECT * FROM Cursos")
        cur=Toplevel(bg="khaki1")
        cur.iconbitmap("UNILOGO.ico")
        lbltitle = Label(cur,text="REPORTE  DE CURSOS", bg="orangered2", fg="thistle1", font=("arial black", 16))
        lbltitle.place(x=350, y=30)
        reportcur=Frame(cur)
        reportcur.pack(side =tk.LEFT,padx=20)
        vercur=ttk.Treeview(reportcur,columns=(1,2,3,4,5,6,7,8,9),show='headings',height='7')
        vercur.pack()
        vercur.column(1, width=150 ,anchor="center")
        vercur.column(2, width=190 ,anchor="center")
        vercur.column(3, width=260 ,anchor="center")
        vercur.column(4, width=60 ,anchor="center")
        vercur.column(5, width=60 ,anchor="center")
        vercur.column(6, width=60 ,anchor="center")
                                                                            Ln: 181  Col: 0
```

```
*tk_bd6.py - C:\Users\User\Desktop\tk_bd6.py (3.9.2)*                          —   □   ×
File  Edit  Format  Run  Options  Window  Help
        vercur.column(7, width=60 ,anchor="center")
        vercur.column(8, width=60 ,anchor="center")
        vercur.column(9, width=80 ,anchor="center")
        vercur.heading(1, text= 'CÓDIGO DEL ALUMNO')
        vercur.heading(2, text= 'CÓDIGO DEL CURSO')
        vercur.heading(3, text= 'NOMBRE DEL CURSO')
        vercur.heading(4, text= 'PC1')
        vercur.heading(5, text= 'PC2')
        vercur.heading(6, text= 'PC3')
        vercur.heading(7, text= 'PC4')
        vercur.heading(8, text= 'PROM')
        vercur.heading(9, text= 'ESTADO')
        datoCursos = cursor.fetchall()
        if datoCursos:
            for datoCurso in datoCursos:
                pmin=min(datoCurso[3],datoCurso[4],datoCurso[5],datoCurso[6])
                pr=round((datoCurso[3]+datoCurso[4]+datoCurso[5]+datoCurso[6]-pmin)/3,1)
                vercur.insert('','end',values=datoCurso)
        else:
            mb.showerror(title="Login incorrecto",message="ERROR: TABLA Alumnos ESTÁ VACÍA")
        def finalizar():
            cur.destroy()
            MenuReporteGlobal
        cur.title('REPORTE DE CURSOS')
        cur.geometry('1080x350')
        btnvolvermenuprincipal = Button(cur, text="REGRESAR AL MENÚ", font=("arial black", 10),bg="chartreuse2", fg="black",
                                        command=finalizar)
        btnsalir = Button(cur, text="SALIR DEL PROGRAMA", font=("arial black", 10),bg="salmon1", fg="black", command=salir)
        btnvolvermenuprincipal.place(x=300, y=300)
        btnsalir.place(x=600, y=300)
        cur.mainloop
        link.close()
def ReporteProfesores():
        link = lite.connect("GRUPO6.db")
        cursor = link.cursor()
        cursor.execute("SELECT * FROM Profesores")
                                                                            Ln: 236  Col: 36
```

```
*tk_bd6.py - C:\Users\User\Desktop\tk_bd6.py (3.9.2)*                                    —   □   ×
File  Edit  Format  Run  Options  Window  Help

    prof=Toplevel(bg="khaki1")
    prof.iconbitmap("UNILOGO.ico")
    lbltitle = Label(prof,text="REPORTE DE PROFESORES", bg="orangered2", fg="thistle1", font=("arial black", 16))
    lbltitle.place(x=300, y=30)
    reportprof=Frame(prof)
    reportprof.pack(side =tk.LEFT,padx=20)
    verprof=ttk.Treeview(reportprof,columns=(1,2,3,4,5,6),show='headings',height='7')
    verprof.pack()
    verprof.column(1, width=120 ,anchor="center")
    verprof.column(2, width=140 ,anchor="center")
    verprof.column(3, width=120 ,anchor="center")
    verprof.column(4, width=260 ,anchor="center")
    verprof.column(5, width=190 ,anchor="center")
    verprof.column(6, width=60 ,anchor="center")
    verprof.heading(1, text= 'CÓDIGO PROFESOR')
    verprof.heading(2, text= 'APELLIDO')
    verprof.heading(3, text= 'NOMBRE ')
    verprof.heading(4, text= 'CURSO')
    verprof.heading(5, text= 'CÓDIGO DE CURSO')
    verprof.heading(6, text= 'DNI')
    datoProfesores = cursor.fetchall()
    if datoProfesores:
        for datoProfesor in datoProfesores:
            verprof.insert('','end',values=datoProfesor)
    else:
        mb.showerror(title="Login incorrecto",message="ERROR: TABLA Profesores ESTÁ VACÍA")

    def finalizar():
        prof.destroy()
        MenuReporteGlobal
    prof.title('REPORTE DE PROFESORES')
    prof.geometry('1000x350')
    btnvolvermenuprincipal = Button(prof, text="REGRESAR AL MENÚ", font=("arial black", 10),bg="chartreuse2", fg="black",
    btnsalir = Button(prof, text="SALIR DEL PROGRAMA", font=("arial black", 10),bg="salmon1", fg="black", command=salir)
    btnvolvermenuprincipal.place(x=270, y=300)
    btnsalir.place(x=530, y=300)
                                                                                    Ln: 276  Col: 0
```

```
*tk_bd6.py - C:\Users\User\Desktop\tk_bd6.py (3.9.2)*                                    —   □   ×
File  Edit  Format  Run  Options  Window  Help

    btnsalir.place(x=530, y=300)
    prof.mainloop
    link.close()
def OrdenAlumnosCod():
    link = lite.connect("GRUPO6.db")
    cursor = link.cursor()
    cursor.execute("SELECT * FROM Alumnos ORDER BY CodAlumno")
    alum=Toplevel(bg="khaki1")
    alum.iconbitmap("UNILOGO.ico")
    lbltitle = Label(alum,text="REPORTE ORDENADO POR \nCÓDIGO DE ALUMNOS", bg="orangered2", fg="thistle1",
                     font=("arial black", 16))
    lbltitle.place(x=50, y=30)
    reportalum=Frame(alum)
    reportalum.pack(side =tk.LEFT,padx=20)
    veralum=ttk.Treeview(reportalum,columns=(1,2,3),show='headings',height='7')
    veralum.pack()
    veralum.column(1, width=120 ,anchor="center")
    veralum.column(2, width=140 ,anchor="center")
    veralum.column(3, width=120 ,anchor="center")
    veralum.heading(1, text= 'CÓDIGO')
    veralum.heading(2, text= 'APELLIDO')
    veralum.heading(3, text= 'NOMBRE')
    datoAlumnos = cursor.fetchall()
    if datoAlumnos:
        for datoAlumno in datoAlumnos:
            veralum.insert('','end',values=datoAlumno)
    else:
        mb.showerror(title="Login incorrecto",message="ERROR: TABLA Alumnos ESTÁ VACÍA")
    def finalizar():
        alum.destroy()
        MenuReporteGlobal
    alum.title('REPORTE ORDENADO POR CÓDIGO DE ALUMNOS')
    alum.geometry('430x430')
    btnvolvermenuprincipal = Button(alum, text="REGRESAR AL MENÚ", font=("arial black", 10),bg="chartreuse2",
                                    fg="black", command=finalizar)
    btnsalir = Button(alum, text="SALIR DEL PROGRAMA", font=("arial black", 10),bg="salmon1", fg="black", command=salir)
                                                                                    Ln: 316  Col: 105
```

```
🐍 *tk_bd6.py - C:\Users\User\Desktop\tk_bd6.py (3.9.2)*                          —    □    ×
File  Edit  Format  Run  Options  Window  Help
    btnsalir = Button(alum, text="SALIR DEL PROGRAMA", font=("arial black", 10),bg="salmon1", fg="black", command=salir)
    btnvolvermenuprincipal.place(x=20, y=380)
    btnsalir.place(x=220, y=380)
    alum.mainloop
    link.close()
def OrdenCursosCodCurso_Prom():
    link = lite.connect("GRUPO6.db")
    cursor = link.cursor()
    cursor.execute("SELECT * FROM Cursos ORDER BY CodCurso, PROM DESC")
    cur=Toplevel(bg="khaki1")
    cur.iconbitmap("UNILOGO.ico")
    lbltitle = Label(cur,text="REPORTE ORDENADO POR CÓDIGO Y PROMEDIO DE CURSOS", bg="orangered2", fg="thistle1", font=("a
    lbltitle.place(x=150, y=30)
    reportcur=Frame(cur)
    reportcur.pack(side =tk.LEFT,padx=20)
    vercur=ttk.Treeview(reportcur,columns=(1,2,3,4,5,6,7,8,9),show='headings',height='7')
    vercur.pack()
    vercur.column(1, width=150 ,anchor="center")
    vercur.column(2, width=190 ,anchor="center")
    vercur.column(3, width=260 ,anchor="center")
    vercur.column(4, width=60 ,anchor="center")
    vercur.column(5, width=60 ,anchor="center")
    vercur.column(6, width=60 ,anchor="center")
    vercur.column(7, width=60 ,anchor="center")
    vercur.column(8, width=60 ,anchor="center")
    vercur.column(9, width=80 ,anchor="center")
    vercur.heading(1, text= 'CÓDIGO DEL ALUMNO')
    vercur.heading(2, text= 'CÓDIGO DEL CURSO')
    vercur.heading(3, text= 'NOMBRE DEL CURSO')
    vercur.heading(4, text= 'PC1')
    vercur.heading(5, text= 'PC2')
    vercur.heading(6, text= 'PC3')
    vercur.heading(7, text= 'PC4')
    vercur.heading(8, text= 'PROM')
    vercur.heading(9, text= 'ESTADO')
    datoCursos = cursor.fetchall()
    if datoCursos:
                                                                              Ln: 346  Col: 34
```

```
🐍 *tk_bd6.py - C:\Users\User\Desktop\tk_bd6.py (3.9.2)*                          —    □    ×
File  Edit  Format  Run  Options  Window  Help
    datoCursos = cursor.fetchall()
    if datoCursos:
        for datoCurso in datoCursos:
            pmin=min(datoCurso[3],datoCurso[4],datoCurso[5],datoCurso[6])
            pr=round((datoCurso[3]+datoCurso[4]+datoCurso[5]+datoCurso[6]-pmin)/3,1)
            vercur.insert('','end',values=datoCurso)
    else:
        mb.showerror(title="Login incorrecto",message="ERROR: TABLA Alumnos ESTÁ VACÍA")
    def finalizar():
        cur.destroy()
        MenuReporteGlobal
    cur.title('REPORTE ORDENADO POR CÓDIGO Y PROMEDIO DE CURSOS')
    cur.geometry('1080x350')
    btnvolvermenuprincipal = Button(cur, text="REGRESAR AL MENÚ", font=("arial black", 10),bg="chartreuse2", fg="black", c
    btnsalir = Button(cur, text="SALIR DEL PROGRAMA", font=("arial black", 10),bg="salmon1", fg="black", command=salir)
    btnvolvermenuprincipal.place(x=300, y=300)
    btnsalir.place(x=600, y=300)
    cur.mainloop
    link.close()
def OrdenProfesoresCod():
    link = lite.connect("GRUPO6.db")
    cursor = link.cursor()
    cursor.execute("SELECT * FROM Profesores ORDER BY CodProfesor")
    prof=Toplevel(bg="khaki1")
    prof.iconbitmap("UNILOGO.ico")
    lbltitle = Label(prof,text="REPORTE ORDENADO POR CÓDIGO DE PROFESORES", bg="orangered2", fg="thistle1", font=("arial b
    lbltitle.place(x=150, y=30)
    reportprof=Frame(prof)
    reportprof.pack(side =tk.LEFT,padx=20)
    verprof=ttk.Treeview(reportprof,columns=(1,2,3,4,5,6),show='headings',height='7')
    verprof.pack()
    verprof.column(1, width=120 ,anchor="center")
    verprof.column(2, width=140 ,anchor="center")
    verprof.column(3, width=120 ,anchor="center")
    verprof.column(4, width=260 ,anchor="center")
    verprof.column(5, width=190 ,anchor="center")
    verprof.column(6, width=60 ,anchor="center")
```

```
verprof.column(6, width=60 ,anchor="center")
verprof.heading(1, text= 'CÓDIGO PROFESOR')
verprof.heading(2, text= 'APELLIDO')
verprof.heading(3, text= 'NOMBRE ')
verprof.heading(4, text= 'CURSO')
verprof.heading(5, text= 'CÓDIGO DE CURSO')
verprof.heading(6, text= 'DNI')
datoProfesores = cursor.fetchall()
if datoProfesores:
    for datoProfesor in datoProfesores:
        verprof.insert('','end',values=datoProfesor)
else:
    mb.showerror(title="Login incorrecto",message="ERROR: TABLA Alumnos ESTÁ VACÍA")
def finalizar():
    prof.destroy()
    MenuReporteGlobal
prof.title('REPORTE ORDENADO POR CÓDIGO DE PROFESORES')
prof.geometry('950x350')
btnvolvermenuprincipal = Button(prof, text="REGRESAR AL MENÚ", font=("arial black", 10),bg="chartreuse2", fg="black",
btnsalir = Button(prof, text="SALIR DEL PROGRAMA", font=("arial black", 10),bg="salmon1", fg="black", command=salir)
btnvolvermenuprincipal.place(x=270, y=300)
btnsalir.place(x=530, y=300)
prof.mainloop
link.close()
def ModificarAlumnos(CodAlumno, ApellidoAlumno, NombreAlumno):
    link = lite.connect("GRUPO6.db")
    cursor = link.cursor()
    cursor.execute("UPDATE Alumnos SET ApellidoAlumno = ?, NombreAlumno = ? WHERE CodAlumno = ?", (ApellidoAlumno, NombreA
    link.commit()
    link.close()
def ModificarCursos(CodAlumno, CodCurso, PC1, PC2, PC3, PC4):
    link = lite.connect("GRUPO6.db")
    cursor = link.cursor()
    pcmin=min(PC1,PC2,PC3,PC4)
    promedio = round((PC1 + PC2 + PC3 + PC4-pcmin) / 3, 1)
    estado = 'A'
    if promedio < 10:
```

```
        estado = 'D'
    cursor.execute("UPDATE Cursos SET PC1 = ?, PC2 = ?, PC3 = ?, PC4 = ?, PROM = ?, ESTADO = ? WHERE CodAlumno = ? AND Cod
    link.commit()
    link.close()
def EliminarAlumno(CodAlumno):
    link = lite.connect("GRUPO6.db")
    cursor = link.cursor()
    cursor.execute("DELETE FROM Alumnos WHERE CodAlumno = ?", (CodAlumno, ))
    cursor.execute("DELETE FROM Cursos WHERE CodAlumno = ?", (CodAlumno, ))
    link.commit()
    link.close()
def BuscarAlumno(CodAlumno):
    link = lite.connect("GRUPO6.db")
    cursor = link.cursor()
    cursor1=link.cursor()
    cursor.execute("SELECT * FROM Alumnos WHERE CodAlumno = ?", (CodAlumno, ))
    cur=Toplevel(bg="khaki1")
    cur.title("BUSCADOR DE ALUMNOS")
    cur.iconbitmap("UNILOGO.ico")
    reportcur=Frame(cur)
    reportcur.pack(side =tk.LEFT,padx=20)
    datoAlumno = cursor.fetchall()
    cursor1.execute("SELECT CodCurso, NombreCurso, PC1, PC2, PC3, PC4, PROM, ESTADO FROM Cursos WHERE CodAlumno = ?",
                    (CodAlumno, ))
    vercur=ttk.Treeview(reportcur,columns=(1,2,3,4,5,6,7,8),show='headings',height='3')
    vercur.pack()
    vercur.column(1, width=190 ,anchor="center")
    vercur.column(2, width=260 ,anchor="center")
    vercur.column(3, width=60 ,anchor="center")
    vercur.column(4, width=60 ,anchor="center")
    vercur.column(5, width=60 ,anchor="center")
    vercur.column(6, width=60 ,anchor="center")
    vercur.column(7, width=60 ,anchor="center")
    vercur.column(8, width=80 ,anchor="center")
    vercur.heading(1, text= 'CÓDIGO DEL CURSO')
    vercur.heading(2, text= 'NOMBRE DEL CURSO')
    vercur.heading(3, text= 'PC1')
```

```
*tk_bd6.py - C:\Users\User\Desktop\tk_bd6.py (3.9.2)*                    –  □  ×
File  Edit  Format  Run  Options  Window  Help
    vercur.heading(4, text= 'PC2')
    vercur.heading(5, text= 'PC3')
    vercur.heading(6, text= 'PC4')
    vercur.heading(7, text= 'PROM')
    vercur.heading(8, text= 'ESTADO')
    datoCursos = cursor1.fetchall()
    #Imprimiendo resultados
    if datoAlumno:
        dat = "CÓDIGO:"+ datoAlumno[0][0]+10*' '+"APELLIDO:"+datoAlumno[0][1]+10*' '+"NOMBRE:"+datoAlumno[0][2]
        a=Label(cur,bg="darkorange1", fg="gray1",text=dat,font=("Arial Black",12))
        a.place(x=150,y=100)
        lbltitle = Label(cur,text="BUSCADOR DE ALUMNO", bg="orangered2", fg="thistle1", font=("arial black", 16))
        lbltitle.place(x=280, y=30)
        #print("CÓDIGO:".ljust(10), datoAlumno[0][0].ljust(15), "APELLIDO:".ljust(10), datoAlumno[0][1].ljust(15),"NOMBRE:
        if datoCursos:
            for datoCurso in datoCursos:
                vercur.insert('','end',values=datoCurso)
        else:
            mb.showerror(title="Login incorrecto",message=f"ERROR: CÓDIGO {CodAlumno} NO EXISTE EN LA TABLA Cursos")
    else:
        mb.showerror(title="Login incorrecto",message=f"ERROR: CÓDIGO {CodAlumno} NO EXISTE EN LA TABLA Alumnos")
    def finalizar():
        cur.destroy()
        MenuPrincipal
    cur.geometry('900x350')
    btnvolvermenuprincipal = Button(cur, text="REGRESAR AL MENÚ", font=("arial black", 10),bg="chartreuse2", fg="black", c
    btnsalir = Button(cur, text="SALIR DEL PROGRAMA", font=("arial black", 10),bg="salmon1", fg="black", command=salir)
    btnvolvermenuprincipal.place(x=300, y=300)
    btnsalir.place(x=600, y=300)
    cur.mainloop
    link.close()
def AgregarAlumno(CodAlumno, ApellidoAlumno, NombreAlumno):
    link = lite.connect("GRUPO6.db")
    cursor = link.cursor()
    cursor.execute("SELECT CodAlumno FROM Alumnos WHERE CodAlumno = ?", (CodAlumno, ))
    CodRepetido = cursor.fetchall()
    if CodRepetido:
                                                                Ln: 492  Col: 0
```

```
*tk_bd6.py - C:\Users\User\Desktop\tk_bd6.py (3.9.2)*                    –  □  ×
File  Edit  Format  Run  Options  Window  Help
    if CodRepetido:
        print(f"ERROR: CÓDIGO {CodRepetido[0][0]} YA PERTENECE A LA BASE DE DATOS")
    else:
        cursor.execute("INSERT OR IGNORE INTO Alumnos Values (?, ?, ?)", (CodAlumno, ApellidoAlumno, NombreAlumno))
    link.commit()
    link.close()
def AgregarCurso(CodAlumno, c, PC1, PC2, PC3, PC4):
    link = lite.connect("GRUPO6.db")
    cursor = link.cursor()
    Curso = cursos[c]
    pcmin=min(PC1,PC2,PC3,PC4)
    promedio = round((PC1 + PC2 + PC3 + PC4-pcmin) / 3, 1)
    estado = 'A'
    if promedio < 10:
        estado = 'D'
    datoCurso = (CodAlumno, ) + Curso + (PC1, PC2, PC3, PC4, promedio, estado)
    cursor.execute("SELECT CodCurso, NombreCurso FROM Cursos WHERE CodAlumno = ?", (CodAlumno, ))
    CursosRepetido = cursor.fetchall()
    if Curso in CursosRepetido:
        print(f"ERROR: {CodAlumno} YA ESTÁ MATRICULADO EN EL CURSO {Curso[1]}")
    else:
        cursor.execute("INSERT OR IGNORE INTO Cursos VALUES (?, ?, ?, ?, ?, ?, ?, ?, ?)", datoCurso)
    link.commit()
    link.close()
def OrdenCursosEstA():
    Estado='A'
    link = lite.connect("GRUPO6.db")
    cursor = link.cursor()
    cursor.execute("SELECT * FROM Cursos WHERE ESTADO = ? ORDER BY CodCurso, PROM DESC", (Estado, ))
    cur=Toplevel(bg="khaki1")
    cur.iconbitmap("UNILOGO.ico")
    lbltitle = Label(cur,text="REPORTE ORDENADO POR PROMEDIO DE CURSOS CON ALUMNOS APROBADOS", bg="orangered2", fg="thistl
    lbltitle.place(x=50, y=30)
    reportcur=Frame(cur)
    reportcur.pack(side =tk.LEFT,padx=20)
    vercur=ttk.Treeview(reportcur,columns=(1,2,3,4,5,6,7,8,9),show='headings',height='7')
                                                                Ln: 522  Col: 0
```

```
*tk_bd6.py - C:\Users\User\Desktop\tk_bd6.py (3.9.2)*                                    —   □   ×
File  Edit  Format  Run  Options  Window  Help
    vercur.pack()
    vercur.column(1, width=150 ,anchor="center")
    vercur.column(2, width=190 ,anchor="center")
    vercur.column(3, width=260 ,anchor="center")
    vercur.column(4, width=60 ,anchor="center")
    vercur.column(5, width=60 ,anchor="center")
    vercur.column(6, width=60 ,anchor="center")
    vercur.column(7, width=60 ,anchor="center")
    vercur.column(8, width=60 ,anchor="center")
    vercur.column(9, width=80 ,anchor="center")
    vercur.heading(1, text= 'CÓDIGO DEL ALUMNO')
    vercur.heading(2, text= 'CÓDIGO DEL CURSO')
    vercur.heading(3, text= 'NOMBRE DEL CURSO')
    vercur.heading(4, text= 'PC1')
    vercur.heading(5, text= 'PC2')
    vercur.heading(6, text= 'PC3')
    vercur.heading(7, text= 'PC4')
    vercur.heading(8, text= 'PROM')
    vercur.heading(9, text= 'ESTADO')
    datoCursos = cursor.fetchall()
    if datoCursos:
        for datoCurso in datoCursos:
            pmin=min(datoCurso[3],datoCurso[4],datoCurso[5],datoCurso[6])
            pr=round((datoCurso[3]+datoCurso[4]+datoCurso[5]+datoCurso[6]-pmin)/3,1)
            vercur.insert('','end',values=datoCurso)
    else:
        mb.showerror(title="Login incorrecto",message="ERROR: TABLA Alumnos ESTÁ VACÍA")
    def finalizar():
        cur.destroy()
        MenuReporteGlobal
    cur.title('REPORTE ORDENADO POR PROMEDIO DE CURSOS CON ALUMNOS APROBADOS')
    cur.geometry('1080x350')
    btnvolvermenuprincipal = Button(cur, text="REGRESAR AL MENÚ", font=("arial black", 10),bg="chartreuse2", fg="black",
                                    command=finalizar)
    btnsalir = Button(cur, text="SALIR DEL PROGRAMA", font=("arial black", 10),bg="salmon1", fg="black", command=salir)
    btnvolvermenuprincipal.place(x=300, y=300)
                                                                                        Ln: 566  Col: 36
```

```
*tk_bd6.py - C:\Users\User\Desktop\tk_bd6.py (3.9.2)*                                    —   □   ×
File  Edit  Format  Run  Options  Window  Help
    datoCursos = cursor.fetchall()
    if datoCursos:
        for datoCurso in datoCursos:
            pmin=min(datoCurso[3],datoCurso[4],datoCurso[5],datoCurso[6])
            pr=round((datoCurso[3]+datoCurso[4]+datoCurso[5]+datoCurso[6]-pmin)/3,1)
            vercur.insert('','end',values=datoCurso)
    else:
        mb.showerror(title="Login incorrecto",message="ERROR: TABLA Alumnos ESTÁ VACÍA")
    def finalizar():
        cur.destroy()
        MenuReporteGlobal
    cur.title('REPORTE ORDENADO POR PROMEDIO DE CURSOS CON ALUMNOS DESAPROBADOS')
    btnvolvermenuprincipal = Button(cur, text="REGRESAR AL MENÚ", font=("arial black", 10),bg="chartreuse2", fg="black",
                                    command=finalizar)
    btnsalir = Button(cur, text="SALIR DEL PROGRAMA", font=("arial black", 10),bg="salmon1", fg="black", command=salir)
    btnvolvermenuprincipal.place(x=300, y=300)
    btnsalir.place(x=500, y=300)
    cur.geometry('1080x350')
    cur.mainloop
    link.close()
def OrdenResumen():
    link = lite.connect("GRUPO6.db")
    cursor = link.cursor()
    cursor.execute("SELECT Alumnos.ApellidoAlumno, Alumnos.NombreAlumno, Alumnos.CodAlumno, Cursos.NombreCurso, Cursos.PRC
    cur=Toplevel(bg="khakil")
    cur.iconbitmap("UNILOGO.ico")
    lbltitle = Label(cur,text="REPORTE RESUMEN", bg="orangered2", fg="thistle1", font=("arial black", 16))
    lbltitle.place(x=300, y=30)
    reportresu=Frame(cur)
    reportresu.pack(side =tk.LEFT,padx=20)
    veresumen=ttk.Treeview(reportresu,columns=(1,2,3,4,5,6),show='headings',height='10')
    veresumen.pack()
    veresumen.column(1, width =140,anchor='center')
    veresumen.column(2, width =120,anchor='center')
    veresumen.column(3, width =120,anchor='center')
    veresumen.column(4, width =260,anchor='center')
                                                                                        Ln: 617  Col: 0
```

```
*tk_bd6.py - C:\Users\User\Desktop\tk_bd6.py (3.9.2)*
File  Edit  Format  Run  Options  Window  Help
    veresumen.column(4, width =260,anchor='center')
    veresumen.column(5, width =130,anchor='center')
    veresumen.column(6, width =130,anchor='center')
    veresumen.heading(1, text= 'APELLIDO')
    veresumen.heading(2, text= 'NOMBRE')
    veresumen.heading(3, text= 'CÓDIGO DEL ALUMNO')
    veresumen.heading(4, text= 'NOMBRE DEL CURSO')
    veresumen.heading(5, text= 'PROMEDIO')
    veresumen.heading(6, text= 'ESTADO')
    datosResumen = cursor.fetchall()
    if datosResumen:
        for datoResumen in datosResumen:
            veresumen.insert('','end',values=datoResumen)
    else:
        mb.showerror(title="Login incorrecto",message="ERROR: BASE DE DATOS VACÍA")
    def finalizar():
        cur.destroy()
        MenuReporteGlobal
    cur.title('REPORTE RESUMEN')
    cur.geometry('970x500')
    btnvolvermenuprincipal = Button(cur, text="REGRESAR AL MENÚ", font=("arial black", 10),bg="chartreuse2", fg="black", c
    btnsalir = Button(cur, text="SALIR DEL PROGRAMA", font=("arial black", 10),bg="salmon1", fg="black", command=salir)
    btnvolvermenuprincipal.place(x=250, y=400)
    btnsalir.place(x=450, y=400)
    cur.mainloop()
    link.close()
def salir():
    if os.path.exists("#intentoslogin.txt"):
        os.remove("#intentoslogin.txt")
    ventana.destroy()
    exit(0)
def MenuPrincipal():
    global menup
    ventana.iconify()
    menup =Toplevel(bg="peach puff")
    menup.title("MENÚ PRINCIPAL")
                                                                              Ln: 669  Col: 0
```

```
*tk_bd6.py - C:\Users\User\Desktop\tk_bd6.py (3.9.2)*
File  Edit  Format  Run  Options  Window  Help
    menup.title("MENÚ PRINCIPAL")
    menup.iconbitmap("UNILOGO.ico")
    menup.geometry("580x350")
    menup.lift()
    lblmenu = Label(menup, text="BIENVENIDO AL MENÚ PRINCIPAL-FIIS", bg="red4", fg="thistle1", font=("arial black", 16, "bold"))
    lblmenu.place(x=40, y=30)
    btnreporteglobal = Button(menup, text="<1> VER REPORTE GLOBAL", font=("arial black", 12),bg="firebrick2", fg="gray1", comman
    btnreportepersonal = Button(menup, text="<2> VER REPORTE PERSONAL ", font=("arial black", 12),bg="firebrick2", fg="gray1", c
    btnherramientas = Button(menup, text="<3> VER HERRAMIENTAS ADMINISTRATIVAS", font=("arial black", 12),bg="firebrick2", fg="c
    btnsalir =  Button(menup, text="<4> SALIR DEL PROGRAMA     ", font=("arial black", 12),bg="coral1", fg="white", command=salir)
    btnreporteglobal.place(x=70, y=100)
    btnreportepersonal.place(x=70, y=140)
    btnherramientas.place(x=70, y=180)
    btnsalir.place(x=70, y=220)
def MenuReporteGlobal():
    global menup
    ventana.iconify()
    menureporteglobal =Toplevel(bg="pale turquoise")
    menureporteglobal.title("MENÚ REPORTE GLOBAL-FIIS")
    menureporteglobal.iconbitmap("UNILOGO.ico")
    menureporteglobal.geometry("620x600")
    lblmenu = Label(menureporteglobal,text="Bienvenido al Menú de Reporte Global - FIIS", bg="blue", fg="thistle1", font=("arial
    lblmenu.place(x=50, y=30)
    def finalizar():
        menureporteglobal.destroy()
        MenuPrincipal
    btnreportealumnos = Button(menureporteglobal, text="<1> VER REPORTE DE ALUMNOS", font=("arial black", 10),bg="turquoise3", f
    btnreportecursos = Button(menureporteglobal, text="<2> VER REPORTE DE CURSOS", font=("arial black", 10),bg="turquoise3", fg=
    btnreporteprofesores = Button(menureporteglobal, text="<3> VER REPORTE DE PROFESORES", font=("arial black", 10),bg="turquois
    btnordenadoporcodigoa = Button(menureporteglobal,text="<4> VER REPORTE ORDENADO POR CÓDIGO DE ALUMNOS", font=("arial black",
    btnordenadoporcodigop = Button(menureporteglobal, text="<5> VER REPORTE ORDENADO POR CÓDIGO DE  PROFESORES", font=("arial bl
    btnordenadocódigopromcurso =  Button(menureporteglobal, text="<6> VER REPORTE ORDENADO POR CÓDIGO Y PROMEDIO DE CURSOS", for
    btnalumaprobadoscurso =  Button(menureporteglobal, text="<7> VER REPORTE ORDENADO POR PROMEDIO DE CURSOS CON \nALUMNOS APROI
    btnalumdesaprobadoscurso =  Button(menureporteglobal, text="<8> VER REPORTE ORDENADO POR PROMEDIO DE CURSOS CON \nALUMNOS DI
    btnreporteresumen = Button(menureporteglobal, text="<9> VER REPORTE RESUMEN  ", font=("arial black", 10), bg="turquoise3", f
    btnvolvermenuprincipal = Button(menureporteglobal, text="<10> REGRESAR AL MENÚ PRINCIPAL ", font=("arial black", 10),bg="sal
                                                                              Ln: 694  Col: 104
```

```
*tk_bd6.py - C:\Users\User\Desktop\tk_bd6.py (3.9.2)*                                    —    □    ×
File  Edit  Format  Run  Options  Window  Help
    btnordenadoporcodigoa = Button(menureporteglobal,text="<4> VER REPORTE ORDENADO POR CODIGO DE ALUMNOS", font=("arial black",
    btnordenadoporcodigop = Button(menureporteglobal, text="<5> VER REPORTE ORDENADO POR CÓDIGO DE PROFESORES", font=("arial bl
    btnordenadocódigopromcurso = Button(menureporteglobal, text="<6> VER REPORTE ORDENADO POR CÓDIGO Y PROMEDIO DE CURSOS", for
    btnalumaprobadoscurso = Button(menureporteglobal, text="<7> VER REPORTE ORDENADO POR PROMEDIO DE CURSOS CON \nALUMNOS APROE
    btnalumdesaprobadoscurso = Button(menureporteglobal, text="<8> VER REPORTE ORDENADO POR PROMEDIO DE CURSOS CON \nALUMNOS DE
    btnreporteresumen = Button(menureporteglobal, text="<9> VER REPORTE RESUMEN  ", font=("arial black", 10), bg="turquoise3", 1
    btnvolvermenuprincipal = Button(menureporteglobal, text="<10> REGRESAR AL MENÚ PRINCIPAL ", font=("arial black", 10),bg="sal
    btnsalir = Button(menureporteglobal, text="<11> SALIR DEL PROGRAMA", font=("arial black", 10),bg="salmon1", fg="white", comm
    btnreportealumnos.place(x=70, y=100)
    btnreportecursos.place(x=70, y=140)
    btnreporteprofesores.place(x=70, y=180)
    btnordenadoporcodigoa.place(x=70, y=220)
    btnordenadoporcodigop.place(x=70, y=260)
    btnordenadocódigopromcurso.place(x=70, y=300)
    btnalumaprobadoscurso.place(x=70, y=340)
    btnalumdesaprobadoscurso.place(x=70, y=400)
    btnreporteresumen.place(x=70, y=460)
    btnvolvermenuprincipal.place(x=70, y=500)
    btnsalir.place(x=70, y=540)
def MenuReportePersonal():
    menureportepersonal = Toplevel(bg="pale turquoise")
    menureportepersonal.title("Menú Reporte Personal")
    menureportepersonal.iconbitmap("UNILOGO.ico")
    menureportepersonal.geometry("560x350")
    lblmenu = Label(menureportepersonal, text="Bienvenido al Menú de Reporte Personal", bg="blue", fg="thistle1", font=("arial l
    lblmenu.place(x=50, y=30)
    lblinfo = Label(menureportepersonal, text="Introduzca el código del alumno, por favor... \nPor ejemplo: 20192081I", bg="ligh
    lblinfo.place(x=110, y=80)
    lblcodigo = Label(menureportepersonal, text="Código del alumno: ", bg="yellow", fg="black", font=("arial black", 12))
    lblcodigo.place(x=100, y=150)
    CodAlumno = Entry(menureportepersonal)
    CodAlumno.place(x=300, y=150)
    def BuscarAlumnooo():
        codigo = CodAlumno.get()
        if(codigo==""):
            mb.showinfo(title="Código inválido",message="No ha insertado ningún\ncódigo de alumno")
                                                                                        Ln: 736  Col: 0
```

```
*tk_bd6.py - C:\Users\User\Desktop\tk_bd6.py (3.9.2)*                                    —    □    ×
File  Edit  Format  Run  Options  Window  Help
        else:
            mb.showinfo(title="Código válido",message="Alumno encontrado con éxito")
                BuscarAlumno(codigo)
    def finalizar():
        menureportepersonal.destroy()
        MenuPrincipal
    btnbuscar = Button(menureportepersonal, text="BUSCAR ALUMNO", font=("arial black", 10),bg="red", fg="yellow", command= BuscarAlum
    btnbuscar.place(x=120, y=200)
    btnmenuprincipal = Button(menureportepersonal, text="VOLVER MENÚ PRINC.", font=("arial black", 10),bg="red", fg="yellow", command
    btnmenuprincipal.place(x=280, y=200)
    btnsalir = Button(menureportepersonal, text="SALIR DEL PROGRAMA", font=("arial black", 10),bg="red", fg="yellow", command=salir)
    btnsalir.place(x=200, y=250)
def MenuHerramientas():
    menuherr = Toplevel(bg="khaki1")
    menuherr.title("Menú Herramientas")
    menuherr.iconbitmap("UNILOGO.ico")
    menuherr.geometry("590x400")
    lblmenu = Label(menuherr, text="Bienvenido al Menú de Herramientas-Alumnos", bg="orangered2", fg="thistle1", font=("arial black",
    lblmenu.place(x=30, y=30)
    def finalizar():
        menuherr.destroy()
        MenuPrincipal
    btnagregaralumno = Button(menuherr, text="<1> AGREGAR ALUMNO", font=('arial black', 10),bg="darkorange1", fg="gray1", command=Agr
    btnagregarcurso = Button(menuherr, text="<2> AGREGAR CURSO (MATRÍCULA)", font=('arial black', 10),bg="darkorange1", fg="gray1", c
    btnmodificarentrada = Button(menuherr, text="<3> MODIFICAR ENTRADA-DATOS", font=("arial black", 10),bg="darkorange1", fg="gray1",
    btnmodificarnota = Button(menuherr, text="<4> MODIFICAR ENTRADA-NOTAS", font=('arial black', 10),bg="darkorange1", fg="gray1", cc
    btneliminarentrada = Button(menuherr, text="<5> ELIMINAR ENTRADA", font=("arial black", 10),bg="darkorange1", fg="gray1", commar
    btnvolvermenuprincipal = Button(menuherr, text="<6> REGRESAR AL MENÚ PRINCIPAL ", font=("arial black", 10),bg="chartreuse2", fg="
    btnsalir = Button(menuherr, text="<7> SALIR DEL PROGRAMA", font=("arial black", 10),bg="coral1", fg="white", command=salir)
    btnagregaralumno.place(x=70, y=100)
    btnagregarcurso.place(x=70, y=140)
    btnmodificarentrada.place(x=70, y=180)
    btnmodificarnota.place(x=70, y=220)
    btneliminarentrada.place(x=70, y=260)
    btnvolvermenuprincipal.place(x=70, y=300)
    btnsalir.place(x=70, y=340)
                                                                                        Ln: 751  Col: 0
```

```
*tk_bd6.py - C:\Users\User\Desktop\tk_bd6.py (3.9.2)*                                      —    □    ×
File  Edit  Format  Run  Options  Window  Help
def AgregarAlumnoo():
    global menup
    menup.iconify()
    vagregaralum = Toplevel(bg="honeydew")
    vagregaralum.title("AGREGAR ALUMNO")
    vagregaralum.iconbitmap("UNILOGO.ico")
    vagregaralum.geometry("550x350")
    lblagregar = Label(vagregaralum, text=" AGREGAR ALUMNO",bg="yellow", fg="black",font=("arial black", 18, "bold"))
    lblagregar.place(x=130, y=50)
    lblcodigo = Label(vagregaralum, text=" Ingresar el código(parte numérica) del alumno nuevo: ", bg="light yellow", font=("arial",
    lblcodigo.place(x=100, y=100)
    entradacodigo = Entry(vagregaralum)
    entradacodigo.place(x=180, y=140)
    def validando():
        CodAlumno = entradacodigo.get()
        link = lite.connect("GRUPO6.db")
        cursor = link.cursor()
        cursor.execute("SELECT CodAlumno FROM Alumnos")
        CodAlumnosRaw = cursor.fetchall()
        CodAlumnos = []
        Letra = ['A', 'B', 'C', 'D', 'E', 'F', 'G', 'H', 'I', 'J']
        CodAlumnonuevo = CodAlumno + Letra[int(CodAlumno) % 10]
        for CodAlumnoRaw in CodAlumnosRaw:
            CodAlumnos.append(CodAlumnoRaw[0])
        while not (CodAlumno.isdecimal() and len(CodAlumno) == 8):
            mb.showerror(title="Código numeral inválido",message="La parte numérica del código tiene \nmás de 8 dígitos o no está com
        if CodAlumno in CodAlumnos:
            mb.showinfo(title="Código repetido",message=(f"ERROR: CÓDIGO {CodAlumno} YA PERTENECE A LA BASE DE DATOS"))
            MenuHerramientas()
        else:
            global vmenu
            vagregaralum.iconify()
            vproceso= Toplevel(bg="honeydew")
            vproceso.title("AGREGAR ALUMNO EN PROCESO")
            vproceso.iconbitmap("UNILOGO.ico")
            vproceso.geometry("550x350")
                                                                                          Ln: 807  Col: 0
```

```
*tk_bd6.py - C:\Users\User\Desktop\tk_bd6.py (3.9.2)*                                      —    □    ×
File  Edit  Format  Run  Options  Window  Help
            lblagregar = Label(vproceso, text=" AGREGAR ALUMNO",bg="yellow", fg="black",font=("arial black", 18, "bold"))
            lblagregar.place(x=140, y=10)
            lblnombre = Label(vproceso, text="Nombre del alumno: ", bg="orange", fg="white", font=("arial", 12))
            lblnombre.place(x=60, y=100)
            entradanombre = Entry(vproceso)
            entradanombre.place(x=230, y=103)
            lblapellido = Label(vproceso, text="Apellido del alumno: ", bg="orange", fg="white", font=("arial", 12))
            lblapellido.place(x=60, y=130)
            entradaapellido = Entry(vproceso)
            entradaapellido.place(x=230, y=133)
        link.commit()
        link.close()
        def mensaje():
            global vmenu
            mb.showinfo(title="Código válido",message=(f"El código del alumno nuevo será {CodAlumnonuevo}"))
            def finalizar():
                vproceso.destroy()
                MenuHerramientas
            btnagregar = Button(vproceso, text="Agregar a la \nbase de datos ", bg="red", fg="black", command = mensaje, font=("arial bla
            btnagregar.place(x=120, y=200)
            btnregreso = Button(vproceso, text="Regresar a Herramientas", bg="red", fg="black", font=("arial black", 12), command =  fina
            btnregreso.place(x=320, y=200)
        def finalizar():
            vagregaralum.destroy()
            MenuHerramientas
        btnregreso = Button(vagregaralum, text="Regresar a Herramientas", bg="red", fg="black", command = finalizar, font=("arial black",
        btnregreso.place(x=230, y=200)
        btnagregar = Button(vagregaralum, text="Agregar", bg="chartreuse2", fg="black", font=("arial black", 12), command =  validando)
        btnagregar.place(x=100, y=200)
def AgregarCursoo():
    global menup
    menup.iconify()
    vmodif = Toplevel(bg="honeydew")
    vmodif.title("AGREGAR CURSO-MATRÍCULA")
    vmodif.iconbitmap("UNILOGO.ico")
    vmodif.geometry("550x350")
                                                                                          Ln: 844  Col: 0
```

```
*tk_bd6.py - C:\Users\User\Desktop\tk_bd6.py (3.9.2)*                                    –   □   ×
File  Edit  Format  Run  Options  Window  Help
        lblmodif = Label(vmodif, text="AGREGAR CURSO",bg="yellow", fg="black",font=("arial black", 18, "bold"))
        lblmodif.place(x=140, y=30)
        lblcodigo = Label(vmodif, text="Código del alumno: ", bg="orange", fg="white", font=("arial", 12))
        lblcodigo.place(x=90, y=80)
        entcodigo = Entry(vmodif)
        entcodigo.place(x=240, y=80)
        lblcurso = Label(vmodif, text="Número del curso a agregar: ", bg="orange", fg="white", font=("arial", 12))
        lblcurso.place(x=90, y=130)
        entcurso = Entry(vmodif)
        entcurso.place(x=300, y=130)
        lblinfocursos=Label(vmodif, text="<1> LENGUAJE DE PROGRAMACIÓN \n<2> TERMODINÁMICA \n<3> ECUACIONES DIFERENCIALES \n<4> FÍSICA II
        lblinfocursos.place(x=160, y=160)
        def agregandonot():
            CodAlumno =entcodigo.get()
            opcion=entcurso.get()
            link = lite.connect("GRUPO6.db")
            cursor = link.cursor()
            cursor.execute("SELECT CodAlumno FROM Alumnos")
            CodAlumnosRaw = cursor.fetchall()
            link.commit()
            CodAlumnos = []
            for CodAlumnoRaw in CodAlumnosRaw:
                CodAlumnos.append(CodAlumnoRaw[0])
            if CodAlumno not in CodAlumnos:
                mb.showerror(title="Código no registrado",message=(f"El código {CodAlumno} no pertenece a la base de datos"))
            else:
                pmodif = Toplevel(bg="honeydew")
                pmodif.title("AGREGAR CURSO MATRÍCULA")
                pmodif.iconbitmap("UNILOGO.ico")
                pmodif.geometry("550x550")
                lblmodif = Label(pmodif, text="PROCESAR AGREGACIÓN",bg="yellow", fg="black",font=("arial black", 18, "bold"))
                lblmodif.place(x=80, y=50)
                lblPC1 = Label(pmodif, text="NOTA PC1: ", bg="orange", fg="black", font=("arial", 12))
                lblPC1.place(x=60, y=130)
                entPC1 = Entry(pmodif)
                entPC1.place(x=230, y=130)
                                                                                              Ln: 852  Col: 8
```

```
*tk_bd6.py - C:\Users\User\Desktop\tk_bd6.py (3.9.2)*                                    –   □   ×
File  Edit  Format  Run  Options  Window  Help
                lblPC2.place(x=60, y=180)
                entPC2 = Entry(pmodif)
                entPC2.place(x=230, y=180)
                lblPC3 = Label(pmodif, text="NOTA PC3: ", bg="orange", fg="black", font=("arial", 12))
                lblPC3.place(x=60, y=230)
                entPC3 = Entry(pmodif)
                entPC3.place(x=230, y=230)
                lblPC4 = Label(pmodif, text="NOTA PC4: ", bg="orange", fg="black", font=("arial", 12))
                lblPC4.place(x=60, y=280)
                entPC4 = Entry(pmodif)
                entPC4.place(x=230, y=280)
                def procesando():
                    c=['100','200','300','400','500','600']
                    opcion=entcurso.get()
                    PC1=entPC1.get()
                    PC2=entPC2.get()
                    PC3=entPC3.get()
                    PC4=entPC4.get()
                    while opcion not in [str(x) for x in range(1, len(cursos) + 1)]:
                        mb.showerror(title="ERROR",message=("El número de curso registrado no está en el rango"))
                        opcion = opcion
                    x = cursos[int(opcion) - 1]
                    CodCurs = str(x[0])
                    if CodCurs not in c:
                        mb.showerror(title="ERROR",message=("El número de curso no está en la base de datos"))
                    else:
                        if (PC1 and PC2 and PC3 and  PC4 )in [str(x) for x in range(1, 21)]:
                            ModificarCursos(CodAlumno, CodCurs, PC1, PC2, PC3, PC4)
                            mb.showinfo(title="CURSO AGREGADO",message=(f"ALUMNO {CodAlumno} AGREGADO SU CURSO CON ÉXITO"))
                procesando()
                def finalizar():
                    pmodif.destroy()
                    MenuHerramientas
                btnregreso = Button(pmodif, text="Regresar a Herramientas", bg="coral1", fg="black", command = finalizar, font=("arial black"
                btnregreso.place(x=230, y=330)
                btnmodificar = Button(pmodif, text="Procesando", bg="chartreuse2", fg="black", font=("arial black", 12), command =  procesand
                                                                                              Ln: 898  Col: 55
```

```
* "tk_bd6.py - C:\Users\User\Desktop\tk_bd6.py (3.9.2)"                                          —  □  ×
File  Edit  Format  Run  Options  Window  Help
        btnmodificar.place(x=100, y=330)
        link.close()
    def finalizar():
        vmodif.destroy()
        MenuHerramientas
    btnregreso = Button(vmodif, text="Regresar a Herramientas", bg="coral1", fg="black", command = finalizar, font=("arial black",12)
    btnregreso.place(x=230, y=300)
    btnmodificar = Button(vmodif, text="Agregar", bg="chartreuse2", fg="black", font=("arial black", 12), command =  agregandonot)
    btnmodificar.place(x=100, y=300)
def ModificarEntrada():
    global vmenu
    menup.iconify()
    vmod = Toplevel(bg="honeydew")
    vmod.title("MODIFICAR DATOS")
    vmod.iconbitmap("UNILOGO.ico")
    vmod.geometry("550x350")
    lblagregar = Label(vmod, text="MODIFICAR DATOS",bg="yellow", fg="black",font=("arial black", 18, "bold"))
    lblagregar.place(x=140, y=50)
    lblcodigo = Label(vmod, text="CÓDIGO: ", bg="orange", fg="white", font=("arial1", 12))
    lblcodigo.place(x=60, y=130)
    entcodigo = Entry(vmod)
    entcodigo.place(x=290, y=130)
    lblnombre = Label(vmod, text="NOMBRE CORREGIDO: ", bg="orange", fg="white", font=("arial", 12))
    lblnombre.place(x=60, y=180)
    entnombre = Entry(vmod)
    entnombre.place(x=290, y=180)
    lblapellido = Label(vmod, text="APELLIDO CORREGIDO: ", bg="orange", fg="white", font=("arial", 12))
    lblapellido.place(x=60, y=230)
    entapellido = Entry(vmod)
    entapellido.place(x=290, y=230)
    def modificando():
        CodAlumno =entcodigo.get()
        NombreAlumno=entnombre.get()
        ApellidoAlumno=entapellido.get()
        link = lite.connect("GRUPO6.db")
        cursor = link.cursor()
                                                                                      Ln: 932  Col: 0
```

```
* "tk_bd6.py - C:\Users\User\Desktop\tk_bd6.py (3.9.2)"                                          —  □  ×
File  Edit  Format  Run  Options  Window  Help
        cursor.execute("SELECT CodAlumno FROM Alumnos")
        CodAlumnosRaw = cursor.fetchall()
        link.commit()
        CodAlumnos = []
        Letra = ['A', 'B', 'C', 'D', 'E', 'F', 'G', 'H', 'I', 'J']
        for CodAlumnoRaw in CodAlumnosRaw:
            CodAlumnos.append(CodAlumnoRaw[0])
        if CodAlumno not in CodAlumnos:
            mb.showerror(title="Código inválido",message=(f"ERROR: CÓDIGO {CodAlumno} NO PERTENECE A LA BASE DE DATOS"))
            link.close()
            MenuHerramientas()
        else:
            ModificarAlumnos(CodAlumno, ApellidoAlumno, NombreAlumno)
            mb.showinfo(title="Modificación Correcta",message=(f"ALUMNO {CodAlumno} HA MODIFICADO SUS DATOS CON ÉXITO"))
    def finalizar():
        vmod.destroy()
        MenuHerramientas
    btnregreso = Button(vmod, text="Regresar a Herramientas", bg="orange", fg="black", command = finalizar, font=("arial black",12))
    btnregreso.place(x=230, y=300)
    btnmodificar = Button(vmod, text="Modificar", bg="chartreuse2", fg="black", font=("arial black", 12), command =  modificando)
    btnmodificar.place(x=100, y=300)
def ModificarNotas2():
    global vmenu
    menup.iconify()
    vmodif = Toplevel(bg="honeydew")
    vmodif.title("MODIFICAR DATOS")
    vmodif.iconbitmap("UNILOGO.ico")
    vmodif.geometry("550x500")
    lblmodif = Label(vmodif, text="MODIFICAR NOTAS",bg="yellow", fg="black",font=("arial black", 18, "bold"))
    lblmodif.place(x=140, y=50)
    lblcodigo = Label(vmodif, text="Código del alumno: ", bg="orange", fg="white", font=("arial", 12))
    lblcodigo.place(x=60, y=130)
    entcodigo = Entry(vmodif)
    entcodigo.place(x=290, y=130)
    lblcurso = Label(vmodif, text="Número del curso a modificar: ", bg="orange", fg="white", font=("arial", 12))
    lblcurso.place(x=60, y=200)
                                                                                      Ln: 992  Col: 0
```

```
entcurso = Entry(vmodif)
entcurso.place(x=300, y=200)
lblinfocursos=Label(vmodif, text="<1> LENGUAJE DE PROGRAMACIÓN \n<2> TERMOTINÁMICA \n<3> ECUACIONES DIFERENCIALES \n<4> FÍSICA II
lblinfocursos.place(x=120, y=250)
def modificandonot():
    CodAlumno =entcodigo.get()
    opcion=entcurso.get()
    link = lite.connect("GRUPO6.db")
    cursor = link.cursor()
    cursor.execute("SELECT CodAlumno FROM Alumnos")
    CodAlumnosRaw = cursor.fetchall()
    link.commit()
    CodAlumnos = []
    for CodAlumnoRaw in CodAlumnosRaw:
        CodAlumnos.append(CodAlumnoRaw[0])
    if CodAlumno not in CodAlumnos:
        mb.showerror(title="Código no registrado",message=(f"El código {CodAlumno} no pertenece a la base de datos"))
    else:
        pmodif = Toplevel(bg="honeydew")
        pmodif.title("MODIFICAR DATOS")
        pmodif.iconbitmap("UNILOGO.ico")
        pmodif.geometry("550x600")
        lblmodif = Label(pmodif, text="PROCESAR MODIFICACIÓN",bg="yellow", fg="black",font=("arial black", 18, "bold"))
        lblmodif.place(x=50, y=50)
        lblPC1 = Label(pmodif, text="NOTA PC1: ", bg="orange", fg="black", font=("arial", 12))
        lblPC1.place(x=60, y=130)
        entPC1 = Entry(pmodif)
        entPC1.place(x=230, y=130)
        lblPC2 = Label(pmodif, text="NOTA PC2: ", bg="orange", fg="black", font=("arial", 12))
        lblPC2.place(x=60, y=180)
        entPC2 = Entry(pmodif)
        entPC2.place(x=230, y=180)
        lblPC3 = Label(pmodif, text="NOTA PC3: ", bg="orange", fg="black", font=("arial", 12))
        lblPC3.place(x=60, y=230)
        entPC3 = Entry(pmodif)
        entPC3.place(x=230, y=230)
```

```
        entPC3 = Entry(pmodif)
        entPC3.place(x=230, y=230)
        lblPC4 = Label(pmodif, text="NOTA PC4: ", bg="orange", fg="black", font=("arial", 12))
        lblPC4.place(x=60, y=280)
        entPC4 = Entry(pmodif)
        entPC4.place(x=230, y=280)
        def procesando():
            c=['100','200','300','400','500','600']
            opcion=entcurso.get()
            PC1=entPC1.get()
            PC2=entPC2.get()
            PC3=entPC3.get()
            PC4=entPC4.get()
            while opcion not in [str(x) for x in range(1, len(cursos) + 1)]:
                mb.showerror(title="ERROR",message=("El número de curso registrado no está en el rango"))
            opcion = opcion
            x = cursos[int(opcion) - 1]
            CodCurs = str(x[0])
            if CodCurs not in c:
                mb.showerror(title="ERROR",message=("El número de curso no está en la base de datos"))
            else:
                if (PC1 and PC2 and PC3 and  PC4 )in [str(x) for x in range(1, 21)]:
                    ModificarCursos(CodAlumno, CodCurs, PC1, PC2, PC3, PC4)
                    mb.showinfo(title="Notas modificadas",message=(f"ALUMNO {CodAlumno} MODIFICADO CON ÉXITO SUS NOTAS"))
        procesando()
        def finalizar():
            pmod.destroy()
            MenuHerramientas
        btnregreso = Button(pmodif, text="Regresar a Herramientas", bg="orange", fg="black", command = finalizar, font=("arial black"
        btnregreso.place(x=230, y=390)
        btnmodificar = Button(pmodif, text="Procesando", bg="chartreuse2", fg="black", font=("arial black", 12), command =  procesand
        btnmodificar.place(x=100, y=390)
        link.close()
def finalizar():
    vmodif.destroy()
    MenuHerramientas
```

```
*tk_bd6.py - C:\Users\User\Desktop\tk_bd6.py (3.9.2)*                          —    □    ×
File  Edit  Format  Run  Options  Window  Help
    btnregreso = Button(vmodif, text="Regresar a Herramientas", bg="orange", fg="black", command = finalizar, font=("arial black",12)
    btnregreso.place(x=230, y=390)
    btnmodificar = Button(vmodif, text="Modificar", bg="chartreuse2", fg="black", font=("arial black", 12), command =  modificandonot
    btnmodificar.place(x=100, y=390)
def EliminarEntrada():
    global menup
    menup.iconify()
    eliminaralum = Toplevel(bg="honeydew")
    eliminaralum.title("ELIMINAR ALUMNO")
    eliminaralum.iconbitmap("UNILOGO.ico")
    eliminaralum.geometry("550x350")
    lbleliminar = Label(eliminaralum, text=" ELIMINAR ALUMNO",bg="yellow", fg="black",font=("arial black", 18, "bold"))
    lbleliminar.place(x=130, y=50)
    lblcodigo = Label(eliminaralum, text=" Ingresar el código del alumno a eliminar: ", bg="light yellow", font=("arial", 12))
    lblcodigo.place(x=100, y=100)
    entradacodigo = Entry(eliminaralum)
    entradacodigo.place(x=180, y=140)
    def eliminando():
        CodAlumno = entradacodigo.get()
        link = lite.connect("DB_2020_1.db")
        cursor = link.cursor()
        cursor.execute("SELECT CodAlumno FROM Alumnos")
        CodAlumnosRaw = cursor.fetchall()
        CodAlumnos = []
        for CodAlumnoRaw in CodAlumnosRaw:
            CodAlumnos.append(CodAlumnoRaw[0])
        if CodAlumno not in CodAlumnos:
            mb.showerror(title="Código inválido",message=(f"ERROR: CÓDIGO {CodAlumno} NO PERTENECE A LA BASE DE DATOS"))
            MenuHerramientas()
        else:
            EliminarAlumno(CodAlumno)
            mb.showinfo(title="Código eliminado",message=(f"EL CÓDIGO {CodAlumno} HA SIDO ELIMINADO DE LA BASE DE DATOS"))
        link.commit()
        link.close()
    def finalizar():
        eliminaralum.destroy()
                                                                    Ln: 1074   Col: 42
```

```
*tk_bd6.py - C:\Users\User\Desktop\tk_bd6.py (3.9.2)*                          —    □    ×
File  Edit  Format  Run  Options  Window  Help
        else:
            EliminarAlumno(CodAlumno)
            mb.showinfo(title="Código eliminado",message=(f"EL CÓDIGO {CodAlumno} HA SIDO ELIMINADO DE LA BASE DE DATOS"))
        link.commit()
        link.close()
    def finalizar():
        eliminaralum.destroy()
        MenuHerramientas
    btnregreso = Button(eliminaralum, text="Regresar a Herramientas", bg="chartreuse2", fg="black", command = finalizar, font=("arial
    btnregreso.place(x=230, y=200)
    btneliminar = Button(eliminaralum, text="Eliminar", bg="red", fg="black", font=("arial black", 12), command =  eliminando)
    btneliminar.place(x=100, y=200)
def time():
    string = strftime('%d / %m / %Y\n'+\
                      '%H:%M:%S %p')
    lbltime.config(text = string)
    lbltime.after(1000, time)
lbltime = Label(ventana, font=("arial", 11, "bold"), bg="red4", fg="snow")
lbltime.place(x=150,y=50)
Button(text=" ENTRAR ",command=login,bg="chartreuse2", fg="black",font=("Arial Rounded MT Bold",10)).place(x=160,y=200)
Label(ventana,text="¿No tienes una cuenta? : ",bg="coral1", fg="white",font=("Arial Black",10)).place(x=105,y=230)
boton1=Button(ventana,text="REGISTRAR",bg="deep sky blue", fg="black",command=nuevaVentana,font=("Arial Rounded MT Bold",10)).place(x
time)
miFrame.pack()
ventana.mainloop()
                                                                    Ln: 1115   Col: 0
```

Capítulo 3

Inteligencia artificial (IA)

La inteligencia artificial (IA) consiste en comparar dos imágenes, una real con una N imagen o modelo que está en la base de datos. Si coinciden, el reconocimiento tuvo éxito; en otro caso, no es la persona indicada.

Para lograr esto, se usan algoritmos matemáticos muy complejos. Para nuestras aplicaciones se usará la base de datos sqlite3, que soporta las fotos de las personas por reconocer. En la gráfica se aplica la definición y el PC toma una foto de la imagen real a reconocer. Dentro de su base de datos, existen más de 300 imágenes, pero en modo texto. Luego se compara la foto usando la relación de 1:N (de uno a N); es decir, la foto real se compara con las N fotos almacenadas. Si coinciden, se envía un mensaje, por ejemplo, "Ud. es Córdova" y la probabilidad de reconocimiento.

Se afirma que la inteligencia artificial es el campo científico de la informática que se centra en la creación de grandes y complejos programas y sus mecanismos, que pueden mostrar comportamientos con un nivel de proceso inteligente.

Los grandes programas están desarrollados en algoritmos y el nivel de subprogramas, basados en la teoría de estructura de datos bidimensionales, en las matrices.

¿Por qué las matrices? Porque son representaciones del plano; es decir, la foto o el objeto a reconocer siempre se procesa en el plano considerando píxeles en el plano cartesiano.

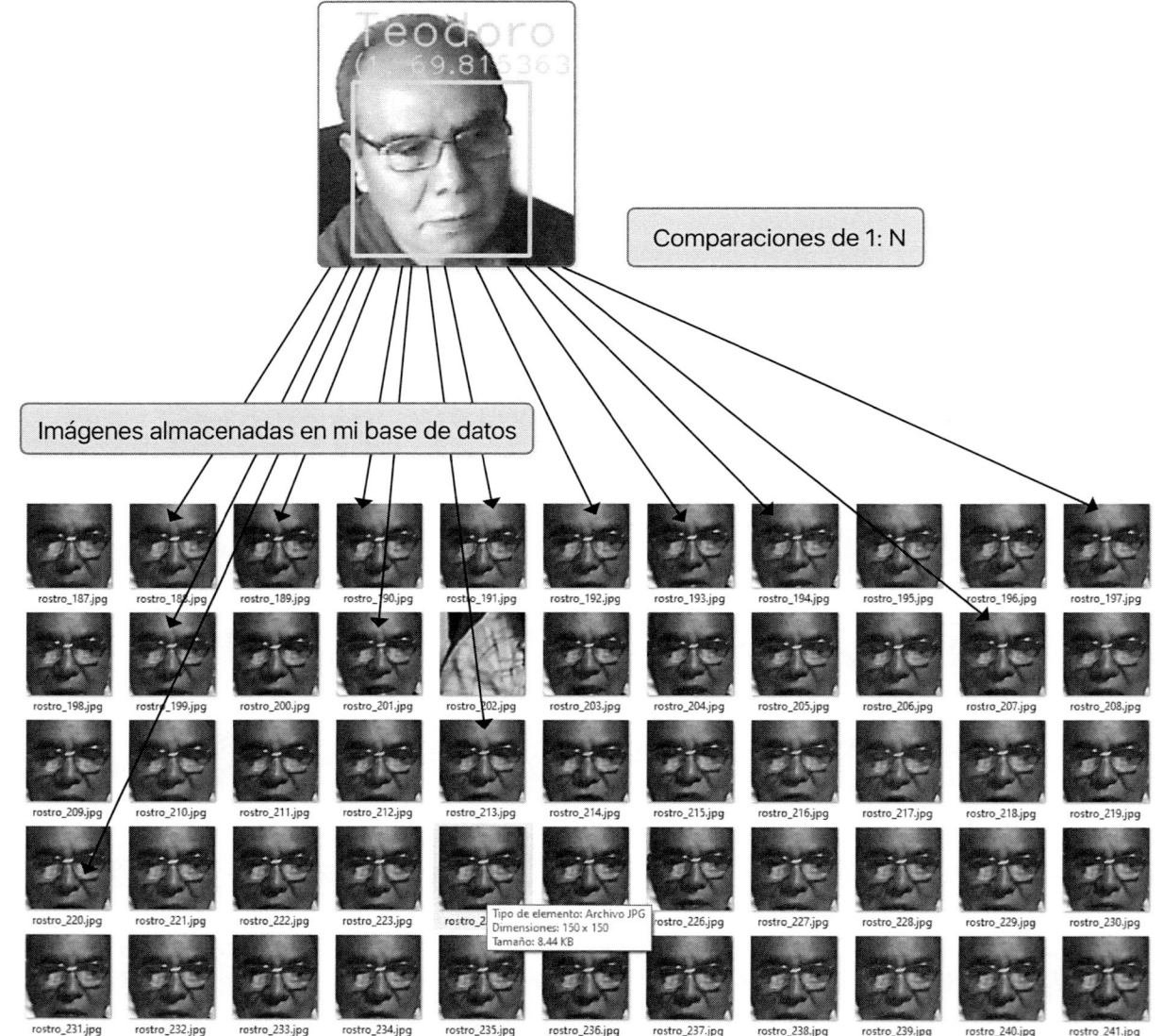

Algunas técnicas de inteligencia artificial son las siguientes:

a. Machine learning o aprendizaje automático

b. Fuzzy logic o lógica difusa

c. Vida artificial

d. Sistemas expertos

e. Data mining o minería de datos

f. Redes bayesianas

g. Ingeniería del conocimiento

h. Redes neuronales artificiales

Imagen que representa el proceso de reconocimiento facial, donde la imagen 1 es la imagen real frente al PC y las demás imágenes están en el modelo (modo texto). Son cerca de 800 para una probabilidad más cercana de reconocer al objeto en cuestión.

3.1. Definición y conceptos básicos de IA

La inteligencia artificial (IA), según Russell y Norvig (2016), se define como "la rama de la informática que se ocupa de diseñar programas fuentes para ejecutar en máquinas capaces de realizar tareas complejas en las que se necesitaría inteligencia".

Los principales subcampos de la IA son los siguientes:

3.1.1. Aprendizaje automático (machine learning)

El aprendizaje automático consiste en enseñar a un ordenador a aprender y tomar decisiones por sí mismo. En lugar de programar explícitamente todas las reglas y pasos, se le otorgan al ordenador datos de entrenamiento, se le permite descubrir patrones y también aprender por sí mismo. Es como enseñarle a un perro nuevos trucos: se le muestran ejemplos y, con el tiempo, el perro aprende a hacer los trucos correctamente sin que se le diga exactamente cómo hacerlo. En el aprendizaje automático, se utilizan algoritmos complejos para enseñar al ordenador a realizar procesos o tareas como clasificar imágenes, predecir resultados o tomar decisiones basadas en datos.

Ejemplos:

a. **En la salud.** Utilización de algoritmos de aprendizaje automático para el diagnóstico médico, detección temprana de enfermedades y predicción de resultados de tratamientos.

b. **Campo financiero.** Aplicación de técnicas de aprendizaje automático para predicción de riesgos crediticios y optimización de carteras de inversión.

c. **Publicidad.** Uso de algoritmos de aprendizaje automático para la personalización de anuncios, recomendación de productos y segmentación de clientes.

3.1.2. Procesamiento del lenguaje natural o natural language processing (NLP)

El procesamiento del lenguaje natural consiste en enseñar a un ordenador a entender y comunicarse con los humanos en su propio lenguaje de máquina. Permite que los ordenadores comprendan el lenguaje humano, ya sea escrito o hablado, y puedan responder de manera significativa. Es como hablar con el teléfono y pedirle que muestre el pronóstico del tiempo o que traduzca una frase a otro idioma. El procesamiento del lenguaje natural permite que los ordenadores analicen, interpreten y generen texto en un lenguaje humano, lo que les permite interactuar con nosotros de manera más natural y realizar tareas como chatbots, asistentes virtuales y traducción automática.

Ejemplos:

a. **Servicio al cliente.** Implementación de chatbots con capacidades de procesamiento del lenguaje natural para brindar respuestas automáticas a consultas de clientes.

b. **Traducción.** Desarrollo de sistemas de traducción automática que permiten la comunicación en diferentes idiomas.

c. **Seguridad.** Aplicación de técnicas de procesamiento del lenguaje natural para el análisis de redes sociales y detección de amenazas en línea.

3.1.3. Visión por ordenador o computer vision (CV)

La visión por ordenador es enseñarle a la computadora a "ver" y comprender imágenes y vídeos de la misma manera que el ser humano. Utilizando algoritmos y técnicas de procesamiento de imágenes, los ordenadores pueden analizar y extraer información de imágenes o videos; también lo hacen las aplicaciones de reconocimiento facial que pueden identificar y etiquetar a las personas en una foto o los automóviles autónomos que pueden detectar y reconocer señales de tráfico y peatones para conducir de manera segura. La visión por ordenador permite que estas interpreten y comprendan el contenido visual, abriendo un mundo de posibilidades en áreas como seguridad, medicina, robótica y más.

Ejemplos:

a. **Industria automotriz.** Uso de algoritmos de visión por ordenador para reconocimiento de señales de tráfico y asistencia en la conducción autónoma.

b. **Industria manufacturera.** Implementación de sistemas de inspección visual automatizada para detectar defectos en productos durante el proceso de fabricación.

c. **Industria de seguridad y vigilancia.** Utilización de sistemas de reconocimiento facial y análisis de vídeo para la identificación de personas y la detección de comportamientos sospechosos.

3.1.4. Robótica y control autónomo

Se refiere a los robots y sistemas automatizados para realizar tareas sin intervención humana y tomar decisiones por sí mismos. Los robots son máquinas diseñadas para realizar tareas físicas, y el control autónomo les permite operar de manera independiente y adaptarse a su entorno. Ejemplo de esto sería un robot de limpieza que puede navegar por una habitación, evitar obstáculos y limpiar automáticamente, o un dron que puede volar de manera autónoma y capturar imágenes aéreas. La robótica y el control autónomo combinan la inteligencia artificial, los sensores y los sistemas de actuación para permitir que los robots realicen tareas complejas y se adapten a situaciones cambiantes sin la necesidad de una supervisión humana constante.

Ejemplos:

a. **Industria agrícola.** Diseño de robots autónomos para la recolección de cultivos, monitoreo de condiciones del suelo y aplicaciones de pesticidas de manera precisa.

b. **Industria logística.** Implementación de sistemas de robótica y control autónomo en almacenes para la gestión eficiente de inventario y la automatización de tareas de picking y embalaje.

c. **Industria aeroespacial.** Utilización de sistemas de control autónomo en drones y vehículos espaciales para misiones de exploración, inspección y entrega de carga.

3.2. Tipos de aprendizaje en IA

Tipo de aprendizaje	Descripción	Diferencia con otros tipos de aprendizaje	Ejemplo práctico de aplicación
Aprendizaje supervisado	Se le entrega un algoritmo y ejemplos etiquetados con resultados deseados. Aprende a predecir resultados basados en ejemplos conocidos.	Utiliza datos etiquetados y resultados conocidos para aprender.	Clasificación de correos electrónicos como spam o no basados en ejemplos etiquetados.
Aprendizaje no supervisado	Se le entrega algoritmos datos sin etiquetar. Aprende patrones o estructuras ocultas en los datos sin información previa.	No se le proporcionan ejemplos etiquetados, sino que aprende de los datos en sí.	Agrupamiento automático de noticias en categorías basándose en similitudes entre ellas.
Aprendizaje por reforzamiento	El algoritmo aprende a través de pruebas de ensayo y error, recibiendo retroalimentación en forma de recompensas o castigos.	Utiliza un sistema de recompensas para guiar el aprendizaje.	Entrenamiento de un agente de inteligencia artificial para jugar juegos como el ajedrez.

3.3. Proceso de desarrollo de proyectos de IA

3.3.1. Identificación de problemas

a. **Observación y comprensión del entorno.** Primero, se debe observar, analizar y comprender el entorno en el que nos encontramos. Se pueden analizar diferentes industrias, sectores o procesos para identificar posibles desafíos o limitaciones que podrían beneficiarse de la IA.

b. **Identificación de necesidades y problemas.** Una vez que se entiende el entorno, se deben identificar las necesidades y problemas específicos que existen en ese contexto. Se puede preguntar: ¿Hay tareas repetitivas o tediosas que podrían automatizarse? ¿Existen procesos ineficientes o propensos a errores humanos?

c. **Análisis de datos y feedback.** Recopilar y analizar datos relevantes sobre el entorno y los problemas identificados. Esto puede incluir datos históricos, resultados de encuestas o entrevistas, informes de errores o cualquier otra información que pueda ayudar a comprender mejor la realidad.

d. **Priorización y selección de problemas.** Una vez que se hayan identificado varios problemas, es importante priorizar en función de su impacto potencial, factibilidad técnica y viabilidad comercial. No todos los problemas son igualmente adecuados para abordar con IA, por lo que se deben seleccionar aquellos que sean más adecuados e importantes.

e. **Definición clara de objetivos.** Para cada caso identificado, es importante establecer objetivos claros y medibles. Esto permitirá tener una dirección clara y evaluar el éxito del proyecto de IA.

La identificación de casos en el desarrollo de proyectos de IA es un proceso iterativo. A medida que se avanza en el proyecto y se obtiene más información, es posible ajustar los casos identificados inicialmente. Se debe mantener una mente abierta y buscar oportunidades para aplicar la IA de manera efectiva en la solución de problemas reales.

3.3.2. Recopilación y preparación de datos

a. **Identificación de fuentes de datos.** Lo primero que se debe hacer es identificar las fuentes de datos relevantes para el proyecto. Pueden ser conjuntos de datos existentes, bases de datos, archivos de texto, imágenes, vídeos o cualquier otra fuente que contenga la información requerida.

b. **Obtención de datos.** Una vez identificadas las fuentes, se logrará obtener los datos. Se pueden descargar de repositorios en línea, recopilarlos manualmente o utilizar herramientas de extracción de datos.

c. **Limpieza de datos.** Los datos recopilados pueden contener errores, valores faltantes o información irrelevante. En esta etapa, se debe realizar una limpieza de los datos, eliminando duplicados, corrigiendo errores y llenando los valores faltantes.

d. **Normalización y transformación de datos.** Es posible que los datos recopilados tengan diferentes formatos o escalas. Para que los modelos de IA funcionen correctamente, se requiere normalizar y transformar los datos para que estén en un formato y rango adecuados.

e. **División de datos en conjuntos de entrenamiento y prueba.** Para evaluar la efectividad del modelo, es común dividir los datos en conjuntos de entrenamiento y prueba. El conjunto de entrenamiento se utiliza para entrenar el modelo, mientras que el conjunto de prueba se utiliza para evaluar su rendimiento.

f. **Manejo de datos desequilibrados.** En algunos casos, los conjuntos de datos pueden estar desequilibrados, es decir, tener una distribución desigual entre las clases o categorías. En este caso, es importante realizar técnicas de balanceo de datos para evitar sesgos en el modelo.

La recopilación y preparación de datos es una etapa crítica en el proceso de desarrollo de proyectos de IA. La calidad de los datos y su adecuada preparación tendrán un impacto en el rendimiento y la precisión de los modelos de IA.

3.3.3. Selección de algoritmos y modelos de IA

a. **Comprender el problema.** Lo primero es tener una comprensión clara del problema que se está tratando de resolver. ¿Es un problema de clasificación, regresión, agrupamiento o algo diferente? Comprender el tipo de problema ayudará a elegir el algoritmo correcto.

b. **Investigar y explorar opciones.** Existen muchos algoritmos y modelos de IA disponibles, por lo que es importante investigar y explorar diferentes opciones. Se debe leer sobre los algoritmos más comunes en el área específica en la que se está trabajando y considerar cuáles podrían ser adecuados para el proyecto.

c. **Evaluar requisitos y restricciones.** Se deben considerar los requisitos y restricciones específicos del proyecto. ¿Se necesita un modelo interpretable o uno que sea altamente preciso pero menos interpretable? ¿Cuántos datos están disponibles y cuál es su calidad? Se deben tener en cuenta estos factores al seleccionar el algoritmo adecuado.

d. **Prueba y comparación.** Se deben realizar pruebas y comparaciones entre diferentes algoritmos y modelos. Se pueden entrenar y evaluar varios modelos con los datos y ver cuál ofrece el mejor rendimiento en términos de precisión, eficiencia y escalabilidad.

e. **Adaptación y ajuste.** En algunos casos, puede ser necesario adaptar los algoritmos existentes para que se ajusten mejor al problema específico. Esto podría implicar cambiar parámetros, realizar técnicas de optimización o incluso desarrollar algoritmos personalizados.

f. **Iteración y mejora.** La selección de algoritmos y modelos puede ser un proceso iterativo. Es posible que se necesite probar diferentes enfoques y realizar ajustes a medida que se avance en el proyecto.

La selección de algoritmos y modelos de IA depende de los datos disponibles. No existe un enfoque único para todos los casos, por lo que es importante considerar diferentes opciones y adaptarlas a las necesidades particulares.

3.4. Reconocimiento facial

3.4.1. Obtención de datos

a. Se identifica la fuente de datos de imágenes faciales, que puede ser una base de datos existente, un conjunto de imágenes recopiladas o una combinación de ambas. Para que se cumpla la relación 1:N, una foto se compara con N fotos capturadas y almacenadas en el ordenador.

b. Se recopilan imágenes faciales de personas con etiquetas de referencia, es decir, se registran las identidades de las personas en las imágenes.

Código fuente:

```python
import cv2
import os
import imutils

persona = input("El nombre de la persona capturada es:")

personName = persona
dataPath = 'Fotos'
personPath = dataPath + '/' + personName

if not os.path.exists(personPath):
        print('Carpeta creada: ',personPath)
        os.makedirs(personPath)

cap = cv2.VideoCapture(0,cv2.CAP_DSHOW)

faceClassif = cv2.CascadeClassifier(cv2.data.haarcascades+'haarcascade_frontalface_default.xml')
count = 0

while True:

        ret, frame = cap.read()
        if ret == False:break
        frame =  imutils.resize(frame, width=640)
        gray = cv2.cvtColor(frame, cv2.COLOR_BGR2GRAY)
        auxFrame = frame.copy()

        faces = faceClassif.detectMultiScale(gray,1.3,5)

        for (x,y,w,h) in faces:
                cv2.rectangle(frame, (x,y),(x+w,y+h),(0,255,0),2)
                rostro = auxFrame[y:y+h,x:x+w]
                rostro = cv2.resize(rostro,(150,150),interpolation=cv2.INTER_CUBIC)
                cv2.imwrite(personPath + '/rostro_{}.jpg'.format(count),rostro)
                count = count + 1
        cv2.imshow('frame',frame)

        k =  cv2.waitKey(1)
        if k == 27 or count >= 30:
                break

cap.release()
cv2.destroyAllWindows()
```

Ejecutar código:

Bryan

3.4.2. Limpieza de imágenes

Se realiza un proceso de limpieza de las imágenes para eliminar imperfecciones y garantizar la calidad de los datos. Puede ocurrir cuando se capturan imágenes; algunas están movidas u oscuras, entonces se deben eliminar.

3.4.3. Entrenamiento del modelo

a. Se utiliza el conjunto de imágenes capturadas junto con las etiquetas correspondientes para entrenar un modelo de identificación facial.

b. Durante el entrenamiento, el modelo aprende a reconocer patrones y características distintivas en las imágenes faciales para asociarlas correctamente con las etiquetas de referencia. Aquí las imágenes se convierten en archivo de texto.

Código fuente:

```python
import cv2
import os
import numpy as np

dataPath = 'Fotos'
peopleList = os.listdir(dataPath)
print('Lista de personas: ', peopleList)

labels = []
facesData = []
label = 0

for nameDir in peopleList:
        personPath = dataPath + '/' + nameDir
        print('Leyendo las imágenes')

        for fileName in os.listdir(personPath):
                print('Rostros: ', nameDir + '/' + fileName)
                labels.append(label)
                facesData.append(cv2.imread(personPath+'/'+fileName,0))
        label = label + 1

# Métodos para entrenar el reconocedor
face_recognizer = cv2.face.LBPHFaceRecognizer_create()

# Entrenando el reconocedor de rostros
print("Entrenando...")
print(np.array(labels))
face_recognizer.train(facesData, np.array(labels))

# Almacenando el modelo obtenido
face_recognizer.write('Modelos/modeloLBPHFace.xml')

print("Modelo almacenado...")
```

Ejecutar código:

```
Lista de personas:  ['Bryan']
Leyendo las imágenes
Rostros:  Bryan/rostro_0.jpg
Rostros:  Bryan/rostro_1.jpg
Rostros:  Bryan/rostro_10.jpg
Rostros:  Bryan/rostro_100.jpg
Rostros:  Bryan/rostro_101.jpg
Rostros:  Bryan/rostro_102.jpg
Rostros:  Bryan/rostro_103.jpg
Rostros:  Bryan/rostro_104.jpg
Rostros:  Bryan/rostro_105.jpg
Rostros:  Bryan/rostro_106.jpg
Rostros:  Bryan/rostro_107.jpg
Rostros:  Bryan/rostro_108.jpg
Rostros:  Bryan/rostro_109.jpg
Rostros:  Bryan/rostro_11.jpg
Rostros:  Bryan/rostro_110.jpg
Rostros:  Bryan/rostro_111.jpg
Rostros:  Bryan/rostro_112.jpg
Rostros:  Bryan/rostro_113.jpg
Rostros:  Bryan/rostro_114.jpg
Rostros:  Bryan/rostro_115.jpg
Rostros:  Bryan/rostro_116.jpg
Rostros:  Bryan/rostro_117.jpg
Rostros:  Bryan/rostro_118.jpg
Rostros:  Bryan/rostro_119.jpg
Rostros:  Bryan/rostro_12.jpg


...


Rostros:  Bryan/rostro_91.jpg
Rostros:  Bryan/rostro_92.jpg
Rostros:  Bryan/rostro_93.jpg
Rostros:  Bryan/rostro_94.jpg
Rostros:  Bryan/rostro_95.jpg
Rostros:  Bryan/rostro_96.jpg
Rostros:  Bryan/rostro_97.jpg
Rostros:  Bryan/rostro_98.jpg
Rostros:  Bryan/rostro_99.jpg
Entrenando...
[0 0 0 0 0 0 0 0 0 0 0 0 0 0 0 0 0 0 0 0 0 0 0 0 0 0 0 0 0 0 0 0 0 0 0 0 0
 0 0 0 0 0 0 0 0 0 0 0 0 0 0 0 0 0 0 0 0 0 0 0 0 0 0 0 0 0 0 0 0 0 0 0 0 0
 0 0 0 0 0 0 0 0 0 0 0 0 0 0 0 0 0 0 0 0 0 0 0 0 0 0 0 0 0 0 0 0 0 0 0 0 0
 0 0 0 0 0 0 0 0 0 0 0 0 0 0 0 0 0 0 0 0 0 0 0 0 0 0 0 0 0 0 0 0 0 0 0 0 0
 0 0 0 0 0 0 0 0 0 0 0 0 0 0 0 0 0 0 0 0 0 0 0 0 0 0 0 0 0 0 0 0 0 0 0 0 0
 0 0 0 0 0 0 0 0 0 0 0 0 0 0 0 0 0 0 0 0 0 0 0 0 0 0 0 0 0 0 0 0 0 0 0 0 0
 0 0 0 0 0 0 0 0 0 0 0 0 0 0 0 0 0 0 0 0 0 0 0 0 0 0 0 0 0 0 0 0 0 0 0 0 0
 0 0 0 0 0 0 0 0 0 0 0 0 0 0 0 0 0 0 0 0 0 0 0 0 0 0 0 0 0 0 0 0 0 0 0 0 0
 0 0 0 0]
Modelo almacenado...
```

📄 modeloLBPHFace.xml

3.4.4. Prueba del modelo

a. Se pasa la imagen recolectada de forma facial a través del modelo y se obtienen las predicciones de identidad facial.

b. Se evalúa la precisión y el rendimiento del modelo mediante métricas como el umbral de acierto.

Código fuente:

Consideración: El valor 70 es el umbral establecido para determinar si la similitud entre los vectores de características es lo suficientemente alta como para considerar que se ha reconocido correctamente a una persona. Si la puntuación de similitud es menor o igual que 70, se considera una coincidencia positiva y se asocia con la etiqueta correspondiente. Si la puntuación es mayor que 70, se considera una coincidencia negativa o incorrecta.

```python
import cv2
import os

cap = cv2.VideoCapture(0)
dataPath = 'Fotos' #Cambia a la ruta donde hayas almacenado Data
imagePaths = os.listdir(dataPath)
print('imagePaths=',imagePaths)

recognizer = cv2.face.LBPHFaceRecognizer_create()
recognizer.read('Modelos/modeloLBPHFace.xml')

faceClassif = cv2.CascadeClassifier(cv2.data.haarcascades+'haarcascade_frontalface_default.xml')

while True:
        ret,frame = cap.read()
        if ret == False: break
        gray = cv2.cvtColor(frame, cv2.COLOR_BGR2GRAY)
        auxFrame = gray.copy()

        faces = faceClassif.detectMultiScale(gray,1.3,5)

        for (x,y,w,h) in faces:
                rostro = auxFrame[y:y+h,x:x+w]
                rostro = cv2.resize(rostro,(150,150),interpolation= cv2.INTER_CUBIC)
                result = recognizer.predict(rostro)

                cv2.putText(frame,'{}'.format(result),(x,y-5),1,1.3,(255,255,0),1,cv2.LINE_AA)

                if result[1] < 70:
                        cv2.putText(frame,'{}'.format(imagePaths[result[0]]),(x,y-25),2,1.1,(0,255,0),1,cv2.LINE_AA)
                        cv2.rectangle(frame, (x,y),(x+w,y+h),(0,255,0),2)
                else:
                        cv2.putText(frame,'Desconocido',(x,y-20),2,0.8,(0,0,255),1,cv2.LINE_AA)
                        cv2.rectangle(frame, (x,y),(x+w,y+h),(0,0,255),2)

        cv2.imshow('frame',frame)
        k = cv2.waitKey(1)
        if k == 27:
                break

cap.release()
cv2.destroyAllWindows()
```

Ejecutar código:

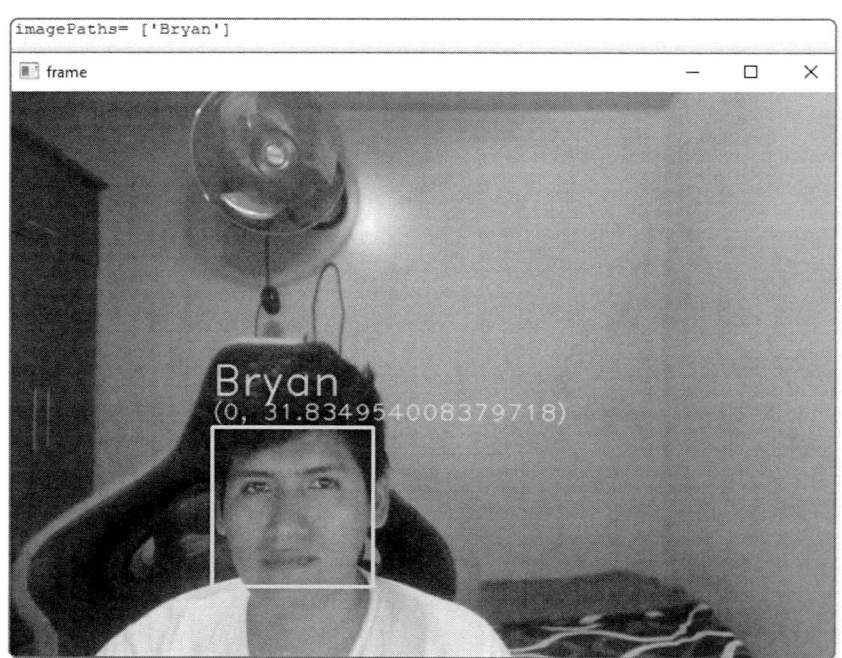

Estructura de documentos:

> ⬚ Fotos
> ⬚ Modelos
> ▣ capturar.py
> ▣ entrenar.py
> ▣ reconocer.py

3.5. Reconocimiento de personas con y sin mascarilla

3.5.1. Obtención de datos

a. Se identifica la fuente de datos de imágenes faciales, que puede ser una base de datos existente, un conjunto de imágenes recopiladas o una combinación de ambas.

b. Se recopilan imágenes faciales con y sin mascarilla de personas que se incluirán en las etiquetas Persona_ConMascarilla y Persona_SinMascarilla.

⬚ Persona_ConMascarilla

⬚ Persona_SinMascarilla

3.5.2. Limpieza de imágenes

Se realiza un proceso de limpieza de las imágenes para eliminar imperfecciones y garantizar la calidad de los datos. Se pueden eliminar manualmente.

3.5.3. Entrenamiento del modelo

a. Se utiliza el conjunto de imágenes recopiladas junto con las etiquetas correspondientes para entrenar un modelo de identificación de mascarilla.

b. Durante el entrenamiento, el modelo aprende a reconocer patrones y características distintivas en las imágenes con y sin mascarilla para asociarlas con las etiquetas de referencia.

Código fuente:

```python
import os
import cv2
import numpy as np
direccion = 'Fotos'
lista = os.listdir(direccion)
print('Lista de etiquetas: ',lista)

etiquetas = []
rostros = []
cont = 0

for nameDir in lista:
    dir_path = direccion + '/' + nameDir
    print('Leyendo las imágenes')
    for fileName in os.listdir(dir_path):
        print('Rostros: ',nameDir + '/'+fileName)
        image_path = dir_path+"/"+fileName
        image = cv2.imread(image_path,0)
        etiquetas.append(cont)
        rostros.append(image)
    cont = cont + 1

# Método para entrenar el reconocedor
reconocimiento = cv2.face.LBPHFaceRecognizer_create()

# Entrenando el reconocedor de Con y Sin Mascarilla
print("Entrenando...")
print(np.array(etiquetas))
reconocimiento.train(rostros,np.array(etiquetas))

# Almacenando el modelo obtenido
direccion_modelo = "Modelo"
carpeta = direccion_modelo
if not os.path.exists(carpeta):
    os.makedirs(carpeta)

reconocimiento.write("Modelo/ModeloEntrenado.xml")
print("Modelo entrenado")
```

Ejecutar código:

```
Lista de etiquetas:  ['Persona_ConMascarilla', 'Persona_SinMascarilla']
Leyendo las imágenes
Rostros:   Persona_ConMascarilla/image10.jpg
Rostros:   Persona_ConMascarilla/image101.jpg
Rostros:   Persona_ConMascarilla/image102.jpg
Rostros:   Persona_ConMascarilla/image103.jpg
Rostros:   Persona_ConMascarilla/image104.jpg
Rostros:   Persona_ConMascarilla/image105.jpg
Rostros:   Persona_ConMascarilla/image106.jpg
Rostros:   Persona_ConMascarilla/image107.jpg
Rostros:   Persona_ConMascarilla/image108.jpg
Rostros:   Persona_ConMascarilla/image11.jpg
Rostros:   Persona_ConMascarilla/image112.jpg
Rostros:   Persona_ConMascarilla/image114.jpg
Rostros:   Persona_ConMascarilla/image116.jpg
Rostros:   Persona_ConMascarilla/image117.jpg
Rostros:   Persona_ConMascarilla/image118.jpg
Rostros:   Persona_ConMascarilla/image119.jpg


...


Rostros:   Persona_SinMascarilla/image86.jpg
Rostros:   Persona_SinMascarilla/image87.jpg
Rostros:   Persona_SinMascarilla/image88.jpg
Rostros:   Persona_SinMascarilla/image89.jpg
Rostros:   Persona_SinMascarilla/image9.jpg
Rostros:   Persona_SinMascarilla/image90.jpg
Rostros:   Persona_SinMascarilla/image92.jpg
Rostros:   Persona_SinMascarilla/image93.jpg
Rostros:   Persona_SinMascarilla/image94.jpg
Rostros:   Persona_SinMascarilla/image95.jpg
Rostros:   Persona_SinMascarilla/image96.jpg
Rostros:   Persona_SinMascarilla/image97.jpg
Rostros:   Persona_SinMascarilla/image98.jpg
Rostros:   Persona_SinMascarilla/image99.jpg
Entrenando...
[0 0 0 0 0 0 0 0 0 0 0 0 0 0 0 0 0 0 0 0 0 0 0 0 0 0 0 0 0 0 0 0 0 0 0 0
 0 0 0 0 0 0 0 0 0 0 0 0 0 0 0 0 0 0 0 0 0 0 0 0 0 0 0 0 0 0 0 0 0 0 0 0
 0 0 0 0 0 0 0 0 0 0 0 0 0 0 0 0 0 0 0 0 0 0 0 0 0 0 0 0 0 0 0 0 0 0 0 0
 0 0 0 0 0 0 0 0 0 0 0 0 0 0 0 0 0 0 0 0 0 0 0 0 0 0 0 0 0 0 0 0 0 0 0 0
 0 0 0 0 0 0 0 0 0 0 0 0 0 0 0 0 0 0 0 0 0 0 0 0 0 0 0 0 0 0 0 0 0 0 0 0
 0 0 0 0 0 0 0 0 0 0 0 0 0 0 0 0 0 0 0 0 0 0 0 0 0 0 0 0 0 0 0 0 0 0 0 0
 0 0 0 0 0 0 0 0 0 0 0 0 0 0 0 0 0 0 0 0 0 0 0 0 0 0 0 0 0 0 0 0 0 0 0 0
 0 0 0 0 0 0 0 0 0 0 0 0 0 0 0 0 0 0 0 0 0 0 0 0 0 0 0 0 0 0 0 0 0 0 0 0
 0 0 0 0 0 0 0 0 0 0 0 0 0 0 0 0 0 0 0 0 0 0 0 0 0 0 0 0 0 0 0 0 0 0 1 1
 1 1 1 1 1 1 1 1 1 1 1 1 1 1 1 1 1 1 1 1 1 1 1 1 1 1 1 1 1 1 1 1 1 1 1 1
 1 1 1 1 1 1 1 1 1 1 1 1 1 1 1 1 1 1 1 1 1 1 1 1 1 1 1 1 1 1 1 1 1 1 1 1
 1 1 1 1 1 1 1 1 1 1 1 1 1 1 1 1 1 1 1 1 1 1 1 1 1 1 1 1 1 1 1 1 1 1 1 1
 1 1 1 1 1 1 1 1 1 1 1 1 1 1 1 1 1 1 1 1 1 1 1 1 1 1 1 1 1 1 1 1 1 1 1 1
 1 1 1 1 1 1 1 1 1 1 1 1 1 1 1 1 1 1 1 1 1 1 1 1 1 1 1 1 1 1 1 1 1 1 1 1
 1 1 1 1 1 1 1 1 1 1 1 1 1 1 1 1 1 1 1 1 1 1 1 1 1 1 1 1 1 1 1 1 1 1 1 1
 1 1 1 1 1 1 1 1 1 1 1 1 1 1 1 1 1 1 1 1 1 1 1 1 1 1 1 1 1 1 1 1 1 1 1 1
 1 1 1 1 1 1 1 1 1 1 1 1 1 1 1 1 1 1 1 1 1 1 1 1 1 1 1 1 1 1 1 1 1 1 1 1
 1 1 1 1 1 1 1 1 1 1 1 1 1 1 1 1 1 1 1 1 1 1 1 1 1 1 1 1 1 1 1 1 1 1 1 1
 1 1 1 1 1 1 1 1 1 1 1 1]
Modelo entrenado
```

📄 ModeloEntrenado.xml

3.5.4. Prueba del modelo

Se pasa a cualquier persona con o sin mascarilla a través del modelo y se obtienen las predicciones de identidad facial para cada imagen.

Código fuente:

Consideración: El valor 140 es el umbral establecido para determinar si la similitud entre los vectores de características es lo suficientemente alta como para considerar que se ha reconocido correctamente con y sin mascarilla. Si la puntuación de similitud es menor o igual que 140, se considera una coincidencia positiva y se asocia con la etiqueta correspondiente. Si la puntuación es mayor que 140, se considera una coincidencia negativa o incorrecta.

```python
import cv2
import os
import mediapipe as mp
direccion = 'Fotos'
etiquetas = os.listdir(direccion)
print("Nombres:",etiquetas)
modelo = cv2.face.LBPHFaceRecognizer_create()
modelo.read("Modelo/ModeloEntrenado.xml")
detector = mp.solutions.face_detection
dibujo = mp.solutions.drawing_utils
cont = 0
cap = cv2.VideoCapture(0)
data = 0
nombre_guardado = ""
with detector.FaceDetection(min_detection_confidence=0.5) as rostros:
    while True:
        ret,frame = cap.read()
        if ret == False:break
        frame = cv2.flip(frame,1) #Para evitar error en movimiento
        height,width,_ = frame.shape
        rgb = cv2.cvtColor(frame,cv2.COLOR_BGR2RGB)
        resultado = rostros.process(rgb)
        if resultado.detections is not None:
            for rostro in resultado.detections:
                al,an,c = frame.shape
                xi = rostro.location_data.relative_bounding_box.xmin
                yi = rostro.location_data.relative_bounding_box.ymin
                ancho = rostro.location_data.relative_bounding_box.width
                alto = rostro.location_data.relative_bounding_box.height
                #Conversion a pixeles
                xi,yi = int(xi * an),int(yi*al)
                ancho,alto = int(ancho*an),int(alto*al)
                xf,yf = xi+ancho,yi+alto
                cara = frame[yi:yf,xi:xf]
                #REDIMENSIONAR
                try:
                    cara = cv2.resize(cara,(72,72),interpolation=cv2.INTER_CUBIC)
                    cara = cv2.cvtColor(cara,cv2.COLOR_BGR2GRAY)
                    #Prediccion
                    prediccion = modelo.predict(cara)
                    print(prediccion)
                    if(data == 1):
                        cv2.putText(frame,nombre_guardado,(xi,yi-5),1,1.3,(0,255,0),1,cv2.LINE_AA)
                        cv2.rectangle(frame,(xi,yi),(xf,yf),(0,255,0),2)
                    if prediccion[1] < 140:
                        cv2.putText(frame,'{}'.format(etiquetas[prediccion[0]]),(xi,yi-5),1,1.3,(0,255,0),1,cv2.LINE_AA)
                        cv2.rectangle(frame,(xi,yi),(xf,yf),(0,255,0),2)
                        if (data==1):
                            data=0
                        else:
                            data=1
                            nombre_guardado = '{}'.format(etiquetas[prediccion[0]])
                        datra=1
                except Exception as e:
                    print(str(e))

        #MOSTRAR RESULTADOS EN PANTALLA
        cv2.imshow("Reconocimiento",frame)
        t = cv2.waitKey(1)
        if t == 27 or cont > 300:
            break
cap.release()
cv2.destroyAllWindows()
```

Ejecutar código:

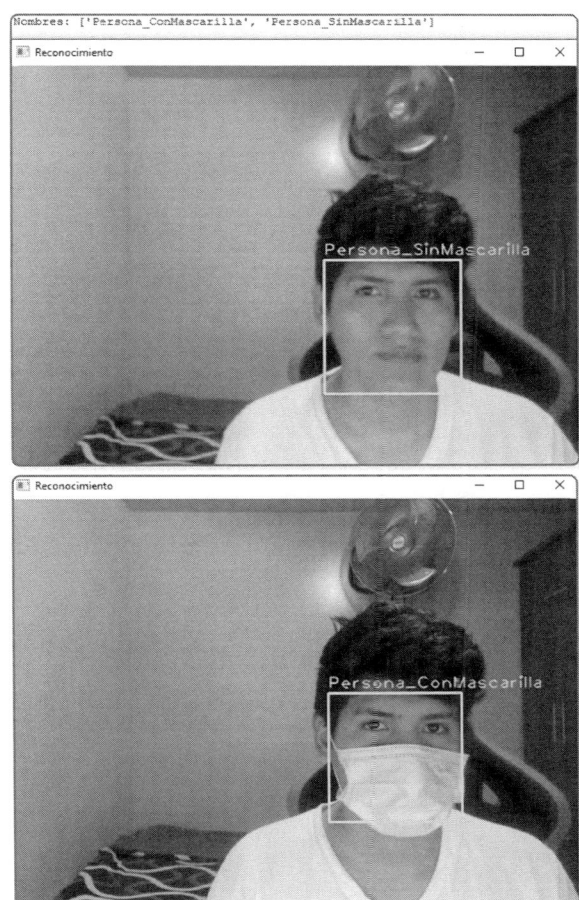

Estructura de documentos:

- Fotos
- Modelo
- Entrenamiento.py
- Reconocimiento.py

3.6. Reconocimiento facial integrado

La arquitectura propuesta para la aplicación de microservicios consiste en una separación de responsabilidades entre el back-end y front-end desarrollados en Node.js con Electron.js y la API REST desarrollada en Python con Flask. Además, se integra el reconocimiento facial desarrollado en Python para el proceso de inicio de sesión en el back-end y front-end.

La arquitectura se puede describir de la siguiente manera:

Back-end y front-end (Node.js con Electron.js):

a. El back-end y front-end se encargan de la lógica del negocio y la interfaz de usuario de la aplicación.

b. Utiliza el lenguaje de programación Node.js y el framework Electron.js para desarrollar aplicaciones de escritorio multiplataforma.

c. Gestiona la interacción con el usuario, presenta la interfaz gráfica y maneja las acciones del usuario.

d. Se comunica con la API REST para obtener y enviar datos.

Se muestran a continuación las interfaces principales:

Login:

Inicio:

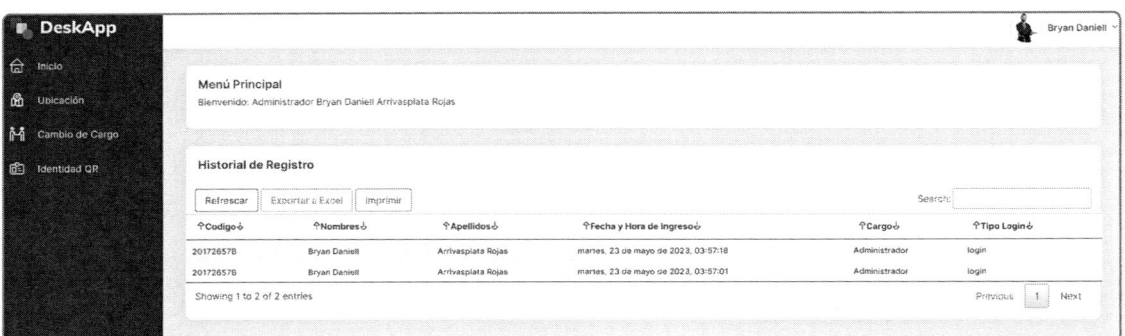

Ubicación:

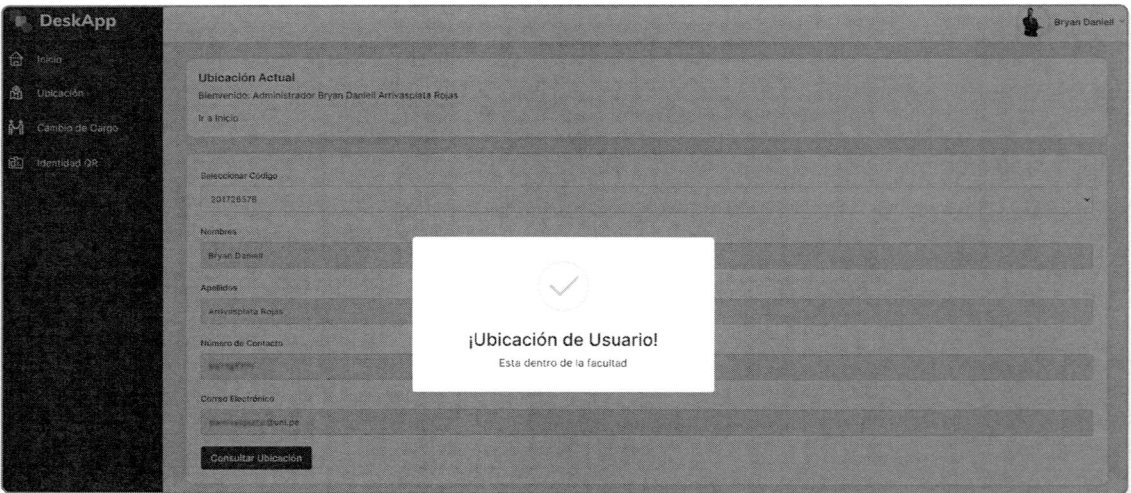

Cambio de cargo:

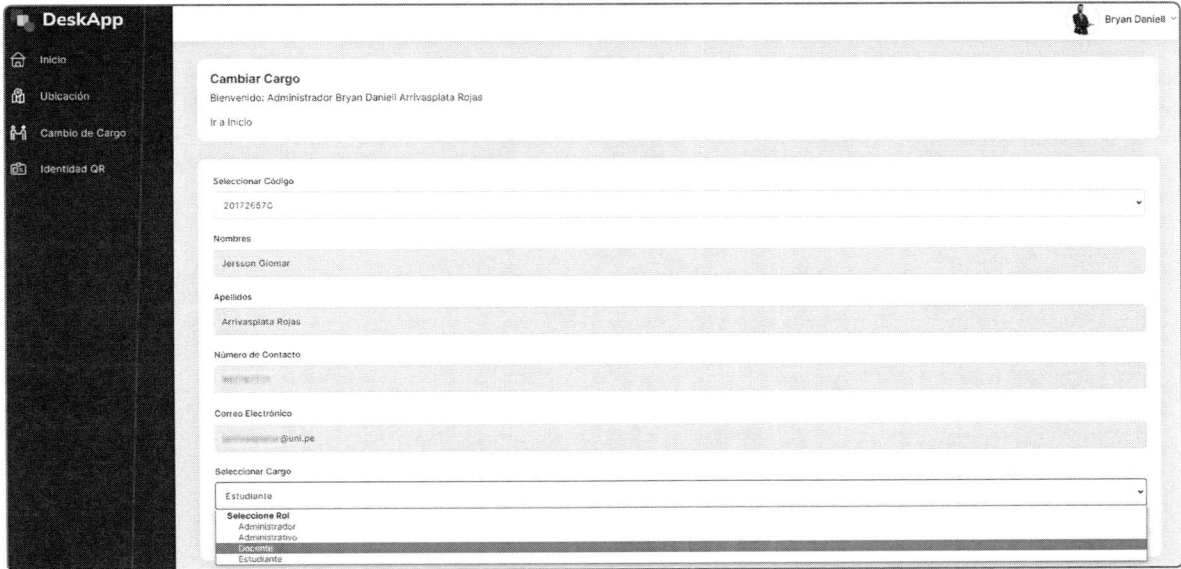

Identidad QR:

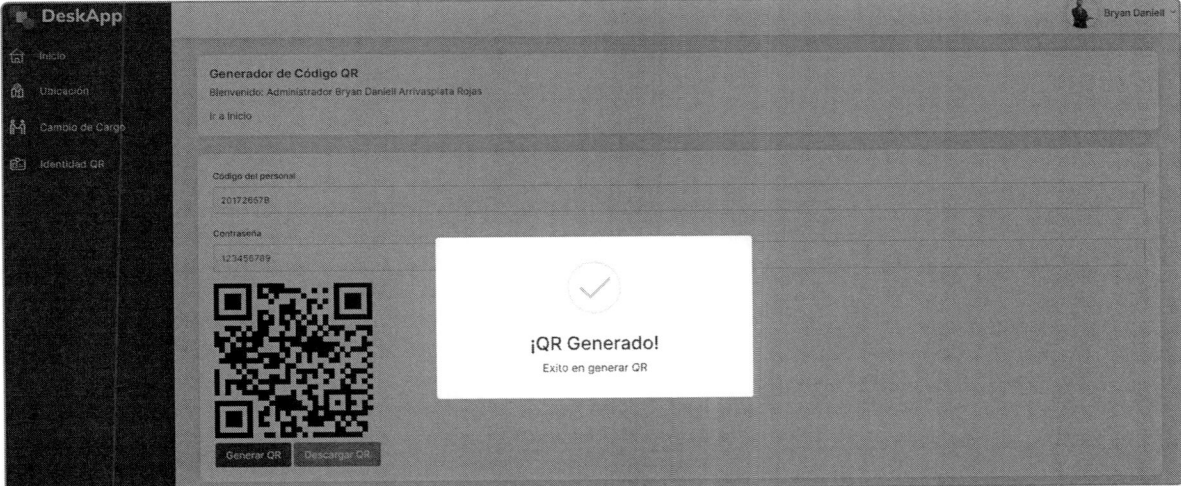

API REST (Python con Flask):

a. La API REST se encarga de proporcionar servicios y funcionalidades a través de una interfaz basada en HTTP.

b. Utiliza el lenguaje de programación Python y el framework Flask para desarrollar la API REST.

c. Define endpoints y rutas para recibir solicitudes HTTP, procesarlas y devolver respuestas en formato JSON.

d. Implementa la lógica de negocio relacionada con el manejo de usuarios, autenticación, etc.

e. Se comunica con el reconocimiento facial desarrollado en Python para el proceso de inicio de sesión.

Componente de rutas (user):

```python
from flask import request,jsonify
from src.Controllers.userController import postUser,getUser,getUserPasswordSecurity,getUserAll,putUser
def userRoute (app):
    @app.route('/users', methods = [ 'POST', 'GET','PUT'])
    def user():
        if request.method == 'GET':
            if 'securityResponse' in request.args:
                code = request.args.get('code')
                securityResponse = request.args.get('securityResponse')
                response = getUserPasswordSecurity(code,securityResponse)
                return jsonify(
                        response = response
                    )
            elif 'password' in request.args:
                code = request.args.get('code')
                password = request.args.get('password')
                response = getUser(code,password)
                return jsonify(
                        response = response
                    )
            else:
                response = getUserAll()
                return jsonify(
                        response = response
                    )
        if request.method == 'POST':
            code = request.form.get('code')
            password = request.form.get('password')
            idProfile = request.form.get('idProfile')
            response = postUser(code,password,idProfile)
            return jsonify(
                response = response
            )
        if request.method == 'PUT':
            idUser = request.form.get('idUser')
            idRole = request.form.get('idRole')
            response = putUser(idUser,idRole)
            return jsonify(
                response = response
            )
```

Ejecución de RestApi:

```
PS C:py app.pyyan\Desktop\proyecto-fiis\desarrollo\python-flask_v3.9.7_restApi_v1.0_2023>
 * Tip: There are .env or .flaskenv files present. Do "pip install python-dotenv" to use them.
 * Serving Flask app 'app' (lazy loading)
 * Environment: production
   WARNING: This is a development server. Do not use it in a production deployment.
   Use a production WSGI server instead.
 * Debug mode: off
WARNING: This is a development server. Do not use it in a production deployment. Use a production WSGI server instead.
 * Running on all addresses (0.0.0.0)
 * Running on http://127.0.0.1:5000
Press CTRL+C to quit
```

Reconocimiento facial (Python):

a. Se utiliza el reconocimiento facial desarrollado en Python debido a su alto grado de procesamiento de datos.

b. Se integra en el proceso de inicio de sesión del back-end y front-end.

c. El reconocimiento facial se encarga de capturar y procesar imágenes faciales para autenticar a los usuarios.

d. Utiliza técnicas de visión por ordenador y algoritmos de aprendizaje automático para identificar y verificar las caras de los usuarios.

Código Node.js de consumo para procesos con Python:

```javascript
ipcMain.on("auth/login/camera", (evt) => {
    run_script("py python/app-image.py", [], (arg) => {
        loginFace(JSON.parse(arg.replaceAll("'", "\"")));
    });
});

ipcMain.on("auth/login/qr", (evt) => {
    run_script("py python/app-qr.py", [], (arg) => {
        loginQr(JSON.parse(arg.replaceAll("'", "\"")));
    });
});
function loginQr(args){
    let alert = new Alert();
    if(args.flag == 1){
        localStorage.setItem('urlApi', urlApi);
        localStorage.setItem('code',args.code);
        localStorage.setItem('name',args.name);
        localStorage.setItem('lastName',args.lastName);
        localStorage.setItem('idRole',args.idRole);
        localStorage.setItem('name_role',args.name_role);
        localStorage.setItem('args',args);
        win.loadURL("file://" + __dirname + "/src/views/index.ejs");
    }else{
        //win.alert("La crecenciales no fueron correctas");
        console.log(args.flag);
        let swalOptions = {
            title: "¡Usuario no registrado!",
            text: "Intente nuevamente espere 4 segundos...'",
            icon: "warning",
            showCancelButton: false,
            timer: 3000,
        };
        let promise = alert.fireWithFrame(swalOptions, "Login", null, false);
    }
}
```

Código de Python para reconocimiento facial:

```python
from Controllers.DetectionImageController import DetectionImageController
from Config.base import url_api, route_file_model
import requests,os
import sys
from Utils.util import split_character


def auth_face(format_result_information):
    separator = split_character(format_result_information)
    code = separator[0]
    response = requests.get(url_api + 'recognitions?code='+code).json()['response']
    if response['flag'] == 1 :
        data = {
            'idUser':response['idUser'],
            'idRecognition':3
        }
        requests.post(url_api+ 'histories',data)
    print(response)

if __name__ == "__main__":
    list_codes = requests.get(url_api + 'recognitions').json()['response']
    route_file_model = os.path.join(os.path.dirname(__file__), route_file_model)
    data = DetectionImageController(list_codes,route_file_model).identify_image()
    auth_face(data)
    sys.stdout.flush()
```

Estructura de documentos:

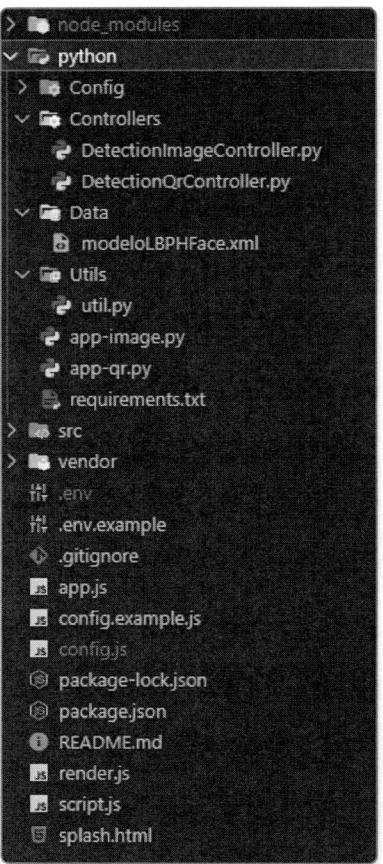

Ejecutar **"Ingreso con cámara"** y se utilizará el reconocimiento facial:

La integración de la aplicación se realiza mediante la comunicación entre el back-end, front-end y la API REST. El back-end y front-end utilizan funcionalidades de Node.js para comunicarse con los procesos del equipo donde se encuentre la aplicación y recibir la información procesada por el reconocimiento facial en Python.

En resumen, esta arquitectura de microservicios combina el desarrollo del back-end y front-end en Node.js con Electron.js, la implementación de la API REST en Python con Flask y la integración del reconocimiento facial en Python para proporcionar una aplicación completa y funcional que ofrece capacidades de inicio de sesión seguras utilizando reconocimiento facial.

3.7. Herramientas necesarias

Anaconda, SQLite, Pillow y NumPy son herramientas que se necesitan para realizar estas tareas.

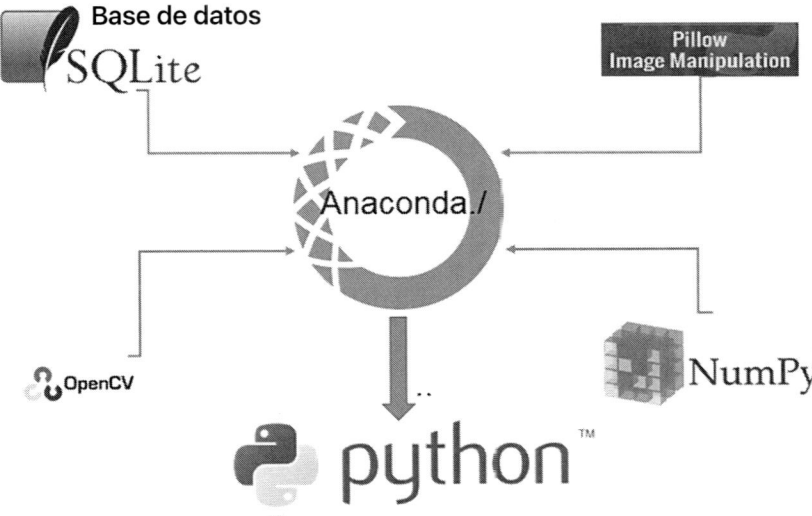

3.7.1. Instalación de Anaconda

Anaconda es un distribuidor open source de los lenguajes Python y R en Linux, Windows y Mac OS X. Se usa en las áreas de ciencias de datos y aprendizaje automático para procesar grandes volúmenes de información, hacer análisis predictivos y en la computación científica. Sirve como un gestor de entorno y de paquetes, ya que posee una colección de más de 720 paquetes de código abierto.

Para instalarlo, se deben seguir los siguientes pasos:

1. Disponer de un laptop o PC y diferenciar si es de 32 o 64 bits.

2. Descargar Anaconda desde la página oficial (https://www.anaconda.com/distribution/).

3. Se dispone de la página en el sistema operativo (en este caso, será Windows).

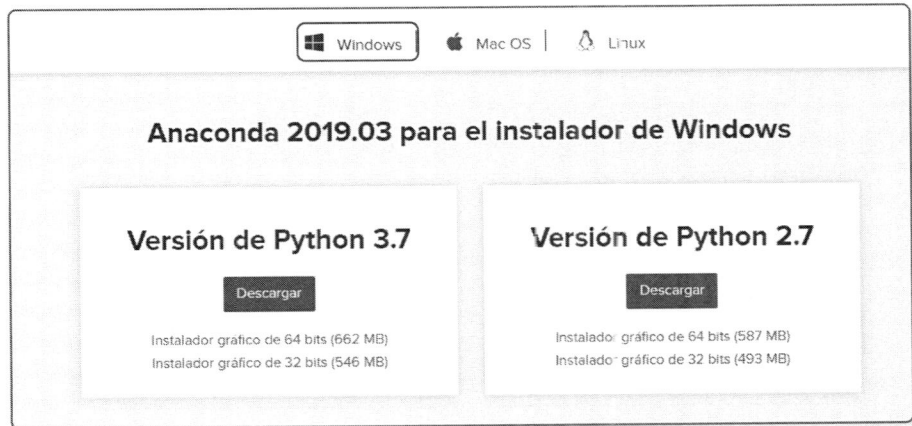

4. Seleccionar la versión de Python y, según el PC, elegir 32 o 64 bits.

5. Una vez descargado ejecutar el instalador y a continuación dar clic en Next, I Agree, Next y Next.

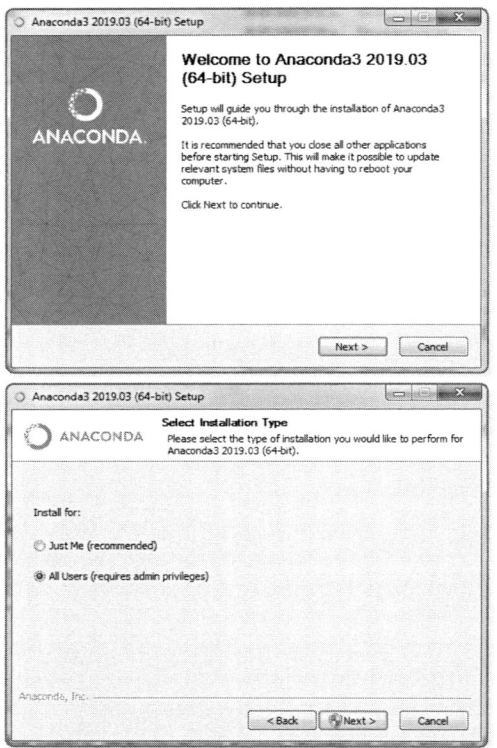
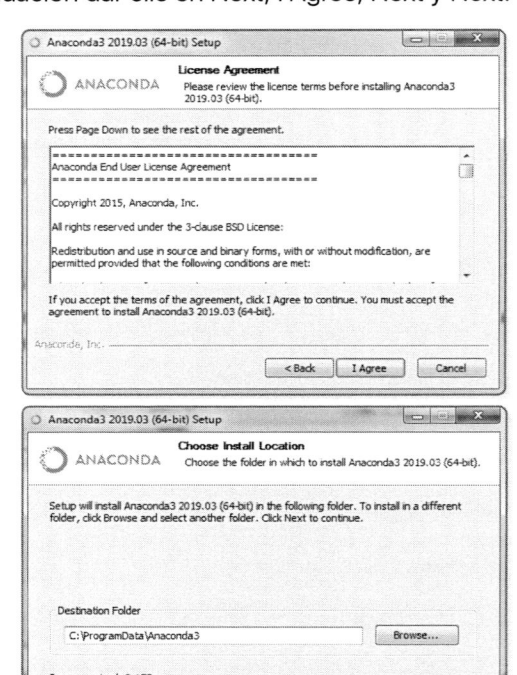

6. Seleccionar ambos recuadros y luego hacer clic en Install para agregar las variables de entorno de Python y Anaconda a PATH.

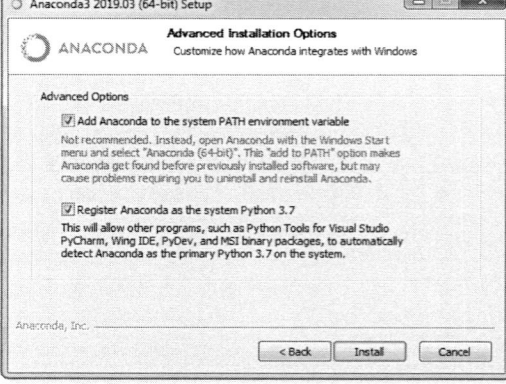

7. Esperar a que se instale y luego hacer clic en el botón Finish.

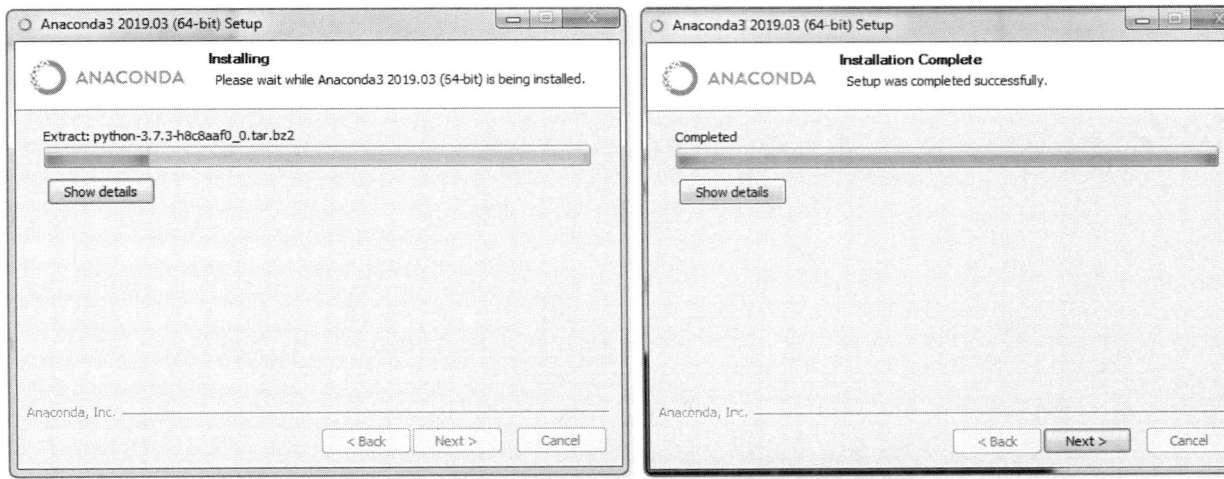

3.7.2. Instalación de NumPy

1. Abrir menú y buscar Anaconda Navigator.

2. Crear un espacio privado dentro de Anaconda.

3. En el menú Inicio, hacer clic en la aplicación de escritorio Anaconda Navigator.

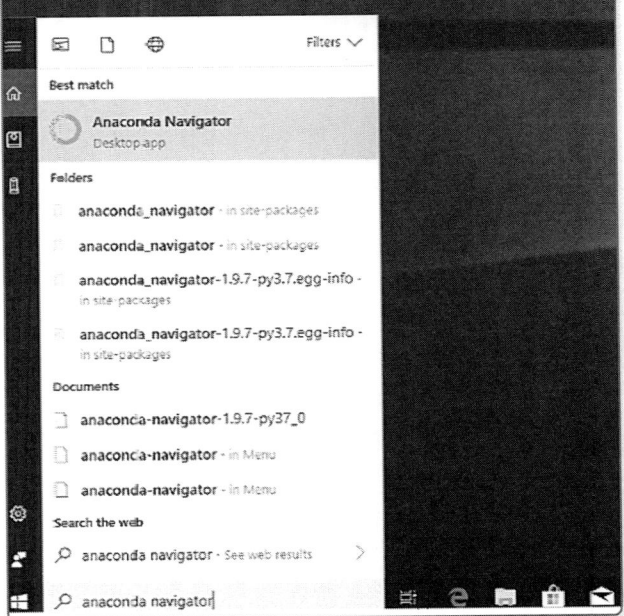

4. Hacer clic en Create.

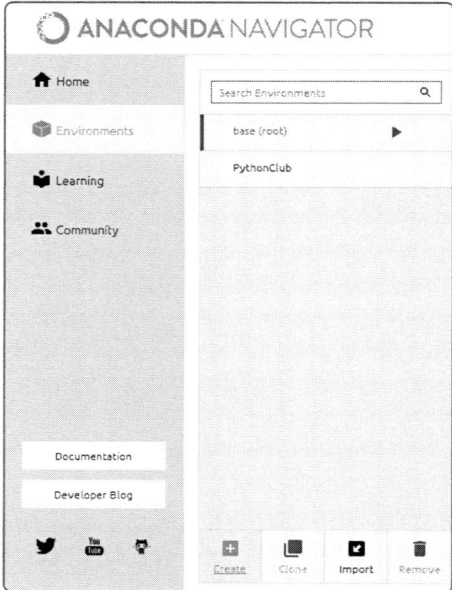

5. Elegir la versión de Python y hacer clic en Create.

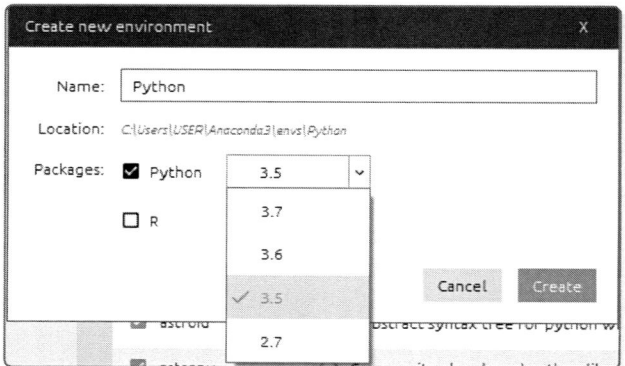

6. Para instalar la librería NumPy, hacer clic en Installed y seleccionar Not Installed.

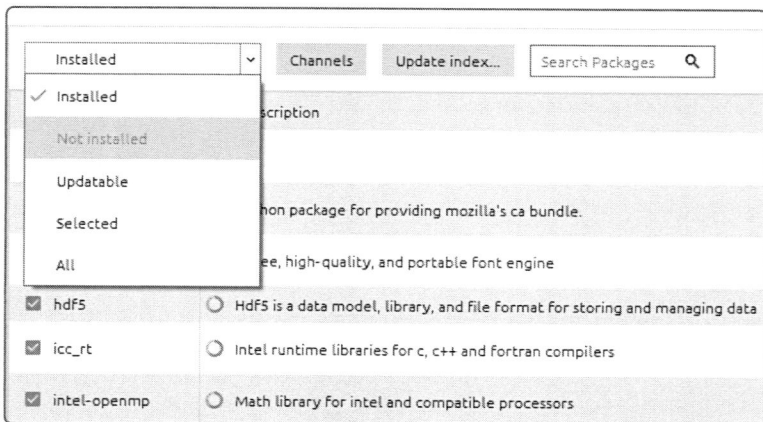

7. Hacer clic en Search Packages y escribir "numpy".

8. Hacer clic en el cuadrado pequeño al lado de NumPy. En la parte inferior seleccionar Apply.

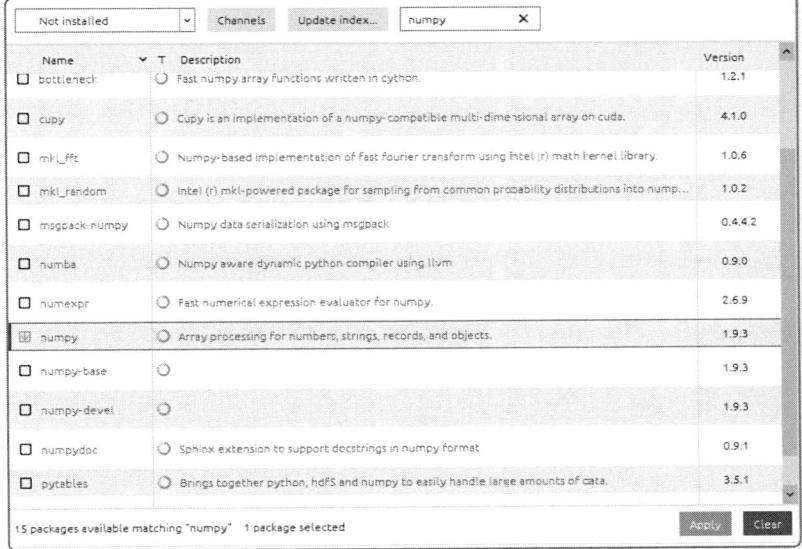

9. Se mostrará la ventana Install Packages. Hacer clic en Apply y esperar a que se instale.

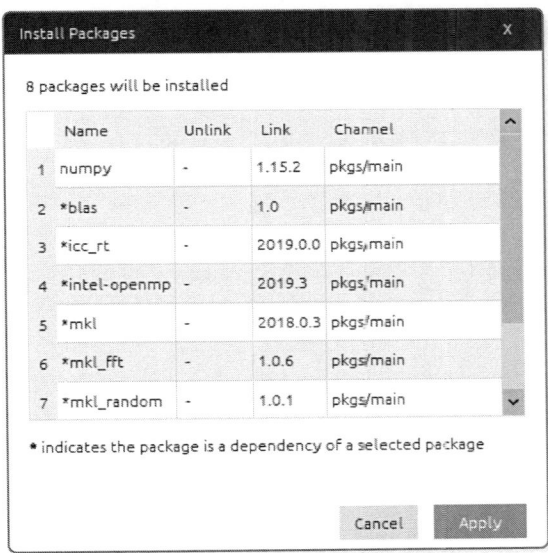

10. Para comprobar la instalación, seleccionar Installed y escribir nuevamente "numpy" en la barra de búsqueda. Ver si se encuentran las librerías instaladas.

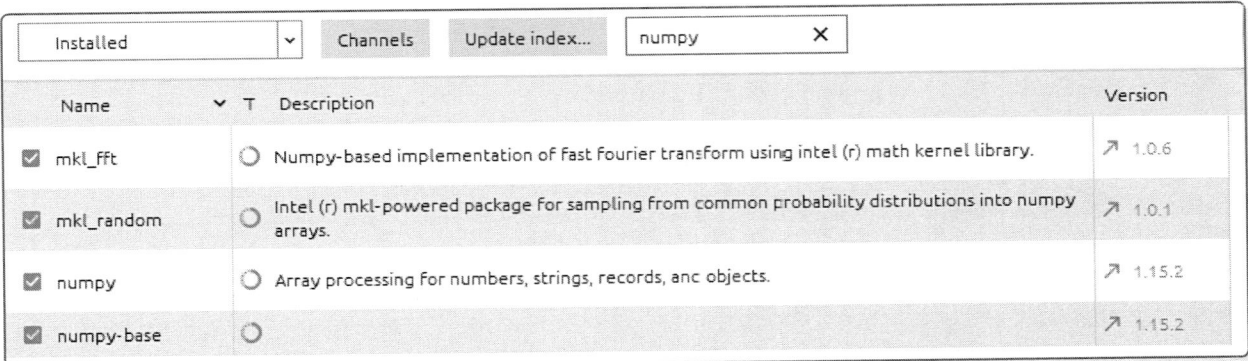

11. Abrir cmd, editar Activate (nombre que fue asignado al crear su entorno privado) y colocar "activate PythonClub". Escribir "python –versión" y pulsar Enter para comprobar la versión de Python que tiene instalada en su entorno. Luego escribir "python" y pulsar Enter. Aparecerán estos símbolos: >>. Esto indica que ya abrió Python; ahora escribir "import numpy" y pulsar Enter. Si aparece nuevamente >> es que ya está instalado; si, por el contrario, se indica error, entonces no se han seguido todos los pasos correctamente.

```
Anaconda Prompt - python                                    –  □  ×

(base) C:\Users\USER>activate PythonClub

(PythonClub) C:\Users\USER>python --version
Python 3.5.6 :: Anaconda, Inc.

(PythonClub) C:\Users\USER>python
Python 3.5.6 |Anaconda, Inc.| (default, Aug 26 2018, 16:05:27) [MSC v.1900 64 bi
t (AMD64)] on win32
Type "help", "copyright", "credits" or "license" for more information.
>>> import numpy
>>>
```

3.7.3. Instalación de OpenCV

1. Abrir Anaconda Navigator.

2. Usar pestaña Environments.

3. En la pestaña que sale a su derecha hacer clic al espacio privado que previamente se ha creado: trabajoLPE.

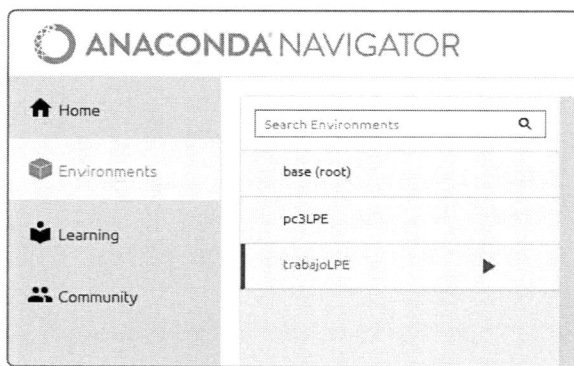

4. En la pestaña derecha donde se visualizan diferentes librerías, hacer clic en Installed y seleccionar Not Installed.

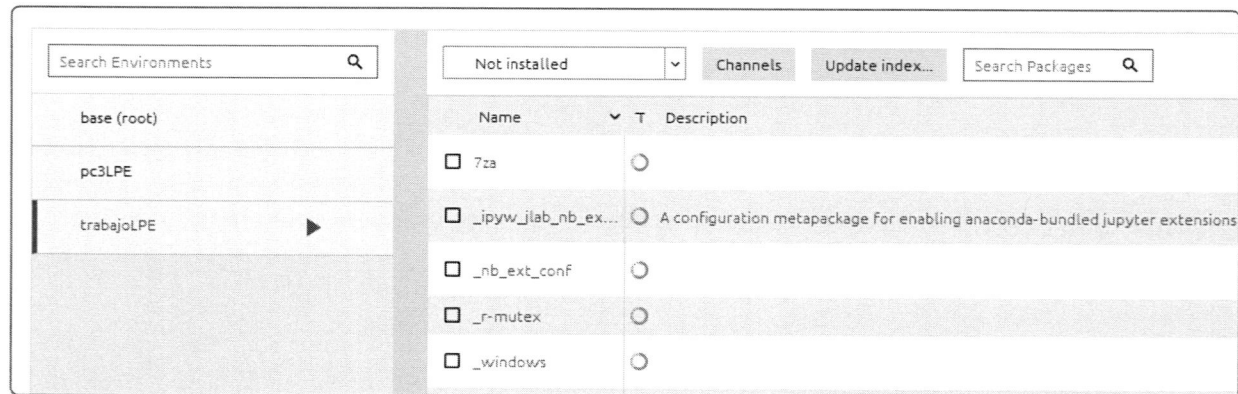

5. Ubicar el mouse donde dice Search Packages y hacer clic; luego escribir "opencv". Aparecerá la librería OpenCV.

6. Dar clic en el icono cuadrado pequeño para seleccionar Opencv. Aparecerán dos botones en la parte inferior. Seleccionar Apply.

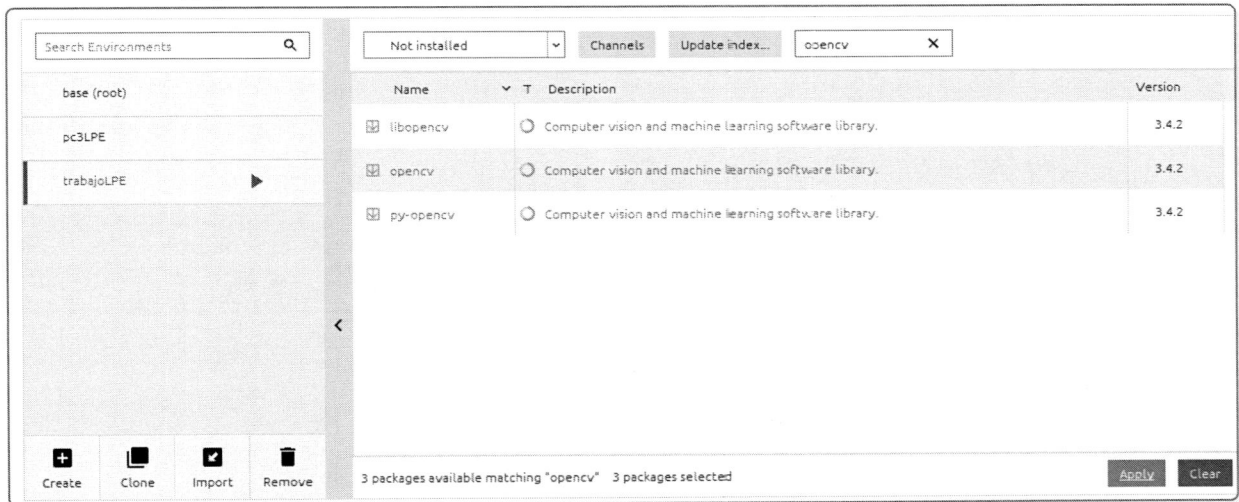

7. Saldrá una ventana que dice Install Packages, dar clic en Apply y esperar a que se instale.

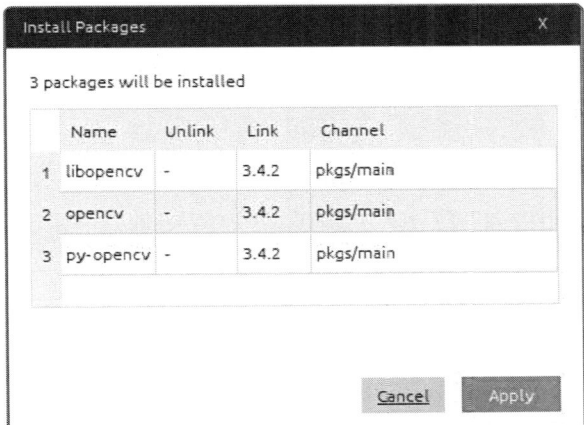

8. Para comprobar que esté instalado, seleccionar Installed, escribir nuevamente en la barra de búsqueda "opencv" y observar si se encuentra en la parte de librerías instaladas.

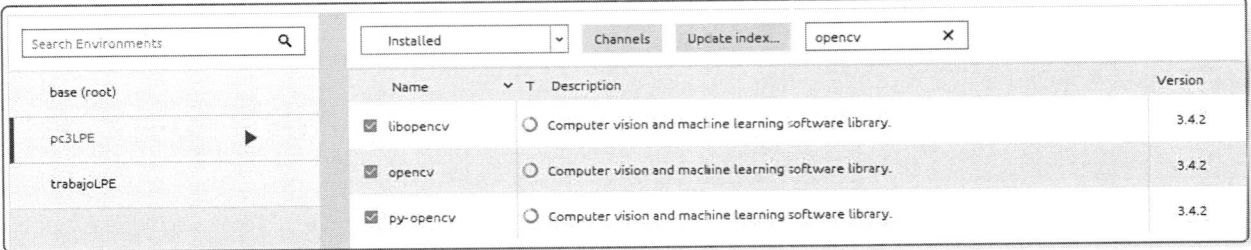

Otra forma:

1. Abrir Anaconda Prompt, escribir "conda activate (nombre que se colocó al crear su entorno privado)"; en este caso sería "conda activate LPE" y pulsar Enter.

2. Escribir "python –versión" y pulsar Enter para comprobar la versión de Python que tiene instalada en su entorno. Luego escribir "python"; le aparecerán los símbolos >>, lo cual indica que ya abrió el programa. Ahora escribir "import cv2" y pulsar Enter. Si aparece nuevamente >>, indica que ya está instalado; si sale error, es que no se siguieron todos los pasos correctamente.

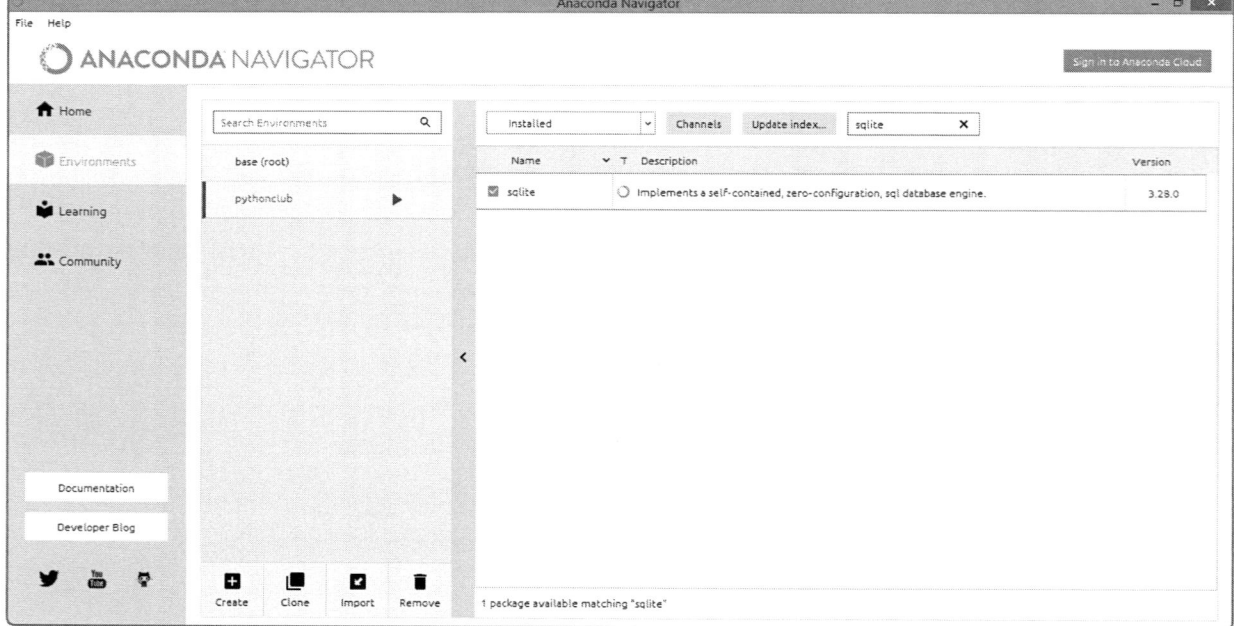

La instalación tuvo éxito.

3.7.4. Instalación de SQLite con Anaconda

1. Abrir el navegador Anaconda.

2. Hacer clic donde dice Installed y seleccionar Not Installed.

3. Instalar la base de datos. Escribir "sqlite", luego seleccionar la opción y después hacer clic en Apply.

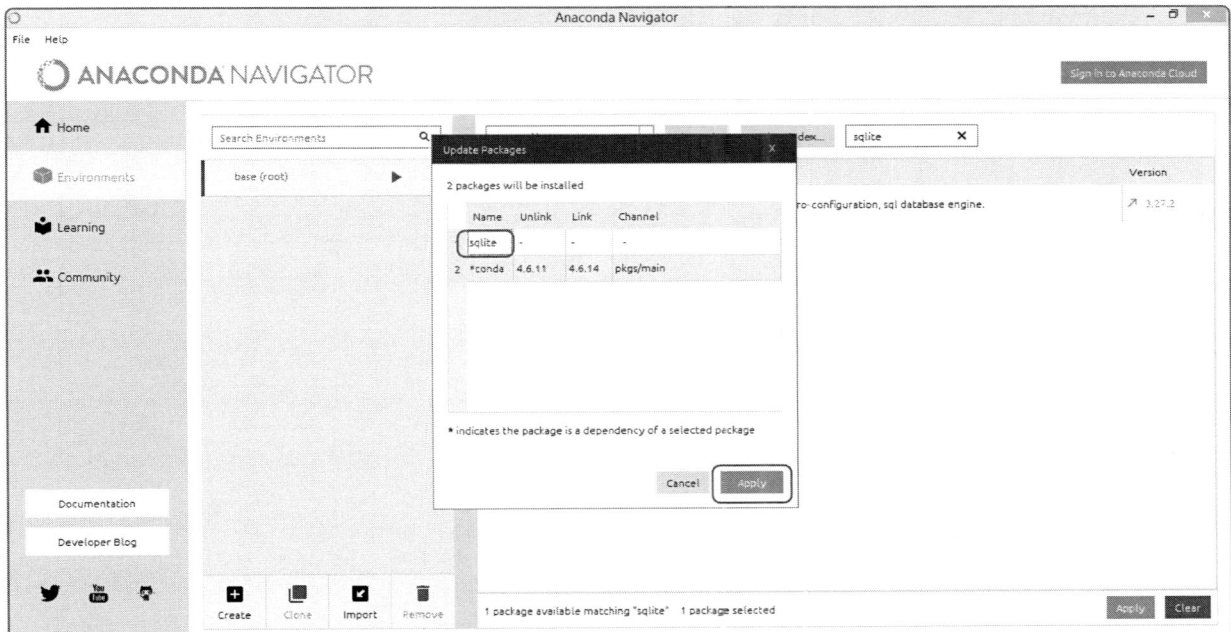

4. Esperar a que finalice el proceso de instalación de SQLite.

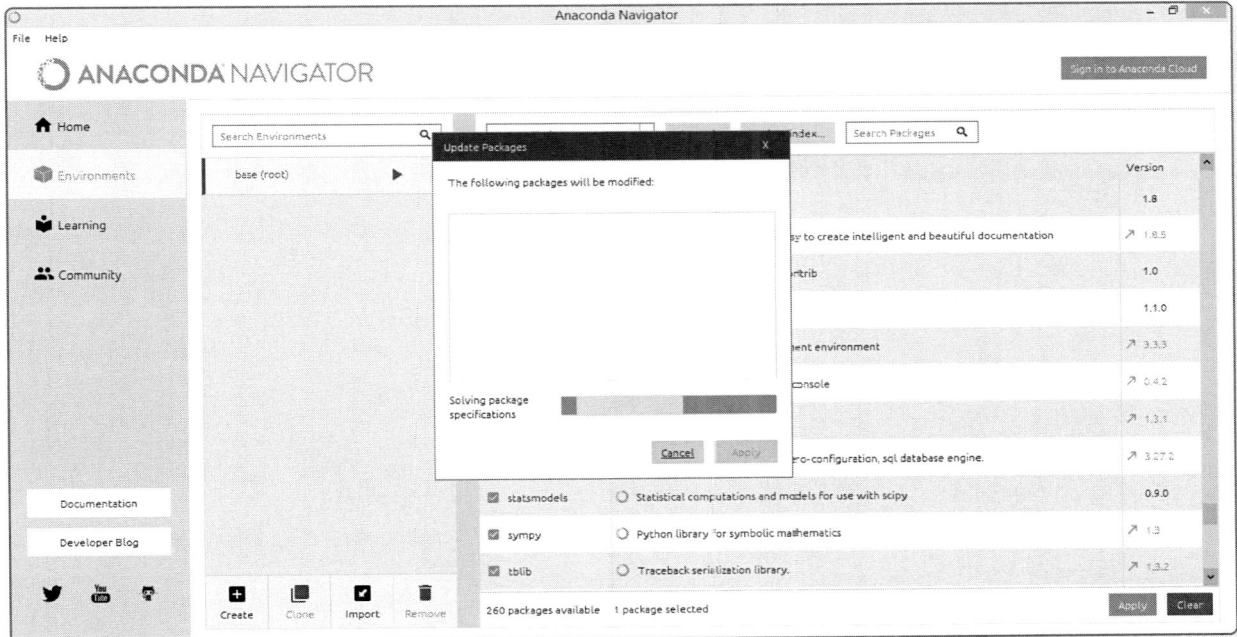

5. Una vez que finalizó la carga, seleccionar Installed y observar si aparece un check al costado de SQLite. Ello indica que está instalado. En otro caso, y a nivel de consola, usar sqliteadmin.exe.

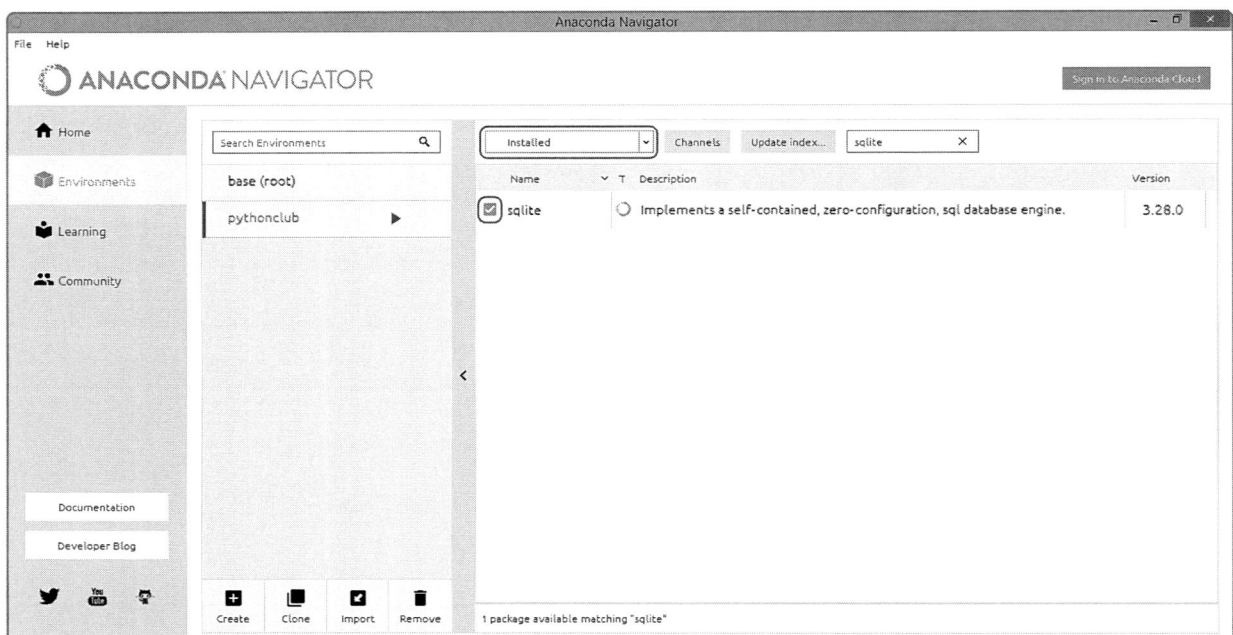

3.7.5. Instalación de la librería Pillow

1. Abrir Anaconda Navigator, dirigirse a la pestaña Environments y luego al espacio (entorno) que se había creado. En este caso es lpe. Pero si no hay un entorno, debe ser creado.

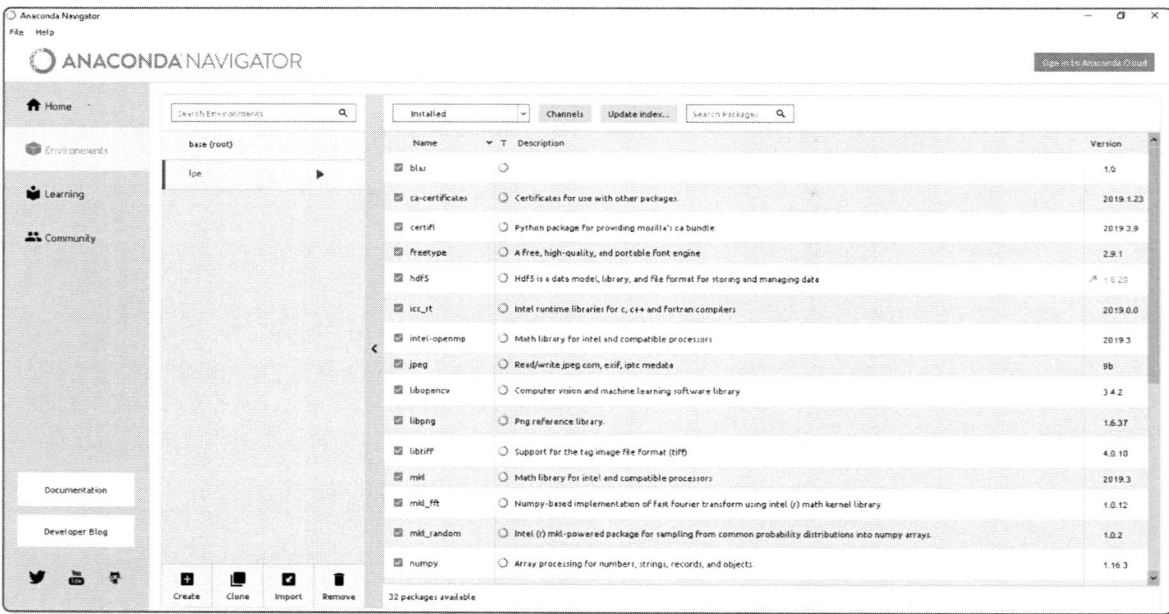

2. A la derecha se abrirá una ventana con una serie de casillas marcadas: son las librerías ya preinstaladas. Para instalar la librería Pillow, seleccionar Not installed, hacer clic en el buscador y escribir el nombre de la librería (en este caso, "pillow").

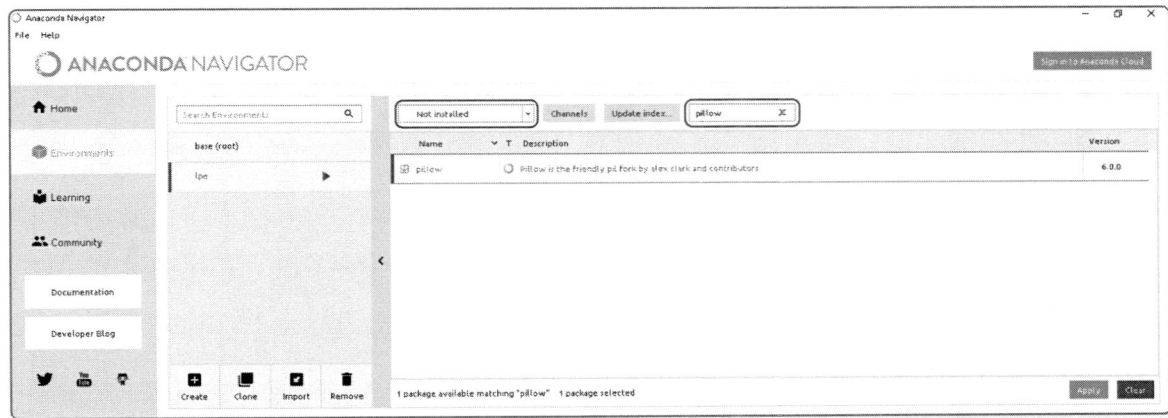

3. Buscar la librería Pillow. Si aparecen varios resultados y se marca la casilla correspondiente, en la parte de abajo se mostrarán dos opciones: Apply y Clear. Hacer clic en Apply.

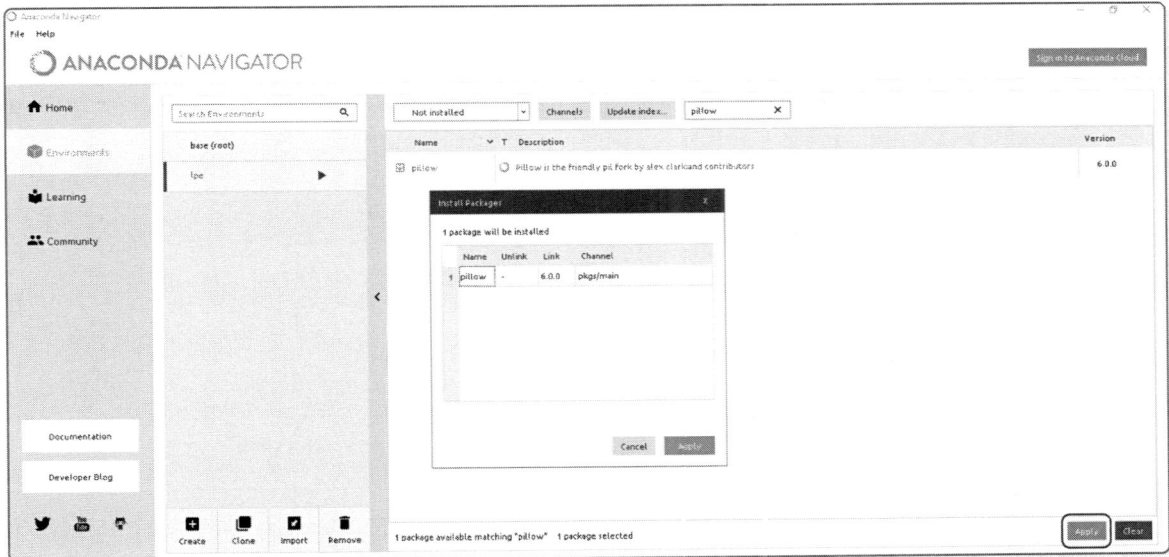

4. Se abrirá la ventana llamada Install Packages (en este caso, solo se muestra un ítem debido a que se desintaló y volvió a instalar). Dar clic a Apply y esperar a que cargue unos minutos. La librería Pillow estará instalada.

5. Para verificar la instalación, ir a la pestaña con el nombre Not installed y cambiarla por Installed. Buscar la librería (en este caso, "pillow"). Si está correctamente instalada, aparecerá marcada con un check verde.

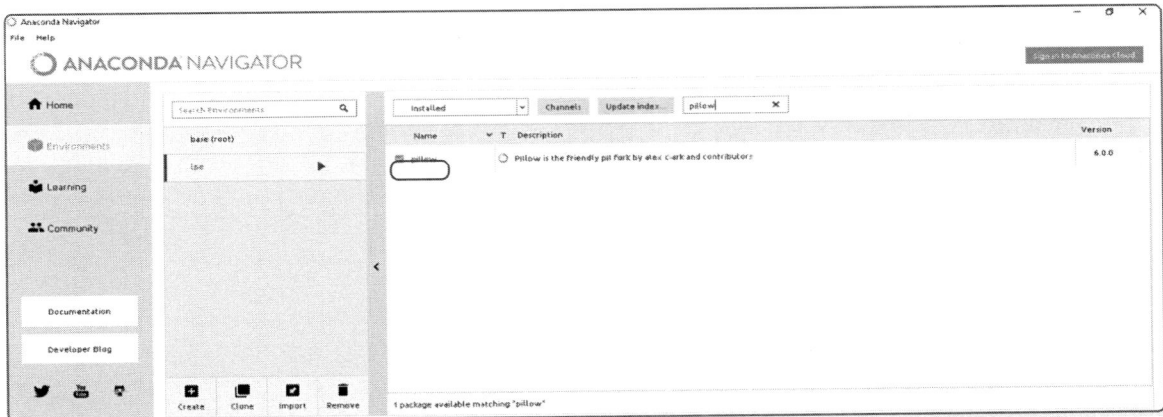

6. Otra forma es abrir cmd y escribir "activate (nombre que se colocó al crear su entorno privado)". En este caso, sería "Activate lpe". Escribir luego "Python --versión" y pulsar Enter para comprobar la versión de Python que tiene instalada en su entorno. Luego escribir "python"; si salen los símbolos >>, indica que ya abrió Python. Finalmente anotar "Import pillow" y pulsar Enter. Si aparece nuevamente >>, significa que ya está instalado.

```
C:\WINDOWS\system32\cmd.exe - python
Microsoft Windows [Versión 10.0.17763.503]
(c) 2018 Microsoft Corporation. Todos los derechos reservados.

C:\Users\miguel>activate lpe

(lpe) C:\Users\miguel>python --version
Python 3.7.3

(lpe) C:\Users\miguel>python
Python 3.7.3 (default, Apr 24 2019, 15:29:51) [MSC v.1915 64 bit (AMD64)] :: Anaconda, Inc. on win32
Type "help", "copyright", "credits" or "license" for more information.
>>> import pillow
```

3.7.6. Definición y utilidad de Pillow

La primera versión de esta librería se llamaba Python Imaging Library (PIL), la cual era una librería gratuita que permitía la edición de imágenes directamente desde Python. Incluía los formatos más utilizados, como GIF, JPEG y PNG. Debido a que la librería soportaba únicamente hasta la versión 2.7 de Python y, al parecer, se detuvo el desarrollo de esta librería, se creó Pillow, que es una bifurcación más **"amigable"**, según el autor, que pretende mantener una librería estable y adaptable a las nuevas tecnologías.

Pillow ofrece varios procedimientos estándar para la manipulación de imágenes. Estos incluyen:

a. Manipulaciones por píxel.

b. Enmascaramiento y manejo de la transparencia.

c. Filtrado de imágenes, como borrosidad, contornos, suavizado o búsqueda de bordes.

d. Mejora de la imagen, como nitidez, ajuste de brillo, contraste o color.

e. Agregar texto a las imágenes y mucho más.

f. Información que permite tomar una imagen y procesarla o editarla en nuestro código. En este caso, dada una imagen (ya sea en movimiento o no), visualizar si hay un rostro en ella.

Programas de reconocimiento facial:

1. Se usan librerías de OpenCV alojadas en Internet, así como algunos modelos que son adaptados por los autores a nuestra realidad.

2. Sistema de matrícula mediante reconocimiento facial (SAS).

3. Reconocimiento de objetos aplicado a la industria para descartar qué envases de botellas están desgastadas.

4. Seguridad ciudadana y reconocimiento de armas, etc.

5. Reconocimiento de vehículos.

6. Reconocimiento de animales.

En esta parte, se asume que los lectores ya cumplen con prerrequisitos tales como diseño de algoritmos, programación modular dependiente (funciones), teoría de estructura de datos (arreglos lineales y arreglos bidimensionales), sumatorias mediante su símbolo de suma, programación orientada a objetos, etc.

Ejemplo:

Diseñar una aplicación para el área de reconocimiento facial que guarde una base de datos compuesta por imágenes. Luego comparar con la imagen actual: si la reconoce, que envíe su nombre; en caso contrario, aparecerá el mensaje **"No identificado"**.

Procedimientos:

1. La presente aplicación está organizada en una carpeta. En su interior, están los tres programas para reconocimiento facial.

2. Organizar en una carpeta los siguientes programas: capturandoR.py, entrenadorR.py y reconocimientoR.py.

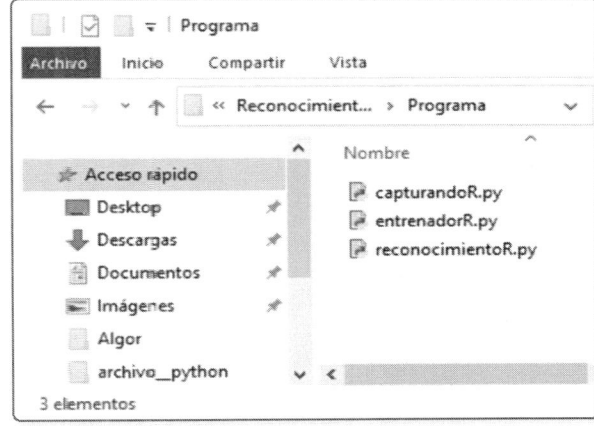

3. Ejecutar los siguientes procesos:

a. CapturandoR.py (base de datos de las fotos). Permite capturar las imágenes; en este caso, son 300. Crear una carpeta con el nombre o código que se desee; allí se guardan las fotos en diferentes estados del objeto (alegre, triste, durmiendo, molesto y ojo cerrado, entre otros).

```
PYTHON ROSTRO.txt: Bloc de notas
Archivo  Edición  Formato  Ver  Ayuda
..-pip install opencv-python(Posiblemente sea la 4 versión más completa)
!.-pip install imutils
}.-pip install numpy
}.-pip install opencv-contrib-python
```

```python
import cv2;import os;import imutils
persona = input("El nombre de la persona capturada es:")
personName = persona; dataPath = '../Fotos'
personPath = dataPath + '/' + personName
if not os.path.exists(personPath):
        print('Carpeta creada: ',personPath)
        os.makedirs(personPath)
cap = cv2.VideoCapture(a,cv2.CAP_DSHOW)
faceClassif=cv2.CascadeClassifier(cv2.data.haarcascades+'haarcascade_frontalface_default.xml'
count = 0
while True:
        ret, frame = cap.read()
        if ret == False:break
        frame =  imutils.resize(frame, width=640)
        gray = cv2.cvtColor(frame, cv2.COLOR_BGR2GRAY)
        auxFrame = frame.copy()
        faces = faceClassif.detectMultiScale(gray,1.3,5)
        for (x,y,w,h) in faces:
                cv2.rectangle(frame, (x,y),(x+w,y+h),(0,255,0),2)
                rostro = auxFrame[y:y+h,x:x+w]
                rostro = cv2.resize(rostro,(150,150),interpolation=cv2.INTER_CUBIC)
                cv2.imwrite(personPath + '/rostro_{}.jpg'.format(count),rostro)
                count = count + 1
        cv2.imshow('frame',frame)
        k =  cv2.waitKey(1)
        if k == 27 or count >= 100:
        break
cap.release();cv2.destroyAllWindows()
```

b. Código fuente en Python para capturar 300 imágenes. Interfaz que indica que se han capturado 300 fotos.

```
IDLE Shell 3.9.2*
File  Edit  Shell  Debug  Options  Window  Help
Type "help", "copyright", "credits" or "licens
e()" for more information.
>>>
= RESTART: C:\Users\Python\Desktop\Reconocimie
nto Facial\Programa\capturandoR.py
El nombre de la persona capturada es:Luz
Carpeta creada:  ../Fotos/Luz
```

c. EntrenadorR.py, que es el programa que permite crear el modelo XML.

```python
*entrenadorR.py - C:\Users\User\Desktop\Reconocimiento Facial\Reconocimiento Facial\Programa\entrenadorR.py (3.9.4)*
File  Edit  Format  Run  Options  Window  Help
import cv2
import os
import numpy as np
dataPath = '../Fotos' #Cambia a la ruta donde hayas almacenado Data
peopleList = os.listdir(dataPath)
print('Lista de personas: ', peopleList)
labels = [];facesData = [];label = 0
for nameDir in peopleList:
        personPath = dataPath + '/' + nameDir
        print('Leyendo las imágenes')
        for fileName in os.listdir(personPath):
                print('Rostros: ', nameDir + '/' + fileName)
                labels.append(label)
                facesData.append(cv2.imread(personPath+'/'+fileName,0))
        label = label + 1
face_recognizer = cv2.face.LBPHFaceRecognizer_create()
print("Entrenando...")
print(np.array(labels))
face_recognizer.train(facesData, np.array(labels))
face_recognizer.write('../Modelos/modeloLBPHFace.xml')
print("Modelo almacenado...")
                                                              Ln: 3  Col: 18
```

Resultados del entrenamiento:

```
Rostros:   toeoo/rostro_9.jpg
Rostros:   toeoo/rostro_90.jpg
Rostros:   toeoo/rostro_91.jpg
Rostros:   toeoo/rostro_92.jpg
Rostros:   toeoo/rostro_93.jpg
Rostros:   toeoo/rostro_94.jpg
Rostros:   toeoo/rostro_95.jpg
Rostros:   toeoo/rostro_96.jpg
Rostros:   toeoo/rostro_97.jpg
Rostros:   toeoo/rostro_98.jpg
Rostros:   toeoo/rostro_99.jpg
Entrenando...
[0 0 0 0 0 0 0 0 0 0 0 0 0 0 0 0 0 0 0 0 0 0 0 0 0 0 0 0 0 0 0 0 0 0 0 0 0 0
 0 0 0 0 0 0 0 0 0 0 0 0 0 0 0 0 0 0 0 0 0 0 0 0 0 0 0 0 0 0 0 0 0 0 0 0 0 0
 0 0 0 0 0 0 0 0 0 0 0 0 0 0 0 0 0 0 0 0 0 0 0 0 0 0 1 1 1 1 1 1 1 1 1 1 1 1
 1 1 1 1 1 1 1 1 1 1 1 1 1 1 1 1 1 1 1 1 1 1 1 1 1 1 1 1 1 1 1 1 1 1 1 1 1 1
 1 1 1 1 1 1 1 1 1 1 1 1 1 1 1 1 1 1 1 1 1 1 1 1 1 1 1 1 1 1 1 1 1 1 1 1 1 1
 1 1 1 1 1 1 1 1 1 1 1 1 1 1 3 3 3 3 3 3 3 3 3 3 3 3 3 3 3 3 3 3 3 3 3 3 3 3
 3 3 3 3 3 3 3 3 3 3 3 3 3 3 3 3 3 3 3 3 3 3 3 3 3 3 3 3 3 3 3 3 3 3 3 3 3 3
 3 3 3 3 3 3 3 3 3 3 3 3 3 3 3 3 3 3 3 3 3 3 3 3 3 3 3 3 3 3 3 3 3 3 3 3 3 3
 3 3 3 3 4 4 4 4 4 4 4 4 4 4 4 4 4 4 4 4 4 4 4 4 4 4 4 4 4 4 4 4 4 4 4 4 4 4
 4 4 4 4 4 4 4 4 4 4 4 4 4 4 4 4 4 4 4 4 4 4 4 4 4 4 4 4 4 4 4 4 4 4 4 4 4 4
 4 4 4 4 4 4 4 4 4 4 4 4 4 4 4 4 4 4 4 4 4 4 4 4 4 4 4 4]
Modelo almacenado...
>>>
```

Recordar que se han capturado 800 imágenes y, por lo tanto, estas formarán el archivo modelo.

A continuación, se ilustra el archivo respectivo, tal como se observa en la siguiente interfaz:

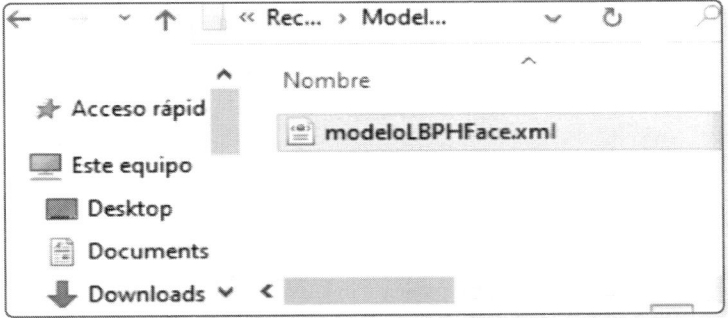

Contenido:

```
        0. 0. 0. 0. 0. 0. 0. 0. 3.08641978e-03 6.17283955e-03 0. 0. 0.
        9.25925933e-03 0. 0. 3.08641978e-03 0. 0. 0. 0. 0. 0. 0. 0. 0.
        0. 0. 3.08641978e-03 0. 0. 0. 0. 0. 0. 0. 0. 0. 0.
        3.08641978e-03 3.08641978e-03 9.25925933e-03 6.17283955e-03 0.
        0. 0. 0. 0. 0. 3.08641978e-03 0. 0. 0. 3.08641978e-03 0.
        9.25925933e-03 1.23456791e-02 0. 3.08641978e-03 0. 0. 0. 0. 0.
        1.54320989e-02 0. 0. 0. 0. 0. 0. 1.23456791e-02 0. 0. 0. 0.
        0. 0. 3.08641978e-03 0. 0. 0. 0. 0. 0. 0. 1.85185187e-02 0.
        0. 0. 0. 0. 0. 0. 0. 0. 0. 0. 0. 0. 3.08641978e-03 0. 0.
        0. 0. 0. 0. 0. 0. 0. 0. 0. 0. 1.54320989e-02 0.
        2.16049384e-02 0. 6.17283955e-03 0. 3.08641978e-03 0.
        2.16049384e-02 0. 0. 0. 0. 0. 9.25925933e-03 0. 0. 0.
        6.17283955e-03 0. 3.08641978e-03 0. 3.08641978e-03 0. 0. 0.
        3.08641978e-03 0. 0. 0. 2.77777780e-02 0. 1.23456791e-02
        3.08641978e-03 6.17283955e-03 0. 3.08641978e-03 0.
        1.85185187e-02 0. 3.08641978e-03 0. 3.08641978e-03 0. 0. 0.
        1.23456791e-02 2.46913582e-02 3.39506194e-02 0. 0.
        3.08641978e-03 3.08641978e-03 0. 6.17283955e-03 0. 0. 0.
        6.17283955e-03 6.17283955e-03 1.23456791e-02 1.54320989e-02
        1.17283955e-01</data></_></histograms>
    <labels type_id="opencv-matrix">
      <rows>784</rows>
      <cols>1</cols>
      <dt>i</dt>
      <data>
        0 0 0 0 0 0 0 0 0 0 0 0 0 0 0 0 0 0 0 0 0 0 0 0 0 0 0 0 0 0 0 0
        0 0 0 0 0 0 0 0 0 0 0 0 0 0 0 0 0 0 0 0 0 0 0 0 0 0 0 0 0 0 0 0
        0 0 0 0 0 0 0 0 0 0 0 0 0 0 0 0 0 0 0 0 0 0 0 0 0 0 0 0 0 0 0 0
        0 1 1 1 1 1 1 1 1 1 1 1 1 1 1 1 1 1 1 1 1 1 1 1 1 1 1 1 1 1 1 1
        1 1 1 1 1 1 1 1 1 1 1 1 1 1 1 1 1 1 1 1 1 1 1 1 1 1 1 1 1 1 1 1
        1 1 1 1 1 1 1 1 1 1 1 1 1 1 1 1 1 1 1 1 1 1 1 1 1 1 1 1 1 1 1 1
        1 1 2 2 2 2 2 2 2 2 2 2 2 2 2 2 2 2 2 2 2 2 2 2 2 2 2 2 2 2 2 2
```

Ln 1, Col 1   100%   Windows (CRLF)   UTF-8

Esto equivale a las siguientes imágenes:

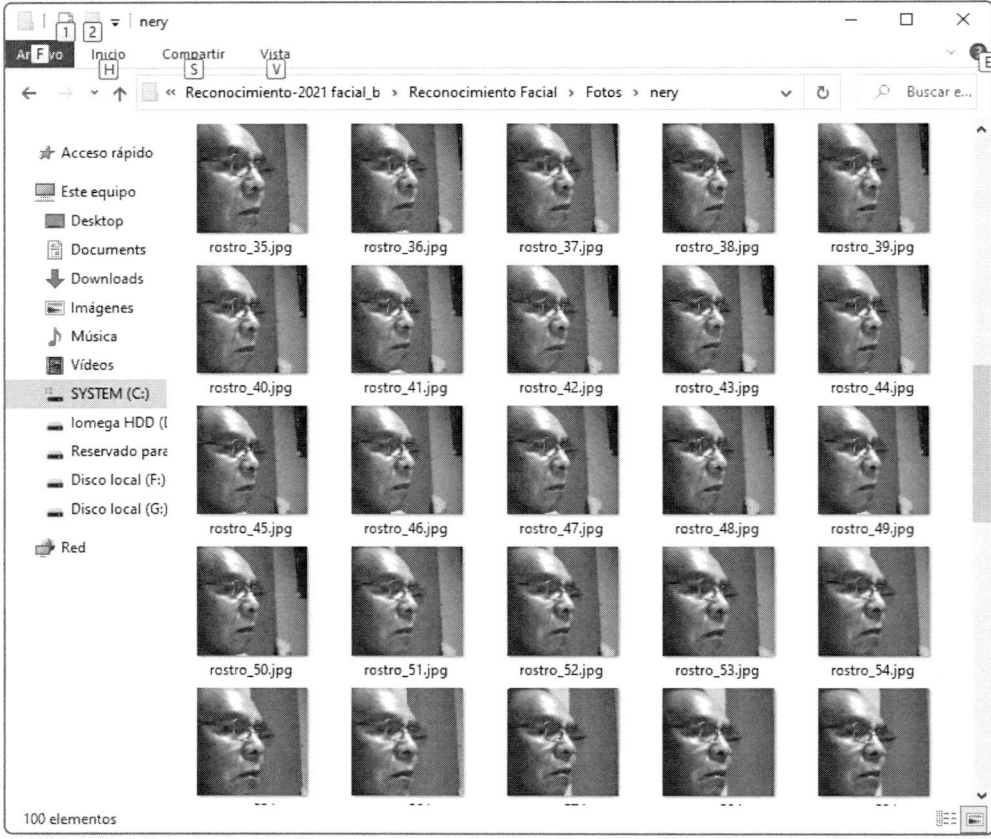

d. El programa Reconocimiento.py, con la base de datos de las imágenes entrenadas y con la imagen real, inicia el proceso de reconocimiento.

Código fuente:

```
import cv2
import os
import pyttsx3
import wx
app=[]
app = wx.App(None)
a = 0
cap = cv2.VideoCapture(a)
dataPath = '../Fotos' #Cambia a la ruta donde hayas almacenado Data
imagePaths = os.listdir(dataPath)
print('imagePaths=',imagePaths)

recognizer = cv2.face.LBPHFaceRecognizer_create()
recognizer.read('../Modelos/modeloLBPHFace.xml')
faceClassif = cv2.CascadeClassifier(cv2.data.haarcascades+'haarcascade_frontalface_def
while True:
        ret,frame = cap.read()
        if ret == False: break
        gray = cv2.cvtColor(frame, cv2.COLOR_BGR2GRAY)
        auxFrame = gray.copy()
        faces = faceClassif.detectMultiScale(gray,1.3,5)
        for (x,y,w,h) in faces:
                rostro = auxFrame[y:y+h,x:x+w]
                rostro = cv2.resize(rostro,(150,150),interpolation= cv2.INTER_CUBIC)
                result = recognizer.predict(rostro)
                cv2.putText(frame,'{}'.format(result),(x,y-5),1,1.3,(255,255,0),1,cv2.
                if result[1] < 70:
                        cv2.putText(frame,"Ud. es el señor:"+'{}'.format(imagePaths[re
                        cv2.rectangle(frame, (x,y),(x+w,y+h),(0,255,0),2)
```

Se sabe que esta imagen se puede comparar con las k imágenes que están en el archivo. Puede encontrarla en una comparación n+k, entonces finaliza. En caso contrario, compara con todas las restantes.

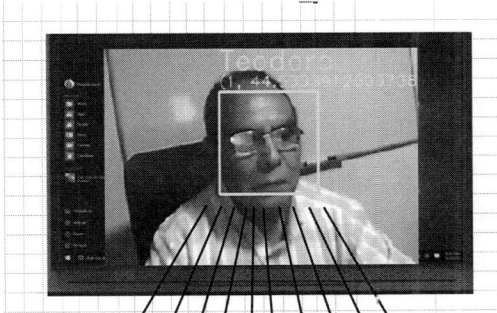

La imagen actual o real pasará a la etapa de reconocimiento facial.

N comparaciones

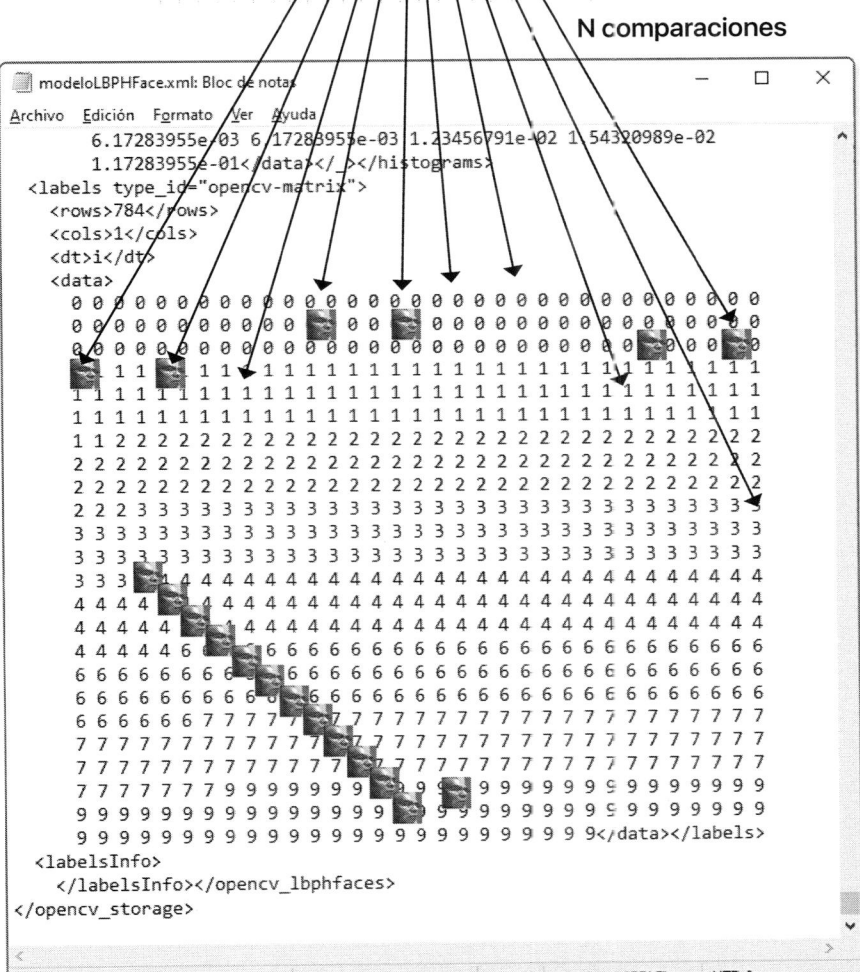

Para este proceso debe disponer de una cámara externa o incorporada.

Cámara externa

Cámara interna

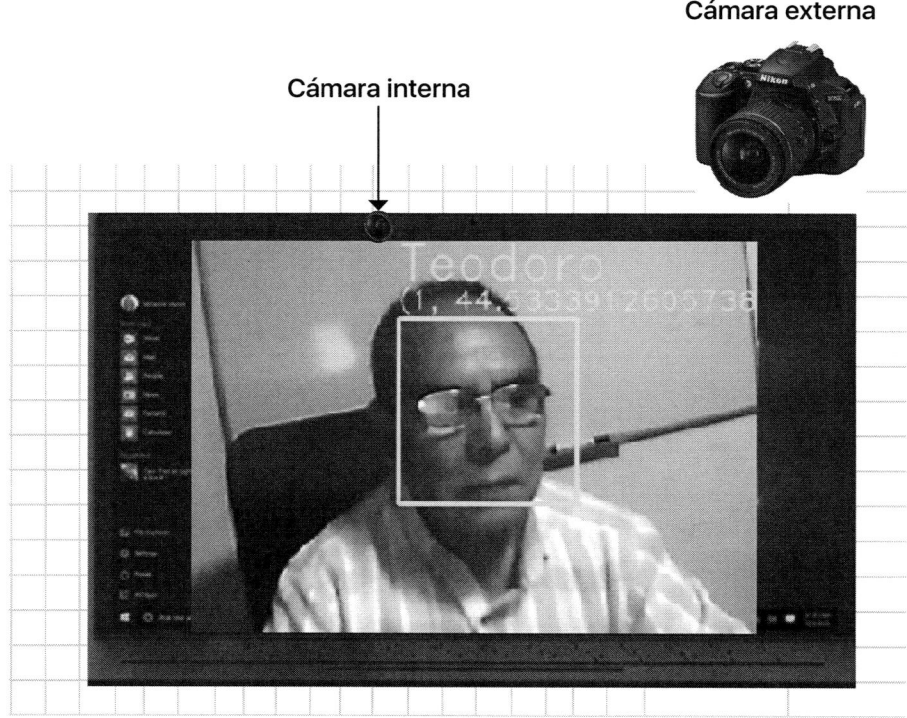

Las cámaras del PC pueden ser internas (en laptop) y externas. Notar con 0 o 1 de la siguiente forma:

a. Si es interna, en el código usar 0.

b. Si la cámara es externa, usar 1.

c. Si el usuario está en Zoom para el reconocimiento, salir del programa.

d. Si se usa código QR, primero crear el código y mostrarlo en la aplicación. En las siguientes imágenes, se muestra qué QR (respuesta rápida) servirá para validar la entrada de usuarios al sistema de reconocimiento facial.

Ejemplo:

Desarrollar una aplicación de IA para reconocer si una persona está fuera de los rangos de su temperatura normal; es decir, considerar la probabilidad de que una persona tenga COVID-19 mediante la observación de su temperatura.

Solución:

La solución se puede abordar de dos formas:

a. Disponer de un sensor de temperaturas e instalarlo en la puerta de ingreso de los alumnos.

b. Usando datos aleatorios y generados por la función random.

En esta ocasión, se usará la segunda opción. Consta de los siguientes procedimientos:

a. Carpetas y archivos. Para r : temperatura.

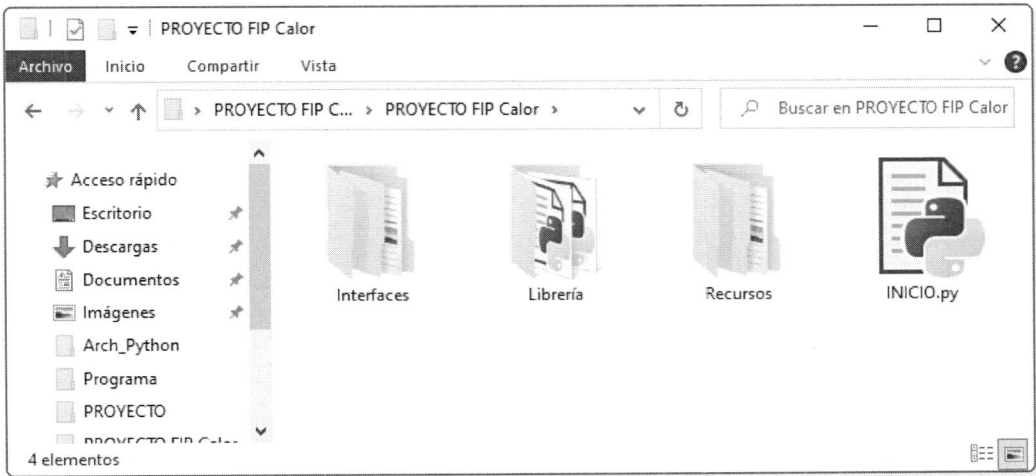

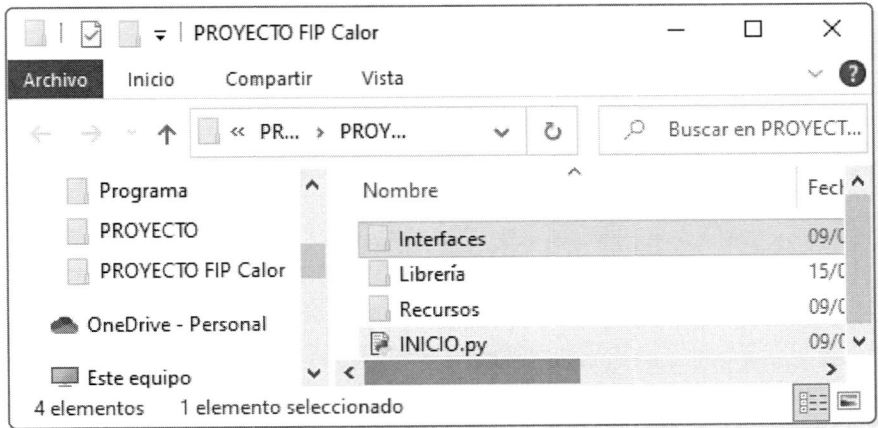

b. Archivo interfaz. Se desarrolla el código Python para reconocimiento. Observar la cantidad de librerías necesarias para poder ejecutar algunos métodos o funciones definidas.

```python
*Temperatura.py - C:\Users\User\Desktop\PROYECTO FIP Calor\PROYECTO FIP Calor\Interfaces\Reconocimiento\Temp...
File  Edit  Format  Run  Options  Window  Help

from PyQt5 import QtCore, QtGui, QtWidgets
from PyQt5.QtWidgets import QMessageBox
from PIL import Image
from Libreria.DetectorTemperatura import *
from win32api import GetSystemMetrics
engine = pyttsx3.init()
engine.setProperty("rate", 150)
class Ui_MainWindow(object):
    def setupUi(self, MainWindow):
        MainWindow.setObjectName("MainWindow")
        # MainWindow.resize(1075, 758)
        # SIGUIENTE CÓDIGO ES PARA HACER QUE NO SE VEA LO DE OPCIÓN SUPERIOR
        MainWindow.setWindowFlags(QtCore.Qt.FramelessWindowHint)
        # ----------------------------------------------------------------
        self.centralwidget = QtWidgets.QWidget(MainWindow)
        self.centralwidget.setObjectName("centralwidget")
        self.verticalLayout_3 = QtWidgets.QVBoxLayout(self.centralwidget)
        self.verticalLayout_3.setContentsMargins(0, 0, 0, 0)
        self.verticalLayout_3.setSpacing(0)
        self.verticalLayout_3.setObjectName("verticalLayout_3")
        self.widget = QtWidgets.QWidget(self.centralwidget)
        ActualizarImagen()
        self.widget.setStyleSheet("QWidget#widget{\n"
                        "background-image:url(Recursos/Imagenes/Portada.png)\n"
                        "}")
        self.widget.setObjectName("widget")
        self.verticalLayout_2 = QtWidgets.QVBoxLayout(self.widget)
        self.verticalLayout_2.setContentsMargins(0, 0, 0, -1)

                                                              Ln: 13  Col: 0
```

```python
*Temperatura.py - C:\Users\User\Desktop\PROYECTO FIP Calor\PROYECTO FIP Calor\Interfaces\Reconocimiento\Temp...
File  Edit  Format  Run  Options  Window  Help

        self.verticalLayout_2.setContentsMargins(0, 0, 0, -1)
        self.verticalLayout_2.setSpacing(0)
        self.verticalLayout_2.setObjectName("verticalLayout_2")
        self.frame = QtWidgets.QFrame(self.widget)
        self.frame.setStyleSheet("QFrame#frame{\n"
                        "background-color: rgb(143, 153, 166);\n"
                        "border-radius:20px;\n"
                        "margin-top:150px;\n"
                        "margin-bottom:150px;\n"
                        "margin-left:300px;\n"
                        "margin-right:300px;\n"
                        "}")
        self.frame.setFrameShape(QtWidgets.QFrame.StyledPanel)
        self.frame.setFrameShadow(QtWidgets.QFrame.Raised)
        self.frame.setObjectName("frame")
        self.verticalLayout = QtWidgets.QVBoxLayout(self.frame)
        self.verticalLayout.setObjectName("verticalLayout")

        validarMargin = ActualizarMargin()
        if validarMargin:
            self.frame.setStyleSheet("QFrame#frame{\n"
                        "background-color: rgb(143, 153, 166);\n"
                        "border-radius:20px;\n"
                        "margin-top:75px;\n"
                        "margin-bottom:75px;\n"
                        "margin-left:150px;\n"
                        "margin-right:150px;\n"
                        "}")

                                                              Ln: 13  Col: 0
```

```
*Temperatura.py - C:\Users\User\Desktop\PROYECTO FIP Calor\PROYECTO FIP Calor\Interfaces\Reconocimiento\Temp...    —    □    ×
File   Edit   Format   Run   Options   Window   Help

        self.label = QtWidgets.QLabel(self.frame)
        sizePolicy = QtWidgets.QSizePolicy(
            QtWidgets.QSizePolicy.Preferred, QtWidgets.QSizePolicy.Preferred)
        sizePolicy.setHorizontalStretch(0)
        sizePolicy.setVerticalStretch(0)
        sizePolicy.setHeightForWidth(
            self.label.sizePolicy().hasHeightForWidth())
        self.label.setSizePolicy(sizePolicy)
        font = QtGui.QFont()
        font.setPointSize(20)
        font.setBold(True)
        font.setWeight(75)
        self.label.setFont(font)
        self.label.setAlignment(QtCore.Qt.AlignCenter)
        self.label.setObjectName("label")
        self.verticalLayout.addWidget(self.label)
        self.imagenDetectada = QtWidgets.QLabel(self.frame)
        sizePolicy = QtWidgets.QSizePolicy(
            QtWidgets.QSizePolicy.Preferred, QtWidgets.QSizePolicy.Expanding)
        sizePolicy.setHorizontalStretch(0)
        sizePolicy.setVerticalStretch(0)
        sizePolicy.setHeightForWidth(
            self.imagenDetectada.sizePolicy().hasHeightForWidth())
        self.imagenDetectada.setSizePolicy(sizePolicy)
        self.imagenDetectada.setPixmap(QtGui.QPixmap("Recursos/Imagenes/Reconocimiento
        self.imagenDetectada.setAlignment(QtCore.Qt.AlignCenter)
        self.imagenDetectada.setObjectName("imagenDetectada")
        self.verticalLayout.addWidget(self.imagenDetectada)
                                                                          Ln: 84   Col: 0
```

```
*Temperatura.py - C:\Users\User\Desktop\PROYECTO FIP Calor\PROYECTO FIP Calor\Interfaces\Reconocimiento\Temp...    —    □    ×
File   Edit   Format   Run   Options   Window   Help

        self.frame_2 = QtWidgets.QFrame(self.frame)
        self.frame_2.setFrameShape(QtWidgets.QFrame.StyledPanel)
        self.frame_2.setFrameShadow(QtWidgets.QFrame.Raised)
        self.frame_2.setObjectName("frame_2")
        self.horizontalLayout = QtWidgets.QHBoxLayout(self.frame_2)
        self.horizontalLayout.setContentsMargins(0, 0, 0, 0)
        self.horizontalLayout.setObjectName("horizontalLayout")
        self.btnIniciarDeteccion = QtWidgets.QPushButton(self.frame_2)
        sizePolicy = QtWidgets.QSizePolicy(
            QtWidgets.QSizePolicy.Expanding, QtWidgets.QSizePolicy.Preferred)
        sizePolicy.setHorizontalStretch(0)
        sizePolicy.setVerticalStretch(0)
        sizePolicy.setHeightForWidth(
            self.btnIniciarDeteccion.sizePolicy().hasHeightForWidth())
        self.btnIniciarDeteccion.setSizePolicy(sizePolicy)
        font = QtGui.QFont()
        font.setFamily("Verdana")
        font.setPointSize(17)
        font.setBold(False)
        font.setItalic(False)
        font.setWeight(50)
        self.btnIniciarDeteccion.setFont(font)
        self.btnIniciarDeteccion.setCursor(
            QtGui.QCursor(QtCore.Qt.PointingHandCursor))
        self.btnIniciarDeteccion.setStyleSheet("QPushButton{\n"
                            "color: rgb(231, 231, 231);\n"
                            "font: 17pt \"Verdana\";\n"
                            "border: 2px solid rgb(45, 54, 56);\n"
                                                                          Ln: 93   Col: 64
```

```python
    def salir(self):
        os._exit(0)

def ActualizarImagen():
    img = Image.open('Recursos/Imagenes/Portada.png')
    new_img = img.resize((GetSystemMetrics(0),GetSystemMetrics(1)))
    new_img.save('Recursos/Imagenes/Portada.png','png')

def ActualizarMargin():
    if(GetSystemMetrics(0)<1920 or GetSystemMetrics(1)<1080):
        return True

def show_popup(titulo,mensaje,icon):
    msg = QMessageBox()
    msg.setWindowTitle(titulo)
    msg.setText(mensaje)
    msg.setIcon(icon)
    x = msg.exec_()

if __name__ == "__main__":
    import sys
    app = QtWidgets.QApplication(sys.argv)
    MainWindow = QtWidgets.QMainWindow()
    ui = Ui_MainWindow()
    ui.setupUi(MainWindow)
    MainWindow.showFullScreen()
    sys.exit(app.exec_())
```

c. **Carpeta Librería.** Contiene los siguientes programas:

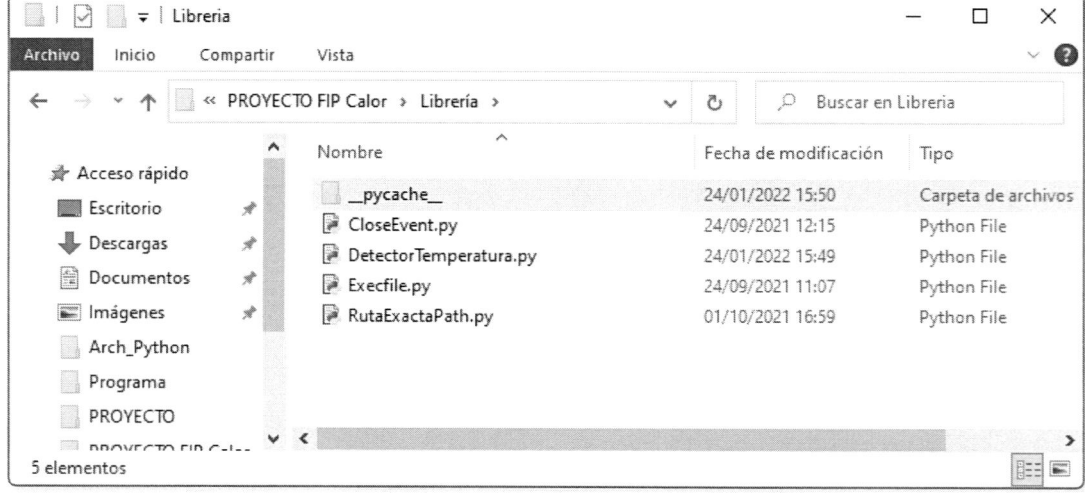

d. Carpeta Recursos. Contiene recursos necesarios para la ejecución de los programas.

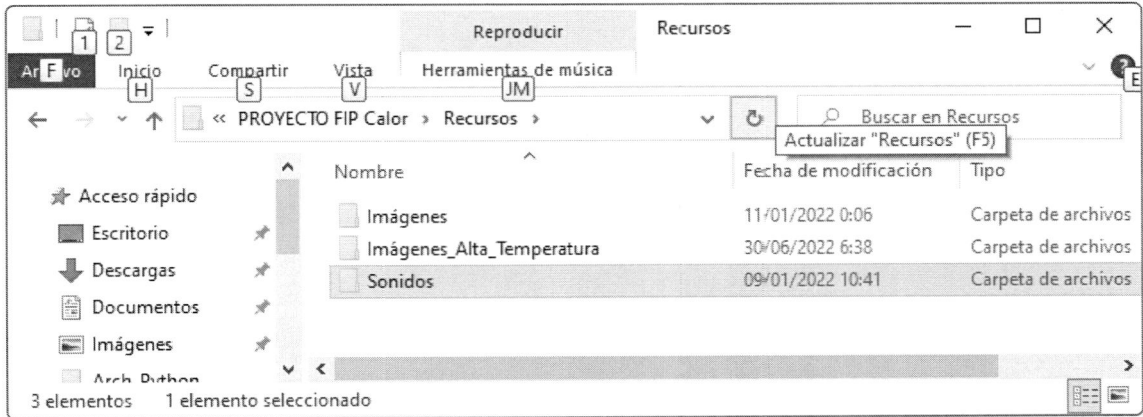

e. Archivo. Alta temperatura.

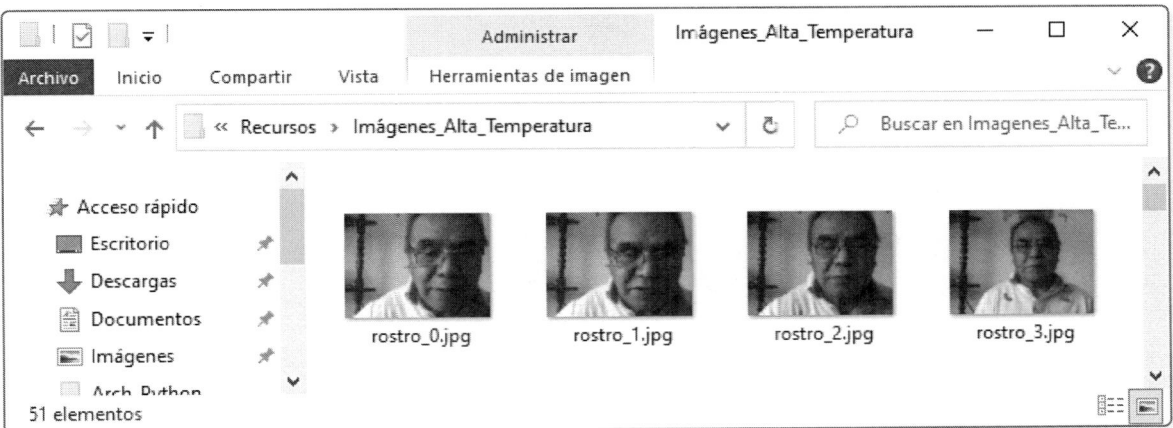

f. Imágenes. Foto de persona a analizar.

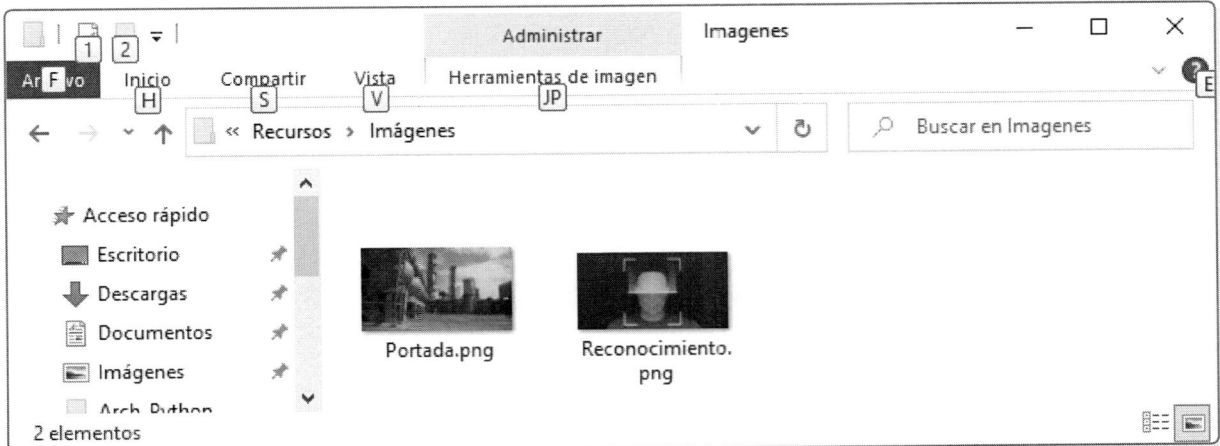

g. Sonidos. Para enviar sonido y mensaje.

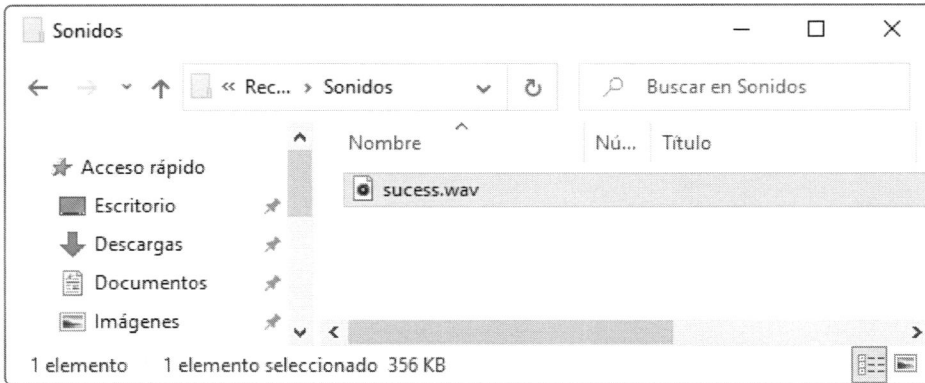

h. Diseño de instrucciones o código Python. Con este programa llamaría a iniciar el tratamiento de instruccion.py.

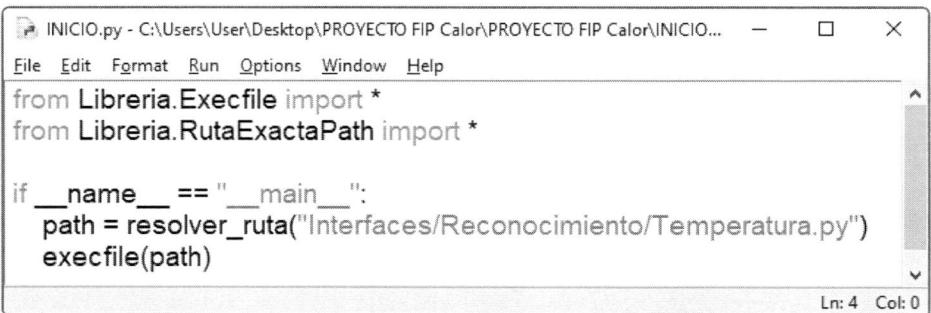

```python
from Libreria.Execfile import *
from Libreria.RutaExactaPath import *

if __name__ == "__main__":
    path = resolver_ruta("Interfaces/Reconocimiento/Temperatura.py")
    execfile(path)
```

i. Ejecutando. La interfaz indica que se están ejecutando y sincronizando las llamadas a la librería para encender la cámara, comparar y reconocer la imagen y su temperatura.

```
Python 3.9.7 (tags/v3.9.7:1016ef3, Aug 30 2021, 20:19:38) [MSC v.1929 64 bit (AMD64)] on win32
Type "help", "copyright", "credits" or "license()" for more information.
>>>
= RESTART: C:\Users\User\Desktop\PROYECTO FIP Calor\PROYECTO FIP Calor\INICIO.py
```

j. Interfaz para capturar la imagen a reconocer.

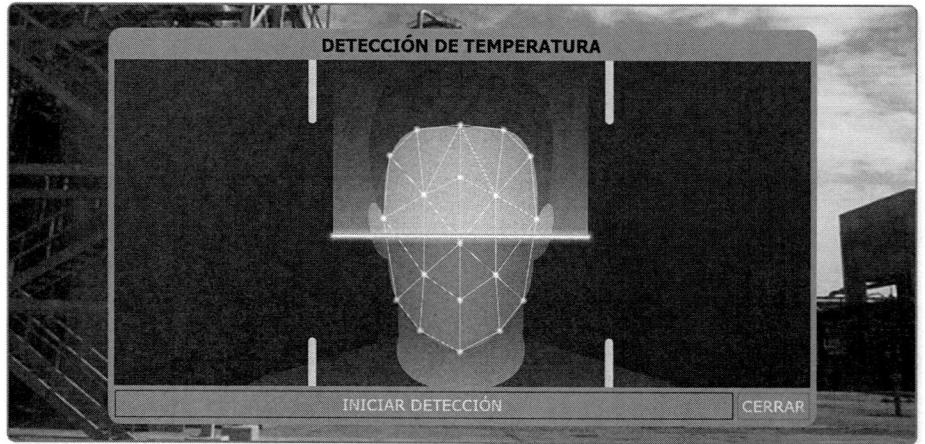

k. Si se detecta una temperatura alta, se le envía un mensaje a esa persona.

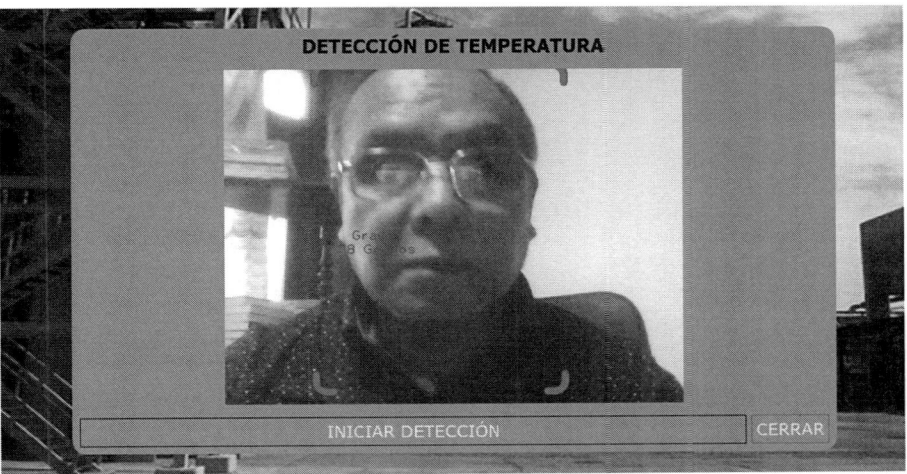

Ejemplo:

Diseñar un programa que permita reconocer a una persona y enviar mensajes si no se puede reconocer.

Solución:

a. Archivo capturando.py. En esta interfaz, el sistema solicita un código o nombre para que guarde las imágenes. Asimismo, se enciende la cámara interna e inicia con la captura de más de 200 imágenes; esto lo hace en unos segundos.

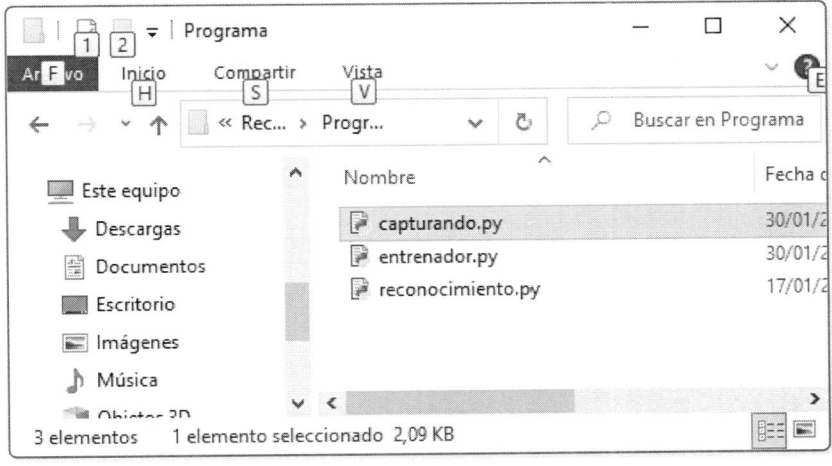

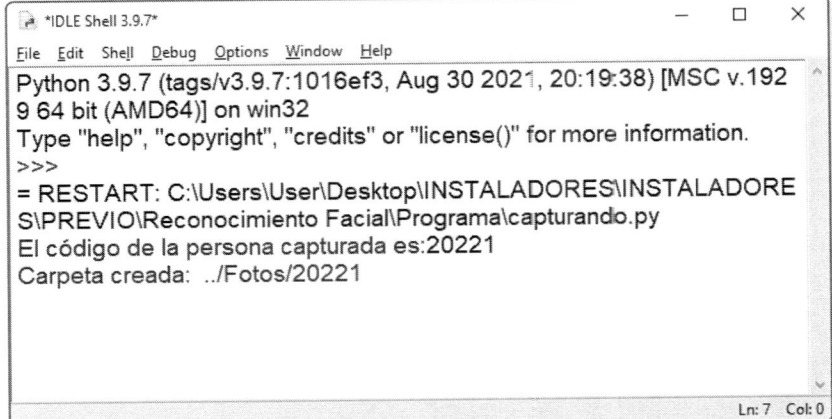

Se han capturado 300 imágenes.

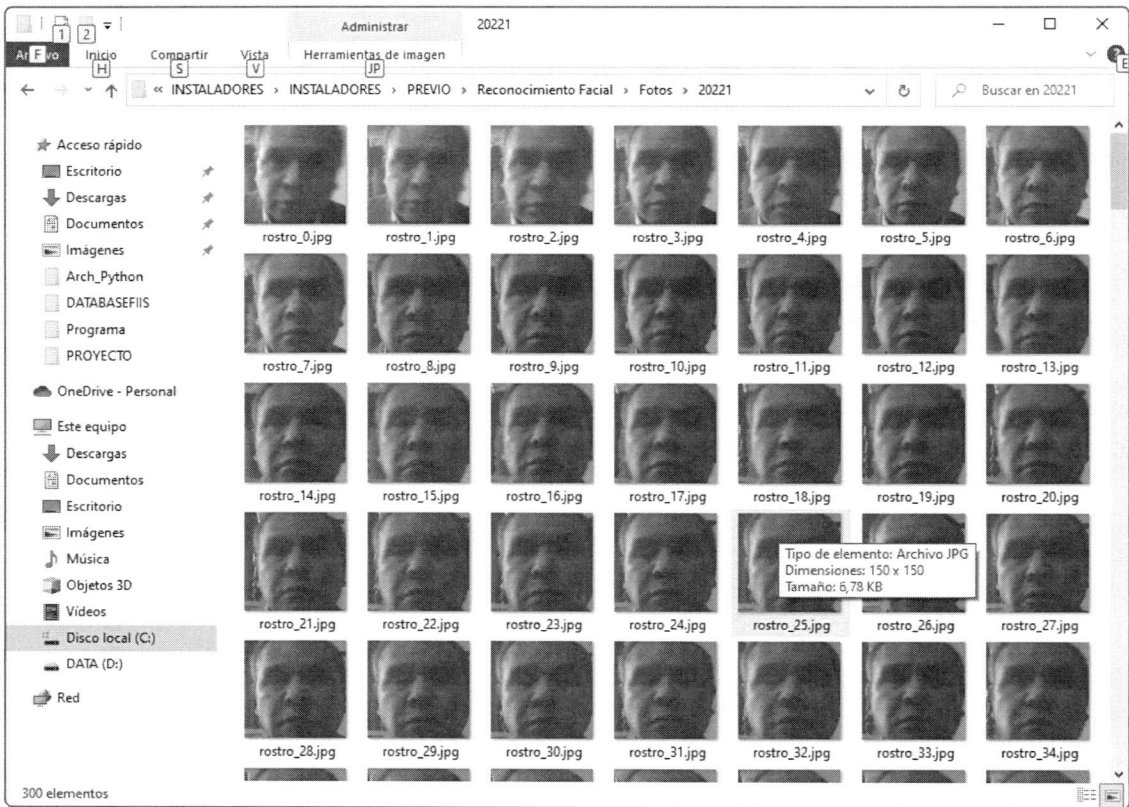

Ahora se muestra el código Python, donde se usa teoría de vectores, matrices, listas y los widgets de la programación GUI con Tkinter.

```python
import cv2,os,imutils
from PyQt5.QtWidgets import QMessageBox
from PyQt5 import QtWidgets
app = QtWidgets.QApplication([])
def CapturarFotos(contador):
        personName = persona
        dataPath = '../Fotos'
        personPath = dataPath + '/' + personName

        if not os.path.exists(personPath):
                print('Carpeta creada: ',personPath)
                os.makedirs(personPath)
        cap = cv2.VideoCapture(0,cv2.CAP_DSHOW)
        #cap = cv2.VideoCapture('Video.mp4')
        faceClassif = cv2.CascadeClassifier(cv2.data.haarcascades+'haarcascade_frontalface_defaul
        count = contador
        if cap.isOpened():
```

```
while True:
        ret, frame = cap.read()
        if ret == False:break
        frame = imutils.resize(frame, width=640)
        gray = cv2.cvtColor(frame, cv2.COLOR_BGR2GRAY)
        auxFrame = frame.copy()

        faces = faceClassif.detectMultiScale(gray,1.3,5)
        for (x,y,w,h) in faces:
                cv2.rectangle(frame, (x,y),(x+w,y+h),(0,255,0),2)
                rostro = auxFrame[y:y+h,x:x+w]
```

Ln: 21   Col: 0

capturando.py - C:\Users\User\Desktop\INSTALADORES\INSTALADORES\PREVIO\Reconocimiento Facial\Programa\capturando.py (3.9.7)   —   ☐   ✕

File   Edit   Format   Run   Options   Window   Help

```
        return label
def show_popup(titulo,mensaje,icon):
    msg = QMessageBox()
    msg.setWindowTitle(titulo)
    msg.setText(mensaje)
    msg.setIcon(icon)
    x = msg.exec_()
persona = input("El código de la persona capturada es:")
contador = verificarContador(persona)
CapturarFotos(contador)
```

Ln: 49   Col: 0

b. **Archivo entrenador.py**. Permite generar el modelo.

IDLE Shell 3.9.7   —   ☐   ✕

File   Edit   Shell   Debug   Options   Window   Help

```
cial\Programa\entrenador.py
Lista de personas: ['12', '20172657B', '20172657C', '20221']
Leyendo las imágenes
Rostros: 12/rostro_0.jpg
Rostros: 12/rostro_1.jpg
Rostros: 12/rostro_10.jpg
Rostros: 12/rostro_100.jpg
Rostros: 12/rostro_101.jpg
Rostros: 12/rostro_102.jpg
Rostros: 12/rostro_103.jpg
Rostros: 12/rostro_104.jpg
Rostros: 12/rostro_105.jpg
Rostros: 12/rostro_106.jpg
Rostros: 12/rostro_107.jpg
Rostros: 12/rostro_108.jpg
Rostros: 12/rostro_109.jpg
Rostros: 12/rostro_11.jpg
Rostros: 12/rostro_110.jpg
Rostros: 12/rostro_111.jpg
Rostros: 12/rostro_112.jpg
Rostros: 12/rostro_113.jpg
Rostros: 12/rostro_114.jpg
Rostros: 12/rostro_115.jpg
Rostros: 12/rostro_116.jpg
Rostros: 12/rostro_117.jpg
Rostros: 12/rostro_118.jpg
Rostros: 12/rostro_119.jpg
Rostros: 12/rostro_12.jpg
```

IDLE Shell 3.9.7   —   ☐   ✕

File   Edit   Shell   Debug   Options   Window   Help

```
Rostros: 20221/rostro_76.jpg
Rostros: 20221/rostro_77.jpg
Rostros: 20221/rostro_78.jpg
Rostros: 20221/rostro_79.jpg
Rostros: 20221/rostro_8.jpg
Rostros: 20221/rostro_80.jpg
Rostros: 20221/rostro_81.jpg
Rostros: 20221/rostro_82.jpg
Rostros: 20221/rostro_83.jpg
Rostros: 20221/rostro_84.jpg
Rostros: 20221/rostro_85.jpg
Rostros: 20221/rostro_86.jpg
Rostros: 20221/rostro_87.jpg
Rostros: 20221/rostro_88.jpg
Rostros: 20221/rostro_89.jpg
Rostros: 20221/rostro_9.jpg
Rostros: 20221/rostro_90.jpg
Rostros: 20221/rostro_91.jpg
Rostros: 20221/rostro_92.jpg
Rostros: 20221/rostro_93.jpg
Rostros: 20221/rostro_94.jpg
Rostros: 20221/rostro_95.jpg
Rostros: 20221/rostro_96.jpg
Rostros: 20221/rostro_97.jpg
Rostros: 20221/rostro_98.jpg
Rostros: 20221/rostro_99.jpg
Entrenando...
Modelo almacenado...
```

Ln: 2093   Col: 0

c. **Archivo reconocimiento.py.** Es el proceso más importante; actúa o interactúa k veces comparando la foto real con el objeto que se encuentra en el modelo de base de datos.

Imagen real comparada y reconocida con imagen del modelo. Se asignó un código para su identificación.

Imagen reconocida

Imagen reconocida con datos personales

A continuación, la imagen no es identificada debido a que en la captura no existe una imagen cerrando el ojo derecho.

Imagen no identificada

Código fuente:

```
*reconocimiento.py - C:\Users\User\Desktop\INSTALADORES\INSTALADORES\PREVIO\Reconocimiento Facial\Programa\reconocimiento.py (3.9...   —   □   ✕
File  Edit  Format  Run  Options  Window  Help

import cv2
import os
cap = cv2.VideoCapture(0)
dataPath = '../Fotos' #Cambia a la ruta donde  almacena dData
imagePaths = os.listdir(dataPath)
print('imagePaths=',imagePaths)
recognizer = cv2.face.LBPHFaceRecognizer_create()
recognizer.read('../Modelos/modeloLBPHFace.xml')
faceClassif = cv2.CascadeClassifier(cv2.data.haarcascades+'haarcascade_frontalface_default.xml')
while True:
        ret,frame = cap.read()
        if ret == False: break
        gray = cv2.cvtColor(frame, cv2.COLOR_BGR2GRAY)
        auxFrame = gray.copy()
        faces = faceClassif.detectMultiScale(gray,1.3,5)
        for (x,y,w,h) in faces:
                rostro = auxFrame[y:y+h,x:x+w]
                rostro = cv2.resize(rostro,(150,150),interpolation= cv2.INTER_CUBIC)
                result = recognizer.predict(rostro)
                cv2.putText(frame,'{}'.format(result),(x,y-5),1,1.3,(255,255,0),1,cv2.LINE_AA)
                if result[1] < 70:
                #print(result)
                        cv2.putText(frame,'{}'.format(result),(x,y-5),1,1.3,(255,255,0),1,cv2.LINE_AA)
                        cv2.putText(frame,"Ud. es:"+'{}'.format(imagePaths[result[0]]),(x,y-25),2,1.1,(0
                        cv2.rectangle(frame, (x,y),(x+w,y+h),(0,255,0),2)
                        #voz(imagePaths[result[0]])
                                                                                    Ln: 26   Col: 30
```

```
*reconocimiento.py - C:\Users\User\Desktop\INSTALADORES\INSTALADORES\PREVIO\Reconocimento Facial\Programa\reconocimiento.py (3.9...   —   □   ✕
File  Edit  Format  Run  Options  Window  Help

                        #voz(imagePaths[result[0]])
                elif result[1]>70 and result[1]<85:
                        cv2.putText(frame,'{}'.format(result),(x,y-5),1,1.3,(255,255,0),1,cv2.LINE_AA)
                        cv2.putText(frame,'Desconocido',(x,y-20),2,0.8,(0,0,255),1,cv2.LINE_AA)
                        cv2.rectangle(frame, (x,y),(x+w,y+h),(0,0,255),2)
                else:

                        cv2.putText(frame,'{}'.format(result),(x,y-5),1,1.3,(255,255,0),1,cv2.LINE_AA)
                        cv2.putText(frame,'No identificado',(x,y-20),2,0.8,(0,0,255),1,cv2.LINE_AA)
                        cv2.rectangle(frame, (x,y),(x+w,y+h),(0,0,255),2)
        cv2.imshow('frame',frame)
        k = cv2.waitKey(1)
        if k == 27:
                break
cap.release()
cv2.destroyAllWindows()
                                                                                    Ln: 26   Col: 30
```